융합의 시대

대한민국 융합 혁신 전략을 위한 제언

융합의 시대

QUESTION FOR THE FUTURE CONVERGENCE INNOVATION OF KOREA

─── 대한민국 국가 비전, 융합 혁신을 말하다 ───

대한미래융합학회 지음

율곡출판사

이 책에 참여한 사람들

이원섭

미국 INDIANA UNIVERSITY, BLOOMINGTON 경제학, 카이스트 기술경영학과를 석사 졸업했다. 삼성전자 메모리 사업부에서 소프트웨어 개발팀을 거쳐 현재는 솔루션 개발실에서 PMO로 제품 품질관리 및 개발 프로세스 업무를 맡고 있다. 저서로는 『4차 산업혁명 시대 IT 트렌드 따라잡기』, 『스마트 테크놀로지의 미래』, 『바이오헬스케어 트렌드』, 『지금의 디자인』, 『오토테크 트렌드 : 미래 자동차』, 『핀테크 인사이트』, 『스타트업 인사이드』, 『스타트업 교과서』가 있다.

김승환

서울대학교 물리학과에서 학사 · 석사 · 박사 학위를 받았으며, 현재 한국전자통신연구원 바이오의료IT연구본부 본부장으로 재직 중이다. 20여 년간 의료ICT 융합 분야에서 연구개발을 수행하고 있다. 저서로는 『스마트 헬스의 미래』가 있다.

이우영

순천향 의과대학을 졸업하고 미국 CASE WESTERN RESERVE UNIVERSITY에서 WIRELESS HEALTH PROGRAM 연구교수로 활동했다. 법무부 의무사무관으로 2,000례의 화상진료를 담당했다. 연세의료원 산학협력단에서 개발도상국의 주요 국립병원을 대상으로 컨설팅을 했다. 소망교도소 의무과에 재직 중이며 메가트렌드 랩에서 바이오헬스케어 칼럼니스트로 활동 중이다. 저서로는 『바이오헬스케어 트렌드 : 융합의 시대』가 있다.

이준식

동국대학교 생화학과를 졸업하고, 부산대학교에서 약학 박사학위(면역학)을 취득했다. 미국 뉴욕의 Albert Einstein 의과대학에서 면역학 전임연구원으로 근무했고 현재 조선대학교 생명과학과 교수로 있으며, 리코바이오(RecoBio) 대표 이사를 겸하고 있다. 면역조절제 및 항암면역백신 개발연구를 주로 하고 있으며 특허 및 국제저널에 다수의 논문을 발표했다. 기술평가사, 기술경영사, 국제노화심포지엄의 조직위원으로 활동하고 있다.

차윤엽

상시대학교 한의과대학을 졸업하고 경희대학교에서 한의학 박사학위(한방재활의학 전공)를 취득했다. 현재 상지대학교 한의과대학 한방재활의학과 교수로 있으며, 부속 한방병원 병원장을 겸하고 있다. 한의진료지침 개발 및 한의임상시험 연구(추나, 비만 분야)를 주로 하고 있으며, 척추신경추나의학회의 교수협의회장 및 한방재활의학과학회 총무이사, 한방비만학회 감사, 보건복지부 산하 신의료기술평가위원회 위원으로 활동하고 있다. 저서로는 『한방재활의학과학』(군자출판사)이 있다.

남윤진

중앙대학교 약학대학을 졸업했으며, 여의도성모병원과 강남성심병원 약제팀에서 야간약사로 근무했다. 같은 대학원에서 약물학 박사학위를 수여받았고 간과 소화기 약리학에 관한 연구활동을 하면서 국제 저널에 다수의 논문을 발표했다. 현재 중앙대학교 약학연구소 선임연구원으로 재직 중이며, 우석대학교 약학대학의 약물학 강의를 맡고 있고 대한약국학회 학술위원으로 활동 중이다. 저서로는 『바이오헬스케어 트렌드 : 융합의 시대』, 『바이오헬스케어 트렌드 : 블루칩』이 있다.

이정효

카이스트 기술경영대학원을 석사 졸업하고 같은 대학원 박사과정에 있다. 현재 KT 융합기술원에서 책임연구원으로 미래 네트워크 기술과 구조를 연구하고 있다.

편석준

ICT연구단체 오컴(Occam) 대표이자 대한미래융합학회 이사로 한국정보통신진흥원 출제위원이고 통신사 근무 및 스타트업 창업을 하며, 통신요금설계, 서비스기획, 사업기획 업무를 주로 했다. 지은 책으로는 『사물인터넷』, 『가상현실』, 『왜 지금 드론인가』, 『스타트업 코리아』, 『구글이 달로 가는 길』, 『10년 후의 일상』 등이 있다.

박천웅

인천대학교 경영학과 MIS 박사학위를 취득했으며, 한국문화관광연구원에서 관광 정보화 사업 및 표준화 사업을 담당했다. 현재는 한국데이터진흥원에서 데이터 유통 업무와 데이터 국제표준 업무를 수행하고 있다.

이래형

연세대학교 경제학부를 졸업하고 카이스트 기술경영전문대학원에서 공학 석사학위를 취득했다. 한국기업데이터에서 기업신용평가, 기술평가 및 콘텐츠관리 업무를 맡았다. 현재 같은 회사 기업사업부에 재직 중이며 저서로는 『오토테크 트렌드 : 미래 자동차』, 『스타트업 교과서』, 『스타트업 인사이드』가 있다.

하민수

미국 UNIVERSITY OF CALIFORNIA, SAN DIEGO에서 경제학 전공으로 학사과정을 졸업하고 현재 카이스트 경영대학에서 정보경영학 석사과정 중에 있다. 삼성SDS 클라우드 운영팀에 재직 중이며, 메가트렌드 랩에서 최신 IT 보안 칼럼니스트로 활동 중이다. 저서로는 『바이오헬스케어 트렌드 : 융합의 시대』가 있다.

김덕환

서울대학교 계산통계학과를 졸업하고 카이스트에서 컴퓨터공학 전공으로 공학 석사학위와 박사학위를 취득했다. 이후 UNIVERSITY OF ARIZONA의 컴퓨터공학 분야에서 박사후 과정을 거쳐 LG전자에서 PABX, ISDN Interface protocol, 통신환경에서의 CTI 개발 등의 프로젝트에 참여했다. 2006년부터는 인하대학교 교수로 재직 중이며, 전자공학부 학부장을 역임했다. 현재 클라우드 컴퓨팅, 플래시 스토리지, bio-inspired 컴퓨팅 및 동력 의족, 소셜 로봇개발을 위한 BCI, 임베디드 시스템 설계 등을 연구하고 있다.

이정열

인하대학교 기계공학과를 졸업했으며, 카이스트 기술경영전문대학원 석사이다. 르노삼성자동차 연구소에서 제동파트 설계를 담당했고 현재는 현대모비스에서 제동부분 구매를 담당하고 있으며, Third Bridge 회사의 자동차 부분 자문위원으로 소속되어 있다. 저서로는 『스마트 테크놀로지의 미래』가 있다.

김용우

고려대학교 신소재공학부에서 수학하고 POSCO, 한국로봇산업진흥원, 동부화재 등 다양한 산업군에서 경험을 쌓은 뒤 현재 KPMG에서 경영 컨설턴트로 근무하고 있다. 카이스트 경영대학 정보경영 석사과정에 재학 중이다.

정동재

고려대학교 산업공학과를 졸업하고 카이스트 기술경영전문대학원에서 석사학위를 취득했다. 현재는 카이스트 기술경영전문대학원 박사과정에 재학 중이다. 또한 현대자동차에서 프로젝트 관리 업무를 담당했고 현재는 대한항공 항공기술연구원에서 개발품질 업무를 담당하고 있다. 저서로는 『스마트 테크놀로지의 미래』가 있다.

정민철

미국 INDIANA UNIVERSITY, BLOOMINGTON에서 Finance를 전공했으며, 연세대학교 공학대학원에서 컴퓨터공학 석사학위를 취득했다. 삼성SDS에서 금융 프로그램을 개발하는 소프트웨어 엔지니어로 근무했고, 현재는 골드만삭스 Technology Division에서 근무하고 있다. 금융공학과 Deep Learning 기술을 활용해 주가의 방향을 예측하는 프로젝트인 'Project ATS'에 참여하고 있다.

유현재

경북대학교 경영학과를 졸업한 후 카이스트 기술경영전문대학원 석사과정에 진학했다. 한국거래소 파생상품 시장본부로 입사해 글로벌 코스피200 선물 및 옵션 시장 운영팀에서 근무하며 금융계에 첫발을 들여놓았다. 현재 한국거래소 글로벌IT사업단에서 재직 중이며 국내 자본시장 IT 시스템을 해외로 수출하는 일을 맡고 있다. 『비트코인 현상, 블록체인 2.0』의 공역자이기도 하다.

범경철

연세대학교 법학과를 졸업하고 전북대학교에서 박사학위를 취득했다. 제33회 사법시험에 합격하여 변호사로 활동했다. 영국의 옥스퍼드 법대에서 Academic Visitor를 역임했고 현재 경희대학교 법학전문대학원에서 교수로 재직 중이며, 저서로는 『의료분쟁소송』이 있다.

조경국
변호사로 고려대학교 전기전자전파공학부 및 같은 대학교 법학전문대학원을 졸업했다. 산업통상자원부에서 법무관으로 일하면서 각종 소송, 법률자문, 입법지원, 강의, 법령해석 업무 등을 수행했으며, 현재는 중앙행정심판위원회에서 법무관으로 일하면서 조사관 업무를 수행하고 있다.

김윤수
연세대학교에서 물리학과를 전공하고 동 대학원에서 석사학위를 취득했다. 삼성전자 메모리사업부에서 제조기술센터 내 품질분석 관련 팀에 재직 중이며, 임직원 역량 개발 및 인재 양성 등의 교육 업무를 담당하고 있다.

장지영
연세대학교 건축공학과를 졸업하고 카이스트 기술경영전문대학원에서 공학 석사학위를 취득했다. 금호건설에서 산업 전방의 현장과 생리를 몸소 체험했고, 그 경험을 바탕으로 기술 사업화로 전문 분야를 전향했다. 연세대학교 기술지주회사와 자회사 설립 기획을 시작으로 국방과학연구소에서 국방기술의 민수 사업화 기획을 전담했다. 현재 미래과학기술지주회사에서 하드웨어·바이오 분야 기술투자 심사역으로 재직 중이며, 메가트렌드 랩에 스타트업 및 융합 관련 칼럼을 기고하고 있다.

안성훈
중앙대학교 철학과 및 같은 대학교 법학전문대학원을 졸업했으며, 변호사이다. 인천지방검찰청, 대한법률구조공단, 산업통상자원부에서 법무관으로 일하면서 각종 소송, 법률자문, 입법지원, 강의업무 등을 수행했으며, 산업통상자원부 무역위원회(Korea Trade Commission) 조사관으로 일했다.

송성희
제주대학교 물리학과와 카이스트 기술경영전문대학원에서 수학했고, SK컴즈에서 모바일 및 사업전략 업무를 담당했다. 현재 한국고용정보원에서 빅데이터 및 서비스 기획 업무를 담당하고 있다. 저서로는 『스마트 테크놀로지의 미래』가 있다.

김지연
고려대학교 경영학과를 졸업한 후 한국거래소에 입사해 국제업무부, 증권시장마케팅부, 채권시장부 등에서 근무했다. 『비트코인 현상, 블록체인 2.0』의 공역자이기도 하다.

채용현
서울시립대학교 세무학과 및 성균관대학교 법학전문대학원을 졸업하고, 차례로 세무사와 변호사 자격을 취득했다. 다수의 국가소송 및 자문업무를 수행한 바 있다.

최가영
일본 교토대학 법학연구과 정치학 전공 교수로 재직 중이며, 주요 연구 분야는 일본 및 동아시아 정치경제와 비교정치, 복지국가, 사회정책 등이다. 일본 정부의 외국인 국비유학생으로 선발된 후 일본으로 가 교토대학 법학연구과에서 정치학 전공으로 박사학위를 받았으며, 일본으로 가기 전에는 서울대학교 국제대학원에서 일본에 관한 지역연구로 국제학 석사학위를 취득했다.

오재승
성균관대학교 경영학과를 졸업하고, IBK투자증권에서 자산운용본부 OTC 트레이더로 근무했다. 현재 유안타증권에서 STAR PBU팀장으로 팀을 운영하며, 카이스트 미래전략대학원 석사과정에 재학 중이다.

추천의 글

21세기 초까지만 해도 우리는 과학기술의 발전을 더 이상 기대할 수 없을 정도로 컴퓨터와 조화된 최첨단 시대에 살고 있다고 단언하곤 했다. 그러나 스티브 잡스라는 과학적 도전가는 현재 지구상 대부분의 문명국 인간에게 손바닥 안에 들어가는 미니 컴퓨터를 만들어 줌으로써 20세기를 마칠 때까지 결코 상상할 수도 없었던 시공간을 단축·축소시켜 버렸다. 길거리에서 혹은 업무를 보면서 심지어는 수업 중에도 지식의 순간적 호기심을 즉시 해결할 수 있을 정도의 실시간으로 정보를 제공하는 스마트폰은 인간에게 무궁한 진화의 단계를 촉진한 산물로 평가되며, 결국 인간은 스마트폰을 계기로 일상의 변화를 주도하게 되었다. 한편으로 생각해보면, 위대한 스티브 잡스는 휴대폰과 컴퓨터라는 기존의 과학을 융합했을 뿐 새로운 발명을 시도한 것이 아니다. 이처럼 오늘날 4차 산업혁명 시기는 다양한 사고방식의 결합으로 새로움이 끝없이 창출되는 융합의 시대라고 할 수 있다. 이러한 현실에서 대한미래융합학회의 우수한 두뇌들이 각자의 전공을 바탕으로 미래를 예측하고자 본서를 지난 1년간 준비하게 되었다.

본서를 살펴보면, 1부에서는 바이오헬스 분야를 다루면서 100세 인간이 보편적 현상이 될 수 있도록 끝없는 도전이 이루어지는 모습을 소개한다. 2부에서는 제4차 산업혁명의 핵심이 되는 ICT 테크놀로지의 최신 트렌드를 분석하고 기술의 융합과 혁신에 대한 화두를 던진다. 또한 3부에서는 급격히 변화되는 미래사회를 하나로 묶을 블록체인을 소개하는데 이 기술은 탈중앙화되어 모든 관계된 개인에게 제공되고 그렇게 함으로써 오히려 보안성을 강화시킨다. 이와 같은 새로운 가치생산이 지금도 만들어지고 있다. 이 부에서 독자는 이러한 무궁한 가치생산에 걸림돌이 되는 규제와 법률의 답답함을 해소하고 나아가야 할 미래의 방향을 제안하여 정부와 시장의 기능과 역할을 제시하고자 노력한 흔적들을 살필 수 있다.

오늘날 우리는 융합의 시대를 벗어나서 살 수 없는 호모 모빌리언스(Homo Mobilians)가 되어버린 지 오래다. 본서에서 소개한 융합형 발전 결과에 10년 혹은 20년 후쯤의 내 생활 모습이 담겨져 있다는 것을 확신한다는 말로서 추천을 갈음한다.

2018년 6월 6일

대한미래융합학회 회장/정부 4차산업혁명위원회 전문위원/조선대학교 특임교수 박용덕

들어가는 글

대한민국형 융합 혁신에 대해 고민해보자

현재 대한민국 경제의 문제점은 기업의 양극화가 심화되고 기존 기업들의 성장동력이 한계를 보임에도 새로운 동력이 나타나지 않고 있다는 것이다.

특히 대기업과 중소·중견기업 간의 하청관계로부터 발생되는 양극화는 물론, 중소·중견기업 간의 하청관계에서도 양극화가 발생하고 있다. 대기업 하청을 받는 1차 협력업체는 하도급 계약에 대한 정부 관리감독으로 일정 부분 매출을 유지할 수 있지만 1차 벤더 하청을 받는 2차 벤더는 정부 관리 밖에 있어 불공정한 계약을 맺는 경우가 많아 매출과 영업 이익이 급감하고 있다. 이 때문에 2차 벤더에서 1차 벤더로, 1차 벤더에서 다시 중견기업으로, 그리고 대기업으로 진입하는 '성장 사다리'가 흔들리고 있다. 이를 바로잡기 위해서는 중소·중견기업이 스스로가 혁신을 통해 성장동력을 키워 자생할 수 있어야 하지만 말처럼 쉬운 일은 아니다. 대기업에 비해 중소·중견기업은 혁신활동을 하기 위한 기반과 역량이 부족한 경우가 대부분이기 때문이다. 중소·중견기업이 혁신활동을 할 수 있고 성과로 이어질 수 있도록 기업, 정부, 정부출연 연구소의 융합적 협력이 필요하다. 교육·법률 제도, 육성정책 등 거시적인 관점에서 이 문제를 바라볼 필요가 있다. 또한 대기업에서도 ICT 기반으로 산업을 넘나드는 상상과 융합적 지식을 통해 혁신을 이뤄 새로운 성장동력을 만들어내야 한다.

정부와 언론은 매일같이 4차 산업혁명을 외치고 있다. 이처럼 시대적으로도 중대한 시기에 대한민국이 마주하는 이슈들을 해결하기 위해 산학연 전문가들과 대한민국형 융합 혁신에 대해 심도 깊은 논의를 하고자 대한미래융합학회에서는 '융합의 시대' 프로젝트를 진행하게 되었다.

이 책에서는 미래 융합 학문 및 기술교류를 목적으로 설립된 '대한미래융합학회' 소속의 대표 지식인 27인이 대한민국이 마주할 미래에 대한 국가전략을 제시하며, 바이오헬스케어, ICT 스마트 테크놀로지, 법률 제도 및 산업육성 세 가지 파트로 나누어 해당 분야 이슈에 대한 학자와 실무자들의 목소리를 동시에 담았다. 독자들이 이 책을 읽으면서 오늘날 대한민국이 겪고 있는 성장통을 넘어서 한 단계 도약하기 위해 다문학적 융합에 대해 함께 고민하는 시간이 되었으면 하는 바람이다.

감사나 인정을 받지 못할 때가 더 많지만 대한민국 산업 발전과 혁신을 위해 묵묵히 주야로 일하고 있는 기업가, 연구자, 정책담당자는 대한민국의 자산이자 미래이다. 이들을 응원하고, 융합을 키워드로 한 프로젝트가 독자들에게 긍정적인 자극이 되기를 희망한다. 마지막으로, 대한민국의 미래를 고민하며 기꺼이 참여해준 공동 저자들에게도 감사를 표한다.

2018년 1월

프로젝트 책임

삼성전자 연구원 이원섭

차 례

이 책에 참여한 사람들/iv
추천의 글/x
들어가는 글/xii

1부 바이오헬스케어

01. 건강 100세 시대, 의료의 새로운 패러다임 의료 IDX • 김승환 ___ 3
02. 개발도상국에서 찾는 헬스케어의 명분과 실리 • 이우영 ___ 21
03. 면역치료제, 그 시장을 잡아라 • 이준식 ___ 37
04. 유라시아 의학센터로 통일을 대비하라 • 차윤엽 ___ 47
05. 약학정보시스템, 거대한 데이터베이스를 잡아라 • 남윤진 ___ 61

2부 ICT 테크놀로지

01. 제2의 브로드밴드를 통한 도약이 필요하다 • 이정효 ___ 71
02. 시공간 Tech와 Mobility, 그리고 우리의 현재 • 편석준 ___ 87
03. 4차 산업혁명의 핵심은 빅데이터 • 박천웅 ___ 103
04. 빅데이터 산업의 열쇠, 개인정보 • 이래형 ___ 121
05. 보안과 해킹 • 하민수 ___ 141

06. 인간과 로봇이 공존하는 미래사회 • 김덕환 _____ 161
07. 미래 자동차, 무너지는 시장의 경계 • 이정열 _____ 181
08. 디지털 시대의 비즈니스 트랜스포메이션 • 김용우 _____ 197
09. 차세대 산업 허브, 드론 • 정동재 _____ 221
10. 레그테크를 활용한 규제 준수 및 금융포용과 소비자 보호를 위한 혁신 • 정민철 _____ 237
11. 블록체인 시대의 가치를 창출하는 과정 • 유현재 _____ 245

3부 법률 제도 및 산업육성

01. 인공지능에 관한 제반 법적 과제 • 범경철 _____ 271
02. 인공지능과 사회제도 • 조경국 _____ 281
03. 교육제도의 진화 • 김윤수 _____ 293
04. 스타트업 육성정책 • 장지영 _____ 309
05. 규제 갈라파고스를 극복하라 • 안성훈 _____ 331
06. 변화하는 고용시장엔 개인 맞춤 서비스가 필요하다 • 송성희 ___ 351
07. 암호화폐 기술에 대처하는 규제 방향성 • 김지연 _____ 369
08. 암호화폐에 대한 과세논의와 향후 예측 • 채용현 _____ 391

09. 아날로그의 나라, 일본의 암호화폐 • **최가영** _____ 411

찾아보기/442

바이오헬스케어

PART 1

01 건강 100세 시대, 의료의 새로운 패러다임 의료 IDX
한국전자통신연구원 SW 콘텐츠연구소 바이오의료 IT 연구본부장 **김승환**

02 개발도상국에서 찾는 헬스케어의 명분과 실리
연세세브란스의료원 연구원·의사 **이우영**

03 면역치료제, 그 시장을 잡아라
조선대학교 해양생물연구교육센터 교수 **이준식**

04 유라시아 의학센터로 통일을 대비하라
상지대학교 한의학과 교수 **차윤엽**

05 약학정보시스템, 거대한 데이터베이스를 잡아라
중앙대학교 약학대학 약학연구소 연구원 **남윤진**

01 건강 100세 시대, 의료의 새로운 패러다임 의료 IDX

한국전자통신연구원 SW 콘텐츠연구소 바이오의료 IT 연구본부장 **김승환**

의료 IDX가 새로운 패러다임이다

최근 제4차 산업혁명에 대한 논의가 한창이다. 제4차 산업혁명은 IoT$^{Internet\ of\ Things}$, 인공지능, 빅데이터, 사이버 물리 시스템$^{Cyber\text{-}physical\ System\ ;\ CPS}$, 로봇공학 등 혁신적인 기술을 통해 사람과 사물, 그리고 공간이 서로 연결되고 지능화되어 산업구조와 사회시스템에 변혁이 이루어지는 만물 초지능 혁명이라고 한다. 제1차 산업혁명이 기계로 인력을 대체해 생산성의 급격한 향상을 가져왔고, 제2차 산업혁명이 전기에너지를 기반으로 한 컨베이어 시스템을 통한 대량생산 혁명이라면, 제3차 산업혁명은 컴퓨터와 인터넷 등 IT 기술을 통한 지식정보 혁명이라고 할 수 있다. 제4차 산업혁명은 여기에 덧붙여 기술이 사회에 내재되어 초연결과 초지능을 통한 효율성의 획기적인 향상이 이루어지며, 지식유통속도의 혁신, 디지털 지능을 통한 혁신, 산업구조와 다양성의 혁신, 사회와 삶의 혁신 등 산업구조뿐만 아니라 사회, 경제, 문화 등 전 영역에 걸쳐 거대한 변화를 가져올 것으로 전망된다.

IDX 전략

이러한 제4차 산업혁명에 대응하기 위해서는 디지털이라는 강력한 도구에 지능을 더한 '디지털 지능'을 확보하고, 시스템과 밀접하게 결합시켜 전혀 새로운 방식으로 작동하는 '디지털 지능 시스템'으로 변화시켜야 한다. 이를 IDX$^{Intelligent\ Digital\ X\text{-}formation}$라고 할 수 있으며, IDX는 클라우드를 기반으로 하는 값싸고 엄청난 성능의 컴퓨팅 파워를 바탕으로 IoT를 통해 모든 것에 감각지능을 심어 모바일로 서로 연결하고 인간이 의식하지 못했던 세상의 움직임을 빅데이터로 포착하여 인공지능을 통해 예상되는 문제들에 선제적으로 대응하게 하는 전 산업 생태계의 디지털 지능화이다. 민간영역뿐만 아니라 공공영역에 이르는 전 국가사회시스템의 개혁 및 지능정보사회 실현이라고 할 수 있다. IDX는 제조, 유통, 농수산, 생활, 교통, 에너지, 금융, 의료, 교육, 안전, 복지, 환경, 행정, 국방 등 전 산업영역에 걸쳐 이루어지는 디지털 지능 4차 산업혁명이라고 할 수 있다.

의료 IDX

의료 분야의 IDX는 디지털 헬스케어로 추진되고 있으며, 의료영역에 ICT가 융합되어 헬스케어의 혁신을 이루어 내는 것으로 의료와 ICT$^{Information\ and\ Communication\ Technology}$의 융합이라고 할 수 있다. 이를 통해 지능화된 의료, 각 개인의 특성을 반영한 맞춤의료인 정밀의료, 일상적인 건강관리가 가능한 유헬스, 모바일 헬스케어 등이 이루어질 것이다. 의료 IDX를 이용해 모든 국민에게 양질의 헬스케어 서비스를 언제 어디서나 제공 가능하게 되며, 의료 IDX는 건강한 삶, 건강 100세 시대를 열어 가는 초석이 될 것이다.

헬스케어 글로벌 동향

헬스케어의 미래 비전에 대하여는 Frost & Sullivan이 2016년 11월에 발간한 『Vision 2025 — The Future of Healthcare』에서 여러 측면으로 전망을 하고 있다. 이러한 전망을 기반으로 헬스케어 세계 흐름에 대하여 논의해보자.

헬스케어 산업은 고령화에 따른 수요 증가와 기술의 발전으로 급격한 변화를 겪고 있다. 수명 연장은 노인 인구의 증가를 가져오고 있는데, 전 세계 인구 중 60세 이상 인구 비율이 2000년 10%에서 2015년 12%, 2025년 15%, 2050년 22%로 늘어날 것으로 예상하고 있으며, 특히, 우리나라는 65세 이상 인구 비율이 14%를 넘어 고령사회에 이미 진입하였고, 2026년에는 20%를 넘어 초고령사회가 될 것으로 전망되고 있다. 또한 평균 수명도 거의 2년에 1년씩 엄청난 속도로 늘어나고 있으며, 이러한 노인 인구 증가는 헬스케어 서비스에 대한 수요를 크게 증가시키고, 이를 충족시키기 위한 효과적이고 효율적인 해결방안을 요구하고 있다.

ICBM[IoT, Cloud, Big Data, Mobile]과 인공지능으로 대변되는 ICT 기술의 발전은 제4차 산업혁명이라는 새로운 혁신을 이끌고 있다. 이러한 흐름은 헬스케어 산업에도 중대한 영향을 미치며, 헬스케어 패러다임의 변화를 야기하고 있다. 이러한 흐름에 따라 헬스케어 분야에서도 유헬스, 웰니스, 힐링, 홈케어, 스마트 헬스케어, 모바일 헬스케어, 디지털

▲ 새로운 형태의 헬스케어

헬스케어, 웨어러블 헬스케어, e-Health, Tele-Health, Telemedicine 등 다양한 이름으로 ICT와 의료·헬스케어의 융합을 기반으로 하는 새로운 형태의 헬스케어에 대한 모색이 있다.

지금까지의 헬스케어는 하나의 방법이 모두에게 적용되는 one-size-fits-all 방식의 접근방법이었다. 예를 들면, 특정 증상이 나타나는 환자에게는 증상을 완화하기 위해 같은 방식의 치료가 행해졌다. 하지만 최근의 헬스케어는 개인에게 특화되는 방식으로 제공하려고 하고 있으며, 개인화된 의료를 제공하기 위한 노력이 이루어지고 있다. 개인의 유전적 특성, 생활습관, 약물 반응의 차이 등 개인의 특성을 고려하여 최적화된 형태의 맞춤형 헬스케어를 제공하려는 시도이다.

헬스케어 정보의 활용에 있어 아직까지 대부분의 헬스케어 제공자들은 환자의 진료정보를 비롯하여 건강검진 데이터, 일상생활에서 얻어지는 다양한 라이프로그 데이터 등 건강에 관련된 헬스케어 정보를 모으는 것에 집중하고 있다. 정보의 흐름이 한 방향으로 흐르는 일방적인 방식이며, 데이터 또한 파편화되어 있다. 그러던 헬스케어 정보의 흐름에서 환자의 건강 데이터로부터 의미를 찾으려는 시도가 이루어지고 있으며, 이러한 시도는 임상 의사결정에 도움을 주고, 헬스케어 환경에서 여러 이해관계자들 간의 정보 흐름을 통합적인 양방향으로 이루어질 수 있도록 변화시키고 있다.

헬스케어 서비스는 의사와 병원 등 서비스 제공자를 중심으로 하는 공급자 중심 형태에서 서비스를 제공받는 개별 환자나 개인 등 서비스 소비자를 중심으로 환자의 건강 개선과 편의성을 중요시하는 소비자 중심 형태로 점차적으로 바뀌어 가고 있다. 앞으로 헬스케어 서비스는 임상 결과의 개선을 최우선으로 하는 환자 중심 모델이 일반화될 것으로 전망되며, 전체 인구의 건강 개선을 목적으로 헬스케어 서비스를 제공하는 인구집단 건강·보건Population Health에 초점을 맞춘 헬스케어 임상 모델이 나타나고 있다. 또한 지역사회의 건강 개선을 위한 다양한 서비스가 개발되고 있다.

현재 질병의 치료는 증상에 대한 반응 치료에 초점을 두고 있는데, 반응성 건강관리는 질병의 상태나 증상에 대응하여 치료하는 것이다. 예를 들어 열이 나고 몸이 아파서 아침에 일어난다면 의사를 방문하여 증상에 대한 진단을 받고, 의사의 진단에 따라 몸이 감염과 싸울 수 있도록 항생제를 처방받는 방식이다. 이러한 치료는 증상에 대한 대응을 하는 방식이며, 치료 전달 모델이 세분화되고 전문화되어 있다. 이러한 반응 치료는 질병의 진단과 치료에 초점이 맞춰져 있는데 앞으로는 질병의 예방과 관리로 변화하는 헬스케어 패러다임 변화에 따라 예방과 건강이 중요시되는 예방 치료로 전환될 것으로 예상된다. 결과적으로 치료 옵션이 보다 협업적이고 공유되는 모델로 바뀔 것이며, 건강을 건강할 때 지키는 웰니스 케어가 활발히 이루어질 것이다.

식품의약품안전처는 유헬스케어 등 새로운 형태의 헬스케어 서비스를 위한 가이드라인을 발간하고 있으며, 웰니스 케어를 활성화하기 위해 기존의 의료기기에 대한 품목 판단에서 사용 목적에 따라 의료기기에 대한 판단을 달리하는 방식으로 변화해 가고 있다. 또한 의료기기에 대해서도 위험성에 따라 규제를 완화하는 방식으로 정책이 변화하고 있다. 건강관리용 모바일 앱에 대해서도 목적과 위험성에 따라 의료기기로 규제를 할 것인지 여부를 판단하고 있으며, 유전체 분석에 대해서도 개인에게 서비스할 수 있도록 규제를 완화하고 있다. 건강보험 급여 등에 있어서도 절차 기반 모델에서, 가치 기반 환경에서 완벽한 치료 경로와 임상 결과를 기반으로 한 진료모델로 발전하고 있다. 헬스케어 산업은 기본적으로 규제산업이며, 공보험이 중요한 역할을 하는 산업이다. ICT 기술이 헬스케어에 융합되면서, 이러한 규제와 보상도 헬스케어 트렌드 변화에 맞춰 진화하고 있으며, 궁극적으로 국민들의 건강 수준을 향상시키고 높은 수준의 헬스케어 서비스를 제공하기 위한 방향으로 변화해 가고 있다.

헬스케어 산업의 진화 방향

가치 기반 치료, 환자의 소비주의적 요구 및 기술의 지속적인 발전은 의료 생태계와 결합하여 획기적인 형태의 헬스케어 제공방식을 가져올 것이다. 지금까지의 헬스케어는 증상에 대하여 증상을 완화시키는 대중적 방식으로 제공되어 왔다. 이러한 방식의 헬스케어는 원인을 제거하지 못하기 때문에 원천적인 해결방법이라고 하기가 어려우며,

질병의 예방을 위한 방안을 마련하는 데도 한계를 가지고 있다. 이러한 헬스케어 제공방식이 질병의 병인에 대한 포괄적 이해로 옮겨가고 있으며, 치료의 성과를 중요시하는 결과 기반 접근법으로 헬스케어가 재정의되고 있다. 헬스케어 제공이 오진, 처방전 오류 및 잠재적으로 환자의 치료 결과에 나쁜 영향을 줄 수 있는 문제들을 제거하는 방향으로 변화하고 있고, 약물의 상호작용으로 인해 발생하는 부작용을 제거하기 위한 약물상호작용분석시스템 등 임상의사결정지원시스템과 인공지능을 기반으로 하는 다양한 진료지원시스템의 발전으로 발생할 수 있는 오류를 줄이려는 시도가 이루어지고 있다.

이전에는 의사에게만 제공되던 헬스케어에 관련된 지식정보가 이제는 환자, 환자 가족, 헬스케어 제공자뿐만 아니라 일반 국민 모두에게 제공되고 있다. 인터넷에 각종 의료정보가 넘쳐나고 있으며, 환자들의 모임들에서 다양한 치료 경험이 공유되면서 의료지식 정보가 널리 공유되고 있다. 또한 건강 관련 정보를 기반으로 서비스를 해주는 다양한 앱들이 나오고 있으며, 이러한 헬스케어 관련 지식의 공유가 질병의 예방과 치료 및 건강 증진에 도움을 주고 있다.

앞으로 환자의 헬스케어 서비스 선택은 물건을 구매할 때 이루어지는 구매 결정과 비슷한 방식으로 이루어질 것이다. 환자는 의사와 병원의 선택, 진료절차의 결정 및 치료 계획 등 자신의 헬스케어 서비스 프로세스를 결정할 때 적극적인 역할을 하기에 이르렀다. 헬스케어 서비스의 주도권이 이제 병원과 의사에서 환자와 개인으로 옮겨오기 시작하고 있다. 의사나 병원, 헬스케어 서비스 사업자가 제공하는 헬스케어 서비스의 품질, 비용 등이 환자가 쉽게 접근할 수 있는 채널을 통해 공개되고, 서비스에 대한 환자들의 리뷰와 이를 통한 서비스의 등급 등이 일반인들에게 공개되면서 환자는 이를 바탕으로 헬스케어 서비스 제공자와 건강관리 종사자를 선택할 수 있게 된 것이다.

헬스케어 서비스가 1년 365일, 하루 24시간 언제나 가능하게 된다. 현재도 24시간 병원이 있지만, 진료가 병원에서 이루어진다는 한계를 가지고 있다. 헬스케어 서비스는 이러한 한계를 극복하여 언제나 환자가 있는 곳에서 제공될 것이다. 환자가 병원에 가지 않더라도, 환자가 집에 있거나, 사무실에 있거나, 또는 여행 중이라도 환자가 있는 위치에 관계없이 헬스케어 서비스를 제공받을 수 있게 된다.

유전체 정보뿐만 아니라 진료기록, 건강검진 기록, 일상생활습관 기록 등 다양한 건강정보가 빅데이터로 구축되고 이를 분석할 수 있는 도구들이 개발되면서 질병이 발생하기 전에 질병에 대한 예방 및 예방조치를 취할 수 있게 되며, 질병 발생 가능성을 예측할 수 있게 된다. 기존의 근거 기반 헬스케어 서비스가 제공했던 평균적 진단 및 치료를 넘어 헬스케어 서비스가 개인의 유전적 구성, 환경, 생활양식 및 건강상태 등 환자의 개별적인 다양성에 맞춰 개인 맞춤형으로 제공된다. 치료효과를 극대화하고, 인공지능, 로봇 등의 기술 발전으로 헬스케어 프로세스가 자동화되어 수동적인 개입 없이 진단 및 치료 서비스가 제공된다. 측정, 검사, 판독, 진단, 처방, 치료 등 헬스케어 전 영역에 걸쳐 자동화가 이루어지며, 오류 없는 헬스케어 제공이 가능해진다.

미래 의료서비스

IoT, 빅데이터, 클라우드, 모바일, 인공지능 등 ICT 기술의 융합으로 의료서비스의 패러다임이 변화하고 있다. 개인별 치료효과의 차이

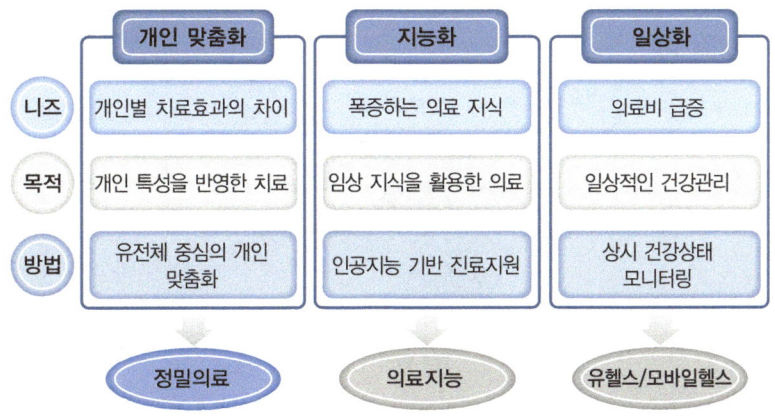

▲ 의료서비스의 패러다임 변화 방향

를 극복하기 위해 개인의 특성을 반영한 개인 맞춤 정밀의료가 추진되고, 폭발적으로 증가하는 의료지식의 효과적인 전달을 통해 진료 수준을 향상시키기 위한 인공지능 기반 영상판독지원시스템, 임상의사결정지원시스템 등 진료지원시스템이 도입되어 진료현장에서 실제 활용되기 시작하였으며, 급증하는 의료비 완화를 위해 상시적인 건강상태 모니터링을 통해 일상적인 건강관리를 지원하여 질병을 예방하고 만성질환을 효과적으로 관리할 수 있는 유헬스, 모바일 헬스 등 다양한 IT 기반 건강관리 서비스가 나타나고 있다.

ICT 분야의 기술 발전은 헬스케어 분야에도 큰 영향을 미치고 있다. 의료기기 분야에서는 ICT 융합을 통해 의료기기를 고도화하거나 혁신적인 의료기기를 만들어 내고 있고, 의료서비스 분야에서는 병원에서만 제공되던 헬스케어 서비스를 ICT 건강관리 서비스로 변화시켜 나가고 있다. 병원 정보화 분야에서는 정밀의료를 지원하는 차세대 병원정보시스템이 개발되는 등 진료의 효율을 높이기 위한 다양한 시

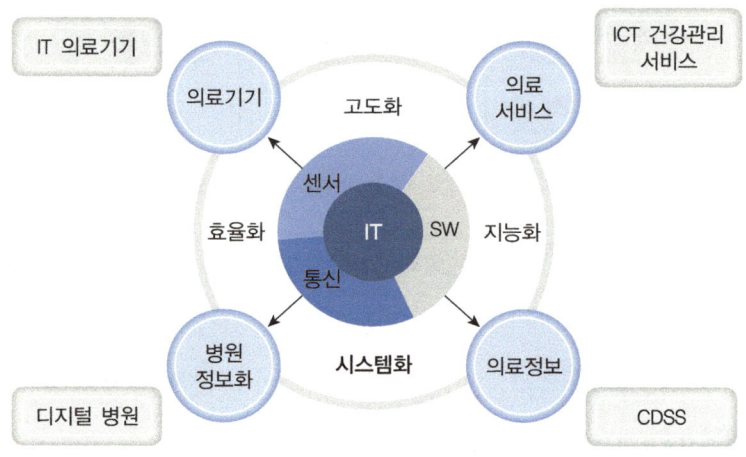

▲ 의료 ICT 융합

도들이 이루어지고 있다. 의료정보 분야에서는 병원이나 개인건강기록Personal Health Record ; PHR을 통해 쌓이고 있는 건강정보의 의미 있는 활용을 위해 다양한 시도가 진행되고 있으며, 인공지능 등의 기술을 활용하여 임상의사결정지원시스템Clinical Decision Support System ; CDSS에 대한 연구개발도 활발히 이루어지고 있다. ICT 융합을 통해 헬스케어는 고도화되고, 효율화되며, 지능화되고, 시스템화되어 가고 있으며, ICT로 연결된 헬스케어 생태계가 만들어지고, 개인 맞춤형 정밀의료와 인구집단의 건강과 보건에 대한 향상 및 웰니스 케어가 이루어지고 있다.

연결된 헬스케어 생태계

다양한 헬스케어 도구들과 기술들을 통합하고 조정하여 끊김이 없는 헬스케어 서비스 전달이 가능하도록 연결된 헬스케어 생태계가 만들어지고 있다. IoB$^{\text{Internet of Bio-things}}$를 통해 웨어러블 디바이스와 임플란트 디바이스로부터 다양한 생체정보를 측정하고, 스마트 디바이스로 저장·관리하며, 홈 메디컬 디바이스를 통해 가정 내에서 건강을 관리하고, 커뮤니티 기반의 건강관리 서비스와 서로 연결된 헬스케어 서비스 제공이 가능한 생태계가 만들어지고 있다.

정밀의료는 병원에서 측정한 검사기록, 환자의 병력, 영상진단기록, 활력징후 데이터와 문진정보 등 건강기록과 만성질환 정보, 웨어러블 또는 개인용 측정장비로 측정된 각종 생체정보, 복약정보, 유전체 정보, 식이, 운동 등 라이프스타일, 기온, 날씨 등 환경정보, 교육, 사회활동, 경제적 수준 등 사회학적 정보 등 개인의 건강과 웰빙에 영향을 미치는 각종 데이터를 통합 분석하여 개인 맞춤형 진단 및 치료를 하는 것으로 미래 의료서비스의 지향점이 되고 있다.

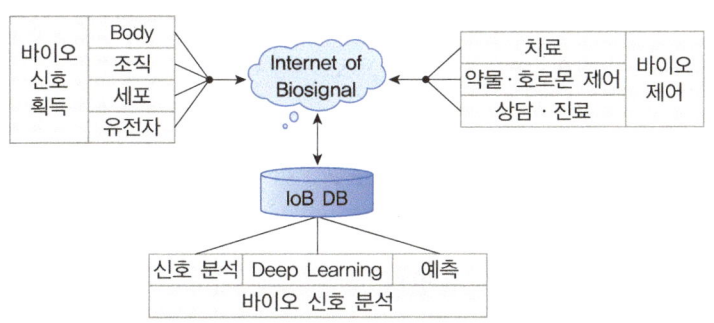

▲ IoB 개념도

인구집단 건강 · 보건$^{\text{Population Health}}$

인구집단 건강·보건은 전체 인구의 건강을 향상시키는 것을 목표로 하는 건강에 대한 접근법이다. 인구집단 건강의 목표를 달성하는 데 중요한 우선순위는 건강의 사회적 결정요인에 의한 다른 인구집단 간의 건강 불평등 또는 불균형을 줄이는 것이다. 건강의 사회적 결정요인에는 사람이 태어나고 자라면서 생존하는 동안 기능하는 모든 요소 사회적, 환경적, 문화적, 물리적, 즉 잠재적으로 인류의 건강에 측정 가능한 영향을 미치는 모든 요소가 포함되어 있다. 인구집단 건강 개념은 헬스케어의 관심이 개개인의 수준에서 인구집단으로 초점이 바뀌었음을 나타내고 있다.

웰니스 케어

헬스케어 패러다임이 질병을 진단하고 치료하는 것에서 예방하고 관리하는 것으로 변화하면서 건강한 생활을 유도하여 건강을 증진시키는 웰니스 케어에 대한 관심이 커지고 있다. 웰니스 케어는 아래와 같은 주제로 의료환경에 적용될 것으로 기대된다.

- **환자에게 직접 제공되는 진단도구** : 혈압, 혈당 등 질병과 관련된 생체정보를 측정할 수 있는 일련의 진단 테스트를 환자가 직접 할 수 있는 형태로 제공될 수 있다.
- **쉽게 이용할 수 있는 개인화된 분석** : 건강 대시 보드를 통해 개인의 건강 개요를 제공하고 다른 사람들과 비교하며, 건강을 증진할 수 있는 방법을 제시할 수 있는 도구를 제공한다.
- **SNS를 통한 식이 선택 및 추천** : 또래 집단은 개인의 식단 선택에 서로 영향을 미치는데, 이를 활용하여 개인의 건강한 식생활을 장려하는 도구를 제공할 수 있다.

운동 정보 공유 : 만성질환 환자를 위한 기업 웰니스 케어 프로그램은 기업 내 종사자들에게 운동에 대한 인식을 확산시키고 임상적 운동 요구사항을 충족시켜 체력 수준을 향상시키며, 이를 기반으로 기업 내 다른 사람들에게도 적합하도록 동기부여를 할 수 있다.

스마트 헬스케어 산업 국내 현황

스마트 헬스케어 산업이 활성화되지 못하고 있는 이유와 활성화시키기 위해 어떤 문제들을 해결해야 되는지 분석한 보고서가 2016년 6월 산업연구원에서 『스마트 헬스케어 산업의 사회경제적 효과와 정책적 시사점(저자 최윤희·황원식)』이라는 제목으로 발간되었다. 이 보고서는 다양한 관점에서 현재 상황의 문제점을 제시하고, 이를 해결하기 위해서 무엇을 해야 되는지를 제시하고 있다. 이를 바탕으로 몇 가지 말하겠다.

우리나라는 고령화에 따라 급증하는 의료비에 대한 국가적 대응이 시급한 상황으로 OECD 주요국 중 의료비용 부담이 가장 빠르게 증가하고 있다. 특히, 국가 의료비 중 생활습관병 비중이 높아 예방을 위한 건강관리의 중요성이 커지고 있으나 만성질환의 치료와 관리는 열악하여 국가 보건의료체계 혁신이 시급하다.

우리나라에서는 의료 IDX를 위한 투자가 주로 기술 공급을 통해 이루어지고 있어 생태계 활성화나 산업 혁신을 위한 수요 확대 정책은 미흡하다. 정부의 R&D 투자도 부처별로 따로 투자가 이루어지고 있어 투자 역량과 자원이 분산되고 파편화되어 정책의 시너지를 기대하기 어렵다. 또한 의료산업의 이해당사자 간 갈등을 해결하고 새로운 헬스케어의 사회적 수용성을 높이기 위한 정책이 효과를 내지 못하고 있으며, 낮은 사회적 수용성은 연구개발과 시범사업을 통해 얻어진 성과를 사회경제적 효과로 전환시키는 데 장애가 되고 있다. 법·제도적 환경 조성은 여전히 부족하며, 시장의 진입장벽도 인허가 등의 문제로 높아 기업의 시장 참여에 장애물이 되고 있고, 투자 또한 부진한 상황이다.

또한 ICT를 기반으로 건강관리 서비스를 제공하는 전문기업이 의료영역으로 진입하기가 매우 어렵다. 관련 법 제·개정이 지연되고 규제장벽으로 인해 새로운 산업이 육성되지 못하고 있으며, 이 때문에 관련 기업들이 글로벌 경쟁력을 갖추는 데 많은 시간이 소요되고 있다. 건강·의료정보 활용 촉진, 기기의 인허가 및 관리, 제품 및 서비스의 비용 지불 등의 법·제도가 마련되지 않아 산업생태계 활성화를 지연시키고 있다.

최근 정부는 의료 ICT 기업이 헬스케어 데이터를 활용할 수 있도록 정부 주도로 건강 빅데이터 구축과 활용을 위한 정책을 마련하였으며, 웰니스 기기에 대한 인허가 규제 완화 등 산업육성을 위한 노력이 진행 중이다.

의료 ICT 융합 산업은 아직 초기 단계로 연구개발에 종사하는 인력의 비중이 높으며, 전문인력이 부족한 상황이다. 또한 기업들 대부분이 특허 보유 역량 확보에 노력하고 있다. 국내 시장이 활성화되지 못해 해외진출을 진행 중이거나 계획 중인 기업이 많으며, 많은 기업들이 다양한 ICT 기반 건강관리 서비스 사업화를 추진하고 있으나 아직은 수익이 크게 발생하지 않고 있다.

제도적으로 받쳐주지 못하는 현실

우리나라는 저출산과 수명의 빠른 증가로 인해 세계적으로도 매우 빠른 고령화 추세를 보이고 있다. 2015년 기준 65세 이상 인구가 전체 인구의 13%를 넘어섰고, 이런 추세로 계속 증가할 경우 2060년에는 40%를 넘을 것으로 예상하고 있다. 대한민국의 의료비 가계부담은 OECD 국가 중 세 번째로 높아 2015년 기준 전체 의료비의 36.8%를 가계가 부담하고 있다. 이에 반해 건강보험, 산재보험, 장기요양보험 등이 포함된 공공재원의 지출 비중은 56.4%로 OECD 회원국 평균인 72.5%보다 많이 낮아 하위권에 속한다. 고령인구와 만성질환자 증가에 따른 의료비 급증을 해결하기 위해 ICT 기반의 새로운 헬스케어 서비스가 질병 예방 및 관리를 효율화하기 위한 방안으로 논의되고 있다. 또한 ICT 기반 헬스케어에 대한 정부 R&D 투자와 효과성을 검증하기 위한 시범사업이 단계적으로 이루어지고 있으나, 기존 의료시스템과의 조화를 위한 법적·제도적 장치가 부족하고 사회적 수용성을 높이기 위한 정책이 제대로 추진되지 못하고 있는 상황이다. 주요국가들이 ICT 기반 헬스케어 지원정책을 시행하여 시장을 선점하고 있는 가운데, 국내에서는 관련 법의 제·개정이 지연되어 산업 경쟁력이 약화되고 있고 초기 시장 창출을 위한 인센티브 제도가 없어 초기 기업이 시장진입에 어려움을 겪고 있다.

의료 IDX를 위해 필요한 건강정보의 수집과 관련하여 개인정보 보호에 대한 요구가 증대되고 있다. 또한 개인 의료정보의 가치가 높아짐에 따라 개인 건강정보에 대한 관심도 높아지고 있다. 그러나 의료 IDX를 통한 헬스케어의 변화는 건강정보의 수집 및 보관, 활용방식을 크게 변화시키게 될 것으로 보인다. 예를 들면 다양한 헬스케어 디바이스에서 자율적으로 정보가 수집되고, 편의성이 극대화되어 사용자가 인식하지 못하는 상황에서 건강정보가 수집되어질 수 있다. 이렇게 수집된 데이터의 활용을 위해 정보 주체로부터 사전동의를 받는 것에 현실적인 제한이 생길 수 있고 개인정보 처리자의 유형이 다양해지면서 여러 정보처리자가 동일한 정보를 처리해야 하는 경우가 발생하여 개인정보 처리 책임 소재가 불명확해질 수 있다. 또한 빅데이터 기반의 정보 활용으로 개인정보의 목적 외 이용 가능성이 커지고 시장참여자 간의 협업 증가로 개인정보 공유 및 국외 이전이 빈번히 발생할 수 있다.

우리나라는 개인정보보호법이 강화되어 있어 규제 수준이 높은 국가로 평가받고 있다. 특히 익명화 조건과 관련하여 의료정보의 특성이 반영되지 못하는 상황으로, 강한 규제로 인해 ICT 헬스케어 산업의 글로벌 경쟁력이 약화되고 규제 준수에 대한 부담이 큰 스타트업은 시장 진출에 어려움을 겪고 있으며, 의료융합산업에 따른 이용자 편익 증진이 순조롭게 이루어지지 않고 있다. 보다 폭넓은 논의를 통해 건강정보의 보호와 활용에 대한 조화가 필요한 시점이다.

현재 IBM 인공지능 왓슨이 국내 병원에 도입되어 암 환자의 치료 방법 결정에 활용되고 있다. 의료 분야에서의 인공지능 활용은 치료 효율성이 개선되고 의료서비스에 대한 신뢰성이 제고될 것이라는 기대로 많은 관심을 받고 있고 주요 선진국에서는 많은 투자가 이루어지고 있다. 그러나 국내는 아직 관련 전문인력과 기술 역량이 부족한 상황이다.

의료 IDX 생태계를 활성화해야 한다

　의료 IDX의 필수요소인 건강·의료 빅데이터의 수집, 활용, 보호, 관리 등에 대한 법·제도 개선이 필요하다. 건강·의료 빅데이터 수집, 활용, 보호, 관리를 위한 인프라를 확보하고 활용을 촉진할 필요가 있다. 이를 위해서는 건강·의료 정보 활용 및 보호에 대한 대국민 인식 제고가 필요하며, 개인정보에 대한 권리와 책임에 대한 기준, 의료정보에 특화된 익명화 등 정보보호 방안, 의료정보 활용범위에 관한 기준 등을 명확히 할 필요가 있다. 또한 개인 건강·의료 정보에 대한 소유권, 이용권, 관리권 규정을 명확히 하고 관리체계를 마련할 필요가 있다. 그밖에도 건강·의료 정보의 표준화 방안 및 민감정보 분류 기준이 필요하다.

　의료 IDX를 통해 새롭게 등장하는 건강기기 및 서비스에 대한 인허가 제도의 정비도 필요하다. 혁신적인 ICT 융합 의료기기 및 소프트웨어와 새로운 형태의 건강관리·의료서비스에 대한 인증 형태, 인증 항목, 인증 기준 등 인허가 제도와 관리체계 구축이 필요하다. 나아가 의료 IDX 기기 및 서비스 기업에 대한 국가 인증 시스템 도입도 검토될 필요가 있다. 인허가 및 시험 인증에 대한 전문인력 양성도 필요하다.

　스마트 헬스케어 기술 경쟁력 확보를 위해 전략기술에 대한 R&D 투자 확대도 필요하다. 병원, 공공보건의료기관, 연구소, 기업 등과의 협력을 통해 건강·의료 빅데이터를 구축하고, 빅데이터 활용 촉진을 위한 개방적이고 유연한 플랫폼 운영이 필요하다. 바이오센서와 ICT 등이 융합된 편의성이 극대화된 고기능 측정기기의 개발과 의료 IDX의 핵심 자원인 건강정보 관련 플랫폼 및 분석도구 개발, 건강·의료 빅데이터를 활용한 진료지원시스템, 건강관리 서비스 비즈니스 모델 등 ICT 융합과제 지원을 강화할 필요가 있다.

건강관리용 웨어러블 기기, 치료 및 진단을 목적으로 하는 의학적 앱, 인공지능을 활용한 진단지원시스템 등 의료 IDX에 따라 새로운 제품과 서비스가 나타남에 따라 기존의 시장 점유자와 신규 시장 진입자 간의 수익 배분, 가격 책정 등에 관한 논의가 필요하며, 이에 대한 공공 및 민간의 지불기준 마련이 필요하다. 사회적 합의과정을 통해 의료 IDX에서 발생하는 사회경제적 효과로 창출되는 수익에 대한 배분방안을 마련하고, 제품 생산자, 소비자, 서비스 제공자, 보험 등 지불자와 같은 다양한 이해당사자들이 의료 IDX로 인한 수익을 어떻게 배분할 것인지에 대한 논의가 필요하다. 사회경제적 효과에 대한 추정치를 기반으로 새로운 제품 및 서비스에 대한 합리적 수준의 가격 및 의료수가, 인센티브 제공 등을 통해 혁신적인 신규 기업의 참여를 유도하고 의료 IDX 생태계를 활성화할 필요가 있다.

의료 IDX는 국민을 건강하게 하고 비용을 절감하여 국가재정에도 긍정적인 효과를 줄 수 있다. 의료 IDX가 추진되면 상당한 생산유발 효과를 발생시켜 사회경제적 효과가 매우 클 것이며, 신성장동력 창출과 함께 의료비용 절감을 통한 복지 확대로 선순환 구조가 가능하다.

02 / 개발도상국에서 찾는 헬스케어의 명분과 실리

연세세브란스의료원 연구원 · 의사 이우영

앞으로 다가올 4P 의료

지난 50년간 의료는 전염성 질환 관리, 면역학, 외과수술 등의 분야에서 획기적인 성과를 거두었다. 하지만 고객 중심적 시스템과 새로운 기술의 등장으로 현재 헬스케어는 이전과 다른 모습으로 변화

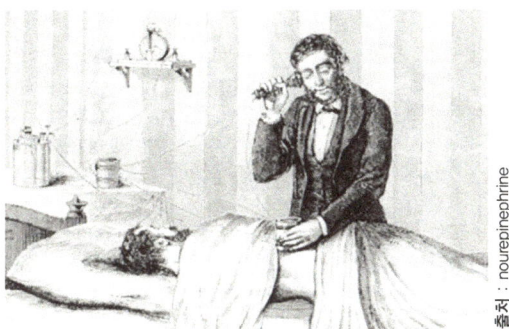

▲ 1816년 처음 청진기를 개발한 프랑스 내과의사 라에넥(Rene Theophile Hyacinthe Laennec, 1781~1826)

출처 : nourepinephrine

하고 있다. 특히 인공지능$^{Artificial\ Intelligence}$, 가상현실$^{Virtual\ Reality}$, 무선통신기술$^{mobile\ connection}$, 유전학^{Genomics}과 데이터 분석기술$^{Data\ Analytics}$이 의료의 혁신을 이끌고 있다.

앞으로 다가올 의료의 변화를 흔히 4P 의료라고 한다.

바로 Predictive^{예측의학}, Preventive^{예방의학}, Precision^{정밀의료}, Participatory^{참여의료}이다.

예측의학 Predictive Medicine

개인의 유전정보와 환경에 대한 반응 정도를 통해 주요질환에 걸릴 확률을 추정한다. 여배우인 안젤리나 졸리가 유전자 검사를 통해 유전성 유방암의 원인이 되는 BRCA1, BRCA2 유전자 변이를 찾아낸 후 예방적으로 수술을 받은 것이 예가 될 수 있다.

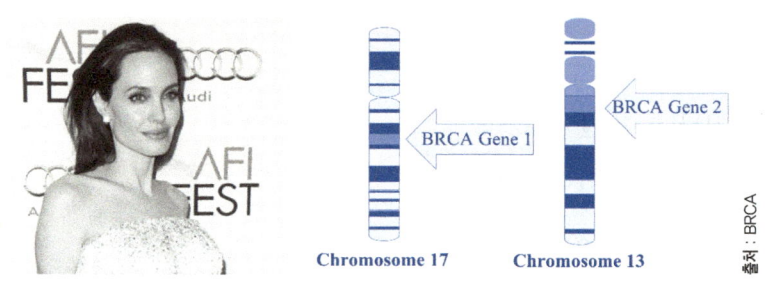
▲ 여배우 안젤리나 졸리와 BRCA 유전자 변이

예방의학

예방의학 Preventive Medicine 은 건강의 유지와 질병 예방에 중점을 둔 의학의 한 분야이다.

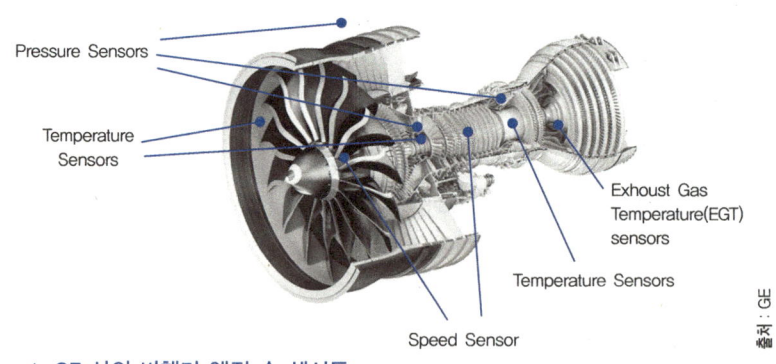
▲ GE 사의 비행기 엔진 속 센서들

예방의학을 비행기 엔진에 비유하여 설명해보자. GE 사의 비행기 엔진에는 250가지의 센서가 위치한다.

엔지니어는 이 센서들을 이용해 비행 중 온도, 압력, 진동, 베어링 등의 상태를 실시간으로 측정하여 엔진 상태를 원격으로 모니터링한다. 만약 감지된 수치가 정상 범위를 벗어나면 미리 엔진을 수리하여 대형 사고를 사전에 예방하는 것이다.

이러한 원리가 의료계에서는 어떻게 적용될 수 있을까?

미국의 메이요 클리닉Mayo Clinic이 설립한 앰비언트 클리니컬 애널리틱스Ambient Clinical Analytics는 질병 발생을 예측하는 서비스를 제공한다. GE사의 비행기 엔진 속 센서들이 실시간으로 엔진 상태를 확인하듯이 환자 데이터를 분석한다. 즉, 환자에게 치명적인 패혈성 쇼크와 인공호흡기 관련 폐손상을 예측하는 것이다. 중환자실의 환자가 치명적인 상태에 이르기 수시간 전에 미리 예방적인 조치를 취할 수 있다.

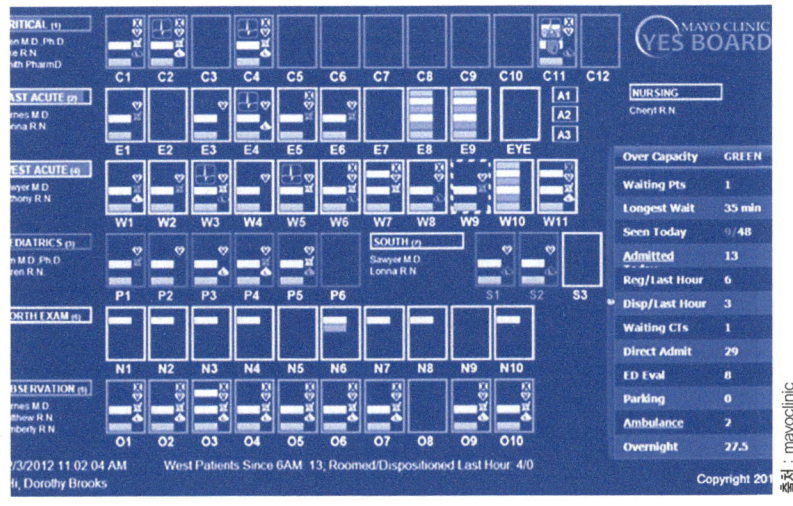

▲ 앰비언트 클리니컬 애널리틱스(Ambient Clinical Analytics)의 질병 발생 예측 서비스

정밀의료

정밀의료Precision Medicine란 개인의 유전체 정보 및 진료 정보를 고려한 개별 환자의 특성에 맞는 맞춤의료이다.

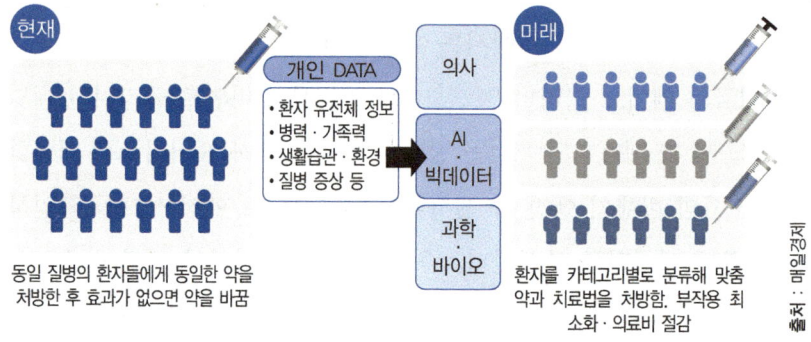

▲ 개별 환자의 데이터를 이용한 맞춤의료서비스인 정밀의료 개념도

정밀의료Precision Medicine의 개념은 우리에게 더 친숙한 맞춤의료Personalized Medicine라는 용어로 존재하였다.

정밀의료가 우리에게 더 가까이 다가온 계기는 무엇일까?

바로 유전체 염기서열 해독Sequencing 비용의 하락이 정밀의료의 실현을 앞당겼다고 볼 수 있다. 유전체 해독비용은 휴먼 게놈 프로젝트Human Genome Project가 완성될 무렵인 2000년대 초에는 1억 달러에 달했다. 그러나 불과 10년 만에 5,000달러로 저렴해졌다. 2015년 10월에는 1,245달러까지 가격이 조정되어 일반인들도 쉽게 사용하게 되었다.

빅데이터를 분석할 수 있는 기술도 한몫을 했다. 인간의 유전체는 생식세포를 기준으로 약 30억 개의 염기서열로 이루어져 있고, 이를 분석하기 위해서는 대량의 데이터를 처리하는 기술이 반드시 뒷받침되어야 하기 때문이다.

참여의료

참여의료Participatory Medicine는 의료서비스의 수동적인 소비자였던 환자가 능동적으로 진단 및 치료 과정에 참여하는 것을 말한다.

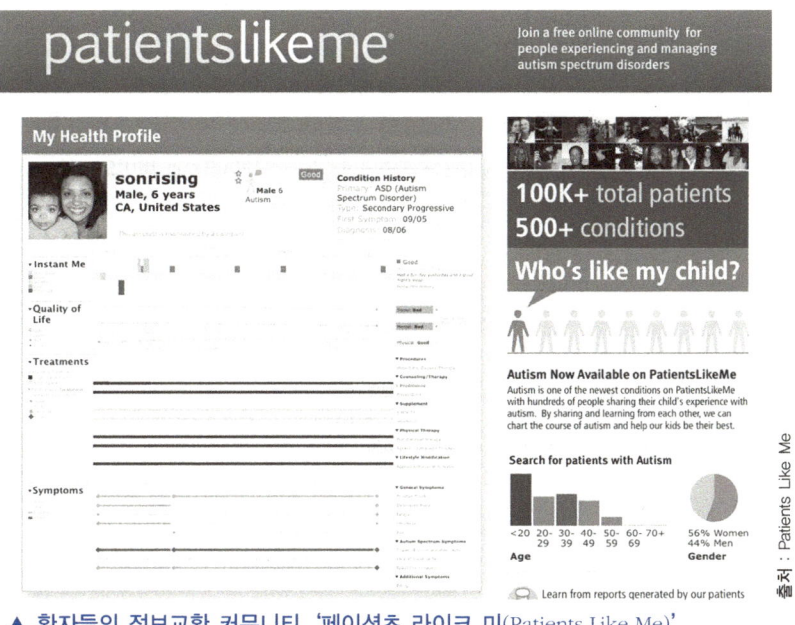

▲ 환자들의 정보교환 커뮤니티 '페이션츠 라이크 미(Patients Like Me)'

참여의료의 예로 '페이션츠 라이크 미Patients like me'를 들 수 있는데, 이 서비스는 창업자의 형제가 루게릭 병에 걸려 정보를 얻기 위해 만든 커뮤니티 사이트로 시작하였다. 2004년 루게릭 병에 대한 환자가족들의 정보교환 사이트로 시작하여 2011년부터는 모든 질병을 다루고 있다. 현재 40만 명의 환자가 이용하며, 2,300개의 질병정보가 수록되어 있다.

거대한 변화에 있는 의료기술

의료는 이미 거대한 변화를 시작하였다.

오른쪽 그림은 디지털 헬스케어 투자회사인 ROCK HEALTH가 발표한 미국 내 Digital Healthcare 분야에서 투자액수별 구분이다. 유전자 분석과 빅데이터 분석, 웨어러블 장치와 원격의료 분야에 대한 투자가 상위에 랭크되어 있는 것을 볼 수 있다.

 $410M 유전체와 염기서열

 $341M 빅데이터 분석

 $312M 웨어러블과 바이오센서

 $287M 원격진료

 $268M 디지털 메디컬 디바이스

 $198M 집단 보건

▲ 가장 많이 펀딩된 헬스케어 카테고리

출처 : ROCK HEALTH

이 중에 빅데이터 분석을 통한 예측의료를 살펴보자. 데이터 학습을 통한 예측은 어떻게 활용될 수 있을까?

우선 중환자실에서 집중치료를 받고 있는 환자의 상태를 미리 예상하고자 하는 노력이 필요하다.

중환자실은 급성 기능부전이 있는 환자를 수용하여 24시간 체제로 집중적으로 치료를 하는 곳이다.

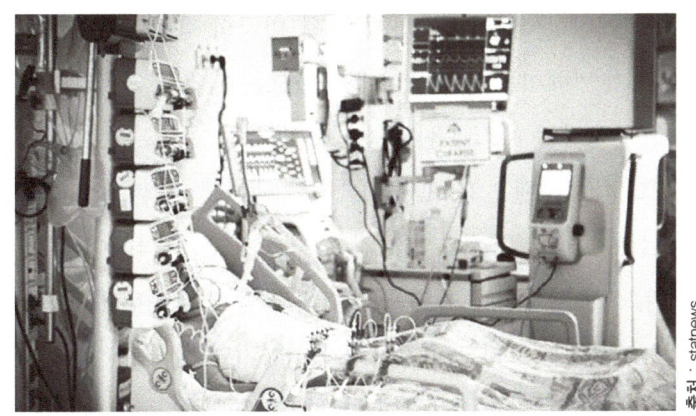
▲ 환자의 생체징후를 측정하기 위한 다양한 센서들이 있는 중환자실

일반적인 중환자실에서는 개별 환자에 대한 수많은 정보가 침상 옆 모니터에 나타난다. 이러한 데이터는 정상 범위에 있을 경우 일정 시간 보관 후 사라지게 된다.

지금까지는 의사와 간호사가 이러한 데이터 중 일부를 빠르게 확인·해석하여 결정을 내리는 것이 중요하였다. 하지만 의료진이 초당 발생하는 수천 가지의 데이터를 실시간으로 파악하는 것은 현실적으로

▲ 다양한 환자 데이터를 취합해 의료진에게 알려주는 에모리 대학 병원 e-ICU Center

2. 개발도상국에서 찾는 헬스케어의 명분과 실리 | 27

어렵다. 이러한 문제를 해결하기 위해 미국의 에모리 대학병원$^{Emory\ University\ Hospital}$에서는 중환자실에서 나오는 다양한 환자 데이터를 실시간으로 분석하는 시스템을 운영하고 있다.

에모리 대학병원은 IBM, EME$^{Excel\ Medical\ Electronics}$ 사와 공동으로 개발한 소프트웨어를 통해 실시간 환자 정보를 분석하여 환자상태를 예측한다. 소프트웨어를 통해 정상범위의 생체 데이터에서 일정한 패턴을 찾는 것이다. 그리고 환자상태가 나빠지기 전에 미리 위험 징후를 의료진에게 알려준다. 이와 같이 빅데이터 분석을 통한 예측의학은 이미 의료현장에서 사용되고 있다.

세계 정부들의 움직임

우선 미국 정부의 규제 개선에 대해 살펴보자. 오바마 전 미국 대통령은 2015년 정밀의료계획$^{Precision\ Medicine\ Initiative\ ;\ PMI}$을 발표한 바 있다. 2017년 7월 28일 FDA는 'Digital Health Innovation Action Plan'이라는 혁신적인 계획을 발표한다. 궁극적으로 환자에게 도움을 주기 위해 규제방법을 혁신적으로 개혁하겠다는 것이다.

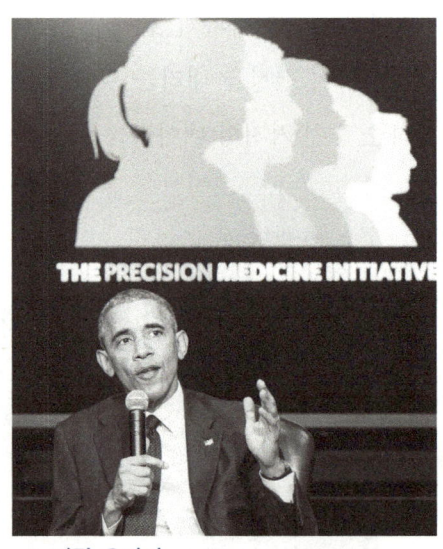
▲ 버락 오바마

FDA는 사전심사를 통과한 회사에 대해 출시 제품의 규제를 간소화하기로 하였다. 즉, 인증된 회사의 디지털 헬스케어 제품의 경우 인허가를 대폭 간소화해 시장 진입을 돕겠다는 것이다. 인

▲ FDA의 'Digital Health Innovation Action Plan'

증된 회사는 일단 시장에 신제품을 출시하고 그 후에 안정성에 대한 데이터를 획득하여 제출한다. 이렇게 되면 사전 인증을 받은 기업은 제품 출시까지 걸리는 시간을 획기적으로 줄일 수 있다.

이웃 일본 정부의 경우 인허가를 담당하는 의약품의료기기종합기구Phamaceuticals and Medical Device Agency ; PDMA의 체제를 강화하였다. 2015년에는 혁신성이나 대상 질환의 위독성이라는 기준으로 '선구적 심사지정 제도'를 만들었다. 이 제도를 적용받은 품목의 심사기간은 기존의 1년에서 6개월로 단축시켰다.

규제 개선과 더불어 일본 정부의 움직임 중 주목할 점은 일본 의료기술을 전 세계로 수출하기 위해 노력하는 점이다. 일본 정부는 일본이 2035년까지 달성해야 할 주요목표 중 하나로 글로벌 헬스케어를 명시하였다. 이를 위해 일본 정부는 헬스케어 분야에서 2030년까지 5조 엔 해외시장을 목표로 수출지원을 강화하고 있다. 구체적으로 살펴보면 해외에 일본식 거점의료센터를 14개소(캄보디아 응급센터, 중국재활센터, 방글라데시 일본식 종합병원, 인도네시아 일본식 클리닉 등) 설립하였다. 특히 중국, 인도 등 시장 규모가 큰 국가에 중점을 두고 있다.

일본의 간병·요양 의료 서비스 해외진출 사례

	주요사업	기업/의료법인
중국	• 중국 山東省의 기업집단인 新華錦 그룹과 합작회사를 설립, 靑鳥에서 유료 요양원을 운영 (161실)	Longlife Holdings
	• 방문 요양·인재 육성(2011년 8월~, 大連), Day Service를 비롯한 요양복합시설(2012년 2월~, 大連), 유료 요양원(40실, 2012년 6월~, 大連), 유료 요양원(1,000실, 2012년 4월~, 瀋陽市(운영수탁), Staff 교육(2012년 4월~, 일본 국내 및 현지)	위즈넷(Wis-Net)
	• 유료 요양원(500실, 2010년 10월~, 大連 교외)	Comfort life 생활서비스 시스템
	• 소규모 재택 요양(2012년 9월~, 北京), 유료 요양원(100명 정도 수용, 上海), 고령자 주택(요양서비스 제공) (22실, 2012년 6월~, 방콕)	리에이(Riei)
	• 고령자 주택(요양 서비스 제공)(120실, 2015년 운영개시 계획, 上海)	세콤 의료시스템
	• 일본의 재활의료 기술과 관련 제품을 패키지 형태 진출	의료법인 지센카이(慈泉会)
	• 일본식 고령자 서비스(간병, 고령자 주택 등) 사업	JCG Cooperation
	• 치매환자 간병서비스(그룹 홈, 방문간병 등) 전개	메디컬 케어 서비스
	• 수면 시 무호흡 증후군 진료서비스 제공	의료법인 이노우에(井上) 병원
	• 재생의료 실용화 프로젝트	Japan Tissue 엔지니어링
아세안	• (베트남) 생활습관병 예방을 위한 일본식 진료센터	드림 인큐베이터
	• (베트남) 일본식 출산 의료서비스 제공 추진	의료법인 키쇼카이(葵鐘会)
	• (베트남·미얀마) 원격영상진료·연수센터 구축	학교법인 국제의료복지대학
	• (인도네시아) 암 환자 대상 화학요법센터 조사 사업	캐피털 메디카
	• (미얀마) 긴급의료서비스 실증조사	MS&AD 기초연구소
	• (미얀마) 일본식 종합병원 설립과 의료 제공	국제의료연계기구
	• (베트남) E-러닝을 활용한 간병인재 육성 프로젝트	일본시스템사이언스

인도	• 일본식 고도 방사선 의료지원 네트워크	일본 미츠비시 중공업
	• 가정용 의료기기/간이의료기기 보급촉진 프로젝트	(株) 타니타

출처 : 해외시장정보, 「4차 산업혁명 시대, 일본의 의료헬스케어 산업」, KOTRA(2016)

위의 표는 일본 요양 의료서비스의 수출사례이다. 일본은 고령화로 인한 의료, 요양 보호 서비스 수요가 급증할 것으로 예상되는 중국을 비롯한 아시아 국가들을 중심으로 재활, 요양 보호 서비스를 수출하고 있다. 많은 아시아 국가들이 고령화가 예상되지만 의료공급체계가 부족한 상황을 정확히 파악한 전략이다.

대한민국 정부의 대응방안

지혜와 융합, 헬스케어 산업의 국제화, 규제의 간소화, 이 세가지를 강조하고자 한다.

첫 번째는 각 분야 전문가들의 지혜의 융합이 필요하다는 점이다. 우리는 지난 50년보다 향후 5년의 기술 변화가 더 클 것으로 예측되는 시대에 살고 있다. 의료의 혁신에 있어 모든 것을 다 아는 전문가인 구루GURU는 아직 존재하지 않는다. 혁신을 위해서는 다양한 학문 분야 전문가들의 상설 네트워크가 필요하다. 의료 소비자인 환자들의 필요를 잘 아는 의료인이 참신한 아이디어를 가지고 있다고 가정하자. 이를 디자인하고 시제품을 만들고 산업화하는 데는 많은 전문가들과의 협업이 필요하다.

필자는 미국 케이스 웨스턴 리저브 대학의 무선의료 프로그램에서 연구교수로 일을 했었다.

▲ 다양한 분야의 엔지니어들과의 협업을 장려하는 미국 케이스 웨스턴 리저브 대학 무선의료 프로그램(Wireless Health Program, Case Western Reserve University) 전경

당시에 '세계 간암 발생 1위 국가인 몽고의 원인 조사' 프로젝트를 진행하며 퀄컴Qualcomm과 마이크로소프트MicroSoft의 다양한 엔지니어들과 협업을 했었다. 이때 깨달았

▲ 컨설팅 중인 필자와 탄자니아 의료진, 탄자니아 무하스 국립병원(MUHAS Medical Centre)

던 것이 독립된 기술들이 서로 융합되어 상승작용을 일으킬 때 우리가 직면한 여러 가지 문제들을 해결할 수 있다는 점이다.

두 번째는 헬스케어 산업의 국제화이다. 필자는 컨설팅을 위해 여러 개발도상국들의 병원을 방문하며 열악한 의료환경을 눈으로 확인하였다.

이것은 반대로 그만큼 혁신적인 의료기술에 대한 수요가 많다는 것을 의미한다. 예를 들어 우리나라와 비슷한 인구를 지닌 탄자니아의 경우 신경외과 의사가 5명에 불과하다.

▲ 동아프리카 최대의 현대식 병원 탄자니아 무하스 메디컬 센터(MUHAS Medical Centre)

    다른 한편으로 개발도상국가에서 모바일 통신 사용량이 급격히 증가하고 있다. 국민 대부분이 유선전화시대를 건너뛰어 바로 3G 무선통신시대를 체험하고 있다. 의료시설의 절대부족으로 이들은 혁신의 필요성을 가지고 있다. 또한 네트워크 인프라 또한 빠르게 개선되고 있다.

    앞서 살펴본 일본 정부의 글로벌 헬스케어에 대한 지원을 언급하지 않더라도 개발도상국을 대상으로 한 혁신 의료 지원사업은 우리의 역량을 증대시킬 수 있는 기회이다. 강조하고 싶은 점은 지금까지 개발도상국을 위한 의료기기와 인프라 중심의 지원이 이루어졌다면 앞으로는 현지의 부족한 소프트웨어를 보강하는 데 중점을 두어야 한다는 점이다. 특히 환자 모니터링과 진단을 도와주는 임상의사결정지원시스템Clinical Decision Support System, 이하 CDSS이 좋은 예가 될 것이다. CDSS는 환자로부터 얻어진 임상정보를 통해 진단과 치료의 의사결정을 도와주는 시스템이다. 이전에는 처방된 약물의 부작용을 경고하는 데 그쳤다면 최근 인공지능을 이용하여 조수 역할에서 조언자로 발전하고 있다.

▲ D-Tree international의 CDSS를 이용해 말라위의 지역보건요원

　의사가 부족한 국가에 CDSS를 통한 지원사업은 현지의 실질적인 필요를 충족하며 우리의 기술력을 확인하는 기회가 될 것이다.

　세 번째는 규제의 간소화이다. 의료에 관한 기술은 국민의 건강을 담보로 하므로 철저한 검증이 필요하다. 하지만 아무리 뛰어난 아이디어를 실현시킨다 해도 검증에 많은 시간이 소요된다면 다른 국가와의 경쟁에서 우위를 갖기 힘들다. 우리나라에서는 첨단 의료기기가 개발되면 3가지 절차를 밟는다. 우선 식품의약품안전처에서 안전성에 대한 승인을 받는다. 다음은 건강보험심사평가원에서 건강보험 적용 여부에 대한 확인을 받는다. 끝으로 한국보건의료연구원에서 신의료기술 평가를 받는다. 이 절차가 1~2년 정도 걸리는데 새로운 기술이 위 절차를 거치면 오래된 기술이 되어 버리는 것이다. 이에 대해 정부는 2016년 위의 3가지 절차를 통합·운영하기로 결정하였다. 1~2년 걸렸던 기간이 최대 13개월까지 단축되어 2~3개월 만에 상용화할 수 있는 길이 열린 것이다. 앞으로가 기대되는 이유이다.

과거에서 지혜를 빌리다

융합을 통해 사회의 문제를 해결하고 국가의 번영을 가져온 좋은 사례가 있다. 우리가 잘 알고 있는 18세기 영국의 산업혁명은 기술혁신을 통해 사회와 경제에 큰 변화를 가져왔다. 이 산업혁명을 가능하게 한 핵심 그룹은 루나 소사이어티Lunar Society이다.

가로등이 없었기 때문에 매달 보름달이 뜨는 날 모임을 가졌다고 해서 루나 소사이어티라고 불렸다고 한다. 당시 엄격한 신분제의 영국 사회에서 이들은 계층을 뛰어넘어 아이디어를 교환하고 지식을 공유하는 모임을 가졌던 것이다. 당시 멤버들은 의사였던 에라스무스 다윈Erasmus Darwin, 도자기 사업가인 조사이어 웨지우드Josiah Wedgwood, 화학자 조셉 프리스틀리Joseph Priestley, 증기기관 기술자인 제임스 와트James Watt 등이었다.

이처럼 다양한 전문가들의 지식의 융합은 사업적으로 유용한 아이디어로 발전하였다. 결국 이들이 사업화에 성공한 증기기관을 통해 영

▲ 18세기 영국 산업혁명의 도화선이 된 루나 소사이어티

국은 세계의 공장이 되었고 18세기 말 영국은 세계에서 가장 부유한 국가가 되었다.

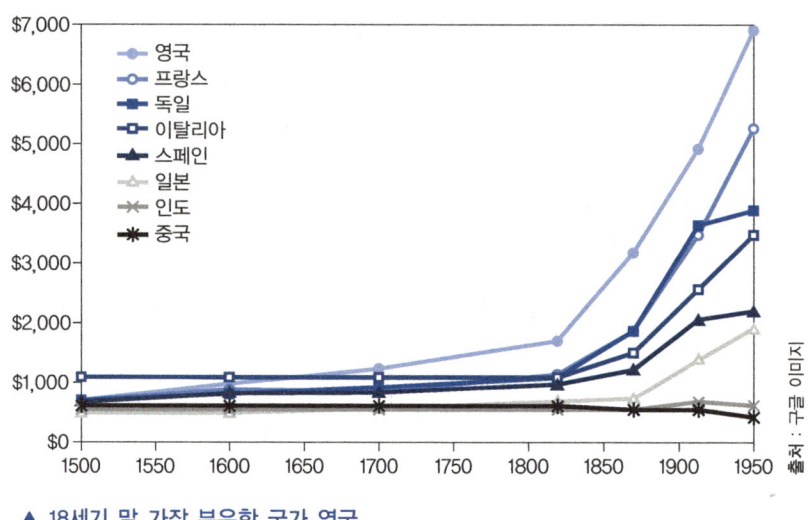

▲ 18세기 말 가장 부유한 국가 영국

루나 소사이어티의 회원들은 새로운 시도들을 두려워하지 않았다. 필자는 대한민국의 각 분야 전문가들의 융합을 통해 혁신적인 결과물이 나오길 기대한다.

03 / 면역치료제, 그 시장을 잡아라

조선대학교 해양생물연구교육센터 교수 **이준식**

성장세가 두드러지는 면역치료제 시장

면역반응이란 특정한 내·외부인자 등에 대하여 생명체가 나타내는 방어기작을 말하며 일반적으로 생명체는 외부에서 유래된 병원체 또는 내인성 단백질 등에 대하여 정상적인 신체반응을 유지하려고 한다. 이러한 면역반응의 체계에 혼란이 야기되면 감염성 질환, 자가면역질환 등 다양한 면역질환이 발생하게 된다. 면역치료제^{면역질환치료제}는 면역반응을 조절하여 앞서 언급한 자가면역질환이나 감염성 질환에 대하여 개선효과를 나타낼 수 있는 치료제 역할을 하는 의약품을 일컫는다.

최근에는 단순 박테리아성, 바이러스성 감염질환과 류마티스 관절염, 아토피성 피부염, 건선 등 자가면역질환 외에도 종양, 당뇨병, 혈관질환 등의 다양한 질환들이 면역체계의 혼란에 의해 유발되는 것으로 알려져 폭넓은 의료 분야에서 면역치료제를 활용한 치료방법이 점차 확대되는 추세이며, 이러한 면역치료제 시장은 기능에 따라 크게 면역억제제, 증상완화제, 면역조절제로 분류할 수 있다.

면역학의 발달은 질병치료와 진단에 크게 기여하였을 뿐만 아니라 1901년 노벨 생리의학상을 수상한 에밀 아돌프 폰 베링^{Emil Adolf von Behring}의 혈청치료법 개발을 시작으로 다양한 면역인자들의 조절을 통한 치료법들이 개발되고 있다. 면역조절치료제를 세분화하면 사이토카인Cytokine, 백신Vaccine, 면역증강제Immunoadjuvants, 면역억제제Immunosuppressive drug 등이 있으며, 이 4대 기술 분야의 주요 핵심인자를 중심으로 기술들이 발전하고 있다.

    치료 분야별 약제비 지출과 성장률을 살펴보면 2016년에는 자가면역질환이 451억 달러로 일곱 번째 시장 규모를 보였으나, 2011년부터 2016년까지 시장의 성장세를 살펴보면 18.2%로 두 번째로 높은 성장률을 보였다. 또한 2021년까지 향후 5년간의 고성장률을 보일 치료 분야의 첫 번째인 항암제는 항암면역치료제 개발의 증가로 지속적인 성장률을 보일 것으로 예상되며, 2016년 약제비 지출에서 일곱 번째였던 자가면역질환 분야는 2016년부터 2021년까지 급격한 성장률을 보이며 2021년에는 세 번째로 큰 시장을 형성할 것으로 예상된다.

	지출 2016	2011~2016 성장률	지출 2021	2016~2021 성장률
종양	75.3	10.9	120-135	9-12
당뇨	66.2	16.4	95-110	8-11
자가면역	45.1	18.2	75-90	11-14
근육통	67.9	7.1	75-90	2-5
심혈관질환	70.5	-2.5	70-80	0-3
호흡기질환	54.4	3.4	60-70	2-5
항생 및 백신	54.4	2.5	60-70	2-5
정신건강	36.8	-5	35-40	(-1)-2
항바이러스성 EX-HIV	33.2	38.1	35-40	0-3
면역 결핍	24.6	11.5	35-40	6-9
기타	230.2	5.5	360-415	4-7

출처 : 한국제약바이오협회 정책보고서, 2017

면역치료제 시장은 암젠, 머크&컴퍼니, 노바티스, 로슈 등의 세계적 주요 제약사 위주로 성장이 견인되고 있으며 항체, 인터페론, 인터루킨, 백신 등의 연구개발에서 최근에는 면역세포 치료제 및 면역 체크포인트 조절 부분에 집중적으로 연구와 신약 개발이 이루어지고 있다.

고령화 시대와 증가되는 유해요소들에 의한 면역 관련 질환들의 발병률은 지속적으로 증가하는 추세이므로 이들 관련 면역질환치료제의 사용빈도 및 시장 확대로 인한 관련 산업 및 연구는 더욱더 발전할 것으로 예상된다.

공격적인 R&D 투자가 필요할 때

최근 급격한 성장세를 보이고 앞으로도 지속적인 성장 가능성을 가진 면역치료제 분야에 한동안 관심이 집중될 것으로 보이는 발표가 있었다. 미국 한 바이오 전문매체에서 선정한 2016년 올해의 15대 바이오 기업 중 7개 기업이 면역치료제 개발 분야에 주력하고 있어 면역치료제가 바이오의약품 분야에서 성장 가능성과 시장경쟁력이 높은 분야라는 것을 알 수 있다. 특히, 이번에 선정된 15개 바이오 기업은 신생 기업들이 주를 이루고 있는데 이는 면역치료제 분야에 대한 전 세계의 관심을 반영한 것이다.

다양한 산업 분야 중에서 제약 분야는 특히 R&D의 중요성이 많이 부각되는 분야이다. 기존에 국내 제약회사들은 대부분 제네릭을 중심으로 영업 및 판촉에 투자하는 추세였으며, R&D 비중이 2000년대 중반까지도 5%대에 머물러 있었다. 그 이후 지속적으로 R&D와 신약 개발 필요성을 느낀 제약회사들이 R&D 투자비를 늘리기 시작하였다. 한국보건산업진흥원의 연구보고서에 따르면 2016년 제약산업 R&D 비용은 전년도 대비 14.4% 증가하였으나 아직 8%대에 머물러 있다.

▲ 보건산업 제조업체 매출액 대비 연구개발비 비중 추이

이는 미국 제약회사들의 R&D 비용이 평균 18.3%인 것에 비해 매우 낮은 수치로 국내 제약회사들이 아직도 연구개발비용보다 영업비용, 판촉비용에 더 투자를 하면서 나타나는 현상으로 볼 수 있다.

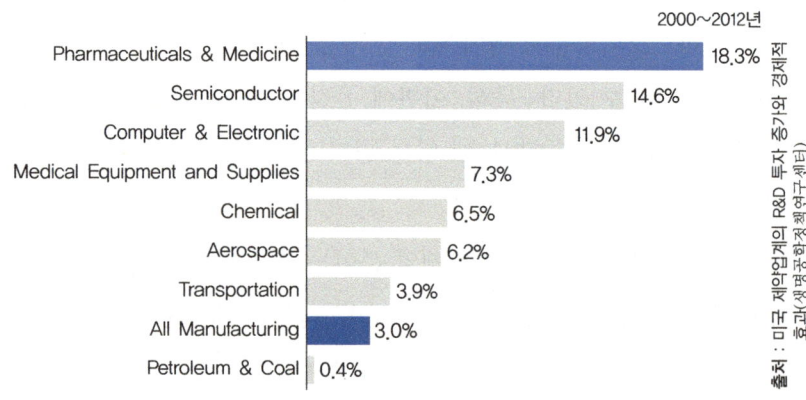

▲ 미국 내 산업별 매출액 대비 R&D 비용 비교

또한 국내 제약회사들의 R&D 재원은 94.6%가 자체연구개발비였으며, 5.4%는 정부재원으로 나타났다. 그에 반해 의료기기 분야의 연구개발비 현황은 81.4%가 자체부담, 18%가 정부재원으로 나타났다. 이를 보면 의료기기 분야의 매출액 대비 연구개발비 비중이 감소추세를 나타내는 것에 비해 정부재원의 연구개발은 증가하고 있고, 제약 분야의 매출액 대비 연구개발비 비중이 지속적으로 증가하는 것에 비해 정부재원의 연구개발비 지원이 낮다는 것을 알 수 있다.

국내 제약회사들이 앞으로 더욱더 자체연구개발에 집중해야 하는 이유로 최근 연구개발 분야에서 저력을 보여주고 있는 한미약품을 예로 들 수 있다. 한미약품은 1970년대 설립 이후로 지속적인 R&D 경영을 지속해 왔고 1989년에는 대한민국 기술수출 1호인 항생제를 개발하였으며, 1997년에는 면역억제제 기술을 수출한 성과를 보였다. 오랜 기간 R&D에 투자를 하는 것이 쉬운 일이 아니었으나 지속적으로 연구개발을 병행해온 한미약품은 현재 국내에서 2016년 기준 매출액 대비 18.4%나 연구개발에 투자를 하며 미국의 Novartis와 같은 회사와 비슷한 투자비율을 보였고 Pfizer나 Johnson & Jonson보다도 높은 매출액 대비 연구개발 투자비율을 보였다. 이러한 연구개발에 대한 투자가 다양한 신약을 개발하고 기술수출 성과를 올리고 있는 한미약품의 현재 모습을 이루었다고 볼 수 있다.

이처럼 최근 국내 제약회사들이 연구개발 비율을 늘리려고 노력하고 있으나 제약회사들은 정작 제약 분야에 실무능력을 갖춘 전문인력을 구하는 것이 어렵다고 말하고 있다. 이는 기초연구 결과를 응용연구 또는 개발로 이어가기 힘든 대학의 사정 때문인 것으로 보인다. 국가의 연구개발 과제가 응용연구와 연구개발에 집중되면서 대학에서도 많은 응용연구 및 제품 개발로 관심을 돌리고 있으나 국가 연구개발 과제의 짧은 기간으로 인하여 지속적인 연구개발과 공동연구가 어려운 실정이다. 이로 인하여 연구 분야가 특정되는 문제도 발생하고 있다. 면역치료제를 예로 들면 면역학 전공자, 제약학 전공자, 화학 전공자, 임상의 등 최소한 4팀 이상이 모여 융합과학을 하는 것이 쉽지 않을 뿐더러, 매년 학생을 배출하고 연구평가를 받아야 하는 대학의 입장에서는 장시간에 걸쳐 의약품을 개발하는 것이 매우 어렵다.

면역치료제산업 패러다임의 변화에 맞서라

국내 면역치료제산업은 대기업 중심이었던 구조에서 경쟁력 있는 기술력을 보유한 중소 및 벤처기업이 제품 개발 및 생산을 담당하는 새로운 패러다임으로 변화해 오고 있다. 이러한 구조의 변화는 신약 개발 측면에서 살펴본다면 다양하고 우수한 치료제 개발이 가능하다는 점에선 장점이겠지만 막대한 비용이 필요한 신약 개발비는 중·소기업 입장에서는 큰 부담이 될 수밖에 없다. 통상적으로 신약 개발에는 5천억 원에서 1조 원 정도의 비용과 10년에서 15년 정도의 기간이 소요된다고 알려져 있다. 더욱이 신약 개발은 성공 시 높은 수익이 보장되지만 막대한 투자비와 시간이 소요되는 반면 성공률은 매우 낮은 것이 현실이다. 이러한 이유에서 국내의 중·소형 제약회사들은 연구기술개발 결과를 기술이전 등을 활용하여 다국적 제약회사와 함께 신약 개발을 진행하고 있는 실정이다. 이러한 문제점을 인식하여 정부에서는 제약산업 경쟁력 강화 방안을 마련하여 실행해 오고 있으며, 제약산업을 신성장동력기술로 육성하기 위해 노력하고 있다. KISTEP에서 발표된

「2017년도 정부연구개발 투자방향과 주요 특징」 보고서를 보면 국가별 전체 연구개발비 비중이 2013년도와 2014년도를 기준으로 정부재원 비중 대비 미국 34.6%, 캐나다 48.6%, 유럽연합 35.5%, 우리나라 24%이며, 2016년은 정부예산 대비 1.1%의 낮은 예산 증가율을 보이고 있다. 이는 우리나라 전체 예산과 비교한다면 상대적으로 감소되었음을 나타내고 있으며, 정부 R&D 예산의 증가율은 지속적으로 감소하고 있는 추세이다.

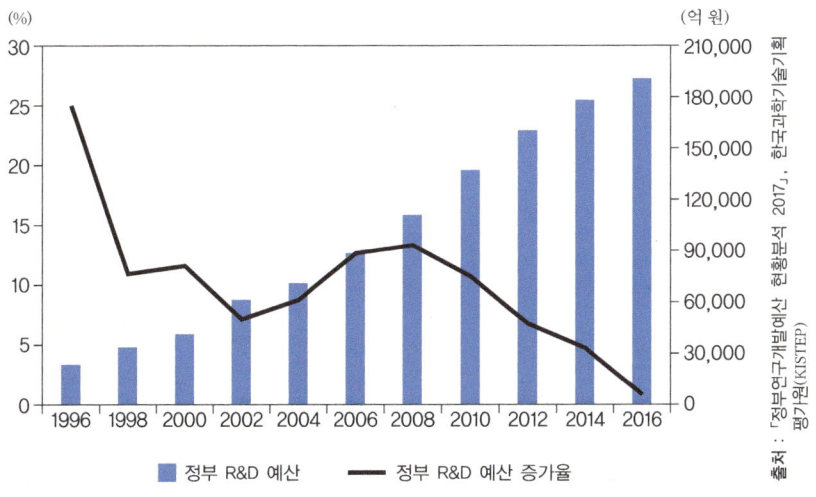

▲ 정부 R&D 예산 규모 및 예산 증가율(1996~2016)

하지만 이 보고서에 따르면 '2015~2019년 국가재정운용계획'에서 2017년부터 2019년까지 연구개발 예산은 1% 정도 지속적 추계하는 추세이며, 향후 발전을 기대할 수 있다.

이러한 연구개발 예산의 증액에도 불구하고 우리나라의 연구개발은 선진국들과 비교할 때 보건환경 분야보다 경제발전에 치우쳐 있음을 확인할 수 있으며 상대적으로 신약 개발 및 면역조절치료제 개발에 예산이 낮음을 알 수가 있다.

　　아래 그림에서 보여지는 바와 같이 미국과 영국의 경우 보건환경에 높은 연구개발 예산을 투자하고 있으며, 면역치료제 등 바이오의약품 시장을 선도하고 있는 기업의 대부분이 미국임을 고려해 볼 때 우리나라의 면역치료제 및 바이오 R&D 개발에 예산 증액이 필요하다.

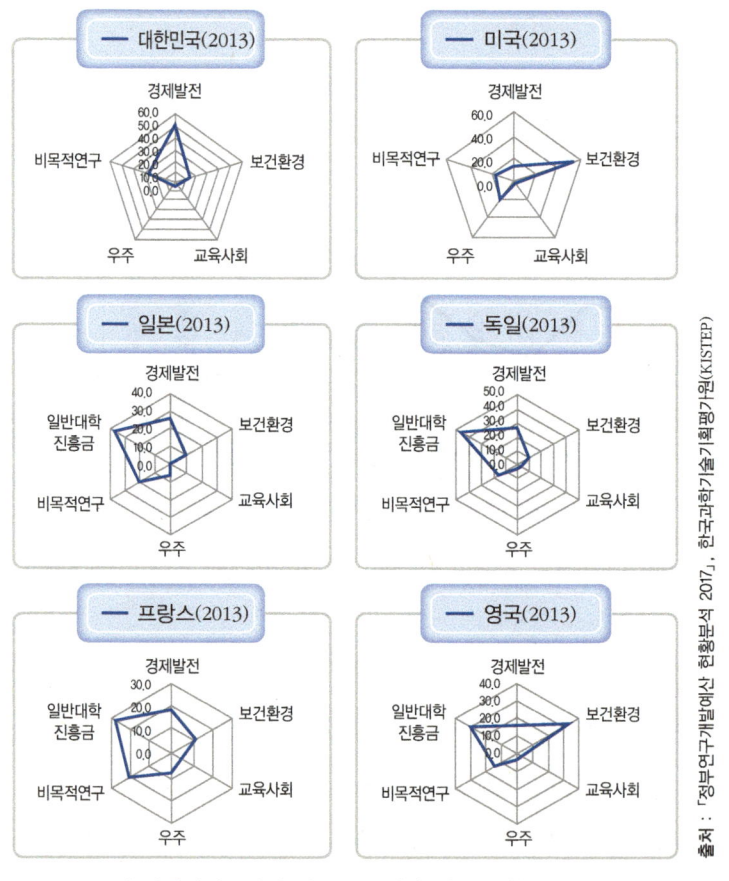

▲ 주요국의 경제사회목적별 정부 연구개발 예산 현황

이러한 환경임에도 우리나라 연구개발의 기술적인 측면을 본다면 연구진 및 연구환경은 우리나라가 선진국과 함께 어깨를 견주고 있다고 해도 과언이 아니므로 발전 가능성은 충분하다고 생각된다. 다만 얼마간 기다림의 시간이 필요할 뿐이다.

'융합' 면역치료제 발전의 기폭제

현재 면역치료제의 발전을 더욱 도모하기 위해서 약학, 면역학의 학문 분야만이 아닌 타 학문 및 산업과의 융합이 중요한 화두가 되고 있다. 더욱이 융합된 학문과 함께 산학협력이 이루어진다면 앞으로의 발전 가능성은 배로 증가된다고 할 수 있다. 산학협력을 통한 지식과 연구자원을 공유하고 우수한 전문인력의 수요 및 공급이 해결된다면 우리나라는 선진국과 함께 면역치료제 및 바이오의약품 시장에서 높은 입지를 굳힐 수 있을 것이다. 학문 간 융합의 예로 2011년도에 국내 연구진이 면역세포에 나노입자를 결합하여 항암면역치료 효과를 높인 기술을 발표한 일을 들 수 있다. 신소재공학과 의학, 면역학이 융합한 이 연구에서 산화철^{FeO}, 산화아연^{ZnO}으로 만든 나노입자를 수지상세포에 결합하여 암에 걸린 생쥐에 투여하였을 때 수지상세포만 투여한 생쥐에 비해 암세포 증식률이 떨어지는 것을 확인하였다. 이 연구는 암세포를 타깃으로 항암면역반응을 일으킬 수 있는 T 세포의 면역반응을 개시해 주는 수지상세포를 활용하여 항암면역치료방법을 개발하는 데에 나노입자를 활용한 융합연구의 대표적인 예로 볼 수 있다. 더욱이 국가출원기관인 한국생명공학연구원^{KRIBB}의 면역치료제융합연구단은 항암면역치료제 및 줄기세포 기반 유전자 NK세포치료제를 개발하고 있으며, 국립암센터의 면역치료

연구과의 경우 나노기술을 활용하여 암 백신 치료제를 개발하고 있다.

　이와 같이 학문의 융합뿐만 아니라 산학연의 융합이 면역치료제 개발의 발전을 도모할 수 있을 것이다. 우리나라에서도 이러한 산학협력의 필요성을 인식하여 BK21, NURI, LINC 사업 등 다양한 정책을 마련하였으나 학계와 기업 간의 애로사항 등이 완전히 해소되지는 못하고 있는 실정이다. 기업의 경우 지적 재산권 소유 분쟁, 대학연구의 실용성 부족, 보안유출에 대한 우려 등이 있으며, 대학의 경우 맞춤형 학과 개설 및 관련 교육과정 신설과 운영에 대한 애로사항들이 있음을 알 수 있다. 더욱이 산업연구원[KIET]의 「기업의 산학연 협력과 정책과제, 2016」 연구보고서에 따르면 우리나라 기업의 산학연 협력 수준은 OECD 국가 중 낮은 편이다. 또한 이 보고서에 따르면 산학연 간의 정보 및 자료교환이 16.7%, 기술이전 및 기술지원이 13.3%, 인력양성 및 교육이 10.8%, 시설 및 장비 공동활용이 10.2%로 낮은 편이며, 인적 교류의 경우 2.8%에 불과하다. 이러한 문제점을 해결하기 위해서는 정부 지원 및 제도상의 문제를 해결하고 단기성과 및 정량적 성과에 집착한 이익우선주의 기업경영방식 전환, 기업과 학연 간의 주도적 상호협력체계를 구성하여야 한다. 이러한 관점에서 볼 때 면역조절치료제 개발을 위해서는 기술을 보유하고 있는 기업과 기술개발 및 교류를 위한 다양한 학문 분야의 전문가들로 구성된 협력체계가 구성되어야 하며, 기업이 요구하는 전문인력 양성을 위하여 학계는 노력해야 한다. 더욱이 학계에서 개발된 기술을 산업화할 수 있는 안정된 재정지원 제도도 마련해야 한다.

04 유라시아 의학센터로 통일을 대비하라

상지대학교 한의학과 교수 **차윤엽**

한의학을 중심으로 본 국제 정세

　세계 유일의 분단국가로서 대한민국의 남북 통일은 국민 모두가 염원하고 있는 희망이다. 융합의 시대를 맞이하여 남북도 융합하여 더욱 큰 힘을 낼 수 있으면 우리 민족의 가치는 더욱 증대될 것이다.

　한의계에서도 한의학의 세계진출 및 전통의학의 남북교류는 2001년 7월부터 2009년 남북관계 경색으로 중단될 때까지 계속 이어져 왔다. 그동안 13차례에 걸친 방북을 통해 구급차, 약탕기, 물리치료기 등 다양한 의료기기와 약재, 소모품을 지원했으며 2차례의 한의학 학술대회를 개최하기도 했다. 그후 국제 정세에 따라 교류가 중단되었으며, 2014년 드디어 한의학의 세계진출을 위한 교두보가 러시아 블라디보스토크 태평양국립의과대학에 '유라시아 의학센터'라는 이름으로 마련되었다. 대한한의사협회와 보건복지부가 공동으로 참여하여 만들었으며, 특히 한의학은 많은 부분에서 융복합이 가능한 요소가 많아 상호 협력을 통해 향후 발전할 가능성이 매우 높다고 평가한 블라디보스토크 태평양국립의과대학의 적극적인 참여로 개설되었다. 유라시아 의학센터는 한의학 교육, 학술(현지 의사대상 전통의학 교육과정 개설, 전통의학 서적 번역 및 지식 네트워크 구축사업), 남북 전통의학 교류(남북 전통의학 공동연구, 자생약초 자원개발 사업), 제약 및 의료기술 산업(기존 전통약재의 제제화 및 신약 개발) 등 3가지 분야를 중심으로 사업을 추진하고 있다. 이와 더불어 유라시아 전통의학 관련 국제 학술대회, WHO 및 전통의학 국제학회와의 협력사업 등에도 적극 참여하고 있다.

세계 정세에서 유라시아 의학센터의 역할

▲ 유라시아 의학센터 MOU 체결식

특히 현재 전 세계 전통의학이 중국을 중심으로 이뤄지고 있는 가운데 대한민국 한의학이 새로운 국제 경쟁력을 갖춰 세계 전통의학 시장에 진출하기 위한 대응 전략적 측면도 강하다. 대한민국이 기존의 전통의학을 현대화된 기술로 발전시켜 왔다면 북한은 고전적인 의학을 중심으로 유지·발전시켜 왔다. 대한민국과 북한의 전통의학 결합은 고전과 현대를 아우르는 전통의학에 완벽을 기할 수 있으며, 여기에 세계 최고 수준의 러시아 기초과학과 순수과학이 더해지면 국제적인 경쟁력까지 갖출 수 있게 되어 대한민국 한의학이 치료의학을 넘어 경제의학으로서 세계 전통의학시장을 주도하는 한의학으로 발돋움하는 계기가 될 것이다.

즉, 유라시아 의학센터는 대한민국과 북한의 전통의학의 장점과 러시아 의과학의 장점을 결합, 동·서양 의학의 장점을 융합하는 세계 최초의 센터로서 이를 기반으로 향후 러시아 다른 지역과 대한민국, 북한, 홍콩 등의 지역으로까지 의학센터를 확대 설치하는 것이 목표다.

유라시아 의학센터 설립은 인류의 건강증진과 삶의 질 향상이라는 숭고한 가치를 추구하기 위한 역사적인 첫 발을 내딛는 참으로 뜻 깊은 일이며, 이를 발판으로 한의학의 우수성을 널리 알리고 국제적인 경쟁력을 보다 강화해 나아갈 수 있는 계기를 마련했다. 또한 우리 민족의 역사가 숨쉬고 있는 블라디보스토크라는 지역에 세워진 유라시아 의학센터는 남북 의료 교류의 교두보로서 역할을 다할 것으로 생각된다.

북한 및 러시아와의 전통의학융합을 위한 한의학계 및 정부의 역할

통일에 대비한 보건의료의 협력 및 노력은 멈추지 말아야 한다. 이 작은 노력이 한반도의 미래 세대를 위한 의미 있는 성과를 도출해낼 수 있을 것이다. 또한 우수한 한의사 인력의 해외진출 교두보로서 한의학의 독창적이고 탁월한 치료 및 예방효과를 전 세계에 알리는 데 도움이 될 것으로 판단되나, 정부의 적극적인 관심과 지원이 필요하다.

중국의 경우 이미 60여 년 전부터 중의학을 발전시키기 위한 정책들을 시행해 왔다. 특히 헌법에서부터 중의학의 육성 발전을 명시하고 있을 정도로 강한 의지를 갖고 막대한 투자를 해온 것이다. 2015년에 노벨생리의학상을 탄 아르테미시닌은 개똥쑥을 이용한 것으로 중국에서는 이를 중의학에서 치료성분과 추출방법의 아이디어를 얻어 과학기술을 통해 현대화한 중약으로 정의하고 있다.

대한민국의 한의약 정책현황

하지만 대한민국 현실에서는 한약이 될 수 없다. 개똥쑥과 같은 속 식물인 황해쑥을 한약과 같은 방식으로 추출한 스티렌이라는 약마저도 임상시험과 현대화된 제조과정을 거쳤다는 이유만으로 양약으로 분류하기 있기 때문이다.

현재 식품의약품안전처 고시와 주장대로라면 대한민국에서는 한약의 효과를 임상시험을 통해 과학적으로 밝혀내고 제약화를 위해 현대화된 과정을 진행하는 순간 그것은 한약이 아니라 양약으로 분류되고 있다. 단적인 예로 당귀·목과·방풍·속단·오가피·우슬·위령선·육계·진교·천궁·천마·홍화로 만든 활맥모과주라는 처방은 한약이지만 이 한약재들을 가지고 알약으로 만들면 레일라정이라는 이름의 양약이 된다.

더구나 보건복지부는 이번 중국의 노벨상 수상 이후 한의학을 방치해온 것에 대한 반성이나 새로운 육성 노력을 보이기는커녕 국정감사에서 "중국의 노벨상은 중의학이 아닌 약학을 통해 이루어 낸 일이라며 우리나라도 할 수 있다"고 답변, 노벨상 수상자는 물론 중국 총리를 포함한 중국 전체가 중의학의 성과임을 말하고 있음에도 이를 애써 부정하며 자기합리화하기에 급급한 모습을 보여주고 있다.

융합적인 차원에서 정부의 역할

중국의 중의학 현대화를 통한 노벨상 수상을 계기로 대한민국도 이제 변해야 한다. 지금부터라도 한의학에 대한 인식과 양방 일변도의 의료체계에 대한 전면적인 재검토와 대한민국 한의학에 대한 육성지원만 제대로 이루어진다면 중국보다 훨씬 우수한 인적자원을 바탕으로 60년 먼저 시작한 중국의 중의학 육성 발전을 10년 안에 따라잡을 수 있을 것이다.

해결방안으로 다음의 내용을 한의사협회는 정부에 주장했다.
1) 중국의 세계화 전략에 맞선 한의학과 한의사들의 해외진출 지원
2) 국공립 의료기관에 한의과 의무 설치 및 한의학 연구 인프라 확충
3) 한의사의 의료기기 사용 허용
4) 보건복지부 한의약 정책관실 확대 개편
5) 한약 관련 전문 부처 설립
6) 대통령 직속의 한의학 육성발전 위원회 설치

한의학과 법적인 규제와의 융합을 통한 발전 방향

특히 이와 관련하여 필자는 2016년 6월 9일 한국규제학회 세미나에서 "중의대학에 비해 한의대가 우수하다고 국내에선 그러지만 정작 노벨상은 중국이 가져갔다. 그 이유는 내부적으로 보면 법적인 규제, 제도적 차별, 제약 때문에 받는 어려움 때문이다. 이런 부분만 개선된다면 한의계가 국제화, 세계화에 좋은 영향을 미칠 수 있을 것"이라고 밝힌 바가 있다. 또한 한국규제학회장은 "규제, 법에서의 문제 때문에

의료기사 지휘권, 안전관리 책임자에서 한의사가 배제되고 있다"며 "이익단체들의 이득을 위한 싸움이 아닌 환자 중심으로 생각해 정녕 국민건강을 위하는 길인지 고민해야 한다"고 주장했다.

한의약 육성법 개정안이 2012년 6월 29일 국회 본회의를 통과했다. 이에 의하면 "한의약이라 함은 우리의 선조들로부터 전통적으로 내려오는 한의학을 기초로 한 한방의료행위와 이를 기초로 하여 과학적으로 응용개발한 한방의료행위 및 한약사를 말한다"라고 하여 한의약의 정의를 21세기 의료현실 및 시대상황과 한의약 육성법 제정취지에도 부합되게 수정한 것이다. 한의약 육성법의 내용대로라면 현대적 응용으로 신약 개발, 전통방식의 한약을 현대적으로 개발, 한의학적 의료기기 개발 등이 활발하게 진행되어야 하겠지만, 관련 법률인 '의료기사 등에 관한 법률' 과 '의료법', '약사법' 등의 개정이 이루어지지 않는 등의 아쉬움이 있다. 대한민국은 미래 가장 큰 경쟁력과 잠재력을 가진 한의학이라는 분야를 스스로 내팽개치고 있는 상황으로 가고 있는 것이다.

해외의료관광사업에 한의학의 날개를 달아라

한방의료관광이란 보건관광의 형태로 건강증진 및 치료를 목적으로 한방의약자원을 이용하여 관광 프로그램, 서비스, 시설 등에서 제공하는 보건관광이다.(한국보건산업진흥원, 2002)

한방의료서비스 자원으로 침술, 한방진맥, 뜸, 부항, 한방비만치료, 물리치료가 있으며, 한방의료관광 상품자원으로는 한방음료수, 한방차, 한방전통음식, 한방천연자원인 약초가 있다. 또한 한방의료관광 관람

자원으로는 한의학박물관, 약초원, 한방의료관광 박람회, 한방의료관광 엑스포 등이 있다.

한국보건산업진흥원 자료에 의하면 2014년 외국인환자 유치실적은 총 26만 6,501명으로 연평균 34.7% 증가하고 있으며, 진료수입은 총 5,569억 원으로 연평균 59.1% 증가하고 있다.

또한 최근에는 그중 한의약 산업이 대한민국의 신성장동력으로 떠오르고 있다는 연구보고서가 나왔다. 한국보건산업진흥원과 경희대학교 산학협력단이 2016년 발표한 「글로벌 헬스케어 융복합 비즈니스 모델 개발 연구」에 의하면 "한국은 한의약, 한의 의료 등 한방 자원과 관련해 세계적 경쟁력을 보유하고 있으며, 우수한 한의 인력자원과 우리 고유의 독특하고 체계적인 한의학을 바탕으로 하는 한방 관련 산업은 세계적으로도 경쟁력이 높다"고 하였다.

한방의료관광은 '양방'의료관광과 달리 비교적 신체의 이동이 자유로운 관광객을 대상으로 해 지역의 다양한 관광자원과 연계 상품화가 가능하며, 상대적으로 의료사고의 위험성이 낮아 향후 집중적인 육성이 요구되는 의료관광의 한 분야로 자리매김할 수 있다는 장점이 있다. 또한 한·양방 의료 모두 질병을 제거하고 건강을 유지시키려는 궁극적 목적에는 차이가 없으나 서양 의료에 비해 한의 치료는 인체를 구성하고 있는 생명 현상을 영위하게 하는 인체의 실제적 주관자인 '기氣'를 올바르게 파악, 이를 균형 있고 조화롭게 함으로써 질병을 치료하고 건강을 유지시키는 데 초점을 맞춰 왔다. 이로 인해 서양의학의 한계에 대한 대안으로 화학적인 의약품 대신 천연물Herb, 한약재 포함을 이용한 전통 의료서비스가 요구되면서 전 세계적으로 동양의학에 대한 관심이 고조되고 있다.

특히 대한민국은 『동의보감』이 유네스코 세계기록유산으로 선정되면서 한의학의 독자성·체계성·우수성이 전 세계적으로 알려지는 계기가 되어 더욱 유리한 조건이다.

WHO에서도 전통의학이 각종 질병에 효과가 있음을 인정하고 이에 대한 사용을 장려하는 '전통의학 종합전략'을 수립한 바 있다.

게다가 건강에 대한 패러다임이 치료에서 '예방'으로 변화하고 있다. 따라서 한방의료관광은 더욱 관광테마로 적합하며, 지역의 한방자원을 활용한 경제 활성화에도 도움이 되며 실제 소득창출이 이뤄질 수 있는 분야이다.

또한 최근 보건산업진흥원의 의료인력 해외진출 사업 등 한의학의 해외진출을 장려해 한의 의료의 세계화 및 외화획득의 기회로도 작용할 수 있으며, 무엇보다 화학적인 양약보다 인체에 미치는 부작용이 상대적으로 적은 한약을 이용하는 '웰니스'의 트렌드에 부합할 수 있다.

한의학과 의료관광의 융합 및 접목을 위한 정부의 지원 과제

한의학을 통한 의료관광이 발전하기 위해서는 R&D 지원을 통한 체계적인 정립이 동반되어야 한다. 또한 한의약적 치료에 대한 객관적·과학적 근거 마련을 위해 안정성 및 유효성 연구에 대한 사업기획과 지원도 뒷받침돼야 한다. 2016년부터 진행 중인 보건복지부사업인 한의표준진료지침개발사업을 통하여 30여 개 질환에 대한 객관적인 치료법이 제시되고 있는 상황이라 한의학의 객관화 및 표준화는 한 단계 더 수준이 높아질 것으로 판단된다. 이를 바탕으로 세계적 흐름에 맞춘 한의약과 결합된 대한민국형 헬스케어 융복합 비즈니스 모델 개발을 통하여 대한민국 의료관광의 해외환자 유치에 한의학이 적극적으로 사용되기를 바란다.

의료기기 없는 한의학은 미래가 없다

의료법에서 의사와 한의사의 이원적 의료체계를 규정하게 된 입법 연혁의 기본 취지는 한의학이 서양의학과 나란히 독자적으로 발전할 수 있도록 함으로써 국민으로 하여금 서양의학뿐만 아니라 한의학으로부터도 그 발전에 따른 의료혜택을 누리도록 하기 위함이다. 이 한의학이 우리나라 의료가 가지고 있는 가장 큰 장점으로 생각된다.

하지만 보건의료 각 직능 간의 갈등으로 과학기술이 비약적으로 발전하고 있음에도 불구하고 과학의 산물인 의료기기를 의료인인 한의사가 사용하지 못하고 있는 것이 2017년 현재의 모습이다.

중국과 대한민국의 전통의학에서의 의료기기에 대한 차이점

중국에서는 중의사들이 의료기기를 사용하는 것에 어떠한 제한도 없고 초음파 골밀도 측정기뿐만 아니라 CT^{컴퓨터단층촬영기기}, MRI^{자기공명영상기기}, 엑스레이 등 모든 종류의 의료기기를 이용해 환자를 진찰하고 있으며, 현대적 의료기기를 활용한 연구도 활발하게 진행하고 있다. 이처럼 중국에서는 중국의 한의학인 중의학을 국가적 차원에서 전폭적으로 지지하고 육성함으로써 노벨수상자를 배출하는 등 학문적 측면에서는 물론 경제적 측면에서도 큰 성과를 거두고 있으며, 이는 모두 중의사들이 의료기기를 활용하여 질병의 변화와 환자의 상태를 관찰하고 진단할 수 있었기 때문에 가능할 수 있었던 일이다.

하지만 대한민국의 한의사는 의료기기를 사용해 객관적인 진단과 치료 결과를 확인할 수 있기는커녕, 감각에만 의존해 환자를 진단하고 예후를 관찰해야 한다. 이는 아이러니한 일이며, 이러한 상태에서는 한의학의 발전은 있을 수 없다.

예를 들어 초음파 골밀도 측정기는 현재 국민건강보험공단 전국 각 지사 건강측정실에서 의사 상주 없이 설치하고 민원인들이 비전문가인 상담원들의 상담만 받고서 자가 검사를 하고 있다. 해당 초음파 골밀도 측정기는 측정결과가 자동으로 수치화돼 도출되는 기기로 별도의 영상판독작업이 수반되지 않으며, 그 사용에 있어서 영상의학과의 전문 분야와 관련성이 없을 정도로 자동화돼 있음에도 불구하고, 의료인인 한의사가 이러한 기기를 활용하여 진료할 수 없고 환자도 의료인인 한의사의 도움을 받아서는 안 된다는 것은 매우 모순적인 상황이 아닐 수 없다. 의료기기의 사용이 결국은 국민의 보건과 질병치료에 도움을 줄 수 있어야 한다는 점을 감안하면 안전한 의료기기를 한의사는 사용할 수 없고 일반인은 사용가능하다는 입장은 설득력이 없다.

한의학과 의료기기의 융합을 위한 정부의 과제

이와 관련한 해결방안으로 의료인의 의료기기 사용범위 기준을 마련하여 의료 직능 간 소송 및 갈등을 해소시켜야 한다. 우리나라 의료시스템은 의학과 한의학 간 면허와 학제, 의료범위를 구분하는 의료이원체계이기 때문에 의료인이 사용하는 의료기기도 의료범위와 관련돼 있지만 의료기기를 품목별로 구분해 사용자를 직접 규제하는 의료관계법이 없어 의료현장에서 혼란이 가중되고 있다. 특정 의료기기의 사용이 의사와 한의사의 면허범위와 연결돼 문제가 되는 경우 보건복지부의 유권해석 또는 판례를 통해 사용자의 범위가 정해져 보건의료 직역 간의 갈등이 심화되고 보건의료의 발전을 저해하고 있다. 정부에서는 의료기기 품목허가 시 의료계, 한의계 및 개발자 등으로 구성된 '의료기기 기술심사위원회' 등을 구성해 의료기기의 사용범위와 한계 등도 같이 심사하는 방안도 검토 중인 것으로 알고 있다.

한의학과 양의학, 의료기기의 융합 발전

덴마크 과학자인 닐스 보어는 "과학의 궁극적인 목적이 인류를 위한 것이라면, 과학기술은 독점적으로 소유해서는 안되고 인류가 서로 공유해야 한다"는 말을 했다.

제4차 산업혁명 시대를 맞아 보건의료 분야를 신성장산업으로 더욱 발전시켜 나가고자 하는 게 이번 정부의 정책방향이다. 이제는 한의학을 더욱 발전시켜 양의학과 상호 간 협력할 수 있는 방안을 적극 모색해야 하며, 이는 국민들에게 더 좋은 의료서비스를 제공하는 것은 물론 의료 분야에서 새로운 국제경쟁력을 갖는 데도 큰 도움이 될 수 있을 것이다.

우리의 것을 지키는 것이 융합의 첫걸음이다

최근 IT의 급속한 발전 등으로 모든 분야에서 융합이 거론되며, 향후 융합되지 못하는 학문은 도태될 수도 있을 법한 분위기이다. 융합은 말 그대로 둘 이상의 사물을 서로 섞거나 조화시켜 하나로 합함이라는 뜻이다. 규모 및 융합의 대상은 달라지고 있지만, 사실은 모든 부분에서 그동안 융합되어 발전되지 않은 학문은 없다. 의학이 발전되어 온 것도 의료기술 자체의 발전도 있지만, 의료기기 및 의료시스템의 발전, 생명과학의 발전 등과 융합되어 급속도로 발전되어 왔고, 한의학 치료도 마찬가지이다.

한의학의 철학적 배경은 '음양오행' 이론이다. 모든 사물 및 현상들은 음양으로 나뉘어서 서로 조화 및 대립을 통해서 하나의 완전체로 인식할 수가 있는데, 쉽게 설명하면 이 세상은 남자와 여자로 이루어져 있으며, 남녀가 서로 융합이 되어 모든 현상들이 일어나고 있다. 저출산 및 최근에는 없어졌지만 2~30여 년 전의 남아선호사상 등으로 남녀 중 어느 부분이라도 문제가 생기면 사회 전반적으로도 비이상적인 사회현상들이 동반된다.

필자는 한의사이기에 한의학 치료 내에서 융합의 예를 들어 보겠다. 한의학에는 一鍼, 二灸, 三藥이라는 말이 있다. 이는 鍼이 제일로 중요해서 만들어진 말이기도 하지만, 모든 치료에서 鍼 하나만으로 안된다는 것을 의미한다. 뜸과 한약의 치료도 같이 행해져야 하는 경우가 많기 때문이다. 또한 한의학 교육도 여기에 근본을 두고 행해지고 있으며, 이는 한의학 내에서도 이미 융합치료를 하고 있었다고 볼 수 있다.

한의학의 융합적인 접근 내용들

한의학은 동양철학을 바탕으로 몸과 몸을 지배하는 마음을 치료하는 의학이다. 그러다 보니 한의학 용어 중 현대의 미시적 관찰로 보여줄 수 없는 부분들이 많이 존재한다. 氣, 血 등이 대표적이다. 氣는 분명히 존재하고 여러 가설들로 설명은 하고 있지만, 정신세계 및 동양철학과 관련 있는 요소이다 보니 현미경으로 보여줄 수 없고, 잡을 수도 없다. 이러한 한의학적 요소들을 현대의 IT와 결합을 하려다 보니 해결 방법들이 잘 나오질 않는다.

한 포털사이트에서 '융합', '한의학'으로 조합을 해서 검색해보면 '한의학과 현대과학 융합, 초음파 뜸 원천기술 개발', '한의학, 미래로 가는 융합의학', '한의학 기술, 출연연 융합으로 꽃피운다', '한의학기술융합을 통한 한방산업 육성', '양한방 융합 통한 한의학 세계화 대구 특별 세션', '전통의학 새로운 도전, 융합기술-한의학의 만남', '한·양의학 융합으로 한의학 세계화 추진' 등의 웹문서 등을 발견할 수 있다. 그리고 한의학 관련 신문 기사들 중에는 '서양의학, 난치성 질환 치료에 한계, 한의학과 융합해야', '한의약, 글로벌 헬스케어 트렌드에 융합하다', '복지부, 한양방융합기반기술개발사업 신규 과제 공고', '일본에 부는 신한류 열풍 …… 한방 의료 융합 관광상품 인기', '동신대광주한방병원, 뇌신경융합자극치료기술개발 워크', '대전대둔산한방병원, 카이스트 전자공학과 융합 연구 심포지엄 개최', '유방암 항암치료 합병증 한양방 융합 치료기술개발 워크', '대구한의대, 2015 한의약 R&D 한양방 융합 기반 기술개발 사업 선정', '동국대일산한방병원 한양의학 융합 뇌건강 클리닉 개설' 등의 기사를 발견할 수 있다. 이런 내용들을 보면 최근 한의학이 어떤 방향으로 융합을 추진하고 있는지 대략 알 수가 있다.

최근 한의학의 과학화를 위해 임상적으로 먼저 한의표준진료지침 사업이 대규모로 진행되고 있는 것도 결국 한의학의 표준을 통해 그 치료의 근거를 마련하고 타 학문과의 소통을 위한 준비 단계로 생각된다.

한의학의 융합을 통해 나아가야 할 방향

대한민국의 의료제도는 전통의학을 갖고 있는 중국이나 일본 등 다른 나라들과 좀 다른 엄격히 한방과 양방을 구분하고 있는 제도를 가지고 있다. 이는 대한민국의 특성이자 장점일 수 있는 의료제도이다. 글로벌 시대는 어떤 학문이든 융합시켜 새로운 것을 만들면 그것이 바로 우리 것이 되는 시대이긴 하지만, 제일 먼저 우리 것을 지키는 것이 중요하다. 한의학 산업 활성화를 제한하는 제도적인 문제, 인프라 부족 등 여러 요인이 있지만 이러한 부분들을 정부가 더욱 관심을 가지고 풀어주기를 바라며, 한의학계에서는 다양한 분야와의 결합, 융합을 통해 관련 현황자료를 많이 만들어 내어 객관적인 자료를 제시할 수 있도록 노력해야 한다. 우리의 것을 먼저 지키고 발전시키고 이를 융합을 통해 새로운 학문이나 결과물을 창조시켜 나갈 때 대한민국의 국가경쟁력은 더욱 올라갈 것이다.

05 약학정보시스템, 거대한 데이터베이스를 잡아라

중앙대학교 약학대학 약학연구소 연구원 **남윤진**

현대는 빅데이터의 시대이다. 2011년 기준으로 디지털 데이터의 양은 1.8 제타바이트(1 제타바이트 = 1조 기가바이트)였고, 2020년은 그 50배에 해당하는 디지털 데이터가 축적될 예정이다. 시스코는 2017년도 데이터센터 트래픽이 7.7 제타바이트에 달했다고 보고했다. 디지털화되지 않은 데이터베이스와 일상생활에서 버려지는 데이터베이스까지 고려한다면 그 양은 더욱 증가할 것이다. 이렇게 거대한 빅데이터는 미래산업의 핵심 가치로 자리 잡을 것이다. 현재 구글과 아마존 등 IT 기업들을 필두로 한 빅데이터 확보 전쟁은 19세기 골드러쉬를 방불케 한다. 이미 십수년 전부터 헬스케어 산업에도 빅데이터의 바람이 불어왔다. 최근 U-healthcare 라는 개념의 도입과 맞물려 헬스케어 산업의 한 축을 담당하고 있는 제약산업과 약학, 그리고 약국 또한 이러한 흐름에 부합하기 위해 노력하고 있다. 하지만 이러한 변화에 단순히 탑승하는 것을 떠나 새로운 흐름을 창조하지 못하면 이러한 변화 속에서 살아남기 힘들어질 전망이다.

약학정보는 현대 헬스케어 산업의 전반에 걸쳐 거대한 영향력을 행사하고 있다. 제약회사, 병원, 약국, 연구소, 대학교뿐만 아니라 화장품, 건강기능성 식품, 심지어 인터넷 쇼핑몰과 의료기기 등 거대한 카테고리에 깊숙히 연관되어 있다. 약학정보의 중심에 있는 약사는,

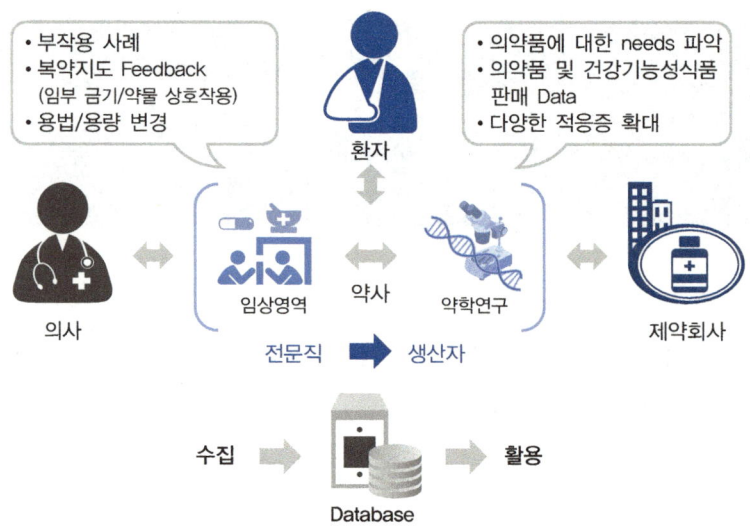

▲ 약업계에서의 데이터베이스 흐름

    이들과 무수히 많은 상호작용을 하면서 엄청난 데이터를 발생시킨다. 이는 상당히 다양한 분야의 방대한 데이터와 다양한 접점을 통해 만나고 있다는 것을 뜻하며, 이러한 빅데이터를 효율적으로 수집하고 활용할 수 있다면, 다시 그 수많은 접점을 통하여 강력한 파급력을 행사할 수 있다는 것이다. 여기서는 이러한 약학정보의 수집과 활용 측면에 대해서 살펴볼 것이다.

    2016년 건강보험심사평가원 의료동향지표를 살펴보면, 전국의 약국의 개수는 2만 개가 넘으며, 이는 점점 늘어나고 있는 추세이다. 이는 3만 개가 넘는 편의점 개수의 약 60% 정도에 해당하는 수치이다. 약사는 환자와 소비자와 그만큼 밀접한 관계에 서 있다. 하나의 약국에서 취급하는 의약품의 품목은 보통 수백 개가 넘으며, 하루에 방문하는 환자 혹은 소비자 수도 100명이 훌쩍 넘는다. 단순 수치상으로만 파악해도, 하루에 환자 혹은 소비자와 약사 사이에서는 엄청난 양의 의약품 판매, 조제, 복약지도 및 그에 대한 피드백에 관련한 데이터가 오고 간다. 하지만 이러한 상호작용에서 발생하는 데이터는 전혀 수집되지 않고 버려지고 있다. 만약 이를 수집하여 활용한다면 다양한 효과가 발생한다. 환자와 약사 사이에서 발생한 데이터베이스가 제약회사와 공유될 시에 발생하는 효과는 아래 그림에 정리되어 있다. 간단하게 말하여, 환자의 실제 의약품 구매 수요뿐만 아니라 잠재적인 수요까지 파악하여 제약회사의 신약 개발과 마케팅이 효율적으로 이루어질 수 있고, 약사와 환자의 효용 또한 증가할 수 있다는 것이다.

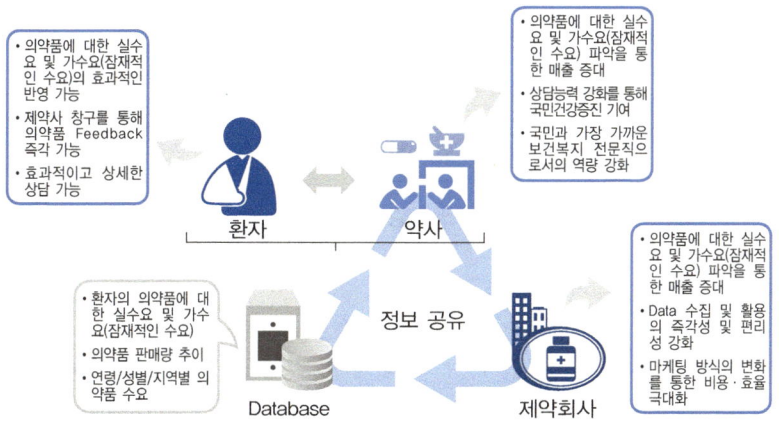

▲ 약국에서의 빅데이터 수집과 활용

아직까지 데이터베이스를 완벽하게 수집하고 활용하는 플랫폼이 개발되지는 않았지만, 아주 간단한 방법으로 빅데이터를 활용한 예는 종종 목격되고 있다. 유유제약은 다음과의 연계를 통해 SNS 26억 건을 분석하여 기존의 소염 진통 연고를 타박상에 의한 '멍'을 없애는 데 탁

월한 의약품으로 탈바꿈시켜 매출액을 상승시켰다. SNS 데이터를 분석하여 '멍' 치료에는 특효약 없이 민간요법만이 언급된다는 점을 파악하여 이를 마케팅 수단으로 활용한 것이다. 약국이나 병원에서 발생하는 빅데이터는 이보다 훨씬 더 방대하며 의미 있는 데이터베이스가 될 수 있으며, 앞으로 활용 가능성이 무궁무진하다.

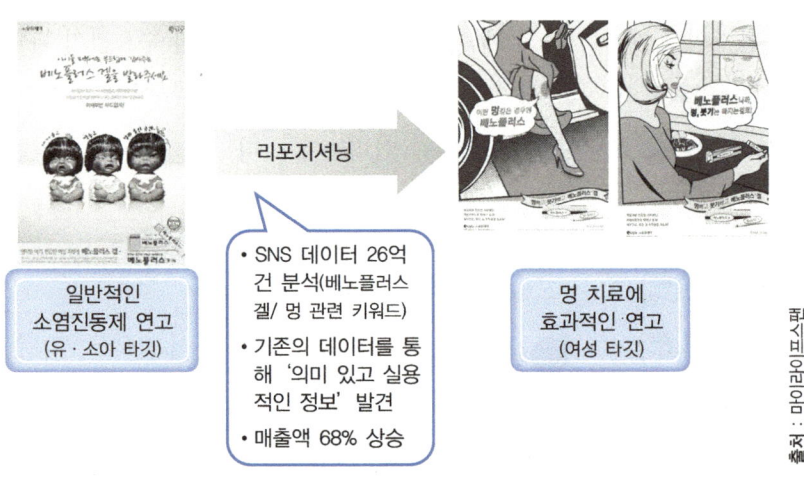

▲ 유유제약의 빅데이터 분석과 그 활용

　부분적으로는, 이미 신약 개발에서 빅데이터를 활용하고 있다. IBM의 의료용 AI인 왓슨은 수천 명의 환자가 가지고 있는 각각의 유전적인 특성과 수천만 건에 달하는 논문을 비교분석하여 희귀병에 대한 진단을 하였다. 보통의 의사들이 2주 정도 걸릴 일을 왓슨은 10분 만에 해결한 것이다. 또한 왓슨은 암에 관련된 특정 단백질의 활동에 관여하는 다른 단백질들을 예측하기 위해 7만 건의 논문을 분석하였고, 그 결과 6개의 잠재적 연구 타깃이 되는 단백질을 찾아내었다. 이는 보통의 과학자들이 1년 동안 분석하여 밝혀내는 결과이다. AI와 빅데이터 분석을 통해 엄청난 비용절감 효과를 가져오는 것이다.

대용량 데이터 분석

우연성 & 고의성 오류 유형 탐색

실패 위험 감소

출처 : Medidata

▲ 임상시험에서의 메디데이터 솔루션

　신약 개발의 꽃이라고 불리는 임상시험 영역에서도 이러한 빅데이터 활용의 움직임은 활발하다. 왓슨은 임상 연구에서 임상개발 솔루션 전문업체인 미국의 메디데이터Medidata와 엔터프라이즈 계약을 체결하고 메디데이터 클리니컬 클라우드Medidata Clinical Cloud를 신약 개발을 위한 전체 임상시험에 도입하기로 결정하였다. 이번 계약을 통해 새로 도입된 메디데이터 트라이얼 어슈어런스Medidata Trial Assurance 서비스는 빅데이터를 활용하여 임상 데이터의 무결성과 품질을 평가하는 서비스로, 통상적인 데이터 관리와 수정에 있어서 놓칠 수 있는 복잡한 오류를 파악할 수 있는 CSA 솔루션을 활용한 서비스이다. 임상시험에서 가장 핵심이 되는 피험자 관리에 모바일 앱이 활용될 수도 있다. 아직까지는 이렇다 할 앱이 개발되지는 않았지만, 환자 개개인의 관리가 어려운 임상시험에 개개인이 소지하고 있는 스마트폰의 e-diary를 활용할 수 있다면 투약 여부, 부작용 또는 이상증상 관리 등을 기존에 비하여 효율적으로 할 수 있을 것이다. 피험자 관리에 모바일 앱이 활용된다는 소식은 이미 널리 알려진 기술이전 소식에 비하면 큰 이슈가 되지 못하지만 국내 제약 바이오업체들의 움직임과 개발전략 및 규제환경에 대한 대처능력이 높아졌음을 보여주는 사례로 인식된다.

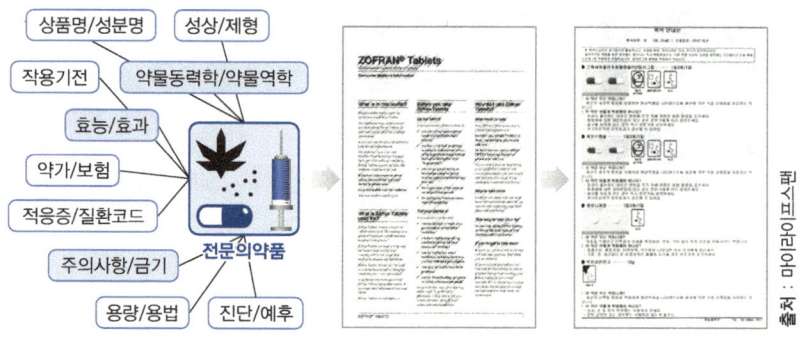

▲ 전문의약품 설명서와 복약설명문

한편, 의약품 정보의 활용은 어떠한가? 현재 일반인은 굉장히 손쉽게 의약품 정보 서비스를 접할 수 있다. 약학정보원과 의약품 도서관, 그리고 모바일 앱인 '비타비타', '약속' 등. 하지만 이는 단순히 나열된 정보를 검색하는 수준에 머물러 있다. 환자는 비교 분석을 스스로 행해야 한다. 이것은 많은 불편함을 초래한다. 따라서 전문가들이 나서서 소비자에게 정보를 가공해 주어야 한다. 복약설명서도 마찬가지이다. 대부분의 원내·원외 약국은 전문약의 경우 복약설명서를, 일반의약품이나 건강기능성 식품의 경우 설명서를 같이 동봉한다. 하지만 설명서 글씨가 너무 작고 정말 필요한 정보(예를 들어 임부금기, 주의사항 등)는 쉽게 파악하기 어렵다. 환자가 간단한 정보를 입력하면 맞춤형 설명서를 제공하는 서비스가 필요하다. 약사뿐만 아니라 보건의료 시스템 전반에 걸친 개혁이 필요한 상황이다.

세계 가전쇼인 CES 2015에서 Qualcomm은 미국 최대 약국 체인인 Walgreens 및 다국적 제약회사 Norvatis와의 사업제휴를 발표하였

▲ 2Net 플랫폼

다. 이번 제휴는 Qualcomm의 클라우드 기반 개인건강정보관리 플랫폼인 '2Net'이 핵심 키워드이다. 애플이나 구글 등 ICT 업계의 큰손들의 전략과 유사하게 소비자의 빅데이터를 이용하여 2Net을 통해 개인정보관리를 하겠다는 뜻이다. 다만 조금 다른 것은 바로 미국 최대 소매약국 체인인 Walgreens 및 다국적 제약회사 Norvatis의 역할이다. 2Net은 일종의 데이터 센터로 네트워크 기능이 탑재된 기기를 이용하여 단말에서 발생한 개인건강정보 데이터를 수집·저장·공유해 준다. 상대적으로 ICT 기반이 약한 Qualcomm이 택한 유통망은 다름아닌 약국이다. Walgreens는 현재 자체적으로 'Balance Rewards for healthy choices'라는 건강관리 프로그램을 제공하고 있는데, Qualcomm은 자사의 '2Net'과 Walgreens의 시스템을 제휴하여 '2Net'의 대대적인 확산을 꾀하고 있다. 기존의 많은 실패를 경험했던 웨어러블 기기의 공통점인 단순히 건강정보를 측정하고 모니터링하는 것을 넘어 해당 데이터를 건강관리 주체에게 제공하고 이를 통해 실질적인 가치를 도모하는 것이다. 그 중심에는 약사가 있다.

PART 2

ICT 테크놀로지

01 제2의 브로드밴드를 통한 도약이 필요하다
KT융합기술원 연구원 **이정효**

02 시공간 Tech와 Mobility, 그리고 우리의 현재
오림대표 **편석준**

03 4차 산업혁명의 핵심은 빅데이터
한국데이터진흥원 수석연구원 **박천웅**

04 빅데이터 산업의 열쇠, 개인정보
한국기업데이터 e-Biz사업부 과장 **이래형**

05 보안과 해킹
삼성SDS 클라우드 사업부 **하민수**

06 인간과 로봇이 공존하는 미래사회
인하대학교 전자공학과 교수 **김덕환**

07 미래 자동차, 무너지는 시장의 경계
현대모비스 구매팀 과장 **이정열**

08 디지털 시대의 비즈니스 트랜스포메이션
삼정KPMG 컨설턴트 **김용우**

09 차세대 산업 허브, 드론
대한항공 항공우주사업본부 **정동재**

10 레그테크를 활용한 규제 준수 및 금융포용과 소비자 보호를 위한 혁신
골드만삭스 테크놀로지부서 소프트웨어 엔지니어 **정민철**

11 블록체인 시대의 가치를 창출하는 과정
한국거래소 글로벌IT사업단 **유현재**

01 제2의 브로드밴드를 통한 도약이 필요하다

KT융합기술원 연구원 **이정효**

1997년 일본 소프트뱅크의 손정의 회장은 마이크로소프트의 빌 게이츠 회장과 함께 대한민국을 방문한다. 당시 IMF 경제위기 상황에서 이들은 김대중 대통령의 초청으로 청와대에서 만남을 가졌다. 김대중 대통령은 대한민국의 위기 탈출을 위해 무엇이 필요하냐고 손정의 회장에게 물었고, 손회장은 3가지 답을 했다. "첫 번째도 브로드밴드, 둘째도 브로드밴드, 셋째도 브로드밴드". 브로드밴드Broadband는 바로 초고속 인터넷을 의미한다. 옆에 있던 빌 게이츠도 100% 동감했고, 이에 김대중 대통령은 대한민국을 세계 최고의 초고속 인터넷 국가로 만들겠다고 선언한다. 당시 대한민국은 이미 IT 네트워크 투자에 대한 계획을 가지고 있었기 때문에 손정의 회장의 조언만으로 2000년대 대한민국이 IT 강국이 되었다고 말할 수는 없다. 하지만 대한민국에서 당시 가장 필요했던 것이 바로 통신 시스템과 관련 인프라였다는 것은 부인할 수 없는 사실이다.

2000년대를 거치면서 대한민국이 세계 최고의 통신 인프라를 갖춘 나라라는 점은 자타가 공인하는 사실이다. 하지만 2010년 전후 혜성처럼 등장한 FAANG^{Facebook, Apple, Amazon, Netflix, Google}로 대표되는 거대 글로벌 기업들이 전 세계인의 라이프스타일을 바꾸고 스티브 잡스에 의해 아이폰이 출시된 이후 무선통신이 급속히 성장하면서 네트워크 또한 유선에서 무선으로 대규모 투자의 방향이 바뀌었다. 그리고 고부가가치는 더 이상 통신이 아니라 그 통신 위에서 유통되는 콘텐츠와 애플리케이션이 되면서 대한민국은 더 이상 IT 강국이 아닌 단지 인터넷이 빠른 나라가 되었다.

정부의 정책과 기업의 투자 역시 애플리케이션과 같은 IT 위주로 재편되면서 통신과 통신장비, 기술에 대한 투자가 줄어들었고, 대학교 역시 관련 학과의 비중이 줄어들면서 자연스럽게 SW 위주의 커리큘럼이 더 많아졌다. 하지만 미국과 중국을 위시한 소위 기술 강국들은 아직도 통신과 네트워크에 대한 연구개발에 많은 투자를 하고 있고, 그들이 만든 표준이 점점 더 고착화되어 가고 있다. 이제는 소수의 통신장비 업체와 소수의 거대 IT 기업들이 통신산업, 네트워크 산업 자체를 리딩하고 있다고 해도 과언이 아니다. 대한민국의 통신기술력은 여전히 세계 최고 수준이다. 하지만 대표적인 장비나 브랜드는 없는 상태이다. 만들 수가 없는데 기술력이 있다는 말을 할 수 있을까? 대한민국의 통신장비 산업은 어떤 방향으로 가야 할까?

글로벌 흐름

2017년 4월 일본 도시바 반도체가 매각을 발표했다. 이때 미국의 사모펀드 실버레이크와 반도체 회사인 브로드컴^{Broadcom}의 연합이 강력한 경쟁자로 급부상했다. 일반 사람들에게 브로드컴이란 회사는 생소하겠지만, 사실 브로드컴은 통신업계에서는 독보적인 기업이다. 통신 네트워크 장비와 그 안에 사용되는 핵심 반도체를 생산하는 회사로, 네트워크 장치가 삽입된 제품을 생산하는 수많은 기업들을 고객으로 가지고 있다. 브로드컴 같은 회사가 급속히 성장했다는 것은 그만큼 통신장비의 수요가 많았다는 것을 의미한다. 또한 중국의 화웨이Huawei 역시 2009년에는 이동통신장비 산업에서 스웨덴의 에릭슨에 이어 글로벌 No.2가 되었고, 2012년에는 세계 최대 통신장비 제조회사가 되었다. 중국 정부의 지원도 있었지만 전 세계적인 통신장비 수요의 증가, 특히 중국처럼 IT 산업이 늦게 발달한 나라일수록 통신장비 수요가 폭발적으로 증가하는데 이것이 성공의 원인이다. 현재는 인도와 인도네시아와 같이 인구수가 많으면서 아직 브로드밴드가 전국망에 설치되지 않은 지역과 광활한 아프리카가 블루오션으로 각광을 받고 있다.

진보적 측면에서의 이슈

통신장비 산업 자체는 다른 장비 제조산업과 달리 기간망Backbone Network을 필요로 한다. 즉, 네트워크 장비를 연결하기 위한 구리선이나 광통신의 지하 매설이 선행되어야 하기 때문에 국가 단위의 투자 계획이 필요하다. 통신장비 자체는 해당 국가의 통신사Telco와 기업이 사용자지만, 국영기업 또는 민간기업 형태로 운용되는, 통신 인프라를 구축하고 운용하는 조직이 반드시 존재해야만 통신장비 수요 자체가 발생한다. 현대는 모든 정보Information와 데이터Data가 브로드밴드, 즉 초고속 인터넷을 기반으로 접속이 가능해졌기 때문에 개발도상국은 국가적인 차원에서 통신 인프라 구축이 최우선 과제가 되었다. 하지만 지하 매설과 같은 대규모 토목공사가 필요한 유선 브로드밴드에 대한 투자는 비용적인 문제가 있다. 이를 해결한 것이 LTELong Term Evolution로 대변되는 4G 초고속 무선통신기술이다. LTE는 일정 거리마다 기지국이라는 통신장비를 설치하고 무선으로 인터넷 연결을 제공하기 때문에 비용문제를 해결할 수 있다. 많은 국가에서 유선 브로드밴드 투자를 건너뛰고 바로 초고속 인터넷을 무선으로 제공하고 있다. 통신기술의 발전 단계를 수용할 때 모든 국가가 같은 로드맵을 가지는 것이 아니다. 특히 최신기술일수록 더 싸고 쉽게 구축할 수 있다는 점이 통신산업의 특징이다.

선도기업

무선 통신장비 분야에서 가장 독보적인 움직임을 보이는 곳은 핀란드의 노키아Nokia와 중국의 화웨이Huawei다. 노키아는 핀란드의 국민기업으로 불릴 만큼 피처폰 시대에 가장 높은 시장점유율을 가졌던 거대 기업이다. 하지만 아이폰과 안드로이드폰의 출시 이후 시장에서 내리막길을 걷다가 2015년 모바일 사업부는 마이크로소프트Microsoft와 인수·합병을 단행했다. 아직까지도 모바일 단말기 재기는 이루어지지 않고 있지만, 노키아의 통신장비 분야만큼은 지속적으로 성장했다. 특히 2015년 프랑스의 알카텔루슨트가 노키아에 매각되면서 노키아는 통신장비 분야의 빅 3로 자리매김했다. 국내에서도 기지국 무선 통신장비 시장의 30% 이상을 점유하고 있으며, 최근에는 KT와 5G 평창 프로젝트를 공동으로 수행하고, SKT의 양자암호 통신기술을 노키아 장비에 탑재를 발표하는 등 국내 기업들과의 연구개발도 활발히 진행하고 있다.

화웨이는 1987년에 설립된 회사로 현재 전 세계 140개국에 진출했으며, 직원 수만 15만 명이다. 2011년 매출이 원화로 약 36조 원에 이르며 이 중 70%가 통신장비 사업을 통해서 달성되었다. 현재 화웨이는 미국의 시스코와 전 세계 통신장비 시장의 1, 2위를 다투고 있다. 화웨이 역시 국내에 진출해 LG유플러스의 기지국 통신장비를 공급했으며, 미국과 남미와 영국, 아프리카 등 전 세계 어디에서도 가장 빠르게 확산되고 있는 것은 화웨이 장비다. 하지만 미국과 캐나다, 호주 정부는 화웨이 통신장비를 사용할 경우 광범위한 정보가 중국으로 유출될 것을 우려하고 있다. 특히 세계적으로 국가 기간망에 화웨이 장비가 사용될 경우 보안 위험성이 커질 수 있다는 경고를 하고 있지만, 화웨이 통신장비의 가성비를 경쟁사들이 맞출 수가 없기 때문에 지속적으로 성장하고 있다.

국내 기업이 선도기업이 되기 위하여

1996년 미국 퀄컴이 개발하였으나 대한민국이 세계 최초 상용화에 성공한 CDMA 통신기술은 당시 국내 기업들이 장비를 개발하고 전국 상용화를 하였다. 대한민국의 기술력은 세계 최고 수준이었고, 삼성과 대우뿐만 아니라 다른 많은 기술력이 있는 중견 통신기업들이 양질의 통신장비를 제조하였다. 하지만 국내 시장의 성장한계 때문에 유선 분야의 투자가 줄어들고, 통신사의 가입자가 포화상태에 이르면서 통신장비 산업의 규모 자체가 줄어버렸다. 이때 많은 유망한 기업들이 글로벌 기업으로 성장할 타이밍을 놓치게 되었고, 결국 외국계 글로벌 기업에게 시장을 빼앗기게 되었다.

글로벌 기업에게 시장을 빼앗기게 된 주된 이유는 통신장비의 특성상 지속적인 기술 투자를 통한 최신 통신 표준Standard을 지원하고 안정적인 유지보수를 제공해야 하는데, 관련 비용을 과다하여 만약 그 비용까지 제품 가격에 포함시키면 시장에서 가격 경쟁력을 상실하게 되는 문제점이 있었다. 글로벌 기업의 경우 전 세계적으로 동일 모델을 판매하면서 서로 다른 지역에서 발견된, 또는 접수된 개선사항을 즉각적인 패치나 업그레이드를 통해 제품에 반영하기 때문에 유지 보수나 제품 향상에 투입되는 비용이 상대적으로 저렴하고, 제품에 사용하는 주요 코드Source code나 유료 인터페이스Interface, 하드웨어 모듈을 대규모로 구매해 더 저렴하게 사용할 수 있기 때문에 제품 혁신 속도에서 차이가 날 수밖에 없었다.

하지만 더 큰 문제는 글로벌 통신장비 제조사들이 국제 표준을 만드는 데 많은 영향력을 행사하기 때문에 향후에는 더욱더 글로벌 장비의 레퍼런스표준이 반영된 장비가 있는가 없는가로 경쟁력이 결정된다.

통신사에서 기술 R&D을 하는 입장에서, 최근 몇 년 사이에 대규모 투자가 이루어지는 통신장비의 경우 이미 외국 업체끼리 경쟁하는 것을 많이 볼 수 있다. 최근에 통신장비 산업에서 큰 이슈가 된 것이 '소프트웨어 정의 네트워킹Software Defined Networking ; SDN'이다. SDN은 기존의 하드웨어 중심의 통신장비 구조가 아니라 범용 서버 위에 네트워킹을 담당하는 소프트웨어를 구동시켜 똑같은 효과를 얻는 것을 말한다. 이는 기존 기업들의 노하우가 집적된 프로세스 설계나 하드웨어 구조, 제조의 영역에서 범용 서버 기반의 클라우드 기술과 소프트웨어 제어 기술, 네트워킹에 최적화된 소프트웨어 개발 기술이 더 중요해졌음을 의미한다. 대한민국에서 이런 새로운 기회를 맞이해 KT나 SKT와 같은 통신사와 ETRI와 같은 정부출연연구소, 여러 스타트업들이 연구개발을 진행하였고 가시적인 성과는 분명 있었지만 국내의 좁은 시장에서는 양질의 지속적인 레퍼런스 확보가 어렵기 때문에 기술개발 한계에 봉착하고 있다. 예를 들어 같은 기간 똑같은 기술을 연구한 미국의 글로벌 기업들은 SDN을 이용한 양질의 레퍼런스를 확보하였고 관련 참여 기업들은 프로젝트 참여를 통해 검증된 기술력을 제품에 다시 반영해 기술을 개선하고 있다.

겉으로 봐서는 기술력의 차이지만, 통신장비 분야의 기술력이 하드웨어에서 소프트웨어로 바뀌고 있고 대부분의 소프트웨어가 오픈소스 형태로 제작되기 때문에 코드^{Code} 자체에 대한 접근성은 좋아졌다. 바꿔 말하면 평준화되었다고도 할 수 있다. 하지만 그 기저에 동작하는, 예를 들어 브로드컴이 제공하는 통신 반도체의 기술력이나 글로벌 통신 제조사가 인수 합병한 세계 최고 수준의 가상화^{Virtualization} 기업의 솔루션 등은 여전히 진입장벽으로 작용하고 있다. 네트워킹 동작을 구현한 통신장비의 특성상 같은 방식^{Logic}과 오픈소스를 사용했더라도, 대규모의 트래픽^{Traffic}을 흘렸을 때 안정적으로 전달을 할 수 있는지, 또는 트래픽에 대한 제어^{Control}가 원하는 수준으로 가능한지는 결국 기존에 축척된 핵심 역량의 차이에 따라 달라진다. 이런 분야에 지속적인 투자를 하지 않은 대한민국은 비부하성$^{Non-loaded}$, 비긴급성$^{Non-Critical}$ 네트워크에 사용되는 저부가가치 장비 위주로 시장이 형성될 수밖에 없다. 하지만 이런 분야 역시 중국과 대만 기업들과 경쟁해야 하기 때문에 경쟁이 쉽지 않다.

통신장비 산업, 해결되지 않은 문제

통신장비 산업도 시장 논리에 의해 작동한다. 기업의 수익성을 예상해 투자를 결정하는데, 국내 시장이 협소해 사업이 축소되는 것은 당연하다. 시장이 작아지니까 관련 기술인력의 배출이 자연스럽게 줄어든다. 하지만 미국 정부와 시스코, 중국 정부와 화웨이의 싸움에서와 같이 통신장비는 그 나라의 보안의 관문^{Gateway}이다. 그래서 단순히 시장 논리로만 계산하는 것은 문제가 있다. 우리가 식량 자립을 외치면서 농업에 대해 보조금과 각종 혜택을 주는 것과 같이 통신장비 산업에도 국가적인 투자가 필요하다.

이미 많은 정부출연 프로젝트에서 국내 통신장비 제조기업의 성과가 나타나고 있다. 하지만 대한민국과 같이 영토가 작은 나라에서는 프로젝트 참여를 통해 기술력을 확보하는 방식은 한계가 있다. 기술이 수익으로 연결되고 지속적으로 R&D에 재투자되기 위해서는 무엇보다 시장이 확보되어야 한다. 대한민국과 유사하지만 다른 사례가 바로 일본이다. 일본에는 NEC, 후지쓰와 같은 전통적인 통신장비 제조기업들이 존재한다. 그들 역시 노키아나 화웨이, 시스코와 같은 글로벌 통신장비 기업들과 경쟁해야 하지만 일본 내수시장에서의 강력한 지배력을 통해서 매출을 창출하고 기술을 개발하고 있다. 특히 일본 NEC의 경우 일본 내 수요를 통해 확보한 기술을 제품에 투자해서, 소프트웨어 기반 스위칭 기술에 대해서 세계 최고 수준의 기술력을 확보해 글로벌 경쟁력을 제고하고 있다.

대표적인 것이 망 중립성 문제다. 망 중립성 문제는 그 자체로, 그리고 어느 편에서 바라보느냐에 따라 의견이 다를 수 있다. 철저히 통신사의 입장에서 이야기하면 통신사는 수익을 가지고 투자를 하는데, 이 수익은 갈수록 줄어들고 있다. 유선 인터넷 시장과 국내 모바일 시장이 포화된 상태에서 지속적인 할인 마케팅을 3사가 벌이고 있기 때문이다. 3사는 대규모 투자를 통해 구축한 신규 통신망에 대한 투자금 회수를 빨리 하기 위해 시장점유율을 빨리 높이는 방향으로 출혈 경쟁을 하고 있다. 예를 들어 현재 보편화되고 있는 기가^{GiGA}인터넷은, 기가인 터넷을 지원하는 통신장치를 각 건물에 설치하기 위해 발생하는 투자비를 회수하기 위해서는 일정 수준 이상의 사용자 증가가 필수적이다. 때문에 속도는 10배임에도 각종 마케팅 정책을 이용해서 소비자 가격 상승은 10% 미만으로 제공한다. 가입자를 모집하기 위해서 통신사는 막대한 투자금을 선투입하면서 브로드밴드의 품질을 끌어올리지만, 이에 대한 외부의 시각은 부정적이거나 무관심하다. 즉, 외부에서는 기업의 연구개발과 신기술, 신규 투자가 단지 기업 스스로의 매출을 올리기 위한 도구라는 인식을 갖는다. 기업이 이익을 추구하는 것은 분명한 사실이지만, 인프라에 대한 투자를 하지 않으면 VR이나 IoT와 같은 새로운 산업이 제약된다. 기업 입장에서는 한번 구축한 통신 네트워크를 가능한 한 오래 유지하면서 비용을 회수하고 수익을 내는 것이 최선의 방법이지만 통신 인프라의 품질이 국가 IT 산업 발전과 밀접한 연관이 있기 때문에 대한민국은 항상 선행 투자를 하고 있다.

그런데 망 중립성에서 또 다른 문제점은 구글과 같은 글로벌 기업이 국내 통신사가 대규모 투자를 통해 구축한 네트워크를 무료로 또는 아주 저렴하게 사용함으로써 얻는 이익이 다시 국내에 재투자되지 않고 있는 것이다. 조세의 측면에서 이미 해외에서는 구글세$^{Google\ Tax}$라는 이름으로 공론화되고 있다. 또한 국내 통신비용이 실제로 제공하는 통신 서비스에 비해 저렴하다는 분석 결과가 있음에도, 가계비용에서 통신비의 비중이 크다는 이유로 복지성 요금 인하 압박이 있는 것이 현실이다. 실제 2010년 이스라엘 정부는 통신비 인하를 위해 시장에 개입했고, 결과적으로 1위 이동통신기업인 셀콤의 순이익이 56% 급감했다. 다른 사업자들도 이익이 발생하지 않아서 5G 투자를 유보하는 결과를 초래했다. 대한민국이 인터넷 강국, 최고의 네트워크 인프라를 보유한 나라가 되기 위해서는 현실성 있는 통신 가입자들의 복지혜택뿐만 아니라 망 중립성에 대한 현실적인 접근이 필요하다. 통신사업자가 통신장비 제조사의 연구개발 파트너이자 가장 큰 고객이기 때문에 통신사업자의 이익이 제조사의 연구개발 보조금으로 사용될 수 있는 정책을 고민해서 통신산업의 이익이 장비산업으로 흘러갈 수 있도록 해야 할 것이다.

통신장비를 이용할 수 있는 기회 자체를 늘려야

정부의 통신장비 제조에 대한 투자는 국책 연구개발 프로젝트를 통해 지금도 이루어지고 있다. 하지만 어렵게 개발한 네트워킹 기술의 사용처가 제한되어 있다는 것이 문제다. 최근 이에 대해 유의미한 움직임이 일어나고 있다. 국내 대표 통신사인 KT$^{Korea\ Telecom}$는 글로벌 사업을 통해 개발도상국의 통신 인프라를 구축하는 프로젝트를 적극적으로 펼치고 있다. 해외에서 국내 통신사가 프로젝트를 수행하는 경우 국내 통신장비를 이용할 기회가 많아진다. 주로 해당 국가의 대규모 기간망 투자 사업이 대부분이기 때문에 장비 제조사들에게도 수출과 기술적 레퍼런스를 확보하는 데 많은 도움이 된다. 하지만 프로젝트 수주와 수행, 운용을 위해서는 글로벌 기업들과 경쟁을 해야 한다. 이를 위한 정부의 지원이 있다면 유용할 수 있다. 즉, 해외 프로젝트에 참여하는 기업에게는 R&D 보조금이나 세제혜택을 주는 방식을 검토해야 한다. 물론 지금도 일부 수출기업에게 주는 혜택은 있다. 불공정 거래가 발생하지 않도록 그 방법과 절차에 대해서는 신중을 기해야 하지만 현재와 같이 통신사의 자체 글로벌 마케팅 역량에만 의존하고 장비 제조사에게 기술력으로 승부하라는 식으로는 통신장비 산업을 키울 수가 없다. 특히 전 세계 어디에서든 중국 정부의 각종 지원과 혜택을 받고 있는 중국 기업들과 경쟁해야 하는 상황이 발생하고 있다. 현재로서는 국내 통신사의 해외 프로젝트에 국내 장비 제조기업이 참여할 수 있도록 장려하는 지원책이 필요하다.

대한민국 산업계가 돌파해야 할 관문

최근 양자암호기술이 뜨겁다. 어떤 사람은 아직은 이른 기술이라고, 어떤 사람은 혁명적인 기술이라고 말한다. 전문가마다 서로 다른 의견이 있다는 것은 아직 시장에서 확고한 미래 비전을 이 기술이 보여주지 못했다는 것을 의미한다. 하지만 SKT는 2017년 미국과 중국에 이어 세계 3번째로 양자암호 통신기술을 상용화시켰고 벌써부터 양자암호기술의 시장 규모를 예견하는 리포트가 나오고 있다. 양자암호 통신기술은 IoT^{사물인터넷} 시대에는 필수가 될 보안기술이다. 하지만 연구개발 비용과 현재 상용화된 양자암호 모듈의 가격은 아직 상용화 수준으로 떨어지지 않았다. 앞으로도 많은 기술개발이 필요한데, 이러한 최신 하이테크 기술이 국가적으로 중요하다면 정부가 나서서 경쟁보다는 협력을 통한 초저비용 통신장비의 개발과 보급을 목적으로 프로젝트를 추진해야 한다. 기존에 통신 네트워킹 기술들이 정부 주도로 개발되어진 사례가 많이 있지만, 상당 부분 통신사업자의 R&D 투자와 중복되는 경우가 많다. 이번 양자암호 통신기술 또한 정부 주도로 진행되는 프로젝트와 SKT, KT 등이 진행하는 로드맵이 다를 뿐만 아니라 국산 장비의 기술력 제고까지 이어지는 프로젝트 로드맵 자체는 아직 부족하다. 물론 기업들이 독자적으로 자신의 역량을 집중해 새로운 원천기술을 개발하고 확보하는 것 자체는 매우 중요하고 보호되어야 한다. 하지만 네트워킹의 어떤 기술도 남이 사용하지 않는 기술은 표준이 되지 못할 뿐 아니라 다른 저비용 카피 제품에 의해 시장에서 경쟁력을 잃게 되는 경우가 많다. 정부는 강력한 의지로 통신사, 제조 대기업과 중소기업, 스타트업이 연계된 통신기술 연합을 재정리할 필요가 있다. 단순 기술의 발굴과 개발, 상용화에 이르는 로드맵이 아니라 투자와 각자가 가지고 있는 핵심 역량을 최대한 끌어올릴 수 있고, 향후 글로벌 시장으로 진출할 수 있는 정부 주도 로드맵이 필요한 상황이다.

통신과 융합하라

통신장비 분야는 이미 2010년을 기점으로 큰 변화를 겪고 있다. 기존의 통신장비는 고정된 용도로만 동작하는 하드웨어 로직이 들어 있는 상용품이었다. 하지만 CPU와 메모리 등의 컴퓨팅 부품 가격이 떨어지고 제품 성능은 매년 2배씩 증가^{무어의 법칙}해 더 이상 네트워킹을 전용 하드웨어로 구현할 필요가 없어졌다. 이를 위해 범용 서버에 네트워킹 소프트웨어를 구동시키는 '소프트웨어 정의 네트워킹'이란 분야가 만들어졌고, 여기에는 소프트웨어와 클라우드^{Cloud}가 융합되었다. 특히 클라우드 기반의 가상화^{Virtualization} 기술이 개발되지 않았다면 소프트웨어 정의 네트워킹은 불가능했을 것이다. 가상화는 분산 컴퓨팅^{Distributed Computing}의 일종으로 컴퓨터의 자원을 여러 개로 쪼개서 각각 사용하기도 하고, 멀리 떨어져 있는 여러 대의 컴퓨터를 마치 한 대의 컴퓨터처럼 연결해서 사용하기도 하는 기술이다.

최근에는 네트워크 인텔리전스Network Intelligence라는 분야가 생겨났다. 네트워크 인텔리전스는 네트워크상에서 사용자가 무엇을 하는지, 어떤 서비스를 요구하는지 분석해 자동으로 최적화된 네트워크 환경을 제공하는 것을 의미한다. 이를 위해 인공지능AI과 딥러닝Deep Learning 기술이 융합되고 있다. 2015년 IT 기업들의 화두는 온디맨드OnDemand였다. 온디맨드는 사용자가 원하는 서비스를 지금 바로 제공할 수 있도록 하는 서비스 레디Service-ready 상태로 플랫폼을 운용하는 것을 말한다. 하지만 모든 서비스는 인터넷을 통해 연결되기 때문에 결국 네트워크가 온디맨드가 되지 않으면 그 위에서 구동되는 어떤 서비스도 무용지물이 되는 것이다. '나'라는 개인이 어떤 서비스를 실시간으로 원할 때, 수백만·수천만 명이 동시에 통신사 네트워크에서 각각의 서비스를 원한다. 그때를 대비해 인공지능이 통신과 융합하고 있다.

또한 에듀테크Edu Tech 분야도 통신 인프라와 매우 밀접한 관련이 있다. 에듀테크는 기존의 교육과 학습을 IT 기반으로 모두 구성한 새로운 학습·교습 방법을 의미한다. 기존에는 불가능했던 맞춤형 개인화 교육시스템이라든지 칸Khan 아카데미와 같은 온라인으로만 양질의 교육과정을 이수할 수 있는 플랫폼이 에듀테크의 예시이다. 이런 에듀테드는 언제 어디에서든 일정 수준 이상의 품질로 인터넷 접속이 보장되어야 하고 접속하는 타입에 따라 유선과 무선의 경계가 없어야 한다. 에듀테크는 통신과 융합되어 가장 성공할 수 있는 분야 중 하나이다.

예전에는 연결Connectivity만을 위해 비용을 지불하던 시대가 있었다. 현재는 누구도 단지 인터넷 연결을 위해서 비용을 지불하지는 않는다. 단순히 빠르다는 통신 네트워크 속성은 이제 의미가 없다. 사람들은 유튜브와 같은 대용량 멀티미디어 콘텐츠 유통을 경험했고, 걸어다니면서 HD 동영상을 스트리밍으로 시청한다. 지금 사용자들이 원하는 것은 초고화질을 이동하면서도 끊김 없이 보는 것, 미국에 있는 가족과 깨끗한 화질로 영상통화를 하는 것, 랙이 걸리지 않는 게임, 그리고 수많은 애플리케이션을 통해 연결된 정보를 항상 Always-on 접근할 수 있는 안정적인 통신이다. 사용자는 이런 정성적인 기준에 대해서만 비용을 지불한다. 통신장비는 단순히 더 빠르고 용량이 늘어나는 것이 아니라 클라우드, 소프트웨어, 인공지능, 러닝, 양자암호와 같은 물리학과 결합이 되어야만 한다. 스티브 잡스가 말했듯이 사용자는 자신이 무엇을 원하는지 잘 설명하지 못한다. 하지만 그들이 원하는 것을 손에 쥐여주면 "이것이 바로 내가 원하는 것이다"라고 말한다. 통신 네트워크가 바로 그렇다.

    1844년 최초의 전보 Telegram 가 모스에 의해 송출되었다. 그것을 현재 통신의 시초로 본다면 통신은 170여 년의 역사를 지닌 기술의 축적이다. 하지만 모든 통신의 역사는 당시 다른 기술들의 융합으로 발전되었다. 구리선을 이용한 전신주가 보편화되지 못했다면 오늘날의 전화는 없을 것이다. 광소자 Optic 를 이용한 기술이 발전하지 않았다면 광통신 영역은 없었을 것이고, 고도의 항공우주 Aerospace 기술이 우리 머리 위로 인공위성을 쏘아 올리지 못했다면 위성통신은 불가능했을 것이다. 위에서 언급한 양자통신 역시 현재의 기술에서만 구현이 가능한 통신기술이다. 예전에는 네트워크 매니지먼트 Network Management 를 자동화하기 위해서 수많은 운용 로직 Operation Logic 을 코드로 넣어야 했다. 새로운 운용방식과 서비스가 나올 때마다 코드는 복잡해졌고, 급기야

장비를 대체할 때마다 운용방식을 완전히 바꾸기도 했다. 그 복잡한 로직을 딥러닝을 통해 학습할 수 있다는 인식 자체가 대단한 기술적 진보이다. 알파고가 이세돌과 겨루는 것을 보고서야 사람들은 이제 새로운 기술의 융합이 통신 분야에도 새 바람을 일으킬 것이라는 점을 깨달았다. 이러한 통신기술의 융합과 확장은 그 자체로도 매우 가치가 있지만, 결국 통신은 누군가와 콘텐츠를, 또는 누군가와 다른 누군가를 연결하는 기본 속성을 가진다. 그것을 어떻게 하느냐, 그리고 왜 하느냐는 또 다른 영역Domain의 발전에 따라, 그리고 그 영역과 융합에 기인한다.

누군가 MP3 기술을 개발하지 않았다면, 스트리밍 기술을 개발하지 않았다면, 스마트폰이 개발되지 않았다면, 안드로이드 운영체제가 개발되지 않았다면, 아이폰이 개발되지 못했고, 인공지능이 개발되지 않았다면, 콘텐츠를 텍스트가 아니라 동영상으로 저장하고 유통할 생각을 하지 않았다면, 차량끼리 서로 신호를 주고받고 중앙관제 시스템에 항상 연결이 되어 있어야 한다는 생각을 하지 못했다면, 누군가 어린이와 노인의 손목에 위치를 알리는 기기를 착용해서 혹시라도 모를 불상사를 막고자 생각하지 못했다면, 통신산업은 발전하지 못했을 것이다.

모든 사람들이 어떤 새로운 서비스를 추구하면서 그에 맞는 통신 인프라를 고려하거나 공부할 필요는 없다. 통신 분야에서는 지속적으로 다른 분야와 융합을 시도하는 노력을 하고 있고, 통신기술, 장비, 인프라가 서비스에 맞게 변형되거나, 융합할 수 있는 분야는 적극적으로 융합을 시도하면 된다. 그런 새로운 통신 융합Telecom Convergence이 어쩌면 대한민국의 차세대 신성장 동력이 될 수도 있을 것이다.

02 / 시공간 Tech와 Mobility, 그리고 우리의 현재

오컴대표 편석준

시공간 Tech의 정의

인간은 공간과 시간이란 그물망 속에 갇혀 있는 존재이다. 시공간은 인간 인식의 제한이기도 하고 인간의 물리적 행위의 기본 조건이기도 하다. 시공간 Tech란 것은 시공간이라는 인간의 기본 조건제약을 최대한 인간의 뜻대로 활용할 수 있도록 자원화하는 패러다임이다.

시간과 공간은 현재까지의 이론과 현상적 관찰로는 분리하기 어렵다. 인간이 과거를 회상하거나 미래를 전망할 때 항상 공간의 이미지 기반 하에서 이루어지며 공간은 시간이 없으면 마치 언제나 우주 빅뱅 이전의 한 점과 같을 것이다.

시공간 Tech를 굳이 시간 Tech과 공간 Tech로 구분한다면 시간 Tech에 속하는 것은 인공지능과 블록체인이다. 인공지능과 블록체인은 인간 또는 인간 집단이 판단이 필요할 때, 판단에 걸리는 시간과 노력을 아껴주는 기술이다. 설비 자동화 시스템이 사물인터넷이라면 판단 자동화 시스템이 인공지능과 블록체인이다.

암 환자 진료를 위해 IBM의 인공지능 시스템 왓슨이 쓰이는 곳은 암 치료 분야에서 유명한 메모리얼 슬론-케터링 암센터Memorial Sloan Kettering Cancer Center뿐 아니라 대한민국의 길병원 등으로 점점 늘어나고 있다. 의사의 피곤하거나 노쇠해 가는 머리를 대신해 판단 대리인 또는 보조인 역할을 해주며 의사와 환자, 그리고 병원과 국가 모두에게 시간을 벌어다 주고 있는 것이다. 인간에게 시간을 벌어다 준다는 것은 고통과 기다림의 시간을 줄이고 휴식과 여유의 시간을 증대해 주는 것을 말한다. 인공지능이 사용될 수 있는 곳은 알다시피 무궁하다. 최근에 이슈가 되고 있는 자율주행자동차의 경우는 이미 항공기에서는 오래전부터 유사하게 적용돼 있고 변호사를 대신해 방대한 법무자료 조사와 검토를 해주는 법무 인공지능 기술을 가진 레갈줌LegalZoom, 페어다큐먼트FairDocument, 이쿼비오Equivio 등의 회사들도 있으며, 회계·세무 쪽도 마찬가지이다. 또한 현재 스마트홈 또는 컨시어지 서비스 형태로 출시되고 있는 음성인식 서비스도 인간의 컨텍스트까지 분석할 때가 오면 많은 영역의 서비스 인력을 대체할 수 있을 것이다.

블록체인의 경우는 현재까지는 음성인식 서비스 등의 개인 맞춤형 서비스 위주인 인공지능과 달리 사회적 합의 또는 판단하는 데 소요되는 시간과 노력을 줄여줄 수 있다. O2O 시장의 대표적 비즈니스 영역 중 하나인 부동산 O2O 서비스에서 가장 큰 문제점 중 하나는 허위매물 등록과 이에 대한 관리였다. 기존에 이것을 극복하는 방법은 지역 매니저 고용을 통한 교육·감시와 플랫폼 내의 입점·광고 제한뿐이었다. 최근엔 블록체인 기술이 허위매물 등록이나 사기피해 방지를 위해 부동산 영역에 쓰이는 것에 대해 적극적 검토가 이루어지고 있다. 부동산 매물 X가 있고 X 거래에 참여한 A, B, C, D가 있다고 하고 만약 D만 거래 사실과 다르게 장부에 기록하거나 기록하지 않는다면 A, B, C의 전산상 거래장부가 이를 방지할 수 있다. 결국 A, B, C, D에 의해 승인된 부동산 기록은 다른 수많은 거래들의 기록과 이어지며 위조의 가능성은 사실상 없어지게 된다. 실제 토지대장을 위조하는 일이 빈번했던 온두라스는 사회 전체의 부패를 방지하기 위해 2015년에 블록체인 기술을 활용한 토지 등기부 관리 시스템을 개발했다. 블록체인은 쌍방의 승인이 필수인 우편·배달 영역, 투표 등 사회적 합의영역, 회계감사 분야에서도 크게 쓰일 수 있다.

공간 Tech에 적용되는 기술로는 VR/AR, IoT/Drone, O2O가 있다. VR은 물리적 거리 극복을 위해 사용되는데, 그 예로 집 안에서 HMD이나 PC를 활용해 원격의 부동산 매물을 3D·360도로 조망하고 가구 등의 물품 배치나 인테리어 리뉴얼 등을 할 수 있다. 또 트레드밀을 활용한 원격 문화재 체험이나 놀이시설 등에 가지 않아도 몰입형 체험을 할 수 있게 해준다. AR의 경우는 물리적 공간의 제약을 줄여줘 업무의 효율화와 일상의 편리함을 가져오는 Tech라 볼 수 있다. 가령 AR의 대표적 디바이스 중 하나인 마이크로소프트의 홀로렌즈는 실사와 CG를 결합시켜, 즉 현실 위에 가상 영상을 띄워 소통과 조작의 편리함을 제공해 업무 효율화를 꾀하게 해준다.

공간 Tech는 물리적 거리 극복을 통한 인간적 거리감을 줄여주는 데도 기여할 수 있다. 아직 상용화되지는 않았지만 미국의 필로우톡Pillowtalk은 IoT 기반 서비스로 원격에서 연인의 심박을 느끼게 해준다. 각자의 베개에 센서와 조명, 통신 모듈을 설치해 침대에 누우면 상대방의 베개에 불을 들어오게 하고 심장박동 소리를 전달하는 것이다. 또 대한민국의 VR 기반 스타트업인 EVR Studio는 가상현실 마을에서 데이팅 및 공동체 생활을 플레잉할 수 있는 서비스를 준비 중이다.

O2O는 모바일 시대가 되면서 가능해진 비즈니스 모델로 양면 시장에서 정보 비대칭성 해소 목적 기반으로 공간을 극복하고 있는 Tech

이다. 대한민국에서도 스타트업 중 야놀자와 데일리호텔, 직방과 다방처럼 유명한 사례들이 있다.

시공간 Tech의 모든 분야에서 기술과 프로세스의 혁신, 광범위한 투자가 일어나고 있지만 전체 산업 분야에서 당장에 돈이 되고 있는 분야는 O2O 정도일 것이다. VR/AR은 디바이스 발전이 더 필요하며, 완전한 무선 형태의 VR이 되기 위해서는 5G 네트워크의 보편화와 관련된 VR 무선데이터 송신 관련 기술 발전이 더 필요하다. 사물인터넷의 경우 상용화 단계에 있지만 아직 제조업 단계의 수익모델만 있을 뿐 통신 및 서비스에 대한 가격정책을 어떻게 할지조차 정하지 못하고 있다. 향후 사물인터넷과 VR/AR은 통제와 소통 목적의 사회 인프라 기술이 될 것이고 인공지능과 블록체인은 일종의 의사결정 또는 판단 검토 기술이기 때문에 기술의 기술, 즉 모든 Tech와 비즈니스의 근간이 될 것이다. 즉, 비즈니스 모델이 성립하기 위해서는 인공지능, 블록체인, 사물인터넷, VR/AR 기술을 근간으로 커머스 시장에 진출해야 한다. O2O란 것은 사실상 모바일 기술만을 근간으로 온·오프라인의 중첩을 소재로 만들어진 비즈니스 모델의 하나일 뿐이다. 새로운 기술들이 튼튼하게 지어지고 있을 때, 그 위에 커머스란 건물을 어떻게 올리느냐가 관건이다. 결국 모든 비즈니스는 상거래이거나 상거래 목적의 광고이거나 상거래할 상품을 제조하거나 그것에 탑재할 부품과 솔루션을 만드는 것이기 때문이다.

커머스 분야의 세계적 흐름

글로벌 기업들은 단순 중개역할에 그치는 O2O 비즈니스 자체를 진행하지 않고 있다. O2O는 오프라인과 온라인모바일을 매끄럽게 연결해 주는 모바일 시대의 현상 중 하나일 뿐이다. O2O는 커머스 발전 단계에서 나타난 하나의 단계일 뿐이며 기존에 있던 오프라인 영역을 모바일화했다는 것만으로 차별적 서비스나 새로운 비즈니스 모델이라고 할 수 없다.

커머스에서 가장 중요한 것은 구매, 결제, 배송 3가지이다. 즉, 커머스란 것은 구매, 결제, 배송의 프로세스이다. 구매 시에 중요한 것은 정보이며, 그중에서 고객이 가장 쉽게 판단할 수 있는 항목은 가격이다. 가격이란 것은 상품과 공급자의 수가 많아지면 쉽게 비교가 가능하다. 아마존에서는 현재 70억 개 품목이 판매되고 있고 2020년경에는 그 두 배인 140억 개의 상품이 거래될 것으로 추정되고 있다. 유통의 거리가 멀고 공급자와 상품의 실체 정보가 빈약할 때는 가격정책Pricing과 가격 마케팅이란 것이 가능했지만 공급자 간의 경쟁이 치열해질수록 커머스에서 가격의 중요도는 떨어진다. 또 결제의 경우는 핀테크 분야에서 해소될 영역이다.

커머스에서 구매와 결제의 비중은 물류의 중요도와 반비례 관계를 가진다. 화폐가 상거래 중 특히 원거리 무역 시의 필요에 의해 발명되었음을 상기할 필요가 있다. 공급자가 많고 어디에서나 통용되는 결제 수단이 갖춰진다면 커머스 기업의 차별성은 물류일 것이다. 고객의 인내 한계에 들어오는 배송이 글로벌 스케일로 가능하다면, 또한 해당 기업이 구매와 결제 영역에서 경쟁력을 갖추고 있을 때 그 기업은 본원적 경쟁력을 갖춘 커머스 기업이 될 것이다. 이때 활용되어야 할 것이 인공지능, 사물인터넷 같은 인프라 기술이다.

▲ Future Of Amazon Supply Chain

    도이치뱅크는 2016년에 발간한 보고서에서 아마존의 글로벌 물류체인에 대해 검토한 바 있다. 아마존의 선박이 중국이나 미래에 공장이 지어질 태평양 인근의 아시아 국가에서 물건을 싣고 인구 예측이 된 태평양과 대서양 국가들의 해안 물류센터를 향한다. 주문이 들어오면 배와 해안가의 화물배분 시설에서 품목을 분류해 중간 저장시설 없이 트레일러에 바로 적재한다. 자율주행 트레일러는 고객에게 최종 배송하기 위해 아마존 자체 지역 물류센터를 활용하거나 UPS, FedEx를 활용한다.

    아마존이 2017년 8월에 미국 특허청에 등록한 무인항공기를 위한 트레일러 형태의 유지보수 시설 Ground-Based mobile maintenance facilities for unmanned aerial vehicle(US 9,718,564)을 보면 도이치뱅크의 전망에 한 걸음씩 다가가고 있는 것으로 보인다. 트레일러 형태를 취한 것은 기관차, 컨테이너 박스, 도로 트랙터 또는 다른 차량과 결합할 수 있는 지상

기반의 복합 운송수단이며, 드론^{무인항공기} 등의 aerial vehicle을 적재, 발사, 회수할 수 있기 때문이다. 트레일러는 수요가 예측되는 지역으로 움직이고 고객 최종 배송^{last mile delivery}은 드론이 처리한다. 고객의 주문이 접수되면 트레일러 안에 있는 로봇팔이 드론에 상품을 싣고, 트레일러가 열리면 드론이 고객의 주문지로 날아가는 것이다. 또한 로봇팔은 드론을 트레일러 안에서 수리할 수도 있다.

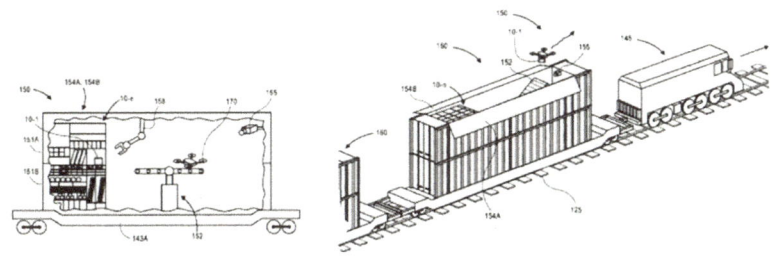

▲ 아마존 특허내용 : 로봇팔의 드론 상품 적재 도면(좌), 트레일러의 드론 발사 장면(우)

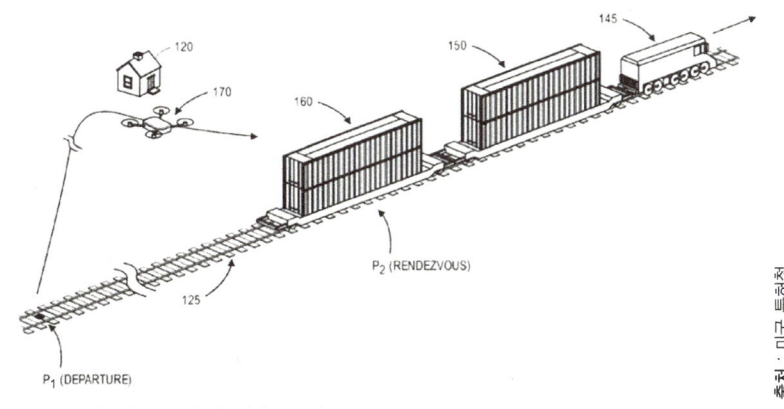

▲ 드론의 라스트 마일 배송 그림

또 드론은 선박의 컨테이너 안에도 담겨져 배송할 수도 있다.

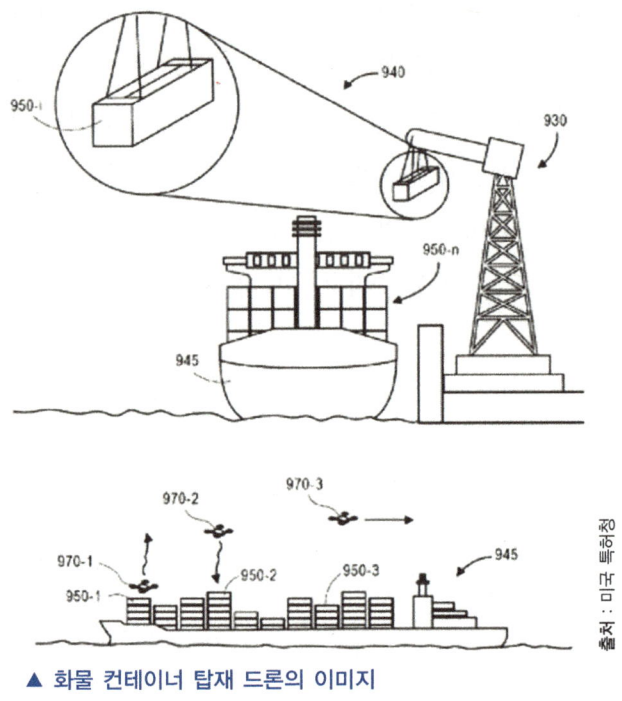

▲ 화물 컨테이너 탑재 드론의 이미지

　아마존이 e-commerce나 O2O를 넘어서 Mobility(물류, 드라이빙, 헤일링 등을 포괄하는 개념으로 사용)에 신경 쓰는 이유는 배송시간 단축을 통한 커머스 시장 장악이란 목표와 시설 임차료, 인건비 등의 비용 절감 목적 때문이다. 물론, 아직까지 상기의 내용들은 특허 안의 그림들일 뿐이다. 가령, 중간 물류센터와 인적 노동력 없이 트레일러와 드론을 동시에 활용하기 위해서는 고객별로 다른 주문 장소와 트레일러의 시간 매칭의 문제, 드론 회수 시 드론과 트레일러의 랑데뷰 문제, 그리고 드론을 활용한 라스트 마일 배달방안이 처음 나왔을 때부터 제기된, 특히 도심 지역에서의 안전문제와 기존 항공권역과도 관련된 규제 이슈를 먼저 풀어야 한다.

커머스 비즈니스 기회

아마존의 사례를 통해 확인해야 할 점은 커머스 비즈니스 경쟁력을 갖기 위한 미래 기반 기술들을 현실에 적용하기 위해 얼마나 노력하고 검토하고 있는가 하는 점이다. 아직 상용화는 미지수이긴 하지만 아마존은 2013년에 드론을 활용한 테스트 배송을 최초로 시도했다. 물류창고에서 고객에게 전달하는 라스트 마일에서 전체 물류 비용의 70%가 소요됐고, 2012년부터 2014년까지 배송 손실 추정액은 88억 2,900만 달러(당일 배송 건당 비용 : 8.99달러)에 달하기 때문이다. 2018년 1월 기준으로 아마존은 라스트 마일을 포함한 물류 경쟁력 확보를 위해 직원을 계속 충원하고 있으며(현재 40만 명이 넘는 것으로 추정), 관련된 비용도 수십억 달러 단위로 급증하고 있는 것으로 알려져 있다.

2012년에는 물류센터 내에서 물건을 효율적이고 저장하고 옮기기 위해 로봇 회사인 키바를 인수해 고객 주문 후 출하까지 걸리는 시간을 4~5배 정도 단축시켰고, 물류센터 내에서는 사람보다 뛰어난 인지력을 갖고 있는 키바 로봇을 이용해 기존보다 50% 이상의 재고를 더 보유할 수 있게 됐다. 또 아마존은 자율주행 기술개발을 위해 전담팀을 구성하고 트럭도 40대 구매했으며, 자율주행차autonomous vehicle와 관련된 특허도 지속적으로 출원·등록하고 있다.

이를 보면 아마존의 CEO인 제프 베조스는 직접적으로 인정하진 않지만 라스트 마일 구간에서 UPS나 FedEx에 대한 의존도를 최대한 줄이고자 할 것이다. 2013년에 일요일 배송을 위해 미국 우체국과 협업했듯이, 최근에는 아마존 프라임 에어 서비스를 위해 보잉 767 비행기를 스무 대 남짓 구매했으며 몇 년 내에 40대까지 늘릴 계획이다. 또한 매일 신선하게 소비되어야 하는 식료품에 대해 무인소매점도 일부 테스트 운영 중이다. 이처럼 아마존은 비록 많은 부분 상용화되고 있지는 않지만 끊임없는 테스트를 하며 물류와 관련된 획기적인(또는 상상적인) 특허를 계속 내고 있다. '드론 벌집(도시 곳곳에 세우는 많은 드론이 발사·회수되는 원통형 물류센터)' 특허, 낙하산을 활용한 운송 시스템 등이 그 예들이다.

물론 FedEx 같은 기존 물류회사들도 잠자코 있는 것은 아니다. 주문 배달은 현재 대부분의 기업이 구상하고 있듯 구글 홈이나 아마존 에코 같은 인공지능 비서를 통해서 하고, 배송에 있어서는 아마존과 조금은 다른 접근을 하고 있다. FedEx 역시 다임러, 볼보와 손 잡고 자율주행 트럭을 개발하고 있으며 또 Peloton Technology와의 협업으로 트럭과 트럭 사이를 통신으로 이어 가속과 감속을 자율적으로 조절하는 '군집 주행 시스템'을 개발하고 있다. 사실상 하나의 트럭처럼 달릴 수 있는 시스템이다. 또한 라스트 마일 영역에서는 아마존의 드론과 달리 굴러다니는 로봇 형태도 검토 중인 것으로 알려져 있다.

국내 현황

해외 유명 기업들에서는 O2O와 Mobility가 인프라 기술을 기반으로 결합되고 있지만 대한민국에서는 아직 O2O과 Mobility를 구분해 살펴봐야 하는 단계이다. O2O의 경우 공급자와 수요자를 단순 연결해주는 약한 플랫폼에 대부분 머물러 있고 또한 공유경제라는 현대의 자본주의와 맞지 않는 이념과 마케팅 구호로 결합돼 있다. 물론 O2O는 유휴자원을 적극 활용한다는 점에서 공유경제와 속성을 같이하지만.

O2O의 영역은 일상의 다양한 편린만큼 다종하다. 이사, 세탁, 부동산, 일자리, 집안일, 수리 등 우리가 옛날부터 동네에서 계속 봐오던 서비스 그대로이다. 공간 유휴자원을 활용하는 대표적인 O2O 플랫폼으로는 대한민국에도 진출해 있는 오피스 임대 위워크^{WeWork}나 주차공간 공유 서비스인 해외의 저스트파크와 같은 대한민국의 셀팍과 모두의 주차장이 있다.

이 밖에도 공간 유휴 활용영역에서는 대한민국에도 재미있는 것들이 많다. 버스킹을 하는 청년예술사들에게 공간을 빌려주고 홍보해 주는 버스킹플레이란 서비스도 있고(가끔 CGV 로비에서 공연하는 젊은이들을 볼 수 있다), 디자이너의 제품을 다른 업종의 가게에서 디스플레이하고 대신 수익을 쉐어하는 스토어쉐어링이란 서비스도 있으며, 옥상을 공유해 파티를 열어주는 PRIVAHOUR란 O2O 서비스, 교회의 유휴자원을 활용해 결혼식·콘서트를 열어주는 처치플러스란 서비스도 있다.

하지만 O2O가 새로운 소재에만 집착하며 Tech 기반의 신규 서비스 창출을 하지 못한다면 그 BM에 대해서는 장기 성장을 예측하기는 어렵다. 실제 단순 O2O에 머무른 비즈니스에 대해 부정적인 전망이 많으며 투자액도 줄어들고 있는 것으로 보도되고 있다.

네이버와 카카오가 Mobility에 대해 언급할만한 행보를 보이고 관련 서비스를 지속 출시하고는 있지만 아직 구글, 아마존, 우버만큼의 대중적 확신을 얻고 있지는 못하다. 대한민국의 대표적인 e-commerce 기업들은 물론 물류문제에 지대한 관심을 기울이고 있다. 이베이코리아$^{G마켓, 옥션}$는 생활필수품에 대해 직접 물류 처리를 해 당일·익일 배송 및 합포장(고객 배송비 1회 발생 또는 일정 구매액 이상 무료 서비스)을 추진하고자 물류센터를 운영하며, SK플래닛^{11번가} 역시 직접 매입해 판매하는 상품에 대한 배송 서비스를 강화하기 위해 물류센터를 운영하고 있다. 여기에서 라스트 마일 배송까지 직접 챙기려고 로켓배송이란 이름 하에 전국에 물류센터를 설립하고 수천 명의 배달사원^{쿠팡맨}을 채용한 곳이 쿠팡이다.

로켓배송은 등장 초반에 빠른 배송만으로는 차별화를 얻기 어렵다는 판단 하에 친절과 감동 있는 쿠팡맨만의 배송을 내용으로 마케팅을 시도했다. 이를 두고 업계에서는 의견이 분분했다. 로켓배송을 통해 생활필수품에 대한 장기 고객 형성 목적이란 말과 차별화된 라스트 마일 배송 서비스를 통해 추가 투자를 끌어오려는 뜻이란 얘기가 나오기도 했다. 대한민국의 e-commerce 기업들은 해외의 e-commerce, Mobility, IT 기업들과 다르게 Tech 기반의 무인화 대신 설치 및 인건비 비용 경쟁 등으로 나아가고 있는 형국이다.

배달 O2O 서비스의 대한민국 대표격인 우아한형제들은 신선배송을 할 수 있는^{냉장차량, 물류센터} 덤앤더머스^{현 배민프레시}와 이륜차 배달대행 서비스였던 두바퀴콜을 인수해 물류 흐름을 만들긴 했지만 아직 인프라 Tech 기반의 장기 계획을 발표하지는 않았다. 음식배달, 세탁, 장보기, 심부름 등 온갖 O2O 서비스를 대행해 주는 서비스 '띵동'을 제공하는 허니비즈도 120억 원 이상의 투자를 유치받고 메신저^{배달기사}에게 상당한 정률의 수수료를 보장함으로써 기사를 확대하고 중간거점을 확보해 나가고 있지만 역시 미래기술 기반의 물류화를 기획하기에는 대한민국 벤처기업으로서는 아직은 시기상조인 듯하다.

대한민국이 나아가야 할 길

구글이 LIDAR^{Light Detection And Ranging}, 빛을 한 방향으로 보내는 평

행광collimated light을 회전하며 송수신해서 주위 물체의 위치와 거리를 파악하는 센서를 기반으로 자율주행자동차를 완성시키고 있다는 것은 주지의 사실이다.

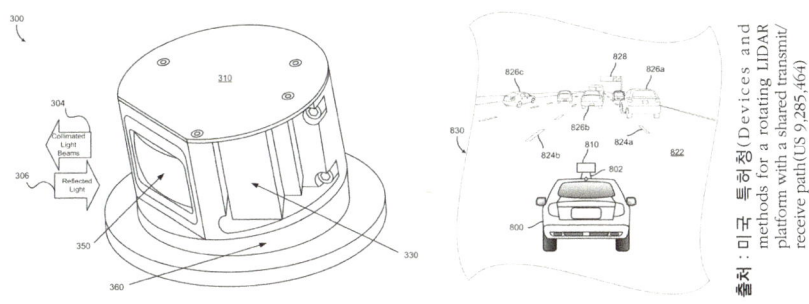

▲ LIDAR 작동 이미지

설령 현재 구글이 자율주행자동차 기술에서 가장 앞서 나가고 있다거나 아니면 다른 기업에서 LIDAR 중심이 아닌 방법으로 자율주행자동차 기술을 크게 개발하고 있다고 해도, 그 기업들이 관련된 모든 비즈니스 모델을 가져갈 순 없으리라고 판단된다. 골드만삭스가 2017년 발표한 보고서 「Rethinking Mobility」를 보더라도 자율주행자동차의 제조는 기존의 차량 제조사가 가져갈 가능성이 높고 우버 같은 Ride Hailing 회사나 구글 같은 Tech 기반의 회사, 또 차량 렌탈회사들도 저마다의 이익 비중을 쉐어할 것이라고 전망하고 있다.

Tech 기반의 서비스 혁신이 이루어져야 하는 이유는, 그것이 소비자들에게 서비스의 질적인 차이를 지속적으로 줄 수 있는 유일한 방안이기 때문이다. 질적인 차이가 벌어지기 시작하면 그 차이를 따라잡는 것은 점점 어려워질 것이고 그것은 단순히 한 기업의 흥망성쇠에서 그치는 것이 아닐 수도 있다. 단어의 오해가 있음에도 제4차 산업혁명이란 단어가 계속 쓰이는 이유가 이런 불안감 때문이다(제러미 러프킨 같은 경우는 에너지 혁명이 아닌 한 당분간은 시대를 계속 3차 산업혁명이라 부르기를 원한다). 단순히 대한민국의 특정 기업이 특정한 영역의 비즈니스를 독점하기 위해서가 아닌 것이다.

우버가 가장 신경쓰는 것은 실시간 데이터를 정교하게 분석해 고객이 원하는 곳에 수분 안에 아니면 더 빠르게 차를 대기시키는 것이다. 그래서 칼라닉 CEO는 우버를 수학회사라고도 부른다. 우버 역시 구글과 경쟁하며 자율주행자동차, 지도 개발 등 다양한 영역에서 Tech 기반을 추구하고 있지만 우버에게서 또 하나 눈여겨봐야 할 것은 그들이 불러오는 근원적인 논쟁거리이다.

우버의 Dynamic Pricing은 지역별 택시 공급자와 수요자 양에 따라 가격이 차등적으로 매겨지는 것이다. 일부 조사에 의하면 추가 과금이 되는 곳에서, 즉 수요자가 공급자보다 많은 곳에서는 수요자의 예약률이 평균 7% 감소하지만 그렇다고 택시 공급자 기준으로 예약률이 14%까지 오르는 것도 아니고 드라이버들이 수요자가 많은 곳으로 이동하는 비중도 13% 미만이다.

수요와 공급을 균형적으로 조정해 소비자의 Mobility를 최대한 증대시키겠다는 Dynamic Pricing 자체의 효용성과 별도로, 이와 같은 새로운 서비스 정책은 미국에서 소송까지 불러일으켰다. 일부 택시 이용 고객에게 높은 요금이 나오게끔 AI가 담합했고 그것에 우버가 개입했느냐가 관건이다.

또한 우버는 대한민국의 다른 서비스들처럼 기존 유통구조와 화해하는 형태로 안착하기보다는 여러 국가들에서 택시면허 소지 여부와 상관 없이 우버 드라이버가 될 수 있게 했고 그로 인해 여러 분쟁과 조정을 겪고 있다.

우버 관련 규제사례

국가/도시	내용
대한민국	• 2013년 8월 처음 우버코리아가 국내 영업을 시작 • 2013년 국토교통부, 서울시 등은 '우버 대응 태스크포스(TF)'를 발족한 뒤 우버 영업을 제한하기 위해 노력 • 2014년 12월 서울시의회는 우버차량 신고포상금제도(우파라치) 조례를 통과 • 검찰은 2014년 12월 우버의 창업자와 국내 지사를 여객자동차운수사업법 제34조 위반 혐의로 기소(이는 우버의 유상 운송 자체를 불법으로 보고 형사재판에 넘긴 세계 최초의 사례) • 국회는 여객자동차운수사업법 개정안(2015년 12월 시행 예정)을 2015년 5월 발의해 렌터카를 빌려 유상으로 운송에 사용하거나 다시 남에게 대여해서는 안 되고 누구든지 이를 '알선' 해서는 안 된다고 법에 명시(기존 여객자동차운수사업법 제81조를 보완)
프랑스	2014년 10월 프랑스 국회는 운송회사가 사용자에게 근처의 이용 가능한 차량을 알려주도록 GPS를 사용하는 것을 금지하는 법안 통과
스페인	2014년 12월 스페인 법원은 무면허 영업 및 불공정 경쟁을 이유로 우버 서비스 중단을 결정
독일	2015년 3월 독일 법원은 우버의 저가 서비스에 대해 금지 결정
벨기에	• 2014년 3월 브뤼셀 상사법원(Commercial court)은 브뤼셀 지역에서의 우버 영업을 즉각 중지하고, 이를 위반하는 경우에는 매일 10,000유로의 벌금을 부과하도록 결정. 상사법원은 우버 서비스는 택시영업 면허를 가지고 있지 않으며, 관련 규제를 준수하고 있지 않아 위법하다고 판결 • 수도 브뤼셀 경찰은 2015년 3월 최초로 무면허 택시 운전으로 우버 운전자를 고발조치. 2015년 5월에는 브뤼셀 법원에서 우버 운전기사에 대해 최초의 유죄판결
미국	• 2015년 네바다 주가 우버 영업을 금지하였으며, 뉴욕시는 최근 불법으로 승객을 태운 우버차량 496대를 압류 • 2015년 뉴욕시의회는 500대 이상의 차량을 보유한 회사를 대상으로 연간 신규 차량등록 대수를 1%로 제한하는 법안을 발의

우버나 다른 Tech 기업들이 근원적으로 불러온 논쟁거리는 그들이 근원적 기술 혁신을 현실에 적용시키려고 했기 때문에 발생한 것이다. 미래 Tech들이 현실화되기 위해서는 법·제도, 철학, 법철학 등도 병행해 논의되어야 하고 이 와중에 적합하고 적절한 규제와 일자리, 안전 등에 대한 인간 복지를 미리 검토해야 한다. 아직은 대체로 모바일 Tech 수준에서 머물러 있는 대한민국 기업들에게 융합이 필요한 이유는 미래 Tech에 대한 도전과 그를 현실화함으로써 불러올 논쟁 때문이다. 기술만으로는 서비스가 되지 못하고 적절한 제도만으로도 현실이 되지 못하기 때문이다. 더 간단히 말하면, 우리에게 필요한 것은 고객 서비스와 미래 Tech의 융합, 그리고 미래 Tech와 제도 인식의 융합이다.

03 / 4차 산업혁명의 핵심은 빅데이터

한국데이터진흥원 수석연구원 **박천웅**

빅데이터 시대

우리는 데이터 홍수라고 할 수 있는 빅데이터 속에서 살고 있다. 이러한 데이터는 우리의 삶 속에 조금씩 내재되어 있어 어느 순간 데이터가 없으면 일을 하기 힘들 정도가 되었다. 연구하거나 사업전략을 수립할 때, 정책을 개발할 때 등 모든 작업이 데이터에 의존하고 그 데이터를 근거로 의사결정을 한다. 경제활동, 학술연구, 정부나 지자체 예산 집행·정책 결정, 그리고 건강상태를 기록으로 남기는 것 등 모두가 데이터로 기록되어지고 생활에 활용된다. 데이터를 분석해 사업이나 전략 수립에 필요한 아이디어를 발견하고 데이터가 보유한 가치를 최대한 이해하고 활용할 수 있도록 데이터가 갖고 있는 숨겨진 의미를 발견하며, 그러한 통찰력들을 정보, 지식, 행동으로 연결시키고 있다. 페이스북으로 대표되는 소셜미디어, 사물인터넷 센서 네트워크, 음악이나 영상을 실시간으로 제공하는 스트리밍 기술 등 데이터 기반 기술이 개발되고 성장·발전하면서 무수히 많은 데이터 속에서 그들이 가지고 있는 가치를 찾는 시대인 빅데이터 시대로 접어들었다.(Sumil Soares, 2012)

과연 빅데이터는 무엇인가? 빅데이터와 데이터는 어떠한 차이가 있을까? 어떻게 하면 기업이나 개인, 정부가 빅데이터에 기반한 비즈니스를 성공시킬 수 있을까? 최근 몇 년 동안 빅데이터에 대한 질문은 끝이 없이 생산되고, 그 질문은 지금도 계속되고 있으며, 되풀이되고 있다.

우리는 빅데이터를 적극적으로 활용해 생활에 도움이 될 수 있는 실질적인 사회기반형 가치를 창출·발굴하는 시대에 살고 있다. 10년 전만 하더라도 상상할 수 없었던 다양한 스마트 기기^{스마트폰, 스마트패드, 스마트워치 등}가 시장에 출시되고 있으며, 또한 사물인터넷, 클라우드 컴퓨팅, 인공지능 등 정보통신기술이 고도화되면서 기업은 빅데이터가 갖고 있는 숨겨진 가치를 발굴해 비즈니스에 접목하는 경쟁에서 무수히 많은 전쟁을 치루고 있다. 시장조사업체인 IDC는 세계 빅데이터 시장 규모를 2018년까지 415억 달러로 성장할 것이라고 예상하였다. 이처럼 빅데이터는 거대한 시장을 형성하고 있다.

구글이 기침 등 독감 검색어 빈도를 지역별로 파악해 독감 유행 수준을 제시했던 독감 트렌드로 빅데이터의 활용가치를 세상에 증명한 지 얼마 되지 않은 시간에 빅데이터의 활용의 발전 속도는 기하급수적으로 빨라지고 있다. 소셜미디어 기업인 페이스북은 개인의 감정도 데이터 분석의 대상으로 삼고 있고, 아마존은 빅데이터가 이슈로 언급되기 이전부터 고객이 생산하는 정보를 분석해 독자적인 도서 추천 서비스를 제공하였다. 이러한 데이터 분석 기술을 근간으로 지금의 아마존은 빅데이터 분석 기반의 독보적인 온라인 유통망을 갖춘 글로벌 ICT 기업으로 성장했다. 기업에서뿐만 아니라 교통, 안전, 방재 등의 공공 분야에서도 국민의 생활 편의와 사회문제 해결을 위해 빅데이터를 활용하고 있다.(조성은, 이시직, 2015)

이러한 빅데이터는 최근 화두가 되고 있는 제4차 산업혁명^{Industry}

4.0 소용돌이의 중심부에 위치해 있다. 빅데이터의 중심이 되는 제4차 산업혁명은 산업현장에서 일어나는 제조업과 빅데이터, 인공지능과의 결합이 현대 사회에 가장 독보적인 경쟁력 향상을 가져다 줄 것이라는 의미에서 붙여진 이름으로 이전에 있었던 제1차 산업혁명(증기기관 발명), 제2차 산업혁명(전기모터 발명), 제3차 산업혁명(정보기술 발전)과 달리 시작 단계에서 변화를 선언적으로 명명한 점에서 이전의 산업혁명과 차이가 있다. 이처럼 빅데이터를 기반으로 한 초연결성Hyper-connection, 데이터 융합 등으로 대변되는 제4차 산업혁명 시대에 기술의 발전과 데이터 융합·분석이 속도를 더하면서 우리가 기대하는 이상으로 생산성을 높이고 높아진 생산성에 따라 제품의 생산과 유통 비용을 낮춰 삶의 질을 향상시켜 줄 것으로 기대를 모으고 있다.

제4차 산업혁명 시대에는 네트워크, 빅데이터, 인공지능, 클라우드 컴퓨팅, 사물인터넷에 의해 생산되는 데이터가 흐르고 저장되며, 머신러닝, 딥러닝 등에 의해 분석·처리되어 우리 생활에 적합한 의사결정을 할 수 있도록 도와준다. 이를 통해 제조 단계에서 소비자의 성향이 반영되고, 제조가 서비스로 확대되는 등 생산과 소비가 결합되는 사회가 제4차 산업혁명 사회라 할 수 있다.

우리는 제4차 산업혁명의 세상 속으로 들어가고 있다. 작은 사실들이 모여 하나의 현상이 되고, 이러한 현상이 모여 거대한 파도가 된다. 하지만 파도의 한 가운데 있으면 이것이 파도인지 아닌지 분간을 못하고 오랜 세월이 지나고 나서야 그것이 파도였다는 것을 이해하듯이, 재빨리 세상의 변화를 파악하고 분석하여 이러한 변화가 우리에게 어떤 의미를 주고 있는지, 어떠한 영향을 주는지, 어떠한 현상을 담고 있는지, 또한 우리는 이러한 소용돌이 속에서 무엇을 어떻게 해야 하는지 다른 사람보다 먼저 알아내야 한다.

이처럼 제4차 산업혁명이 우리에게 중요한 이유는 단지 새로운 시대로의 변화이기 때문이 아니다. 제4차 산업혁명에서는 빅데이터에 대해 지금보다 더 많은 관심을 갖고 이를 이용하고 활용해야 한다. 빅데이터는 절대 어렵지 않으며, 빅데이터는 그 크기만 크고, 속도만 빠른 것이 아니라, 우리가 모르고 지나쳤던 것들, 이전보다 훨씬 더 다양한 데이터들이 도처에 널려 있어서 빅데이터라고 하는 것이다.

이전에 데이터를 저장하기 힘들어 측정할 수 없었던 많은 것들이 이제는 쉽게 측정할 수 있게 되었고, 우리 삶에 존재하는 데이터가 무엇인가를 선택하는 데 도움을 주고, 이를 통해 보다 나은 의사결정을 하는 데 도움을 줄 것이기 때문에 빅데이터를 우리의 핵심 무기로 만들자는 것이 핵심이다.

이제 본 장에서는 제4차 산업혁명의 핵심인 빅데이터가 과연 무엇인지, 어떻게 구성되어 있는지 등을 살펴보고 적극적인 자세로 빅데이터를 맞이하도록 준비해야겠다.

데이터와 빅데이터

데이터란 무엇인가? 옥스퍼드 대사전은 데이터를 '추론과 추정의 근거를 이루는 사실'이라고 정의하고 있다. 우리가 어떤 의사결정이나 선택을 하고 나아가 미래의 변화 방향에 대해 추정하기 위해 사용되는 모든 근거를 데이터라고 한다.

빅데이터는 정보를 생산하는 과정에서 사람과 사람Peer to Peer, 사람과 기계, 기계와 기계Machine to Machine 등 기술과 사회를 연계하는 새로운 방식의 네트워크를 형성하여, 온라인 공간에서 실시간으로 데이터가 수집·저장되고 특정 알고리즘을 통해 데이터를 분석·결합해 새로운 데이터가 되는 것이다. 권대석(2012)은 과거에 '저장하기에는 저장장치가 너무 비싸다거나, 저장이 힘들다거나, 저장해 봐야 분석시간이 너무 오래 걸린다는 이유로 버려지곤 했던 데이터를 이제는 저장하고, 서로 관계없어 보이는 것들끼리의 연관관계 및 결합, 분석을 통해 우리가 몰랐던 사실을 밝혀 미래가 어떻게 변할지 예측하는 것, 이것이 바로 빅데이터의 의미이자 가치'라고 하였다.

IDC(2012)도 '센서 기술이 장착된 장치, 스마트폰, 태블릿 PC, 스마트워치 등 다양한 기기를 통해 수집된 엄청난 양의 데이터가 새로운 기회를 가져올 것'으로 전망했다. 또한 이렇게 수집된 데이터는 빅데이터 분석 솔루션 덕분에 실시간으로 사업전략을 결정할 수 있는 중요한 의사결정 자료가 되며, 이를 이용하면 잠재적 실패 가능성이나 시장에서의 불리한 점을 즉각 확인할 수 있다.

이처럼 빅데이터는 급변하는 환경에서 새로운 가치를 창출하고 신산업을 형성할 기회를 준다는 점에서 주목받는다. 빅데이터는 디지털 환경에서 공공정보, 민간 기업정보, 소셜미디어, 센서 데이터 등 다양한 주체가 생산하는 모든 종류의 데이터와 그 규모가 방대하고 생성주기가 짧으면서 형태도 정형뿐만 아니라 비정형 데이터도 모두 포함한다.

그러면 데이터의 종류에는 어떠한 것들이 있을까? 에릭시겔에 따르면 우리가 살고 있는 세상에서 데이터의 80% 이상이 텍스트 문자이며, 숫자는 20%도 안 된다고 한다. 이러한 결과도 2013년의 결과이므로 현재 전 세계에서 쏟아지는 데이터가 어떤 형태를 가지고 있는지 현황을 파악하기란 무척 어려울 것이다.

우리는 숫자, 텍스트, 이미지, 음성, 동영상, 그리고 센서 등 모든 종류의 정보를 데이터로 변환해 저장하고 있다. 고객이 어떤 제품을 구입했는지에 대해서만 관리하고 저장하던 시대가 아니라 고객이 특정 제품을 구입할 때 어떠한 제품을 추가로 구매했는지, 무슨 요일에, 어느 시간대 등 언제 구입했는지 제품을 구입한 고객의 연령대, 성별, 지불수단 등 모든 자료가 데이터로 변환되어 우리는 이 데이터를 활용하게 된다.

우리는 수집된 데이터를 바탕으로 소비자 특성에 따른 상품의 배치구성 및 전시방법, 지역별 소비자가 필요로 하는 상품, 특정 연령대별 구입상품 현황, 그리고 요일별·날씨별 제품판매 현황 등의 다양한 데이터 분석을 통해 신규 시장을 개척하고 소비자 맞춤형 제품을 개발하는 등 고객지향형 시장 개발 및 맞춤 서비스를 추진할 수 있다.

우리는 숫자 데이터에 의존하지 말고 가공되지 않은 빅데이터를 보고 분석해 새로운 데이터 세상으로 나가야 한다. 이처럼 빅데이터 시대를 살아가기 위한 첫 걸음은 내가 가지고 있던 편견과 생각의 전환을 할 수 있는 유연한 마음가짐이라 할 수 있다.(방병권, 2017)

빅데이터가 왜 중요한가?

우리가 사는 세상은 급격한 변화와 복잡한 구조, 불확실성이 만연한 사회환경으로 'VUCA'라고 묘사한다. 'VUCA'는 변동성Volatility, 불확실성Uncertainty, 복잡성Complexity, 모호성Ambiguity에서 앞글자를 따서 만든 말이다. 이는 상황이 제대로 파악되지 않아 즉각적이고 유동적인 대응태세와 경각심이 요구되는 상황으로 상황이 빠르게 바뀌는 현대 사회 및 불안정한 금융시장과 고용시장의 급변하는 현상을 표현하고 있다.(류성일, 2017) 우리는 한치 앞도 예측하기 어렵다. 언제 어디서 누군가에게 어떤 일이 일어나서 세상을 어떻게 변화하는지 알 수 없다. 이러한 'VUCA' 세상에 살면서 국가와 기업을 경영하고 대내외 환경을 분석, 전략을 수립해 구성원들에게 효율성을 높이기 위해서는 데이터 기반의 분석이 필요하고 분석한 내용을 업무에 적용시킬 수 있도록 다양한 인사이트를 발굴해야 한다.

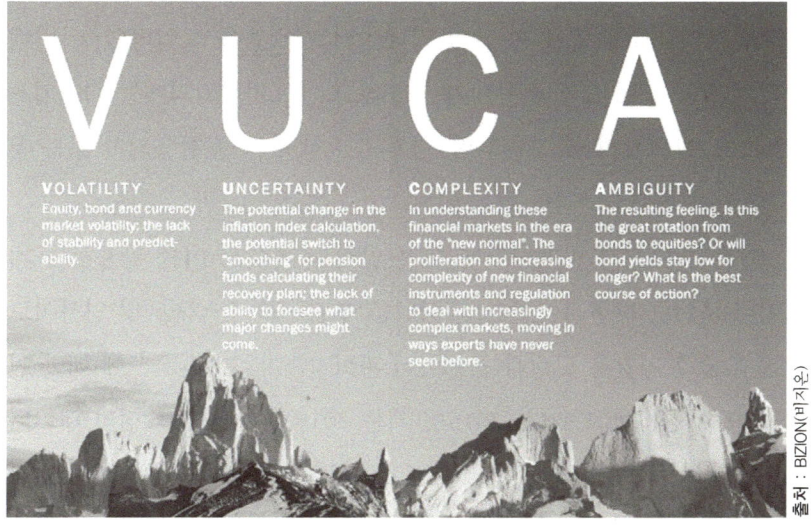

▲ VUCA의 시대

우리가 말하는 빅데이터 환경에 적응하기 위해서는 현실에 안주하기보다는 실현 불가능할 정도의 거대한 이상을 가져야 하고 기존의 전략과 전술만 받아들이지 말고 끊임없이 새로운 전략과 전술을 개발할 수 있는 실험정신으로 무장하고, 환경 변화에 적극적으로 대응할 수 있는 능동적인 자세가 필요하다. 이러한 요인들이 빅데이터 환경에 있어서 중요한 이유는 고객의 가치를 빅데이터에서 찾을 수 있기 때문이다.

기업은 빅데이터 환경을 기반으로 단기적인 수익성 대신 장기적 관점에서의 고객가치를 극대화하고 자율성을 추구하여 다양한 형태의 실험정신을 확대하는 등 빅데이터를 기업 성장의 핵심 동력으로 자리매김 시켜야 한다.

주요 선진국은 빅데이터 기반으로 안전하고 편리한 생활을 제공하는 방향으로 기술과 정책을 발전시키고 있는데 대한민국의 빅데이터 현실은 어떠한가? 2015년 과학기술정보통신부^{구 미래창조과학부}의 조사에 따르면 전체 기업 중 4.3%만이 빅데이터 시스템을 도입하였고, 빅데이터의 활용 분야도 공공 분야가 주도하고 있으며, 그 외에는 대기업을 중심으로 고객관리 및 모니터링, 향후 수요예측 등에 활용되고 있는 것이 국내 빅데이터 산업의 현실이다.

아직 대다수가 빅데이터에 대한 인식 부족으로 이를 활용하는 기업이나 분야는 제한적이지만, 데이터를 수집·분석·가공 및 인사이트 발굴에 중추 역할을 담당하는 데이터 과학자^{데이터 사이언티스트}에 대한 인력 수요는 증가하고 있다. 2015년 기준 2018년에는 3,872명의 데이터 사이언티스트가 필요하지만 공급은 1,504명으로 상당히 부족할 것이라고 예측하고 있다. 이처럼 기업이나 개인에게 있어서 빅데이터 시장은 무궁무진하다.(방병권, 2017)

빅데이터 산업

글로벌 IT 기업으로 급성장한 중국 알리바바의 회장, 마윈^{馬雲}은 세상의 변화와 흐름과 관련되어 세상은 기존의 'IT시대에서 데이터가 중심이 되는 DT 시대'로의 전환을 선언하였다. 이는 데이터의 중요성을 더욱 강조하는 것으로 데이터가 모든 세상의 중심이 되는 것이라 할 수 있다. 이전에는 하드웨어, 소프트웨어를 활용해 정형화된 데이터를 수집·저장하기 위해 데이터베이스를 구축하고 이를 관리·분석하기 위한 다양한 프로그램으로 데이터를 관리하고 활용해 왔다면, 우리가 말하는 빅데이터 시대에는 이러한 것에 대한 의미가 별로 없다. 빅데이터는 정형 데이터 외에도 비정형 데이터와 같은 다양한 데이터를 수집·통합하는 복합 데이터 등으로 분석대상을 확대하고 실시간으로 발생하는 이벤트, 데이터까지 분석하며, 결과를 도출해 주는 시스템으로 확장·발전시키는 전략적·기술적 유연성까지 더해 기존의 데이터 환경을 획기적으로 변화시켰다.

Intel(2013)에 따르면, 1분 동안 전 세계적으로 전송되는 데이터의 양은 157만 2,877GB이고, 이 중 유튜브에서는 13만 8,889시간 분량의 동영상 시청이 이루어지고, 구글에서는 약 410만 건의 검색이 발생되고, 페이스북은 330만 건의 콘텐츠가 공유되고, 트위터에서는 34만

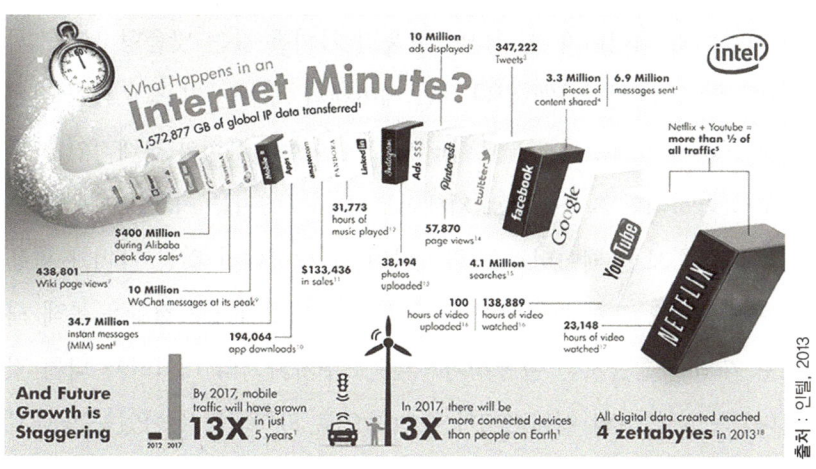

▲ 21분 동안 생산되는 데이터의 양

7,222건의 메시지가 트윗된다. 또한 앱스토어에서는 19만 4,064건의 애플리케이션 다운로드가 일어나고, 아마존에서는 13만 3,436달러의 결제가 이루어지며, 판도라에서는 3만 1,773시간 분량의 음악 재생, 인스타그램에서는 3만 8,194개의 사진이 업로드되는 등 엄청난 양의 데이터가 생산·수집되고 있다.

빅데이터 시대라고 일컬어지는 지금의 디지털 데이터는 어떠한 가치를 갖고 있는지 분석이 필요하다. 쉰베르거와 쿠키어(2013)는 가치가 하락하는 정보와 외연이 확장되면서 가치가 지속적으로 높아지는 정보가 있다고 하였다. 가치 하락 정보는 회원가입 시 제공한 정보나 과거 구매이력, 웹브라우저에서 보인 개인의 행동 패턴과 같은 로그 기록, 상품 리뷰 등으로 시간이 지남에 따라 보유하고 있는 가치나 효용성이 감소한다. 이러한 정보는 2~3년만 지나도 데이터 분석에 필요 없는 정보가 되어 있거나 개인의 취향 변화로 유효성이 소멸되는 등 과거의 특정한 사실만을 나열하기 때문에 시간과 개인의 행동 패턴이 변화하면서 유용한 가치가 소멸한다. 하지만 이러한 정보도 지속적으로 업데이트가 이루어져 데이터가 정제되면 고품질 가치를 갖는 맞춤형 서비스의 기초 정보로 재탄생하게 된다. 즉, 데이터의 가치는 그 정보가 수집된 특정 순간에서 멈추어지면 데이터가 보유한 현재가치와 잠재적인 가치 모두 하락하지만 지속적으로 업데이트가 이루어지는 시계열 데이터로, 유동성을 확보한 데이터로 변화한다면 그 데이터가 갖는 가치와 활용성은 지속적으로 확대될 뿐만 아니라 다른 데이터와의 결합을 통해 새로운 가치를 창출하는 활용성이 높은 고부가가치의 데이터가 되는 것이다. 즉, 데이터의 업데이트가 주기적으로 지속되는 살아있는 형태로 유지된다면 새로운 가치를 창출하는 원천으로서의 그 데이터가 보유한 가치는 측정할 수 없을 정도로 커진다고 할 수 있다.

빅데이터 분석 기술의 진보와 다양한 스마트 기기의 등장으로 개인이 생산하는 위치정보 및 활동 정보를 실시간으로 수집·분석할 수 있게 되면서 개인생성 데이터로부터 얻을 수 있는 부가가치가 상상을 초월하고 있다. 데이터가 발생되는 순간에 그 데이터가 가장 높은 가치 잠재성을 갖고 있다면, 영상이나 음성 등의 대용량 데이터를 실시간으로 전송하는 스트리밍 기술은 빅데이터 시대에 데이터의 가치를 최대한 끌어올리는 핵심 기술이라고 볼 수 있다. 이벤트가 발생하는 순간 수집되는 정보를 데이터로 전환시키고 이러한 데이터를 지속적으로 생산·수집·공급하고, 실시간 빅데이터 분석 처리 기술인 스트림 처리를 기반으로 새로운 가치를 생산하는 정보가치의 생산·활용·소멸 등의 순환과정에서 보유한 데이터의 가치가 지속적으로 높아지면서 이에 따라 주요 데이터가 끊임없이 무한적으로 공급되고 활용되는 것이다.

빅데이터 시대는 데이터가 생산된 시점에 보유한 가치로 데이터가 소멸되는 것이 아니라, 이기종 데이터 및 동종의 데이터 간 상호 가공·연계·결합·재가공되면서 우리가 알지 못하는 미지의 새로운 가치를 창출하는 데이터로 끊임없이 영역을 확장해 가는 시대인 것이다.

빅데이터를 통한 고객관리

빅데이터 분석이라는 용어가 사용되기 전 빅데이터 분석에 가까운 개념의 서비스를 제공했던 아마존과 고객 맞춤형 콘텐츠 추천 등을 앞세워 영화와 드라마 등 동영상 시청 행태를 근본적으로 바꾸는 데 성공했던 넷플릭스 등은 빅데이터 분석의 대표 기업으로 그간 진행했던 분석기술에 대한 노하우를 기반으로 고도화하면서 다른 기업이 갖지 못했던 높은 성과를 달성하고 있으며, 다양한 분야에 있는 기업들도 빅데이터 분석을 활용해 그들이 목표했던 소기의 성과를 달성하는 사례가 증가하고 있다.(최재경, 2016*)

고객관계 관리

영국의 아비바생명은 운전자의 운전 패턴에 기반을 둔 맞춤형 보험 상품을 제공하고 있는데, 이를 위해 차량 내 운행기록 장치를 통해 실제 운전 행태를 수집 및 분석하고 있으며, 주로 운전하는 시간과 지역 등을 감안해 보험료를 산정하는 'Pay-as-you-drive' 상품인 'RateMyDrive'를 내놓아 고객들로부터 좋은 반응을 얻었다.

▲ 아비바생명의 고객 맞춤형 보험상품 'RateMyDrive'

또한 저비용 항공의 대명사인 사우스웨스트 항공은 비행기 좌석 스크린에 승객별로 다른 광고를 제공하고 있는데, 미국인의 96%를 비롯해 전 세계적으로 5억 명에 달하는 고객정보를 갖고 있는 액시엄Acxiom 사의 데이터베이스에 저장되어 있는 항공기 탑승객의 쇼핑 습관과 구매 패턴 등을 분석해 승객별로 최적화된 광고를 제공하고 있다.

국내 신용카드업계 1위인 신한카드는 270만 개 가맹점에서 이루어

---

* 빅데이터 분석사례는 "빅데이터 분석의 국내외 활용현황과 시사점", KISTEP(2016) 사례를 활용

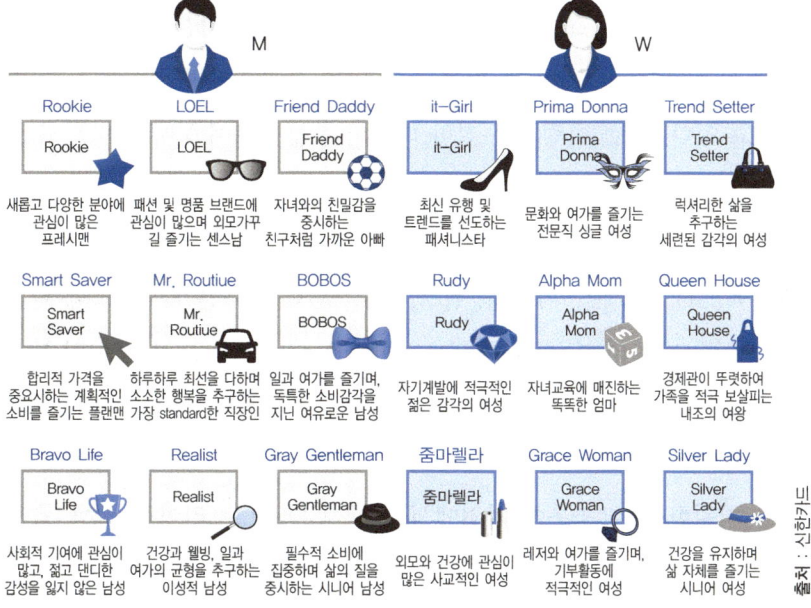

▲ 신한카드의 빅데이터 분석 기반 고객 라이프스타일 분류

드는 월평균 승인 건수 2억 건과 2,200만 명에 달하는 고객의 데이터를 결합, 빅데이터 분석을 진행해 소비 패턴에 따라 새로운 상품체계인 '코드나인'을 선보였다. 그리고 신한카드는 '코드나인'을 활용한 세부적인 맞춤형 카드를 앞세워 국내 카드 시장에 활력을 불어넣고 있다. 덕분에 최단기간 누적 발급이 500만 장을 넘어서는 등 빅데이터 분석효과를 얻었다고 할 수 있다.

내부 프로세스 및 효율성 개선

운수·물류회사인 DHL은 일별 배송 정보를 분석해 소비자의 물류 서비스 이용 흐름과 패턴을 확보하여 실시간 교통상황, 수신자 상황, 지리적·환경 요소를 고려한 최적화된 배송경로를 실시간으로 분석해 적기 배송 실패율을 최소화로 만들고 있으며, 불필요한 연료 소모도 최소화하고 있다. 또한 이렇게 수집한 데이터를 분석하여 물류 서비스 수요 증가 추세 모델을 개발하는 등 물류센터 확장과 배송차량 추가에 필요한 투자 결정에 활용하고 있다.

삼성SDS는 제조, 마케팅, 헬스, 물류, IoT 등 다양한 서비스에 활용될 수 있는 데이터 분석 솔루션 '브라이틱스 AI$^{Brightics\ AI}$'의 '데이터 분석 모델 자동화', '예측 분석 알고리즘'과 '실시간 생산시설 분석', 물류 리스크 업종별 베스트 프랙틱스 기반 분석 모델을 앞세워 고객의 생산성 향상을 지원한다. 제조분야 기업에서는 삼성SDS의 '브라이틱스 AI' 솔루션을 도입해 설비상태를 분석하여 유지보수 예측, 품질이상 원인 분석, 불량발생 사전예측에 활용하고 있으며, 기업들은 생산성 향상 및 원가절감을 위해 해당 솔루션을 도입하여 활용하는 것으로 알려져 있다.

신규가치 창출

빅데이터 분석을 이용한 고객 이해와 구매 추천을 진행하는 아마존은 '예측 배송'이라는 또 다른 파격적 행보를 시도할 예정이며, 이를 위해 2013년 12월 고객 수요를 예측하여 고객 주문 전에 상품을 배송하는 '예측 배송$^{Anticipatory\ Shipping}$' 서비스에 대한 특허를 취득하였다. '예측 배송'은 고객 구매 데이터 분석을 통해 고객의 주문이 일어나기 전에 수요가 발생할 것으로 예측되는 고객 주소지 근처의 물류창고로 배송을 시작하는 것으로 이는 기존 주문, 상품, 검색 내역, 위시 리스트와 쇼핑 카트에 담아놓은 상품, 반품 내역, 상품화면에 머무른 시간 등을 활용해 고객을 이해할 수 있는 아마존의 빅데이터 분석 기술을 바탕으로 하였다. 이와 관련해 월스트리트저널WSJ은 "예측 배송은 아마존이 가진 풍부한 고객 데이터를 활용하고 있는 서비스이며, 이러한 데이터를 활용해 다양한 고객수요를 파악하는 것이 경쟁업체들과 비교해 확실한 차별점이 된다"고 전망했다.

▲ 아마존의 예측 배송 서비스

미국 제조업의 자존심인 제너럴 일렉트릭GE 사의 회장 제프리 이멜트가 한 "서비스업 중심의 소프트웨어 및 빅데이터 분석 기업으로 재탄생하겠다"는 말은 데이터 분석과 소프트웨어 기술을 통해 생산성 혁명의 원동력을 찾겠다는 GE의 야심을 상징적으로 압축한다. GE는 고객들에게 자산, 운영 및 프로세스 최적화를 통한 산업 생산성 향상으로 보다 더 스마트한 Factory를 구현할 수 있도록 자사의 IT 역량을 대폭 강화하였다. GE는 10억 달러 이상을 투자하여 클라우드 기반의 빅데이터 분석 플랫폼인 프레딕스Predix를 개발했다. 이런 노력을 통해 GE는

2016년 'Predix'가 대부분을 차지하는 소프트웨어 사업에서 70억 달러의 매출을 달성하였다.

후지쯔는 2012년부터 기후와 토양환경 등을 자동으로 체크하는 IoT^{Internet of Things}를 활용해 파종시기, 필요한 농약의 양, 수확 시점 등을 분석한다. 이 사례도 유형분석 기법을 이용해 결과를 도출하고 그 결과를 다시 입력해 분석 모델을 재검증하고 있다. 그리고 해당 모델은 농지작업 실적과 작물 이미지 등의 데이터를 분석해 수확량 증가와 품질을 향상시키는 클라우드 기반으로 동작하고 있다. 구글 지도, 날씨 서비스 등과 같은 클라우드형 서비스를 연계해 빅데이터 분석에 활용하고 있고, 기후와 토양환경에 따른 유형분석을 통해 분석 모델이 더 체계적으로 구성되고 있다. 최근에는 스마트 농기계가 보급되어 기계가 직접 농사를 짓는 사례도 나오고 있는 추세다.

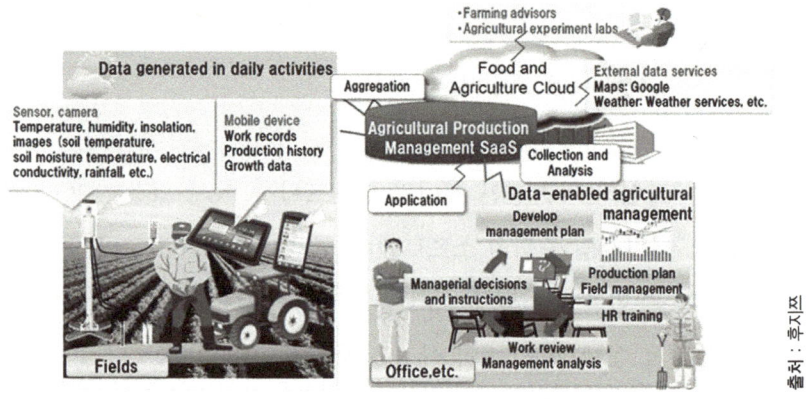

▲ 후지쯔의 농업용 빅데이터 솔루션

이처럼 빅데이터 분석 기법은 다양한 분야에 존재하는데 최근에는 인공지능과 기계 학습에 많은 관심이 몰리고 있다. 빅데이터와 기계 학습은 모든 산업에서나 활용되는 범용적인 기술이 되어가고 있다. 그만큼 모든 곳에서 빅데이터를 생성하고 있고 기계 학습을 통해 빅데이터를 분석하려는 노력이 이루어지고 있다. 따라서 빅데이터나 기계 학습은 특정 부서나 담당자만 볼 것이 아니라 주위의 모든 사람들이 관심을 가져야 할 미래산업의 핵심 기술이라고 할 수 있다.

04 빅데이터 산업의 열쇠, 개인정보

한국기업데이터 e-Biz사업부 과장 **이래형**

개인정보만이 빅데이터 산업을 발전시킬 수 있는가?

데이터는 기록의 산물이다. 어떤 현상이라도 기록되지 않으면 데이터화할 수 없다. 과거에는 '기록'을 하고 이를 전달하는 주체가 사람이었지만 사물인터넷IoT과 인공지능의 등장으로 사물이 스스로 판단하고 기록해 전달하는 시대가 도래하면 데이터 생성의 주도권은 사람에서 사물로 완전히 넘어가게 될 것이다. 기록의 대상, 즉 데이터의 대상 측면에서도 사람은 더이상 주인공이 아니다. 사람 외의 정보는 지금 그 크기를 가늠하는 것이 불가능할 정도로 폭발하고 있다. 그럼에도 불구하고 데이터 산업에서 발전의 키포인트는 언제나 사람에 대한 정보, 그 중에서도 '개인정보'였다. 개인정보 말고도 활용할 수 있는 데이터는 무궁무진하고 개인정보로 빅데이터를 구축하는 것에만 유독 각종 규제가 가해지는데도 빅데이터 산업의 발전을 위해, 나아가 시대의 거대한 흐름인 제4차 산업혁명의 발전을 위해 개인정보의 활용이 필수라는 주장이 주를 이루고 있는 이유는 무엇일까? 개인정보만이 빅데이터 산업을 발전시킬 수 있는 이유는 빅데이터 분석을 하는 이유에서 찾을 수

▲ 빅데이터와 사생활 보호

출처 : 연합뉴스

있다.

시장과 산업은 동전의 양면이다. 시장에서 수요가 있으면 산업이 생산하면서 함께 발전하고 역으로 산업이 생산한 재화를 바탕으로 시장이 발전하기도 한다. 개인정보가 빅데이터 산업의 핵심인 이유는 빅데이터 시장에서 개인정보에 대한 수요가 가장 크기 때문이다. 원격진료, 원격교육, 핀테크, 공유경제 등 제4차 산업혁명에서 각광받는 새로운 산업들은 대부분 개인별 맞춤형 서비스를 지향하고 있다. 빅데이터 시장에서 개인정보에 대한 수요가 가장 큰 이유는 시장의 태동 단계인 지금 가장 효율적으로 소비자의 지갑을 열 수 있는 수단이 개인정보를 활용한 맞춤형 상품이기 때문이다. 결국 지갑을 여는 주체는 사람이기 때문에 시장은 사람의 관심을 쫓을 수밖에 없다.

서울 노원구 거주, 45세, ○○은행원, 남자, 2남 1녀 중 장남, 부모님 생존, 슬하에 1남 1녀, 연봉 1억 원, 재산 5억 원, 통근거리 40분, 9시부터 18시까지 근무, 사이클이 취미인 홍길동 부장에게 시기적절하게 각종 제품과 서비스를 제안하려면 홍 부장과 똑같거나 비슷한 라이프 패턴을 보유하고 있는 사람들의 데이터를 분석해 그 사람들은 갖고 있는데 홍 부장은 아직 구매하지 않은 것을 추천하는 것이 가장 효과적이다.

기존의 데이터 산업과 빅데이터 산업의 가장 큰 차이점 중 하나는 분석의 대상이 달라졌다는 점이다.

데이터 수집에는 구조적으로 물리적인 한계가 존재한다. 무차별적으로, 그리고 무한대로 쏟아져 나오는 데이터를 모두 모아 분석하는 것은 불가능한 영역이며, 이에 따라 적은 샘플표본집단을 수집해 전체 데이터모집단의 특성을 합리적으로 추정하는 현대 통계학이 발전을 거듭해 왔다. 통계학적으로 샘플을 최대한 많이 수집하면 할수록 추정의 오차는 줄어든다. 빅데이터는 데이터 수집에 있어 모집단을 추구하고 이에 따라 추정을 넘어선 본질에 접근한다는 점에서 기존의 통계학과 가장 큰 차이가 있다.

간단한 예를 들어 보자. 대한민국 국민의 개인정보 데이터를 분석하기 위해 기존에는 각 지역별, 연령별 등의 기준을 통해 표본집단이 최대한 대한민국 국민의 특성을 대표할 수 있도록 제어하면서 일정 수의 샘플을 수집했다. 이제 빅데이터 분석은 5,200만 국민 모두의 데이터를 수집해 분석하는 것을 목적으로 한다. 2017년 8월 행정자치부 발표 기준 51,753,810명의 데이터를 하나도 빠짐없이 수집하는 것은 빅데이터 환경에서도 여전히 불가능한 일이지만 정보통신기술의 발달은 분석대상이 되는 데이터를 거의 모수에 가깝게 끌어모을 수 있는 원동력이 되었고 데이터 분석·활용기술의 발전은 기존에 비해 비교도 할 수 없을 정도로 방대한 규모의 데이터를 분석의 대상으로 변모시켰다. 이제는 기술이 이슈가 아니라 규제가 이슈가 된 시점이 되었다.

거스를 수 없는 메가트렌드인 빅데이터 시대가 도래한 현재 개인정보보호 관련 법규를 현실에 따라 개선하고자 하는 노력이 펼쳐지고 있다. 특히, 방송통신위원회와 한국인터넷진흥원을 주축으로 개인정보보호 산·관·학 관계자들이 모인 '개인정보보호 법제정비 연구포럼' 내 '빅데이터 연구반'은 2012년 출범 이후 개인정보 보호의 정책적인 방향성을 제시하고 있다.

하지만 개인정보 활용에 대한 규제철폐의 사정은 여의치 않다. 지난 19대 국회에서 꾸준한 법률 개정안 발의가 있었지만 대부분 폐기되었다. 2017년 말 현재 발의된 개인정보 빅데이터 관련 개정 법률안은

'개인정보보호법 일부 개정 법률안'(송희경 의원 대표발의), '정보통신망 이용촉진 및 정보보호 등에 관한 법률 일부 개정 법률안'(윤영석 의원 발의) 등이 대표적이지만 통과 가능성은 미지수이다. 개인정보 규제철폐 법률안이 통과되지 못하고 폐기되는 주된 원인은 정부기관의 '유출사고'에 대한 보수성이다. 잊을만하면 터지는 개인정보 유출사고는 이를 수습해야 하는 정부부처의 피로도를 누적시켰고 충분한 양의 반대 명분을 쌓는 데 기여하였다. 보완책으로 2016년 6월 공표한 '개인정보 비식별 조치 가이드라인'은 행정규칙으로 구속력이 약하다. 빅데이터 산업 발전을 위한 핵심이자 시작하기 위해 필요한 열쇠인 개인정보 규제 완화는 근본적인 구조의 개선이 필요하다.

쉽게 이해하는 개인정보

개인정보는 '개인정보보호법'(제2조)과 '정보통신망법'(제2조)에서 정의하고 있다. 살아있는 개인에 관한 정보로 성명, 주민등록번호 및 영상 등을 통해 개인을 알아볼 수 있되 해당 정보만으로는 특정 개인을 알아볼 수 없더라도 다른 정보와 쉽게 결합해 알아볼 수 있는 것을 포함하고 있다. 정보의 종류, 형태, 성격, 형식 등에 특별한 제한은 없다.

따라서 사망한 개인의 정보는 개인정보라 할 수 없고, 자연인인 개인이 아닌 법인 등의 단체에 대한 정보 또한 개인정보라 할 수 없으며 특정 개인을 알아볼 수 없는 정보는 개인정보가 아니다. 여기서 핵심 키워드는 '알아볼 수 있는'이라고 표현되는 '식별 가능성'이다.

개인정보의 예는 이름, 주민등록번호, 운전면허번호, 주소, 전화번호, 생년월일, 출생지, 본적지, 성별, 국적 등의 '일반정보', 학교출석사항, 최종학력, 학교성적, 자격증 및 면허증, 이수한 훈련 프로그램, 동아리활동, 상벌사항 등의 '교육 및 훈련정보', 가족구성원의 이름과 출생지, 생년월일, 주민등록번호, 직업, 전화번호 등의 '가족정보', 군번 및 계급, 제대유형, 주특기, 근무부대 등의 '병역정보', 소유주택, 토지, 상점 및 건물 등의 '부동산정보', 월급, 월급경력, 보너스, 기타 소득원천, 이자소득, 사업소득 등의 '소득정보', 보험가입현황, 회사의 판공비, 투자 프로그램 및 퇴직 프로그램 가입현황 등의 '기타수익정보', 대출잔액 및 상환상황, 담보, 신용카드, 연체, 압류 등의 '신용정보', 고용주, 회사 주소, 상급자의 이름, 직무수행 평가기록, 훈련기록, 출석기록, 상벌기록, 성격 테스트 결과, 직무태도 등의 '고용정보', 전과기록, 교통위반기록, 파산 및 담보기록, 구속기록, 이혼기록, 납세기록 등의 '법적 정보', 가족병력기록, 과거의료기록, 정신질환기록, 신체장애, 혈액형, 아이큐, 각종 신체 테스트기록 등의 '의료정보', 노조 가입, 종교단체 가입, 정당 가입, 클럽 회원 등의 '조직정보', 이메일 주소, 전화통화 내용, 인터넷 접속 로그파일 및 쿠키 등의 '통신정보', GPS나 휴대폰에 의한 '위치정보', 지문, 홍채, DNA, 신장, 가슴둘레 등의 '신체정보', 흡연, 음주량, 선호하는 스포츠 및 오락, 여가활동, 비디오 대여기록, 도박성향 등의 '습관 및 취미정보' 등 일일이 나열하기 힘들 정도로 많다. 또한 경우에 따라서는 위에 나열한 정보들이 식별 가능성에 따라서 개인정보가 아닐 수도 있다.

알아볼 수 있다

"알아볼 수 있는"

"알아볼 수 있는" = "식별할 수 있는"
▶ 특정 개인을 다른 사람과 구분하거나 구별할 수 있는

예
주민등록번호 : 대한민국 내에서 특정 개인을 다른 사람과 구분할 수 있는 정보(개인정보)
출신학교 + 이름 : 대부분의 경우 특정 개인을 찾아낼 수 있음(개인정보)
이름 : 이름의 특수성에 따라서 판단
이름 + 주소 : 주소의 상세성에 따라서 판단

"알아볼 수 있다"라는 말은 식별할 수 있다는 말과 동의어이다. 즉, 국가, 회사 등 소속된 집단에서 특정 개인을 다른 사람과 구분하거나 구별할 수 있는 정보이면 개인정보가 되겠다. 예를 들어 운동장에 대한민국 사람 전부를 모아놓고 어떤 사람을 찾고자 특정 정보를 외칠 때 특정인이 손을 들고 나올 수 있을 만한 정보면 개인정보가 되겠다. 따라서 개인정보인지 여부는 절대적일 수 없고 상황에 따라 해당 정보의 환경, 맥락 등을 종합적으로 고려해 판단해야 한다.

예를 들어 주민등록번호는 대한민국이라는 가장 큰 집단 안에서도 특정 개인을 다른 사람과 아주 쉽게 구분할 수 있는 정보이므로 가장 대표적인 개인정보이다. 이름의 경우 특별한 이름이 아니라면 대한민국 내에서 특정 개인을 찾아낼 수 없으므로 이름만으로는 보통 개인정보가 될 수 없다.

만일 출신학교와 이름이 결합되어 있는 경우라면 대부분의 경우에

특정 개인을 찾아낼 수 있으므로 개인정보라고 할 수 있겠다. 이름과 주소가 결합되어 있다면 대한민국 내에서 특정 개인을 찾아낼 수 있는 개인정보가 되고 안되고는 주소가 얼마나 상세한가에 달려있다 하겠다.

개인정보를 왜 보호하나?

개인정보는 고의적으로 유출되거나 비고의적으로 누출되는 경우, 불법적으로 매매하는 경우와 본래의 목적 외에 오남용하는 경우가 대표적으로 문제가 된다. 개인정보 관련 사고가 발생하면 당사자에게 프라이버시 침해에 따른 정신적 피해뿐만 아니라 명의도용, 보이스피싱, 유괴와 같은 각종 범죄에 노출되는 등의 직간접적인 피해를 준다. 개인정보 관련 사고를 일으킨 기업의 경우 기업 이미지 실추는 물론이고 피해자의 집단 손해배상 청구나 소비자단체의 불매운동 등으로 인한 경영상 타격도 피할 수 없다. 국가적으로도 개인정보 침해 사고가 발생하게 되면 국가 브랜드나 신뢰도의 하락뿐만 아니라 프라이버시 라운드Privacy Round가 대두되고 있는 국제적인 추세 속에서 IT 산업 전반의 수출애로 등을 감수해야 한다.

'개인정보보호법'의 탄생

2011년 3월 29일 '개인정보보호법'이 제정되었다. '개인정보보호법' 이전에는 '신용정보의 이용 및 보호에 관한 법률', '정보통신망 이용촉진 및 정보보호 등에 관한 법률', '공공기관의 개인정보보호에 관한 법률'('개인정보보호법'에 흡수)을 비롯한 약 40여 개의 법률이 각각의 적용

영역에서 개인정보를 보호하였으며 필연적으로 법률의 적용을 받지 않는 개인정보보호 사각지대가 존재하였다. '개인정보보호법'은 개인정보 보호에 관해 위 개별 법률의 일반법으로 제정되었으며 공공과 민간 분야를 아우르는 통합적 성격을 지닌다.

'개인정보보호법' 과 개인정보 처리에 대한 동의제도

'개인정보보호법'은 개인정보의 수집, 이용, 제공, 위탁, 보유, 파기, 양수도 등 처리 전반에 관한 사항뿐만 아니라 정보당사자인 개인의 권리, 개인정보 유출 시의 처벌 등 개인정보 보호에 관한 사항을 함께 규정하고 있다.

'개인정보보호법'에서 정의하는 개인정보의 '처리'란 개인정보의 수집, 생성, 연계, 연동, 기록, 저장, 보유, 가공, 편집, 검색, 출력, 정정, 복구, 이용, 제공, 공개, 파기, 그 밖에 이와 유사한 행위를 통칭한다.

'개인정보보호법'상 개인은 자신의 개인정보를 처리하는 것에 동의하거나 거부할 권리, 개인정보가 어떻게 처리되고 있는지 정보를 제공받을 권리, 개인정보에 대한 수정 및 삭제를 요구할 권리, 피해가 발생할 경우 구제받을 권리 등을 보장받는다. 개인정보 보호에 있어 가장 큰 줄기는 개인정보 처리에 대한 동의제도이다. 개인정보를 수집하는 단계에서부터 법률상 동의를 받도록 규정하고 있다. 또한 수집 시 동의받은 목적에 한해 개인정보의 이용이 가능하며, 제3자에게 제공(일반적인 제공 외에 영업 양수도에 따른 제공 및 국외 제공을 포함한다)하는 경우 또한 동의사항이다.

한편 앞서 설명한 바와 같이 가장 식별이 분명한 대표적인 개인정보인 주민등록번호, 여권번호, 운전면허번호, 외국인등록번호 등의 '고유식별정보'와 개인의 '민감정보^{사상·신념, 노동조합·정당의 가입·탈퇴, 정치적 견해, 건강, 성생활, 유전정보, 범죄경력자료}' 등을 처리하기 위해서는 다른 개인정보와 별도의 동의절차를 거쳐야 하며, 특히 유출사고의 주된 표적이 되고 있는 주민등록번호의 경우 법에서 허락한 기관 외에는 처리 자체를 금지해 사고를 원천적으로 방지하고 있다.

개인정보 빅데이터 활용의 열쇠 '비식별화'

앞서 설명한 대로 '개인정보보호법'에 따라 개인정보를 빅데이터 분석의 대상으로 삼기 위해서는 각 개인에게 일일이 동의를 구해야 한다. 5,200만 국민에게 일일이 동의를 구하는 것은 물리적으로도 불가능하고 설령 가능하다고 해도 천문학적인 비용을 투자해야 하는 일이라서 이를 통해 얻을 수 있는 수익과 견주어 보면 실현 가능성이 없다.

이러한 규제환경 하에서는 빅데이터 산업이 발전할 가능성이 없다. 앞서 설명한 대로 개인정보의 활용은 앞으로의 빅데이터 산업 발전을 좌지우지할 출발점이자 마중물이기 때문이다. 카이스트 이민화 교수는 칼럼을 통해 "과거 정권에서 국가정보원 등 정부기관에서 개인정보의 무제한 남용으로 시민들의 인권을 유린한 바 있다. 그 반대급부로 인권단체들은 개인정보의 과도한 보호를 요구하게 됐다. 그 결과 현재 대한민국은 인터넷 트래픽에서 차지하는 클라우드의 빅데이터 트래픽이 경제협력개발기구^{OECD} 평균인 86%를 현저히 하회하는 1%대에 머물게 됐다. 그 여파로 숱한 스타트업 벤처들이 규제를 피해 해외로 이전했다"고 밝히며 개인정보 활용 확대를 위한 규제 완화를 주장한다.

개인정보 활용의 메가트렌드 '비식별화'

개인정보를 빅데이터 산업에서 활용하기 위한 방법은 크게 두 가지가 있다. 첫 번째 방법은 개인정보 처리를 위한 동의제도에 예외를 허용하는 방식이다. 가령, 개인정보보호법 곳곳에 있는 동의규정에 '분석을 위한 목적의 데이터 활용'에 대한 예외를 허용하는 조항을 추가하는 방식을 생각해 볼 수 있다. 그러나 상황에 대한 명확한 정의 없이 추상적이고 주관적인 해석이 필요한 조항은 법조항으로 쓰일 수 없고 그렇다고 예외로 규정하는 명확한 상황들을 나열하자면 그 양도 양이지만 합의과정에서 엄청난 진통을 겪을 것이 뻔하다.

두 번째 방법은 현재 있는 제도 하에서 규제를 우회하는 방법이다. 현재의 규제는 '개인정보'를 대상으로 국한하고 있으니 개인정보를 가공해 개인 정보성을 잃도록 만드는 방법이다. 대표적인 기법으로 '비식별화'가 있다.

개인정보 비식별화 de-identification 는 데이터 값 삭제, 가명처리, 총계처리, 범주화, 데이터 마스킹 등을 통해 개인정보의 일부 또는 전부를 삭제하거나 대체함으로써 다른 정보와 결합해도 특정 개인을 식별할 수 없도록 하는 조치이다. 학문적으로는 2000년대 초부터 '프라이버시 보존형 데이터 마이닝 Privacy Preservation in Data Mining ; PPDM'의 일종으로 다양한 방법론들이 등장하였다.

앞서 개인정보인지 아닌지 여부를 판단하는 절대 기준으로 '식별 가능성'을 설명했다. 개인정보란 보통 이름, 주민등록번호 등의 '식별자'만으로 이루어져 있는 경우는 없고 '식별자'에 더해 '속성자'로 불리는 각종 관련 정보들이 딸려있는 경우가 대부분이다. 따라서 이 경우

식별자에 변형을 주면 더 이상 한 사람의 개인정보로서의 기능을 잃게 된다는 것이 비식별화의 기본 개념이다.

앞서 예시로 든 서울 노원구 홍길동 부장의 경우 '홍길동, 서울 노원구 거주, 45세, ○○은행원, 남자, 2남 1녀 중 장남, 부모님 생존, 슬하에 1남 1녀, 연봉 1억 원, 재산 5억 원, 통근거리 40분, 9시부터 18시까지 근무, 사이클이 취미'라는 개인정보에 '홍길동'이라는 이름을 삭제(비식별화)하는 것만으로도 누구의 정보인지 알아볼 수 없는 상태가 된다.

개인정보보호법에서는 개인정보를 '살아 있는 개인에 관한 정보로서 성명, 주민등록번호 및 영상 등을 통해 개인을 알아볼 수 있는 정보(해당 정보만으로는 특정 개인을 알아볼 수 없더라도 다른 정보와 쉽게 결합해 알아볼 수 있는 것을 포함한다)'로 정의한다. 따라서 비식별화를 거쳐 '개인을 알아볼 수 없게'된 정보는 더 이상 개인정보로 정의될 수 없으며, 당연히 보호대상에서 제외되고 자유로운 활용이 가능하다.

비식별화는 현재 시행 중인 규제의 틀을 바꾸지 않는 범위 내에서 개인정보를 빅데이터 산업에 활용할 수 있게 해줄 가장 효율적인 열쇠로 통하고 있다. 정부에서도 2016년 6월 국무조정실, 행정자치부, 방송통신위원회, 금융위원회, 미래창조과학부, 보건복지부 등 관계부처가 합동으로 '개인정보 비식별 조치 가이드라인'을 발표하며 '현행 개인정보 보호 법령의 틀 내에서 빅데이터가 안전하게 활용될 수 있도록 하는 데 필요한 개인정보의 비식별 조치 기준과 비식별 정보의 활용 범위 등을 명확히 제시'한다고 밝혔다. 실제로 '○○공사가 최근 5년간 톨게이트 진출입 데이터를 비식별 조치한 후 월별·시간대별 차량 평균속도, 상습 정체구간, 사고구간 및 원인 등 빅데이터 분석을 실시해 도로구조 개선 및 휴게공간 추가 설치 등 고객 서비스 개선에 활용'하는 등 비식별 조치를 통한 개인정보의 활용이 다양하게 추진되고 있다.

지금의 비식별화가 대안이 될 수 없는 이유

이론상으로는 앞서 설명한 비식별화가 빅데이터 발전을 위한 만능열쇠 역할을 해줄 것으로 기대된다. 하지만 제도 혁신보다는 우회를 택한 지금의 비식별화 방식은 결코 빅데이터 산업 발전을 위한 대안이 될 수 없다. 앞서 설명한 바와 같이 지금의 제도는 사고의 발생을 원천적으로 방지하는 규제인데 정부의 '개인정보 비식별 조치 가이드라인'은 이 기조를 그대로 유지하면서 기획되었기 때문에 비식별화의 성공 가능성을 현저히 낮추고 있다.

앞서 설명한 바와 같이 개인정보보호법에서는 개인정보를 '살아 있는 개인에 관한 정보로 성명, 주민등록번호 및 영상 등을 통해 개인을 알아볼 수 있는 정보(해당 정보만으로는 특정 개인을 알아볼 수 없더라도 다른 정보와 쉽게 결합해 알아볼 수 있는 것을 포함한다)'라고 정의한다. 여기서 괄호 안을 주목할 필요가 있는데 이는 만일 비식별화 작업을 수행한다고 하더라도 다시 재식별화가 가능하다면 여전히 개인정보로 봐야 한다는 뜻이다. 예를 들어 '서울 노원구 거주, 45세, ○○은행 ○○지점 근무, 남자, 2남 1녀 중 장남, 부모님 생존, 슬하에 1남 1녀, 연봉 1억 원, 재산 5억 원, 통근거리 40분, 9시부터 18시까지 근무, 사이클이 취미인 홍길동 부장'이라는 개인정보 세트Set에서 '홍길동', '45세' 등의 핵심 식별자를 제거한다고 하더라도 만일 인터넷을 통해 ○○은행 ○○지점 직원현황을 검색할 수 있다면 이 정보세트가 홍길동 부장의 것이라는 사실을 쉽게 재조합할 수 있다. 따라서 어느 선까지 비식별화를 해야 개인 정보성이 소멸되는지에 대한 갑론을박을 피할 수 없으며, 정부의 가이드라인은 이에 대한 응답이라고 할 수 있다.

그러나 정부의 가이드라인에 따른 비식별 조치는 실질적으로 수행에 걸림돌이 많다. 완전한 비식별화 조치를 위해서는 다음의 단계들을 차례대로 수행해야 한다. 아래는 '개인정보 비식별 조치 가이드라인'의 내용을 참조해 재구성하였다.

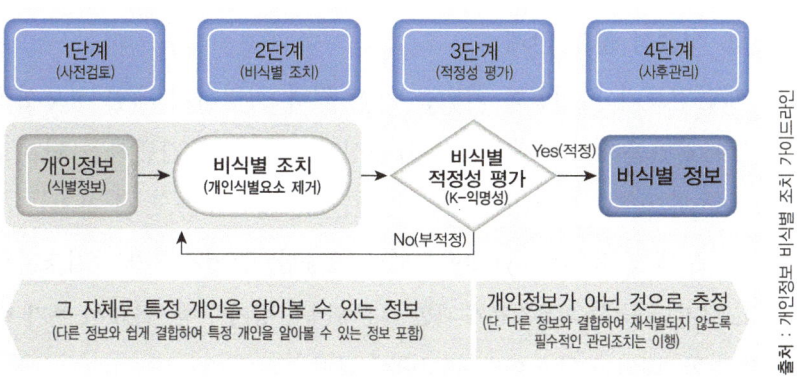

▲ 비식별 조치 및 사후관리 절차

① 사전검토 단계

개인정보 해당 여부를 검토하는 단계로 빅데이터 분석 등을 위해 정보를 처리하려는 사업자 등은 해당 정보가 개인정보인지 여부에 대해 개인정보 보호법 등 관련 법률에서 정하는 기준을 참조해 판단해야 한다. 해당 정보가 개인정보에 해당하지 않는 것이 명백한 경우에는 별도 조치 없이 빅데이터 분석 등에 활용 가능하다.

② 비식별 조치 단계

비식별 조치 기법을 적용하는 단계로 개인정보를 식별자와 속성자로 나누어 정보세트에 포함된 식별자는 원칙적으로 삭제하거나 데이터 이용 목적상 반드시 필요한 경우는 비식별 조치를 하고 속성자의 경우 데이터 이용 목적과 관련이 없는 경우에는 원칙적으로 삭제한다. 비식별 조치 방법은 가명으로 처리, 정보를 합산해 총계로 처리, 식별자 등 데이터 삭제, 특정 특성별로 데이터를 범주화, 데이터의 일부를 가리는 데이터 마스킹 등이 있으며 각 기법에는 이를 구현할 수 있는 다양한 세부기술이 있고 여러 가지 기법을 단독 또는 복합적으로 활용한다.

③ 적정성 평가 단계

개인정보가 비식별화 기법을 거친 결과 적정하게 개인 정보성을 완전히 잃었는지, 즉 재식별화 가능성이 없는지를 검증하는 단계로 k-anonymity 익명성, l-diversity 다양성, t-closeness 근접성 세 가지 프라이버시 모델 중 k-anonymity 모델을 활용한다. 평가절차는 기초자료 작성, 평가단 구성(외부전문가 과반 이상 위촉), 평가수행, 필요시 추가 비식별 조치, 데이터 활용으로 구성되어 있다.

④ 사후관리 단계

사후관리 단계는 주로 활용한 정보에 대한 재식별 가능성을 없애는 것에 초점이 맞춰져 있다. 정해진 비식별정보 안전조치를 수행하고 활용과정에서 발생할 수 있는 재식별 가능성을 모니터링하며, 정보 제공 및 정보 위탁 시 재식별 위험관리 사항을 계약서에 포함하는 등의 사후관리가 필요하다.

현재의 비식별화 절차는 각 단계를 수행하기도 어려울 뿐만 아니라 지금과 같이 정보의 홍수에 둘러싸여 있는 환경에서 재식별화가 불가능하도록 완전무결한 비식별화 조치를 수행하는 것은 구조적으로 불가능에 가깝다는 점에서 유명무실하다는 비판을 피할 수 없다. 기존의 질서를 깨지 않는 범위 내에서 마련된 지금의 방법은 빅데이터 산업에서 개인정보를 활용을 가능케 하는 효과적인 대안이 될 수 없다고 판단된다.

(1) 옵트인Opt-in과 옵트아웃Opt-out

규제방식에 있어 옵트인과 옵트아웃은 개인정보 보호 분야에 흔히 등장하는 구분이다. Opt는 Option(선택가능 항목으로 번역)의 줄임말이며 옵트인은 '선택가능 항목이

▲ 빅데이터 산업 발전을 위한 진정한 대안 '옵트아웃(Opt-out) 방식 비식별화'

Yes인 경우'로 직역되고 '허락을 위해서는 어떠한 행동을 해야 하는 상태'로 풀이할 수 있다. 이와 반대로 옵트아웃은 '선택가능 항목이 No인 경우'로 직역되며 '허락을 요구하지 않아도 되는 상태'라고 풀이할 수 있다. 따라서 옵트인과 옵트아웃은 각각 '사전 규제'와 '사후 규제'를 표현할 때 이용되기도 한다. 이를 개인정보 보호 분야에 적용하면 옵트인 방식 규제는 개인이 자신의 정보를 활용하도록 동의를 해야만 이용기관에서 개인정보를 처리할 수 있도록 강제하고, 옵트아웃 방식 규제는 개인에게 동의를 받지 않고도 이용기관에서 개인정보를 처리할 수 있도록 허용한 뒤 문제가 발생할 경우 처벌한다. 대한민국의 개인정보 보호 규제는 옵트인 방식을 택하고 있다. 때문에 인터넷 서비스를 위해 회원가입을 할 때 우리는 개인정보 처리에 대한 동의를 반드시 해야 다음 단계로 넘어갈 수 있다.

옵트인 방식은 동의를 구하지 않으면 개인정보의 수집조차 이루어질 수 없으므로 개인정보와 관련한 사고 가능성이 구조적으로 예방된다(사고에 있어 불법적으로 개인정보를 취득하는 경우는 규제 자체의 문제가 아니므로 다루지 않는다). 옵트아웃 방식은 개인정보 처리 동의 상태를 암묵적으로 가정하고 있어 옵트인 방식 대비 정보의 활용측면에서 비교할 수 없이 큰 강점이 있지만 사고의 발생 가능성을 배제할 수 없다.

(2) 옵트아웃 방식 비식별화가 필요한 이유

앞서 개인정보를 활용한 빅데이터 산업의 발전을 위해 규제의 거시적인 기조를 (옵트아웃 방식으로) 전환하는 것은 상당한 기간의 합의가 필요하고 그만큼 전 사회적으로 비용이 발생하는 만큼 쉽지 않은 작업이며, 따라서 현재까지 나온 대안 중 가장 효율적인 방법은 거시적인 규제기조를 유지하면서 이를 우회하는 방법인 '비식별화'임을 설명한 바 있다. 하지만 현재의 비식별화 방식은 옵트인 방식의 사전 규제 기조에서 벗어나지 못하고 있어 사전 규제에 따른 엄격한 기준을 통과하는 데 어려움을 겪고 있다는 점도 설명하였다.

거시적으로 개인정보 보호는 사전에 사고의 싹을 잘라내는 옵트인 방식의 유지가 적합할 수 있다. 하지만 미시적으로 개인 정보성을 없애는 비식별화까지 일정 기준을 충족해 허락을 받아야 활용이 가능한 옵트인 방식으로 규제하는 것은 규제의 되돌이표에 지나지 않는다.

옵트아웃 방식의 비식별화는 개인정보의 비식별화 조치 후 허락을 받았다고 암묵적으로 가정하고 이를 분석에 활용하는 방식이다. 경우에 따라 비식별화 조치에 기본적인 필수조건들은 점검하도록 강제할 수도 있지만 기본적으로 자율에 맡기는 것이 원칙이다. 자유에는 그만큼의 책임이 따르기 마련이다. 비식별화를 제대로 하지 않아 개인 정보성을 지닌 정보를 유출, 누출, 매매, 게시하는 등의 사고가 발생할 경우 옵트인 방식 대비 강력한 처벌이 뒤따르게 된다.

옵트인 방식이 돌다리도 두들겨 보고 건너는 방식이라면 옵트아웃 방식은 돌다리 밑에 안전망을 설치해 놓는 방식이다. 제4차 산업혁명이 이미 진행 중인 지금 시점에서는 옵트아웃 방식으로 규제하는 것이 빅데이터 산업의 발전을 도모하는 데 있어 가장 효율적인 수단이 될 것이다.

(3) 해외의 개인정보 보호 및 비식별화 동향

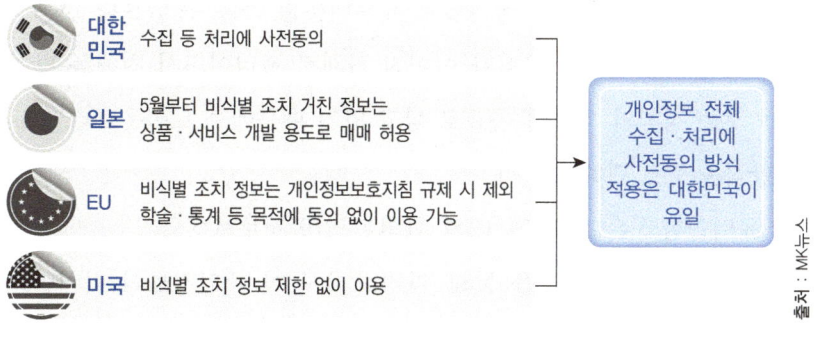

▲ 각국 개인정보 규제

미국은 공공기관의 경우 개인정보 처리에 철저한 옵트인 방식을 적용하지만, 민간영역에서는 옵트아웃 방식을 원칙으로 규제를 운용하고 있다. 개인정보 관련 사고가 발생하지 않는 한 개인정보를 수집, 분석, 활용하는 처리의 전 과정에 대한 사전 규제는 최대한 자제하고 있다.

미국에서 개인정보 비식별화 원칙은 현재 입법 추진 중인 '소비자

프라이버시 권리장전Consumer Privacy Bill of Rights ; CPBR' 개정을 통해 명확하게 정의될 전망이다. CPBR은 온라인 개인정보 취급과 관련한 정보주체의 권리를 확립하기 위한 것으로 2012년 오바마 행정부가 CPBR을 제안한 후 백악관이 2014년 이를 속히 통과시키도록 촉구하는 등 미국은 적극적인 태도를 보여왔다. CPBR이 통과되면 정보 주체는 자신의 데이터가 무분별하게 수집되는 것을 거부할 수 있는 권한(거부권)을 행사할 수 있다.

미국은 정부가 나서서 빅데이터를 제공하기도 한다. 2015년 1월 버락 오바마 대통령은 '정밀의료계획the Precision Medicine Initiative'을 발표했다. 이때 의사, 제약사, 연구인력 등에 비식별 조치를 거친 환자 100만 명의 유전자, 식습관, 운동량, 진료기록 정보를 연구 목적으로 허용했다.

반면 유럽의 경우 각 국가별로 세부내용은 다를 수 있으나 전통적으로 인권을 중시하는 문화가 이어진 관계로 프라이버시 침해를 방지하는 것을 정책의 최우선 목표로 삼고 있기 때문에 옵트아웃보다 옵트인 방식을 주로 택하고 있다.

유럽연합EU은 2015년 12월 합의된 일반정보보호규정General Data Protection Regulation, GDPR을 통해 '가명화'를 통한 개인정보의 비식별화 조치를 조건으로 데이터를 수집 및 이용할 수 있도록 했다. 이때 '가명화'는 '특정 개인에게 연결되지 않을 것'을 조건으로 하며, 재식별화가 가능한 만큼 개인정보로 취급되지만 기술적 · 관리적 방법을 통해 특정 목적을 위해 활용할 수 있도록 허용한다.

일본은 개인정보를 활용해 빅데이터 산업을 발전시키기 위한 규제완화 움직임에 적극적이다. 특히 개인정보 이용목적변경에 관한 규정 전환을 통해 기존 옵트인 방식의 규제를 옵트아웃 방식으로 개정하고 있는 점은 주목할만하다.

　일본은 2015년 비식별화된 데이터를 '익명가공정보'로 정의하고, 이를 처리 및 이용할 수 있도록 한 개인정보보호법을 개정했다. 2005년 4월 개인정보 보호에 관한 법률이 시행된 이후 10년 만의 일이다. 빅데이터를 기반으로 다양한 신규 비즈니스 기회를 창출하고 경제재생계획을 실현하기 위해 기존 빅데이터 관련 규칙을 강화한 것이 특징이다.

05 / 보안과 해킹

삼성SDS 클라우드 사업부 **하민수**

보이지 않는다고 없는 것은 아니다

사람에게 공포를 불러오는 여러 가지 것들 중 으뜸은 보이지 않는 것이 주는 두려움이다. 눈에 보이지 않는 위협이 주는 공포는 시간이 지날수록 배가된다. 보이지 않기에 어떻게 막아야 할지 혹은 어떻게 대처해야 할지. 의심, 놀람, 당황, 두려움 등 수만 가지 형상으로 그 위협은 배가 되어 다가온다. 보이지 않는다는 것은 결국 모른다는 뜻이다. 모르기 때문에 해결책이 없다. 이와 같이 보이지 않는 위협은 지진과 같다. 지진을 경험하지 않으면 아무런 느낌이 없지만 일단 겪어 보면 그 두려움은 평생 삶 속에 존재한다. 조그만 떨림마저도 대지진의 전조는 아닌지 두려워하고 불안해하며 긴장하게 한다. 다른 자연재해보다 지진이 무서운 이유는 아무래도 지진은 보이지 않기 때문일 것이다.

IT 세계에서 각광받는 키워드들은 항상 눈앞에 존재한다. 모바일, 클라우드, 빅데이터, AI, IoT 등은 매일 뉴스에 오르내리며 세상의 이슈를 선점한다. 세상 언론의 조명을 받으며 IT 빅이슈가 터질 때 어쩌면 가장 중요한 뉴스는 언론의 뒤안길을 조용히 지나친다. 마치 보이지 않는 지진처럼 지면 아래서 부글부글 끓고 있는데도 사람들은 이 이슈는 그냥 지나친다. 바로 IT 보안과 해킹 말이다. 언론에서 해킹에 대한 이야기가 많고 수많은 해킹 사건사고가 하루가 멀다하고 발생하는데도 여전히 많은 사람들의 눈에는 생경한 소재이다. 세계 초강대국인 미국의 대통령 선거에 상대국인 러시아의 해킹팀이 개입했다는 뉴스가 떠들썩하게 대서특필되어도 여전히 많은 이들은 IT 보안과 해킹의 중요성을 애써 외면하고 산다.

외면하고 보이지 않는다고 그 위협이 사라지는 것은 아니다. 사이버 위협 또는 해킹에 대한 우려는 오래전부터 있어 왔다.

디지털 컨버전스$^{Digital\ Convergence}$, 디지털 트랜스포메이션$^{Digital\ Transformation}$, 제4차 산업혁명 시대를 살아가는 현재 세상의 모든 것이 IT를 통해 기능하고 있다. 물리 세계와 융합하는 IT를 통해 새로운 시대가 열리면서 기존의 사이버 위협을 뛰어넘는, 과거에는 생각지도 못한 위협이 우후죽순처럼 늘어나고 있다. Web에 연결된 PC 사회는 Mobile이 중심인 스마트폰 사회로 확대되어 이제는 IoT$^{Internet\ of\ Things}$의 시대로 진입하고 있다. 이런 변화는 사이버 물리 시스템이라는 개념으로 물리 세계와 사이버 세계의 융합으로 진일보함을 보여준다. 사람과 사물, 사물과 사물, 사물과 기술 등 그 어느 때보다 연결성이 높아진 초연결 세상에 우리는 놓여 있다. 이런 수많은 이기종 간의 연결은 각 연결 지점마다 새로운 해킹의 타깃이 될 것이고 필연적으로 보안에 대한 요구는 높아질 것이다.

보안시스템 체계화

과거 사이버 보안이 알려진^{Known} 보안 위협들에 대한 빠른 파악과 이를 신속하게 분석해 그 위협을 제거하는 구조를 강화해 왔다면 새로운 초연결 시대에는 그동안 알려지지 않았던Unknown 보안 위협들을 대처할 수 있어야 한다. 알려지지 않은 위협들은 그동안의 탐지 기술로는 발견할 수 없었거나 그동안은 존재하지 않았지만 새로운 사이버 세상으로 빠르게 진화하며 발생한 위협들이다. 알려지지 않은 미지의 위협들은 단순히 알려지지 않은 것이 아니라 이미 존재하거나 알려진 기법들의 변형이거나 악성코드들의 합종연횡으로 나타나기도 한다. 그동안 IT 보안 기술의 진척도가 일정 수준에 이르지 못한 탓에 미처 탐지하지 못해 드러나지 않았던 보안 위협들도 속속들이 세상에 모습을 나타내고 있어서 무궁무진한 형태의 보안 위협들이 사람들이 인지하지 못하는 사이에 시시각각 세상을 공포에 몰아넣고 있다.

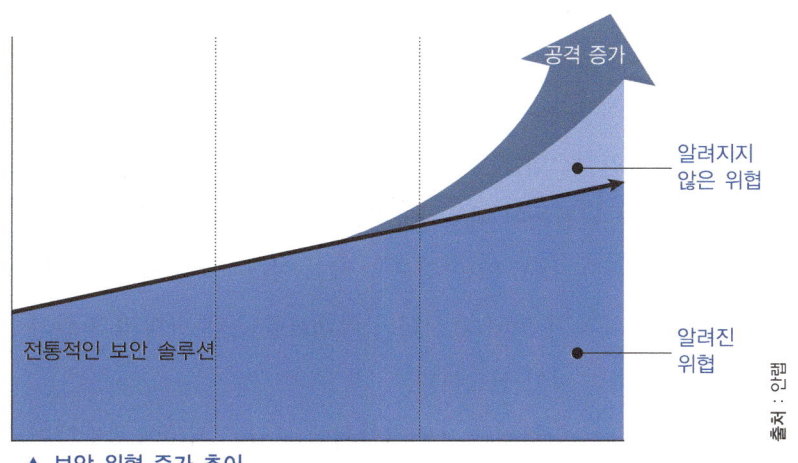

▲ 보안 위협 증가 추이

하루에도 수백수천 가지 위협이 변형되어 새롭게 생성되는 악성코드를 모조리 다 막거나 찾아내겠다는 방식으로 보안에 접근하다가는 큰 코 다치기 쉽상이다. 보호해야 할 대상도 수억만 개가 넘는다. 우리나라 성인 인구 중 80%가 넘는 사람이 스마트폰을 소유했다. 연결기기가 2015년에 인당 1.1개에서 2031년에는 무려 7개가 넘을 거라고 델 EMC는 예측한다. 이처럼 광범위하게 퍼지는 영역들을 보호하기에 보안인력은 턱없이 부족하다. 이와 반대로, 공격자의 입장에서는 공격할 대상이 넘쳐난다. 또한 컴퓨팅 기술의 발달과 사이버 세계의 특성상 1건이나 100건이나 10,000건이나 공격의 빈도에 들어가는 시간이나 노력은 큰 차이가 없다. 한계비용제로 사회의 어두운 단면이 아닐 수 없다.

보안의 3대 원칙인 기밀성Confidentiality, 무결성Integrity, 가용성Availablity 에서 보안을 강조하다 보면 기밀성과 무결성에만 집중하게 마련인데, 대부분의 비즈니스나 삶이 IT 기반인 세상을 살면서 가용성을 놓친다면 보안이 지켜야 하는 사용자에게 불편만을 가중시킬 뿐이다. 보안도 변화하는 세상에 발맞추어 신속하고 민첩하게 적응하는 패러다임을 받아들여야 한다. 모든 것이 연결되는 초연결사회에서 보이지 않는 위협들을 세상에 드러나게 해 보이는 위협으로 만들고 이에 민첩하게 대응하는 보안시스템을 체계화해야 한다.

보이지 않는 위협들이 네트워크라는 커다란 바다 속에서 세상을 이곳 저곳을 넘나들며 소리 없는 접근을 하고 있다. 이런 위협에 대한 가시성 부족을 극복하기 위해 가시성의 극대화를 통해 예방적 차원의 보안기술을 확보하는 것이 필요하다.

모든 것이 IT로 연결되는 초연결사회에 보안은 기본에 충실해야 한다. 해킹이 들어오지 못하게, 설사 들어왔어도 나가지 못하게, 혹여 나갔더라면 끝까지 추적해 또 다른 해킹을 하지 못하게 해야 한다. 보안기술의 발전속도도 해킹 기술의 진보만큼 속도감 있게 진행해야 한다. 이를 위해 보안에서도 네트워크 효과를 활용해야 한다. 유사한 공격을 예방하기 위해서 보안 위협 및 대응기술 정보를 외부와 공유해야 한다.

장기적으로 해킹은 피해당사자만의 문제가 아닌 사회 전체의 이슈이다. 이를 견제하기 위해서 사회구성원들이 서로 신뢰해 작은 진동에도 민첩하게 대응하기 위해 곳곳에 센서들을 뿌려두어야 한다. 보이지 않는 위협은 두렵지만 일단 보이기 시작하면 그 다음은 두려움을 벗어던지고 대처할 수 있다. 세상에 감기 바이러스가 사라지지 않듯이 해킹도 사라지지 않을 것이다. 이는 해킹에 대응하는 보안 기술 발전의 무궁무진함을 반증한다. 궁극적으로 모두가 곰보다 빨리 뛰려는 목표보다는 내 앞의 사람보다 빨리 뛴다는 마음으로 전체 사회가 노력을 경주한다면 그 노력들이 결합해 결국 모두가 곰보다 빨리 뛰는 네트워크 효과가 나타날 것이다.

사이버 보안 세계를 움직이는 냉혹한 현실

보안 전문가인 얼 퍼킨스$^{Earl\ Perkins}$는 2017년 한 보안 세미나에서 말하기를 "모든 것을 동등하게 지킬 수는 없다 … 우리는 단지 중요한 것을 제어할 방법을 찾아야만 한다"라고 천명했다. 보안 전문가라면 알아야 할 준칙이 몇 가지 있는데 다음과 같다.

1. 당신이 모든 것을 고칠 수는 없다.
2. 당신이 자산을 모두 완전히 안전하게 지켜낼 수 없다.
3. 당신이 모든 것이 얼마나 안전한지 알 수 없다.
4. 당신이 당신의 디지털 파트너가 얼마나 안전한지 알 수 없다.

동시에 이 미지^{未知}의 세계에서 우리는 사이버 보안의 트렌드를 알 수 있다.

1. 해킹은 아마추어도 가능
    a. 해킹과 사이버 범죄에 사용되는 툴들은 쉽게 접근 가능하고 저렴하다.
    b. 위험한 해킹 툴을 사용하는 데 특별한 지식이 필요하지 않다.
    c. 사이버 범죄의 급속화에 해킹의 낮은 진입장벽이 한 축을 담당한다.
2. 클라우드 보안이 핫 이슈
    d. 클라우드 환경의 성숙도로 보안 위협의 타깃이 된다.
    e. 공유지의 비극처럼 클라우드 서비스는 불안정하고 불안전해질 것
    f. 기업들은 사설 클라우드와 공용 클라우드 보안의 가이드라인 설정 필요
3. 사이버 보안 기술과 조직은 끊임없이 변한다.
    g. 보안 기술력을 가진 인재는 항상 부족
    h. 사이버 보안은 항상 진화
    i. 향후 3~5년 사이에 발생하는 데이터는 지금까지 쌓인 데이터보다 많다.
    j. 데이터 사이언스와 분석에 사이버 보안 기술이 새롭게 요구된다.
    k. 정보의 기하급속도 증가로 인공 보안 지능의 필요성 대두
4. 방어와 예방에서 관점의 변화 필요
    l. 보안 비용을 방어와 예방에서 탐지와 대응으로 이전 필요
    m. 해커들은 취약고리를 찾아서 공격하고 이는 성공 가능성이 높음

n. 탐지, 대응, 재조정의 단계로 보안 준비

o. 향후 예측 보안으로 발전 가능

5. 해킹은 정문으로 오지 않는다.

p. 어떤 훌륭한 보안시스템과 보안 정책도 뒷문으로 오는 공격엔 속수무책

q. 제3자 파트너 사도 본사만큼 보안의 기준이 높아야 한다.

r. 파트너 사의 작은 상점에의 PoS 악성코드 공격으로 본 시스템 전체를 다운 가능

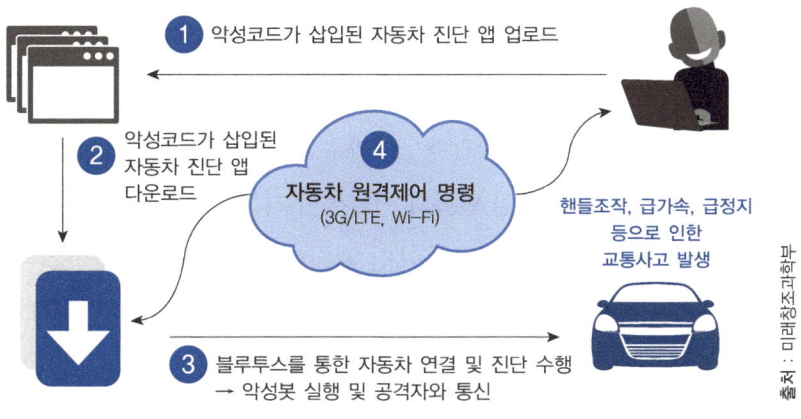

▲ 자동차 해킹 시나리오

미국의 보안 전문가들이 자동차가 달리는 고속도로에서 16km 떨어진 곳에서 해킹을 성공해 조작을 원격으로 해보였다. 이 일로 그 자동차 회사는 차량 리콜을 해야 했다. 자율주행차에 대한 관심이 높아지고 발전하는 현 시대에 인터넷에 연결된 자동차의 조종을 운전자가 아닌 해커가 한다는 상상이 현실이 되었으니 얼마나 섬뜩한 일인가. 자동차가 해킹된다면 이를 운전하는 사람은 물론 승객이나 탑승자 등의 안

전이 위협받으며, GPS 연결을 통한 개인정보 유출로 사생활 침해 위험도 높아진다. 덧붙여 달리는 자동차들 각각이 모두 언제든지 위협적인 무기로 탈바꿈할 수 있다는 상상은 현실이 되지 않기를 바랄 뿐이다.

4차 산업과 맞춤형 보안

증기기관의 기계화를 제1차 산업혁명으로 전기 에너지를 이용한 대량생산의 제2차 산업혁명을 거쳐 컴퓨터와 인터넷을 바탕으로 지식정보의 제3차 산업혁명을 이루어 내면서 인류는 무한한 발전을 해왔다. 향후 펼쳐질 제4차 산업혁명은 그 변화의 무궁무진함이 예측 불가능할 정도이다. 이제 ICT$^{Information\ and\ Communications\ Technology}$를 뛰어넘는 ICMB, 즉 IoT$^{Internet\ of\ Things}$, 클라우드^{Cloud}, 빅데이터$^{Big\ Data}$, 모바일^{Mobile}을 통한 혁신적인 변화의 기로에 우리는 서 있다. 획일화되어 있는 기존의 개별 솔루션 중심의 보안 패러다임은 미래 새로운 형태의 보안영역을 개척하기 위해 접근방법을 달리 해야 한다. 새로운 시대에 맞는 맞춤형 보안을 준비해야 할 것이다.

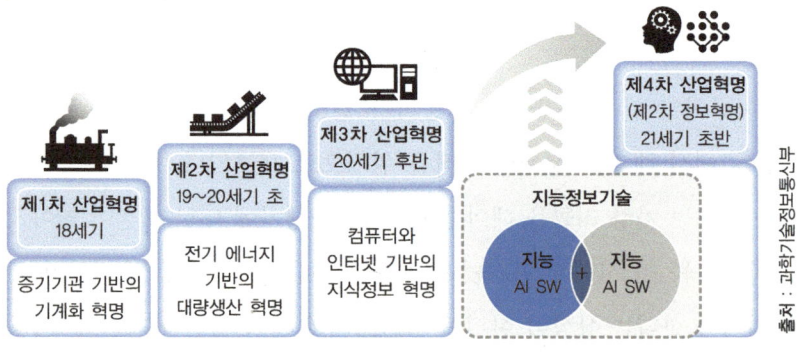

▲ 산업혁명의 단계 설명

맞춤형 보안을 구축하기 위해서는 지켜야 할 대상을 특정해야 하는데 이 지킬 대상에 대한 관점에 대한 변화가 필요하다. 제4차 산업혁명 시대, 인더스트리 4.0 시대는 사이버 영역과 물리영역이 융합한 사이버 물리 시스템Cyber-physical System ; CPS 세상이다. 실물과 디지털의 융합과 연결로 사이버 물리 영역을 기반으로 하는 시스템이다. 이는 사이버 영역의 보안 위협에 의한 피해를 고스란히 현실 세계가 고스란히 받을 수 있다는 뜻이다.

2016년 10월 속칭 '미라이Mirai' 악성코드 디도스DDoS 공격이 발생했다. 미라이란 취약한 ID/PW가 설정된 IoT 기기를 해킹해 봇넷Bot-net을 형성하고 네트워크 공격을 하는 악성코드이다. 디도스 공격이란 서버에 트래픽을 많이 보내 해당 서버 이용자가 서비스를 사용하지 못하게 방해하는 널리 알려진 해킹 공격이다. 미라이 악성코드를 이용해 개별 웹사이트가 아니라 인터넷의 인프라와 같은 도메인 서비스 업체인 Dyn을 대규모 디도스 공격을 통해 마비시켰으므로 공격효과가 컸고 그 피해는 이루 말할 수 없었다. 이 공격으로 인해 아마존, 넷플릭스, 뉴욕타임즈 등 주요 웹사이트가 불통이 되고 미국 동부에서 시작한 인터넷 접속 장애 현상은 미 서부와 유럽으로 급속히 확대되었다. 미국의 절반에 가까운 웹사이트들이 다운되었으며, IoT 기기들이 해킹의 숙주로 활용되었다는 점은 더욱 충격을 주었다. 게다가 해당 미라이 악성코드 소스는 공개된 상태이므로 이를 악용하는 사례가 또 나타나면 IoT 기기가 증가하는 만큼 피해가 기하급수적으로 커질 것은 자명한 사실이다. 제4차 산업혁명 시대의 핵심인 IoT가 해킹을 당해 보안 위협을 받으면 디지털 세계에서의 피해가 현실세계의 피해로 바로 전이되는 전조와 같은 현상을 미라이 악성코드 사태를 통해 겪은 것이다.

이를 통해 간접적이지만 제4차 산업혁명 시대에 발생하는 해킹에 의한 보안 위협은 그 피해속도와 규모가 마치 전쟁이 발발한 것과 같다는 것을 체험할 수 있었다. 기존의 정형화된 패턴과 시그니처 기반의 악성코드가 아닌 한층 진화한 변종 악성코드가 급속도로 증가해 IoT 기기들을 통해 네트워크에 넘쳐흐를 것이다. 이로 인한 사이버 보안의 중요성은 기술이 발전할수록 더더욱 높아질 것이다.

국제해커 놀이터가 되지 않기 위해 걱정하라

미라이와 같은 악성코드를 통한 IoT 기기 기반의 대규모 봇넷 디도스 공격이 언제나 가능할 정도로 위협도가 높아진 가운데 2016년 3분기 러시아 보안업체인 카스퍼스키의 보고서를 보면 우리나라는 디도스 표적 3위에 올라 있다.

우리나라는 IoT 기기가 처음 설정한 ID/PW를 주기적 변경 없이 사용하는 등의 취약점에 노출되어 있고 라우터, CCTV 등 그 기기를 어디서나 쉽게 찾을 수 있다는 맹점을 가지고 있어 미라이와 비슷한 악성코드의 공격에 대단히 취약하다.

최근 국내에서 크게 이슈가 되고 있는 IP 카메라 해킹 사건들은 이런 의미에서 시사하는 바가 크다. 기존의 CCTV들보다 고화질인 IP 카메라는 인터넷만 연결되어 있으면 해커들의 놀이기구가 되기 쉽다. IP 카메라는 장점인 간단한 설치와 저렴한 가격으로 인해 급속히 널리 퍼졌다. 여기에 어려운 해킹 지식이 없어도 IP 스캐닝 프로그램만으로도 특정 IP 카메라 해킹이 가능해졌다. 이렇듯 생활형 IoT 기기들의 보급 확산으로 그로 인한 피해가 빈번하게 발생하고 있다. 더욱이 기술의 발

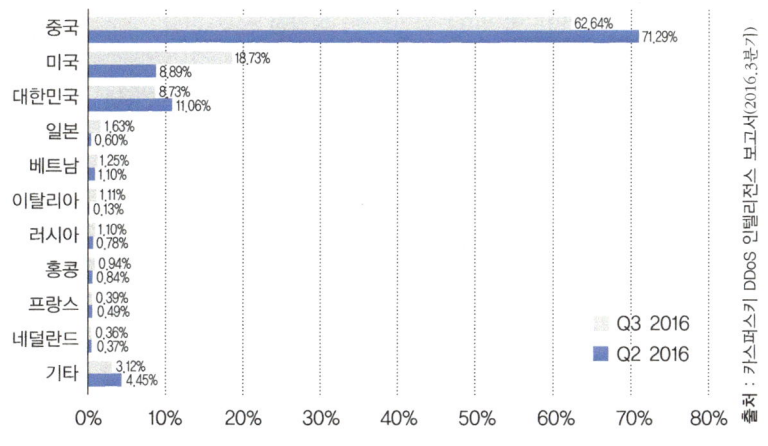

▲ 2016년 2~3분기, 국가별 디도스 공격 대상 분포

전은 누구나 쉽게 해킹할 수 있게 만들었다.

2015년에는 국내 기업이 만든 스마트 냉장고가 해킹을 당했다. 해커는 스마트 냉장고와 네트워크와의 통신과정을 해킹하는 중간자 공격을 이용해 정보를 유출했다. 해당 스마트 냉장고의 사용자 구글 계정 정보를 탈취해 개인정보뿐 아니라 금융정보까지도 훔칠 수 있었다.

아래 '연도별 IoT 취약점 신고 현황'을 확인해보면 취약점 신고건수는 2015년 130건에서 작년 362건으로 3배 가까이 증가했으며, 올해 2분기 기준으로 벌써 200여 건이나 신고되었다. 덧붙여 최근 IoT 이용자는 지난해 도합 약 620만 명에서 2017년 6월 기준 750여 만 명으로 130만 명 이상 증가하였다. IoT 제품의 폭발적 증가세와 IoT 이용자의 지속적 증가로 인한 IoT 취약점 확대에 비해 이에 대한 대책의 부재로 인한 우려는 끊임없이 높아져 가고 있다.

연도별 IoT(사물인터넷) 취약점 신호 현황
(단위 : 건)

구분	2012년	2013년	2014년	2015년	2016년	2017년 (2분기)
신고건수	-	4	6	130	362	199

출처 : 한국인터넷진흥원(KISA)
※ 한국인터넷진흥원은 SW 보안 취약점을 악용한 침해사고 사전예방 및 피해확산 방지 등을 위해 신규 취약점 신고포상제(IoT 제품 포함)를 운영하고 있으며, 발굴된 취약점에 대해 신속한 패치 안내 등 조치.

최근 5년간 IoT 이용자 통계
(단위 : 명)

구분	2013년	2014년	2015년	2016년	2017년 6월
M2M	238만	284만	428만	539만	604만
홈 IoT	-	-	-	80만	147만

출처 : 과학기술정보통신부
※ M2M은 기계와 기계 간 통신기술로, 차량관제(차량 위치와 경로, 운행 내역을 확인할 수 있는 차량운행 서비스), 원격검침(전력, 가스, 수도 등 사용량을 LTE 망으로 원격 모니터링 검침하는 서비스) 등이 있음.

    IoT 산업은 제4차 산업혁명 시대의 근간을 이루는 기술 중 대표주자인데 이에 대한 보안 취약점에 대한 우려가 산업 발전에 발목을 잡지 않을까 싶은 사례가 증가하고 있다.

최근 IoT 기기 보안침해 대표 사례

년월	사례
2014년 5월	냉난방 관리용 셋톱박스 취약점을 악용한 디도스 공격
2014년 11월	공유기의 보안취약점을 통해 SKB DNS 디도스 공격
2016년 1월	해경 CCTV 사이트 접속 차단
2017년 1월	미라이 악성코드에 감염된 기기들이 국내에서 다수 발견

출처 : 한국인터넷진흥원

    2017년 1월에 악성코드 미라이 감염 IoT 기기가 다수 발견되었고 2016년에는 CCTV 및 IP 카메라가 해킹되어 러시아 사이트 '인서캠'에 중계되는 일이 발생해 많은 우려를 자아냈다. IoT 보안은 개인정보 보호와도 직접적으로 연관성이 높고 IoT 기기의 디폴트^{default} 비밀번호 변경과 같은 작은 실천으로도 해킹을 예방하는 효과가 높은 만큼 IoT 기기 제조사는 강화된 보안 가이드라인을 준수하고 이용자들이 IoT 보안 의식을 제고하도록 주의 환기를 지속적으로 해야 한다.

디지털 트랜스포메이션의 성장으로 새로운 시대를 맞이한 보안

제4차 산업혁명으로 인해 초연결사회로 나아가는 도입에 수많은 기업들이 기기들을 연결하고 연결된 기기를 통해 데이터를 수집하고 있다. 이 통로인 네트워크와 이를 통과하는 오일인 데이터들의 안전에 대한 경각심을 가져야 한다. 모바일 기기의 확산과 디지털 트랜스포메이션의 성장으로 보안이 새로운 시대를 맞이했다고 볼 수 있다. 허나 초연결사회에 제품과 차량, 기타 사물 등 모든 것이 연결되어 가면서 보안이 적용할 수 있는 범위는 전혀 새로운 난관에 봉착하고 있다. 초연결사회는 미라이와 같은 악성코드를 활용한, 취약한 IoT 기기를 숙주로 삼는 디도스 공격에 무방비로 노출된 구조를 가지고 있다. 이를 알고 있는 해커들의 IoT 기기에 대한 통제력이 확대되는 추세이다. IoT 봇넷은 지속적으로 성장하고 진화하고 있다. 단지 IoT뿐만이 아니라 4차 산업혁명의 주요기술인 AI, 빅데이터, 클라우드 등은 사이버 세계와 물리 세계를 하나의 네트워크로 연결한다. 모든 것이 연결된 세계의 거대한 데이터들을 클라우드에 전송해 저장하고 이를 빅데이터로 분석하는 기기 간·기술 간의 융합으로 대단히 복합적인 구조의 세계가 펼쳐질 것이다. 여러 이기종의 기기와 다양한 요소의 기술들이 통합되어 새로운 서비스를 끊임없이 생성해내는 특성상 이는 새로운 보안 취약점이 지속적으로 발생할 가능성이 높을 수밖에 없음을 보여준다. 또한 클라우드에 쌓인 수많은 데이터에 대한 보안의 중요도는 한층 더 높아졌다.

「2017 state of Cloud Adoption And Security」란 보고서에 따르면 단지 23%만이 기업의 데이터를 퍼블릭 클라우드에 저장하는 것을 완전히 신뢰한다고 조사되었다. 이는 여전히 기업은 클라우드에 자사의 데이터를 보관하는 데 충분한 신뢰성이 없다는 것을 의미한다. 일반적인 퍼블릭 클라우드 이용자들도 클라우드 업체의 책임소재에 대한 명확성이 떨어지는 현황상 아직은 사용에 주저함이 있다. 클라우드 보안 관리의 취약은 곧바로 대량의 개인정보 유출 발생을 불러오며 이는 2차, 3차 추가 피해를 불러오는 악순환의 시발점이 된다. 모바일 기기의 확산은 제4차 산업혁명의 기반 기술인 IoT, 클라우드, 빅데이터 등이 엔드 유저의 모바일을 통해 구현되는 환경을 가지게 한다. 이렇듯

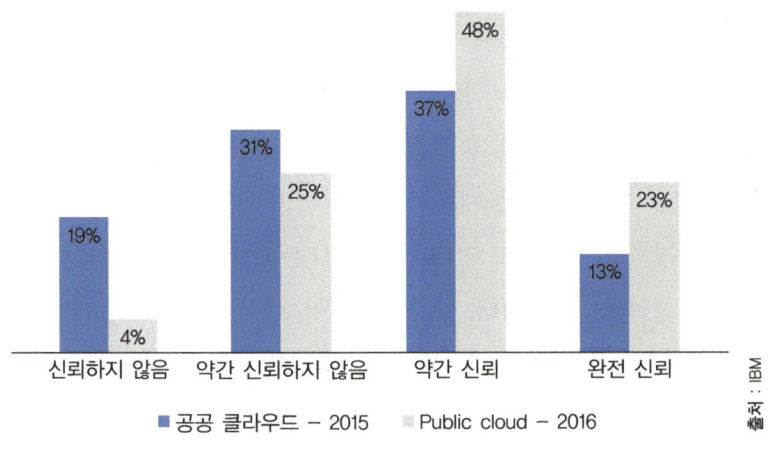

▲ 클라우드 채택 및 보안상태

제4차 산업혁명 시대의 보안사고 원인은 신기술의 등장으로 인한 취약점 증가가 아니라 산업구조 자체의 변화로 인한 총체적 구조 탓인 경우가 더 많다. 산업의 패러다임이 변화하고 있는 이때 보안사고 하나하나의 원인분석도 중요하지만 이에 못지않게 패러다임 변화에 걸맞는 보안 대처방식 정립 등 근본적인 대책의 마련이 시급한 실정이다.

융복합 방어체계로 대비하라

현재 국내외적으로 준비된 IoT 보안 기술들의 표준은 단말기 단위의 보호 정책 위주로 지엽적이라고 볼 수 있다. 각개 디바이스 단위의 보안의 중요성만큼 네트워크, 서버, 사용자까지 전 도메인에 걸친 종합적인 보안에 대한 준비가 있어야 한다. 기기의 보안성만으로 현대사회의 사용자 편의성을 충족할 수가 없기 때문이다. IoT 보안을 강화하기 위해서는 사용자 편의성을 극대화할 수 있는 가용성을 제공해 주기 위한 보안 구성이 필요하다.

제4차 산업혁명의 핵심 기술들이 안전하게 자리 잡기 위해서는 단순한 데이터 보호가 아닌 사람과 환경에 대한 안전까지 고하는 전체적인 보안 패러다임의 변화가 필요하다. 하지만 아직까지 IoT와 관련된 보안기술 및 대응방안이 미흡하다. 그 대책으로 설계 단위에서부터 중요한 키관리와 접근제어를 위한 하드웨어 보안 모듈HSM과 소프트웨어 개발도구SDK가 함께 협력할 수 있어야 한다. IoT 기기들은 저전력·저성능이다. 이를 위해 중요한 보안의 경량화를 요구하므로 단말기 경량 인증과 경량 암호화 기술을 제공해야 한다. 기기부터 네트워크, 서버, 사용자 등 다른 도메인 간 발생할 수 있는 해킹 위협을 차단하기 위해서는 소프트웨어적 보안뿐 아니라 칩을 위한 하드웨어 보안과 합쳐진 융합형 보안이 더욱 필요하다. IoT 제조사는 장비설계 단계에서부터 서비스를 수행 시 발생할 기술적인 보안 취약점과 이로 인해 침해될 수 있는 개인정보 위협 요인들을 분석해 대응할 수 있는 기술을 적용해야 한다. 또한 IoT 장비인 하드웨어 자체의 보안성을 강화해 부채널 공격, 역공학 공격 등 수준별 대처방안도 필요하다. 이에 더해서 SW의 보안을 위해 개발 단계에서부터 시큐어 코딩을 적용하고, IoT 제품의 취약점 보완패치 및 업데이트를 최신으로 맞추어야 한다. 다시 말해 IoT 시대에는 소프트웨어와 하드웨어 모두를 아우르는 융합형 보안이 토대가 되어야 한다. 복잡한 보안만큼이나 중요한 것이 간단하지만 누구나 행할 수 있는 안전한 초기 보안설정 방안이 제공되어야 한다는 점이다. 초기 설정 시 디폴트 ID와 비밀번호 변경, 기기와 기기 간 통신 시 사용하는 네트워크에 암호화 기술 적용 등 안전을 위한 보안 적용을 해야 한다. IoT 기기는 무수히 지속적으로 연결되어 있는 특성을 갖고 있다. 때문에 제품의 초기 설치 단계에서 기기에 기본적으로 설정되는 값들에 대한 원칙을 준수하도록 사용자들에게 일깨워줘야 한다. 동시에 새로 설정된 후에는 이용자 각각에 맞춰 새로운 암호설정, 로그 주기적 기록과 저장 등 안전 관리에 대한 지속적인 관심이 더욱 중요해지고 있다.

또한 클라우드 시대에 흔히 발생하는 데이터 백업을 이용자들이 직접 적용해야 한다. 클라우드 환경에서 업체는 클라우드 자원을 빌려줄 뿐이지 고객의 데이터를 보호해 주지 않는 경우가 다반사다. 이에 경각심을 가지고 이용자들은 실수로 본인의 귀중한 데이터가 사라지지 않도록 유념해야 한다. 또한 습관적으로 비밀번호를 외우기 쉬운 것으로 지정하는 것은 클라우드 시대에서는 고객의 정보 전부를 해커에게 상납하는 꼴이 되기 십상이다. 생체인증이나 이중인증, 접근제어 등 높은 수준의 보안이 요구된다. 클라우드 시대는 과거와 달리 모든 정보를 한 곳에 모아놓은 것과 같은 형국으로 이에 대한 정보 유출이 가져오는 파괴성은 더욱 강력해졌다. 따라서 롤에 따른 권한 부여나 접근 인증 등 최소 권한의 원칙을 더욱더 준수해야 한다. 이에 더해서 네트워크 단에서 접근제어를 위해 망 분리, DMZ 등을 통해 각 망을 분리할 필요가 있다.

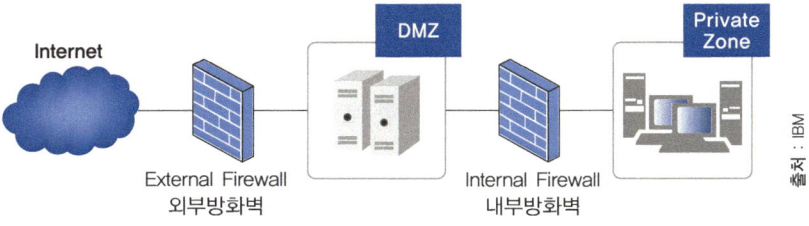

▲ 방화벽 개념도

ICBM이라는 IoT, Cloud, Big Data, Mobile로 이루어진 기술의 비약적 발전을 통해 제4차 산업혁명 시대에는 결국 모든 것이 연결되는 초연결사회가 될 것이다. 수많은 기술로 인해 제품과 서비스들이 서로 연결되어 융합할 것이다. 끊임없이 발생하는 새로운 기술과 제품, 그리고 서비스 등은 지속적인 새로운 취약점 생성으로 개인과 기업, 더 나아가 국가를 위협하는 수준이 될 것이다. 이용자, 개발자, 운영자, 관리자 등 모든 도메인 관계자들이 모두 보안에 준비가 되어 있어야 초연결사회에서 보안의 약한 고리를 제거해 종합적이고 전체적인 보안장벽이 새로운 사회에 설치될 것이다. 이제는 물리보안, 논리보안, 정보보안 등 분리해 각각 방어하는 보안정책이 아닌 이 모든 시스템의 전 프로세스를 방어하는 융복합 보안체계를 구축해야 한다. 생체인증, 계정권한, 원격접속 등의 소프트웨어적인 보안뿐 아니라 칩, 기기 잠금장치 등 하드웨어 단에서의 보안이 합쳐진 융복합 보안을 준비해야 한다.

IoT 제품들의 특성상 설치된 완성품에 보안을 설정하는 작업이 어려운 관계로 장비 제조 단계에서부터 보안 적용을 통해 보안성을 높여야 한다. 또한 취약한 공격 포인트가 되기 쉬운 게이트웨이 장비에 대한 보안과 펌웨어 단에서의 보안성이 높아야 할 것이다. 모바일 환경의 확산으로 네트워크와 기기를 통한 다양한 정보와 서비스가 대량으로 클라우드를 통해 저장되고 네트워크를 지나 오고가는 상태에서는 서비스 제공자에 대한 확인 및 사용자 인증 등에 대한 높은 보안이 요구되며, 이를 통해 모바일 디바이스에 대한 보안서비스 강화도 필요하다.

무선통신 프로토콜 Z-WAVE를 사용해 와이파이로 집주인의 모바일에 연결한다. 이때 집주인의 데이터를 보호하기 위해 접근제어 데이

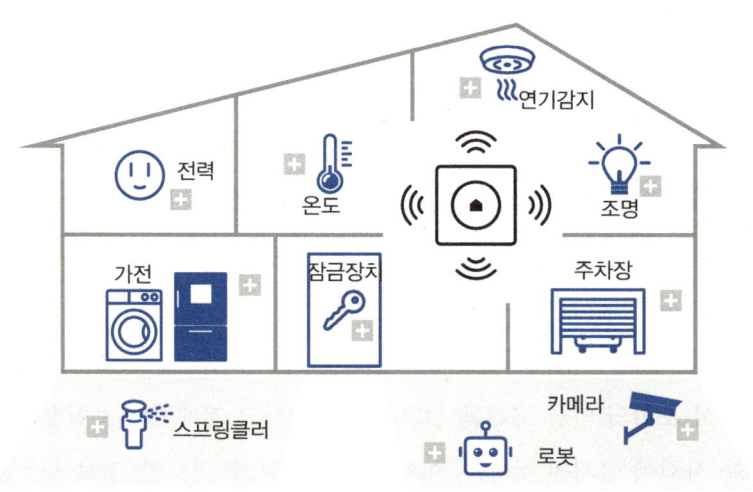

▲ IoT홈

터 암호화 알고리즘을 사용한다. 이처럼 조명, 방범, 온도계, 콘센트, 주방기기 등 모든 것이 연결되고 모든 것에 보안이 적용되어야 하는 세상이 코앞에 와있다. 기기 하나하나 분리된 보안은 존재할 수 없다. 이기종 간에 발생하는 보안사고를 예방하기 위해 융복합 보안이 더욱 각광받게 될 것이다. 초연결사회의 길목에 선 우리에게 해킹은 일상이 되었다. 이에 대한 대응으로 보안기술이 내재화되어 있는 장비와 소프트웨어들이 넘치게 될 것이다. 이 모든 다양한 통신채널과 기기 등 새로운 환경의 변화에 나타나는 새로운 위협들에 대한 충분한 보안은 기존의 보안영역에 대한 수단만으로는 부족하다. 새로운 변화의 물결이 휘몰아치는 만큼 이에 걸맞는 다양한 융복합 보안을 통한 복합 방어체계의 설립이 각 개인이나 기업 차원을 넘어 국가 단위에서 논의되어야 할 것이다.

06 인간과 로봇이 공존하는 미래사회

인하대학교 전자공학과 교수 **김덕환**

로봇^{Robot}이라는 말은 1920년 체코슬라비아의 극작가 카렐 차페크^{Karel Capek}의 희곡 R.U.R^{원제는 로숨의 유니버설 로봇 : Rosuum's Universal Robots}에서 처음 사용되었으며 체코어의 노동을 의미하는 'robota'에서 어원을 찾을 수 있다. 차페크는 희곡 'R.U.R.'에서 인간과 동등하거나 그 이상의 스스로 작업능력을 가지고 있으나 인간적 "감정"이 없는 로봇이라고 불리는 인조인간을 등장시키고 있다. 이는 우리가 살고 있는 21세기의 기계문명과 노동하는 인간을 생각해보게 한다. 또한 아이작 아시모프^{Issac Asimov}는 1942년에 발간된 단편 'Runaround'에서 로봇공학을 의미하는 로보틱스^{Robotics}라는 단어를 도입하였다. 헐리우드 영화들만큼 로봇에 대한 상상력을 실현시킨 경우도 드물다. '스타워즈'의 R2-D2^{아스트로메크 드로이드}와 C3PO는 정보를 수집·저장하는 로봇과 사람과 닮은 모습을 한 '안드로이드'가 출현하는 미래사회를 예고하고 있다. '터미네이터'에서는 로봇이 인류를 위협하는 존재로 나오기도 한다. 'A.I.', '바이센테니얼 맨', '아이, 로봇' 등은 기계화된 미래사회에서 로봇과 공존하는 인간의 모습을 보여주며, 인간이 어떻게 로봇과 경쟁할 것인가라는 질문을 던지고 있다.

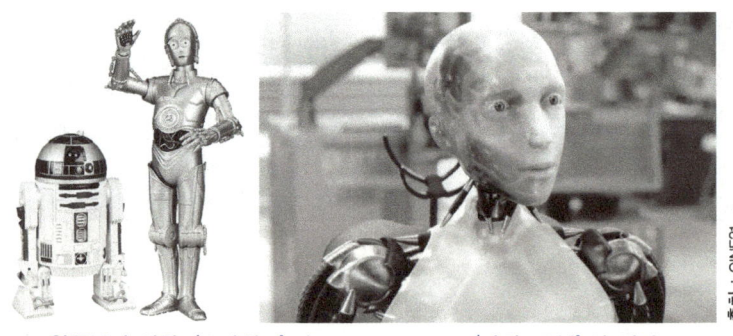

▲ 왼쪽부터 영화 '스타워즈'의 R2-D2, C3PO, '아이, 로봇'의 써니

인간과 로봇의 공생 : 1가구 1로봇 시대가 온다

　헐리우드 영화나 우리 머릿속에 등장하는 로봇의 모습과는 달리 실제로 연구되고 있는 로봇 발전 상황은 아직도 초보 단계에 못 미치고 있다. 영화 속의 로봇은 CG에 의한 눈속임인 경우가 허다하겠지만, 현재의 로봇을 보면 영화에서 느꼈던 가상현실과의 괴리감을 지울 수 없다. 로봇 발전 상황을 보면 작업장의 기계손에서 시작해 제조공장에서 조립, 용접, 핸들링 등 공장의 자동화를 이끄는 산업용 로봇, 그 이후 동물의 기능을 서서히 갖추면서 환경을 인식하고 스스로 판단하는 기능을 가진 지능형 로봇과 인간형 로봇인 휴머노이드가 등장하였다. 미국과 일본은 로봇 연구에 국가적 관심을 보이며 투자를 계속하고 있고, 유럽연합의 경우 회원국 간의 협업을 바탕으로 로봇요소기술 개발에 집중하고 있다. 국내 로봇산업의 경우 상품화 중심 지원으로 상용화 기술력에서는 선진국과의 기술격차가 상당히 해소되었으나 핵심 부품의 해외 의존도가 높고 원천기술력은 여전히 큰 차이를 보이는 것이 문제점으로 지적되고 있다.

　로봇공학 전문가인 한스 모라백 Hans Moravec 은 로봇기술의 발달과

정을 생물 진화와 견주어 설명하였다. 그의 저서 『마음의 아이들』에서 20세기 로봇은 곤충 정도의 지능을 갖고 있지만, 21세기에는 10년마다 빠르게 지능이 향상되어, 2010년대까지 1세대 로봇은 도마뱀 정도의 지능을 갖고, 2020년대까지 나타날 2세대 로봇은 생쥐 정도로 영리하다. 2030년까지 3세대, 2040년까지 4세대 로봇이 출현하면 사람처럼 생각하고 느끼며 행동하여, 인간의 지능을 추월하기 시작할 것이라고 예측하였다. 먼 미래에 아주 자율적인 행동을 하는 인공일반지능artificial general intelligence을 가진 기계가 출현하면 인간과 로봇이 어떤 사회적 관계를 맺게 될 것인가? 로봇이 과연 인간의 일자리를 빼앗을까? 로봇과 공존하는 미래사회에서 인간은 로봇에 대해 어떤 태도를 취할 것이며, 어떻게 공존해 갈 수 있을 것인지 반드시 짚고 넘어가야 할 문제이다.

4차 산업혁명 시대에 접어들면서 로봇은 단순 노동대체 수단에서 인간과 공존하는 서비스 실현 수단으로 진화하고 있다. 수년 이내에 컴퓨터처럼 개인용 로봇의 사용이 보편화되어 1가구 1로봇 시대가 개막되며, 조만간 사람 대신 각종 집안일을 도맡아 하는 가사로봇 활용이 대중화될 전망이다. 선진국의 경우 서비스 로봇 수가 사람 수를 초과할 것이라고 예측하는 미래학자들도 있다. 로봇기술은 지능화·감성화·모빌화 트렌드를 반영한 새로운 서비스 창출의 필수요소라 할 수 있다. 국내 로봇산업의 경우 반도체에 이은 '제2의 먹거리'가 될 것이라고 예측하고 있다. 우리 로봇산업은 선진국에 비해 출발은 다소 늦었지만 성장 잠재력은 상당히 높을 것으로 평가되는데 세계시장 점유율은 5% 수준으로 매우 낮지만 로봇 활용도가 높은 조선, 자동차 기간산업이 상당히 발전했고 IT 인프라 구축이 선진국에 비해 뒤떨어지지 않으며, 첨단기술에 대한 국민적 관심이 높은 점이 국내 로봇산업 전망을 밝게 하고 있다.

세계 로봇 선진국들이 원천기술을 바탕으로 로봇개발을 선도하고 있으며, 중국 등 몇몇 국가의 경우 로봇개발을 국가적 어젠다로 채택하는 등 로봇산업 육성에 박차를 가하고 있는 상황에서 대한민국의 로봇산업은 어떤 방향으로 가야 할까?

로봇산업의 글로벌 흐름

시장조사기관 마켓앤드마켓Markets and Markets에 따르면 전 세계 로봇시장은 2020년까지 연평균 19.2%로 성장해 780억 달러의 규모에 이를 것으로 전망하고 있다. 로봇산업은 크게 산업용 로봇, 전문 서비스용 로봇, 개인 서비스용 로봇으로 구분할 수 있다. 전 세계 로봇시장의 72.5%가 산업용 로봇, 20.8%가 전문 서비스용 로봇으로 개인 서비용 로봇의 비중은 크지 않다. 국제로봇연맹IFR이 발표한 자료에 의하면 2018년 세계 산업용 로봇 판매대수가 40만 대에 이를 것으로 알려졌다. 그중 아시아 지역의 출하량이 가장 높은데, 전체 산업용 로봇시장의 1/3 정도를 차지하는 일본의 영향이 절대적인 것으로 보인다. 우리나라는 자동차 업계 및 전자제품업계의 수요 증가로 2018년 약 80,000대를 상회하여 중국 다음으로 시장 규모가 커지고 있다. 하지만 세계 산업용 로봇제조기업 Top 10에는 대한민국의 로봇기업이 없고 일본의 야스카와, 화낙, 나치 등 6개 사가 10위 안에 이름을 올려 일본이 세계 산업용 로봇의 강자임을 다시 한번 보여주었다. 다음으로 스위스가 ABB를 포함해 2개, 독일과 이탈리아가 1개 사씩 이름을 올렸다. 기업의 로봇 분야 매출액과 기술력, 브랜드 가치, 재무성과 등을 종합한 결과로 스위스의 ABBAsea Brown Boveri와 스토브리Staubli, 일본의 야스카와 전기Yaskawa Electric Coproration, 독일의 쿠카 로보틱스kuka Robotics, 일본의 화낙Fanuc과 가와사키 중공업Kawasaki Heavy Industies, 앱손 로봇Epson Robots, 나치-후지코시Nachi-Fujikoshi, 코마우Comau, 어뎁트 테크놀로지Adept Technology 사가 선정되었다. 1위의 ABB와 3위의 쿠가 로보틱스를 제외하면 대부분 일본 기업이다.

2020년 로봇기술 발전 방향

산업용 로봇			서비스용 로봇		
구분	발전 방향		구분	발전 방향	
	2015년 이전	2020년		2015년 이전	2020년
제어기	모듈화/분산 제어	모듈화/분산 제어	제어기술	자율 이동·보행, 네트워크 통신 기반 실시간 원격제어	네트워크 통신 기반 실시간 원격 통합제어
본체	싱글/듀얼 암	듀얼 암			
핸드	4~5핑거 타입	5핑거 타입			
로봇구조 형태	고정/모바일형	이동형 휴머노이드 타입	휴먼·로봇 인터페이스	감성·인식 표현	감성·인식 표현 다양화
응용기술	미세 초정밀 가공·조립	미세 초정밀 가공·조립, 바이오조작	지능기술	인간 사고 모방 학습 및 추론기술	매체 또는 공동체 생활을 통한 독립적 학습능력
사용환경	Loosely Structured	Natural	감지기술	센서 융합 및 특정 환경 이해	센서 융합 및 불특정 다수 환경 이해
계산능력 (MIPS)	104	105			
지능화 수준	도마뱀 수준	생쥐 수준	센서·구동 메커니즘	생체 모방형 메커니즘	향상된 생체 모방형 메커니즘
고속화 기술	15m/s	20m/s			
반복정밀도	±0.05mm	±0.01mm	시스템 통합기술	유비쿼터스 컴퓨팅 연계 시스템	유비쿼터스 컴퓨팅 연계 통합시스템
부품 소재	소형 고효율 모터	신소재			

출처: 『로봇산업의 2020 비전과 전략』, KIET 산업연구원

스위스의 ABB는 취리히에 본사를 둔 다국적 기업으로 자동화 기술, 로보틱스에 주력하는 산업용 로봇 제조 분야 세계 최고 기업이며, 판매된 로봇대수가 25만 대를 상회한다. 일본의 경우 야스카와 전기, 화낙, 나치 등에서 만든 로봇은 세계 항공우주 분야를 비롯해 자동차 산업, 선박 엔진 조립, 용접, 도장에 사용되고 있다. 독일의 쿠가 로보틱스는 자동차 산업용 로봇에 주력하고 있으며, 제너럴모터스^{GM}, 폭스바겐그룹, 크라이슬러, 포드, 다임러 벤츠, 보잉, 지멘스, 할리 데이비슨 등에 판매되고 있다.

전문 서비스용 로봇산업은 생산국과 생산기업이 극히 제한되어 있고 제품가격도 고가이다. 미국은 우주·국방·의료 분야의 전문 서비스용 로봇 개발에 주력하고 있으며, 인공지능 등 원천기술 분야에서 세계 1위의 로봇 선도국이다. 대표적 기업으로는 수술로봇의 세계 1위 기업 다빈치시스템의 인튜이티브서지컬, MobileRobots, Geckosystems, CyberGuard, Northrop Grumman 사 등이 있다. 또한 카네기 공대의 RI 연구소, MIT 공대의 AI 연구소, NASA의 JPL 연구소, 샌디아국립연구소, 스탠포드대의 SRI 연구소, DARPA 등에서 활발하게 원천기술 연구가 진행되고 있으며, 마이크로소프트도 SW 개발환경인 Robotic Studio를 개발하는 등 로봇산업 진출에 큰 관심을 보이고 있다. 미국 정부도 2008년 7월 국가혁신위원회 NIC에서 앞으로 25년 후 국가지도를 바꿀 6대 파괴적 영향력을 갖는 기술로 서비스 로봇을 지정할 정도로 로봇 분야 R&D에 국가적 재원을 집중 투입하고 있다.

개인 서비스용 로봇 분야에서는 청소용 로봇이 절대적인 비중을 차지하고 있으며, Entertainment 로봇 위주로 시장이 확대될 전망이다. 세계 최초로 청소용 로봇 룸바^{Roomba}를 생산하는 iRobot 사, 최근 빅도 그로 유명세를 탄 보스톤 다이내믹스 사 등이 있다.

　미국에서는 국방부 산하 DARPA와 과학재단^{NSF} 주도로 로봇산업에의 지원이 이루어지고 있으며, 무인 조종 비행기 등 미래형 전투 시스템과 전문 서비스용 로봇 개발에 주력하고 있다. 특히, 우주탐사, 의료 및 재활 등의 전문 서비스용 로봇 분야에 집중하고 있다. 예를 들어 iRobot 사는 경찰로봇인 Packbot을 전 세계에 수천 대를 판매하고 있으며, 청소로봇인 룸바의 경우 300만 대 이상 판매실적을 기록하였다. Intuitive Surgical 사는 수술로봇 시장을 선도하고 있는 다빈치 로봇을 개발하였다. 2015년 핸슨 로보틱스 사에서 사람과 대화하며 사람의 표정, 성, 나이 등을 인식할 수 있는 최신 인공지능 로봇 '한^{Han}'을 공개하였다. 일본의 경우 경제산업성에서 로봇산업정책 전반을 관장하며, 1983년부터 극한작업용 로봇 개발에 착수해 국가 로봇산업 육성을 주도하고 있다. 또한 아시모와 같은 휴머노이드형 로봇이나 소니의 AIBO와 같은 애완용 로봇, 소니의 로봇개발 부문을 인수한 Toyota는 가사보조, 간병용 생활보조 로봇을 상용화하는 등 산업용 로봇 외에도 인간의 모습에 가까운 로봇 개발에 힘쓰고 있다. 중국의 경우 로봇을 첨단제조기술 분야로 분류하고 국가 주도로 휴머노이드 로봇, 노인 장애인 구조·지원 로봇 등을 개발하고 있다. 2000년에는 선행자^{先行者}라는 이름의 직립보행형 로봇을 개발하기도 하였다. 유럽연합^{EU}의 경우 회원국과의 협업을 바탕으로 제조업용 로봇의 경쟁력 강화와 기초 기술력 확보에 바탕을 둔 인지 시스템, HRI 등 로봇 S/W기술에 집중 지원하고 있다. 뛰어난 제조업용 로봇기술을 보유하고 있는 KUKA와 지멘스^{독일}, 일렉트로룩스^{스웨덴}와 ABB 등 대기업이 서비스 로봇 개발을 주도해 시사하는 바가 크다.

대한민국 로봇산업 현주소는?

　대한민국은 로봇시장 규모로는 일본, 미국, 독일, 이탈리아, 프랑스에 이어 6위, 로봇 사용대수 기준으로는 세계 5위이다. 특히 인구 만 명당 로봇 사용대수로 보면 116대로 일본의 280대에 이어 세계 2위다. 단순지표로만 보면 로봇강국이다. IFR이 2015년 발간한 보고서에 의하면 세계에서 4번째로 많은 로봇을 생산하는 국가다. 그러나 기술의 적용 범위 및 수익 측면에서는 아직 갈 길이 멀다. 대부분 산업용 로봇 생산에 집중하고 있으며, 그나마 자동차 제조나 전자제품 조립에 사용되는 로봇은 국산화돼 있으나 반도체와 LCD 장비용 로봇은 대부분 수입에 의존할 정도로 기술력에서도 일본, 미국 등 선진국에 비해 뒤쳐져 있다. 대표적인 기업으로 현대중공업, 삼익THK, 로보스타, 스맥 등이 있다. 대한민국의 로봇수출은 미미하다. 주요업종별 분포를 보면 로봇부품과 산업용 로봇기업이 전체 업체의 90%에 육박한다. 최근 들어 서비스 로봇 업체가 증가하는 추세이다. 서비스 로봇 분야의 기술 수준 및 상용화는 높은 평가를 받지만 품목이 제한적이다. 가정용 로봇청소기 생산이 주를 이루며 삼성전자, LG전자, 유진로봇 등이 있다. 군사용 로봇은 무인전투차량, 무인 자동화 사격장비, 지뢰탐지 로봇, 인간 착용형 웨어러블 로봇까지 개발된 상태로 기아차, 현대로템, 현대위아 등 현대차 그룹이 주도하고 있다.

　국내 로봇산업의 문제점은 다음과 같다. 기술개발 측면에서 보면 원천기술 확보가 매우 미흡한 것으로 평가된다. 상용화 기술력은 선진국과의 기술격차가 크게 해소되었으나, 지능·인식·조작 분야 원천기술력은 여전히 큰 격차를 보이고 있다. 또한 핵심 부품의 해외 의존도가 높아 가격 경쟁력 확보에 어려움이 많다. 제어기의 국산화율은 매우 높으나 모터/드라이버, 동력전달장치의 국산화율은 절반 이하이고 감속기의 경우 대부분 수입에 의존하고 있는 실정이다. 핵심 부품을 수입하는 이유는 원천기술 부족과 제품가격 차이 때문으로 보인다. 로봇업계의 경우 민간업계 주도의 시장수요 창출 역량이 취약하다.

로봇산업 지속 성장을 위한 로봇기업의 저변이 취약하다

로봇산업 실태조사에 다르면 우리나라 로봇기업의 90% 이상이 중소기업으로 로봇산업 성장을 선도적으로 이끌어갈 대기업과 전문중견기업이 부족하다. 2014년 로봇시장 성장은 국내진출 외국계 로봇기업이 선도한 것으로 분석되어 토종 국내 로봇기업의 생산활동 위축이 우려되고 있다. 협소한 국내 로봇시장을 극복하기 위한 로봇기업의 적극적인 해외진출 노력이 부족하다. 선도 대기업이 부족해 민간의 투자 역량이 취약하기 때문에 선진국 수준의 기술력 확보를 위해 정부가 투자를 지속적으로 확대할 필요가 있다.

독일에서는 국내에서 많이 인용되는 4차 산업혁명이란 용어 대신에 인더스트리 4.0이라는 용어를 사용한다. 앙겔라 메르켈 총리가 2012년 인더스트리 4.0 정책을 발표하면서부터다.

인더스트리 4.0은 차세대 제조산업의 디지털화를 지칭하는 용어로 보다 유연한 생산, 프로세스, 그리고 연결 네트워크을 의미하며, 기계, 시스템, 소프트웨어, 로봇의 융합을 필요로 한다. 독일은 강점인 제조업을 기반으로 사물인터넷IoT, 스마트공장 시스템을 도입해 완전 자동화와 생산체계의 혁신을 주도하고 있다. 미국에선 디지털 트랜스포메이션이란 용어를 많이 쓴다. 기업의 생산 및 운영체계를 디지털화하고 클라우드, 빅데이터, AI, 로봇 등 신기술을 통해 생산 패러다임을 바꾸겠다는 것이다. 영국 및 유럽의 다른 국가에서도 인더스트리 4.0 정책을 내세우고 있다. 중국도 리커창 총리가 2015년 '중국전략 2025'을 발표하고 전통제조업이 아닌 첨단기술을 개발, 로봇 관련 분야를 선점해 제조업 선진국으로 도약하겠다고 한다. 일본도 2015년 '로봇신전략'을 발표하였으며 2020년까지 24조 원을 투자해 산업 고도화를 추진 중이다. 이들 국가는 인공지능, 로봇, 빅데이터 등 신기술 산업을 장려하고 이를 기존 산업과 융합해 경제 산업 패러다임을 바꾼다는 목표를 세웠다.

시장은 발전, 연구개발은 미흡

로봇시장이 커지고 있지만 정작 국내 로봇업계는 연구개발[R&D] 미흡에 따른 기술력과 수요처, 가격 경쟁력의 부족으로 한계에 봉착해 있다. 국내 시장마저 외국 기업에 내주고 있는 실정이다. 세계로봇연맹[IFR]에 따르면 세계로봇시장은 2018년 38조 5,000억 원, 국내 로봇시장은 2018년 5조 2,000억 원으로 성장할 것이라고 한다.

국내 로봇업계는 정부정책에 힘입어 산업용 로봇 위주로 생산을 늘려 왔으나 기술에서 앞선 미국과 일본, 유럽연합의 주요기업에 밀려 시장확대에 어려움을 겪고 있다. 게다가 국내 업계가 산업용 로봇 위주로 생산하는 데 비해 국내외에서는 로봇산업의 다른 축인 서비스용 로봇 시장이 대폭 발전할 것으로 보이면서 국내 로봇업계에 변화가 필요한 상황이다.

국내 로봇업계 중 93.4%가 중소기업으로 장기적 관점에서 연구개발 투자를 하기 어려운 실정이다. 중소기업의 민간 R&D 투자는 계속 감소하는 데 비해 외국계 로봇기업은 국내 시장점유율을 높이고 있다. 국내 중소기업은 해외 대기업과 경쟁하는 데 한계가 있다. 국내 로봇기업의 가격 경쟁력과 신뢰성이 외국계 로봇기업보다 낮은 점도 걸림돌이다. 부품의 표준화가 해외에 비해 부족하고 일본과 독일 등에서 주요 부품과 기술을 수입해 부품의 국산화율도 낮은 편이다.

국내 로봇산업의 문제점은 세계적 핵심 원천기술과 연구역량 확보가 미흡하다는 것이다. 우리나라의 로봇 R&D 정부투자 규모는 미국의 1/5 수준, 유럽 및 일본의 1/3 수준으로 주요 선진국 대비 R&D 분야 투자가 부족한 편이다. 선도 대기업의 부족으로 민간 투자역량도 부족하다.

2017년 국내 로봇산업 투자계획 7개가 발표되었다. 국내 로봇산업에 정부가 향후 5년간 5,000억 원의 투자를 할 예정이다. 로봇시스템 설계기술 개발에 3,500억 원, 첨단 로봇 상용화에 1,000억 원, 휴머노이드 연구 및 인공지능 ICT 융합 로봇 인력 양성에 각각 150억 원씩, 서비스로봇 보급 240억 원, 제조로봇 스마트공장 100억 원 등 상용화보다 미래 기술에 많은 투자를 할 계획이다.

산업현장에서 로봇 활용이 늘어남에 따라 생산성 향상에 도움을 받지만, 일자리 축소와 소득불균형, 그리고 윤리문제를 심화할 것이라는 우려가 크다. 그런 만큼 로봇기술을 발전시키기 위한 정책적 노력을 기울이되, 생산성 제고와 그에 따른 성장 과실이 확산될 수 있도록 정부의 소득재분배 기능을 확충할 필요가 있다.

로봇과 인공지능의 만남, 어디까지 진화할까?

로봇의 발전이 눈부시다. 단순히 산업용 로봇에서 그치는 것이 아니라 우리 생활 깊숙이 들어오고 있다. 사람과 대화하고 교감할 수 있는 '소셜 로봇Social Robot' 시대로 접어들고 있다. 인간과 정서적으로 소통하고 도움을 주는 인공지능AI 로봇은 산업용 로봇에 비해 시장 규모는 작지만 인공지능과 결합하면서 높은 성장 가능성을 보이고 있다. 빅데이터로 분석된 실시간 정보와 소셜네트워크의 관계정보를 맥락으로 소셜 로봇의 자율성autonomy이 점점 구체화되고 있다.

'지보Jibo'는 미국 메사추세츠공과대학MIT이 개발한 세계 최초의 가정용 로봇이다. 인공지능은 물론, 인지능력까지 갖추고 있으며, 자연스러운 음성인식과 대화기능은 이전 로봇들에게서 찾아볼 수 없는 장점으로 꼽힌다. 일본 소프트뱅크그룹과 프랑스의 알데바란 로보틱스가 개발한 '페퍼Pepper'는 감정을 읽는 가정용 로봇으로 통한다. 고성능 카메라와 마이크, 센서 등으로 사람의 표정과 음성, 제스처 등을 인식하고 분석할 수 있다. 특히 페퍼는 IBM의 인공지능 왓슨을 탑재하면서 보다 자연

▲ 왼쪽부터 소셜 로봇 페퍼, 소피아, 지보

스럽게 인간과 소통할 수 있을 것으로 기대되고 있다. 최근 국내에 첫선을 보인 인공지능 로봇 소피아는 인간과 흡사한 외모에 비교적 능숙한 대화기술로 대중의 관심을 끌었다. 개발사인 핸슨 로보틱스는 자기인식과 상상력을 갖는 등 소피아를 인간 수준으로 진화시키겠다는 목표를 세웠지만, 윤리적·사회적 논란은 해결해야 할 과제로 꼽힌다. 소피아의 대화 능력은 AI 챗봇을 기반으로 해 일상 대화는 즉석에서 가능하지만 깊이 있는 토론은 학습이 필요하다는 게 개발사 측의 설명이다. "소피아는 새로운 인터페이스이자 AI 장르다. (다른 AI 플랫폼인) 빅스비, 코타나, 시리처럼 자연스럽게 대화할 수 있도록 하고자 한다"며 '궁극적인 목표는 AI를 사람의 가족 수준으로 끌어오는 것'이라고 강조하고 있다.

소셜 로봇은 의료용과 연구용으로도 영역을 확대하고 있다. 이미 이탈리아에서는 소피아의 자매 로봇이 자폐증 어린이 환자 치료에 활용되고 있다. 소셜 로봇은 점차 특정 질병 환자를 위한 의료 로봇으로 발전해 갈 것으로 전망된다. 또한 장래에는 로봇에 대한 인간의 통제가 줄어들고 자동화될 전망이다. 따라서 인간의 규범, 가치, 문화, 의식 등 가치 지향적 행동을 할 수 있는 연구가 요구되며, 이 부분에서 로봇은 공학자들의 전유물만이 아닌, 인문학자의 상상력과 사회과학자의 합리성이 요구된다.

로봇, 인간의 일자리를 빼앗을까?

사람을 대신할 인공지능[AI] 로봇을 마주하는 우리는 삶이 보다 편해지고 윤택해질 미래를 그린다. 그러나 인공지능 로봇과 공존하게 될 미래가 마냥 아름답게만 그려지지 않는다. 이러한 맥락에서 로봇기술의 발달과 더불어 논의되는 주제가 '윤리'이다. 로봇 '윤리'는 인간을 이롭게 하려는 본래의 목적에 부합하기 위해 로봇이 지켜야 할 '법칙'이다. 우리나라 산업자원부가 2007년 공개한 '로봇윤리헌장'에서는 로봇의 행동책임범위를 로봇을 활용하는 주체까지 포함시켰다. 로봇의 윤리, 제조자의 윤리에 이어 사용자의 윤리까지 로봇윤리 범주에 포함시킨 것이다. 로봇, 제조자, 사용자까지 포괄한 로봇윤리 규정을 제정한 것은 세계 최초의 일이었다.

삶의 미래연구소Future of Life Institute는 2015년에 AI를 활용한 킬러 로봇 개발의 위험성을 경고하였다. 이를 토대로 2017년 아실로마 원칙을 발표하였는데 이 원칙을 통해 인공지능을 활용한 로봇무기 개발은 지양되어야 한다고 강조했다. 초지능이란 인간의 두뇌를 뛰어넘는 지능을 가진 존재에 대한 발전 방향이 제시되기도 하였다.

또한 우리가 경계하는 것은 실업률의 증가이다. 노동자 한 사람을 고용하는 것보다 산업용 로봇을 구매하는 것이 더 저렴하다는 통계도 있다. 미국 보스톤 컨설팅그룹의 전망에 따르면 2025년까지 전 세계 제조업 분야에서 작업공정 중 25%가 로봇으로 대체될 것으로 예상하고 있다. 북미의 제조업은 절망적인 상황이라고 한다. 미국과 캐나다에서 2000년부터 2010년 사이에 560만 개의 일자리가 사라졌다고 한다. 외국으로 아웃소싱된 일자리는 그중 13%에 지나지 않으며, 대부분에 해당하는 85%는 생산성의 향상, 즉 기계가 인간을 대체했다는 것이 그 원인이다. 특히 제조업 분야의 일자리를 로봇이 빼앗고 있다는 공포심에 사로잡히기도 한다. 실제로는 로봇이 우리들의 일자리를 빼앗고 있는 것이 아니고 우리들이 좋지 않은 일자리를 가지고 있다. 로봇을 이용한다면 안전성도 늘어나고 집행되는 수준도 안정화된다. 비용 대비

효율이 높아 비용절감이 연쇄반응으로 일어나며 혁신을 낳는 일에 자금과 비용을 집중할 수 있도록 해준다. 그 결과 보다 좋은 교육을 받아 고도의 기술을 가진 노동자가 나타나며 그들이 만들어 내는 새로운 일자리가 탄생하는 것이다. 단기적으로는 일자리가 줄어들겠지만, 장기적인 관점에서 보면 로봇은 노동자, 사회에 이익을 가져다 준다. 로봇은 생산성을 높여 시장경제를 풍요롭게 하는 원동력이다.

로봇은 제조업을 보다 좋은 방향으로 이끌어 가려고 하고 있다. 로봇이 뺏으려고 한 일자리는 원래부터 인간이 할 필요가 없었던 것이었다. 실리콘밸리의 유명 투자자인 마크 엔드레센은 미래 인공지능 로봇이 인간의 일자리를 빼앗을 것이라는 생각은 틀린 것이라고 강조했다. 그는 100년 전에도 자동차가 인간의 노동력을 대체할 것이라는 공포가 컸지만, 실제 지금 자동차 산업은 미국에서 가장 많은 일자리를 제공하고 있다고 부연 설명했다. 또한 인구 고령화 등 여러 가지 이유로 일자리보다 노동가능인구가 훨씬 적어지기 때문에 로봇이 인간의 일자리를 뺏는 일은 없을 것이다.

잘하고 있던 제조 더 잘할 수 있다

2015년 애플 스마트폰을 제조하는 폭스콘이 로봇 벤처기업을 인수해 최고 수준의 AI를 갖고 있는 구글과 손잡고 스마트폰 조립을 자동화하는 기술개발을 시작했다. 다만 다수의 모터로 제어하는 현재의 로봇 기술로는 사람 손의 정교함을 따라잡기는 당분간 어려울 것이다. 사람 손을 따라잡으려면 근육과 비슷한 정교한 인공근육 기술이 필요하기 때문이다. 고난도 조립공정의 자동화는 복잡한 융합적 문제로 센서와

AI 같은 정보기술만으로 해결되는 것이 아니다. 제품, 제조공정, 재료, 로봇기술에 대한 깊은 이해와 경험이 필요하다.

최근 국내에 사물인터넷^{IoT}, 인공지능, 3D 프린팅 기술이 빠르게 발전하면서 제조산업에도 큰 변혁이 올 것이라는 기대가 크다. 즉, 인공지능 로봇으로 제조산업을 살려야 한다. 4차 산업혁명의 동력으로 불리는 스마트 팩토리, 인더스트리 4.0 등은 사실 새로운 이야기가 아니다. 1980년대에도 유연생산시스템, 컴퓨터 통합시스템으로 주문을 받으면 설계·제조의 모든 과정이 일사천리로 진행되어 신속하게 맞춤형 제품을 자동으로 만들 수 있을 것이라는 이야기가 있었다. 그때 이미 인더스트리 4.0을 꿈꾼 것이다. 제조산업은 그 이후 많은 발전을 했지만 아직은 그 멋진 꿈을 이루지 못했다. 조립공정용 로봇기술이 아직 어렵고 인건비에 비해 로봇의 가격이 너무 높기 때문이다. 그럼에도 불구하고 반도체 웨이퍼 제조팹은 이미 거의 무인 자동화됐다. 초정밀 화학공정을 여러 단계 거치지만 복잡한 조립작업이 필요 없고 신규 팹에 15조 원이나 투입되는 부가가치가 높은 산업이기 때문이다. 작업자에게서 나오는 미세먼지가 초미세회로에 떨어져 불량을 만들 위험이 높고 웨이퍼가 너무 무거워 작업자가 들고 움직이기 힘들기 때문에 자동화된 공정장비 간 웨이퍼 이동도 로봇에게 맡기게 되었다.

아직도 많은 다른 제조라인은 사람 손이 필요하다. 휴대폰 부품제조는 대부분 자동화되었으나 최종 조립은 사람이 직접 할 수밖에 없다. 자동차 차체 용접라인은 이미 로봇으로 자동화된 지 오래됐으나 부품 조립라인은 아직도 상당 부분 사람의 손에 의존하고 있다. 사람이 보기에 쉬운 조립라인이지만 로봇에게는 아직 어렵기 때문이다.

휴머노이드 기술이 크게 발전했지만 걷고 악수하는 정도의 장난감

수준이고 복잡한 조립작업은 하지 못한다. 산업용 로봇도 지능이 부족해 단순작업을 프로그램한 대로 반복하는 수준이다.

사람 손의 정교한 움직임을 따라하는 인공근육 기술, 시각처리, 딥러닝을 이용한 인공지능 기술에 대한 연구에 집중할 필요가 있다. 최근에 AI 발전속도를 보면 비정형의 복잡한 조립작업도 머지않아 학습할 수 있게 될 전망이다.

국가적인 전략이 필요하다. 제조 자동화·지능화를 위한 연구개발에 전력투구해야 한다. 그러나 현재 국내 상황을 보면 로봇연구가 미래지향적인 휴머노이드 등에 집중되고 정작 가장 절실한 산업용 로봇과 로봇지능에 대한 연구는 미미하다. 중소제조기업들의 사업여건, 제품 및 공정 특성, 전문인력 부족, 투자여력 등 현실적인 요구와 제약을 감안해 그에 걸맞는 수준의 자동화와 정보화를 추진하는 것이 바람직하다. 대학의 AI 연구·교육도 제조 분야에 관심을 갖고 지속적으로 이루어져야 한다. 기업이 미래제조 자동화, 산업용 인공지능, 산업용 지능로봇, 고난도 조립작업 로봇을 전략적으로 개발해 제조산업을 이끌어야 한다. 제조현장 전문가들의 축적된 지식과 경험에 인공지능을 접목해 점진적으로 인더스트리 4.0 수준까지 가야 할 것이다.

로봇의 발전과 우리의 미래 직업

증기기관의 발전이 촉발한 제1차 산업혁명은 기계혁명으로 불린다. 제2차 산업혁명은 전기혁명, 제3차 산업혁명은 정보화 혁명이었다. 제4차 산업혁명은 발달된 인공지능이 사람 대신 정보를 판단하고, 사람을 대신해 각종 기계장치로봇를 제어해 일을 하는 세상으로, IT 기기 속에서 동작하던 '소프트웨어'가 현실 세계와 합쳐지는 단계로 구분한다. 인공지능만으로는 제4차 산업혁명을 완성하기 어렵고 이것이 로봇과 합쳐져야 의미를 발휘한다.

2017년 네이처 표지는 인간의 손과 나란히 도구를 쥐고 있는 로봇의 손이 장식했다. 최근 10년 동안 인공지능AI, 로봇공학, 클라우드 컴퓨팅, 데이터 분석, 모바일 통신을 비롯한 디지털 기술은 놀라운 발전을 거듭해 왔다. 때문에 세계적으로 업무환경은 계속해서 변화하고 있고 농업과 의약, 금융, 운송에 이르기까지 다양한 직업에서 컴퓨터가 인간을 대체하고 있다.

▲ 네이처 표지

현재 초등학교에 입학한 아동의 65%는 지금 존재하지 않는 직업을 갖게 될 것이라는 예측도 나온다. 하지만 인간 숙련공을 완전히 대체하는 인공지능이 나타날 것인가? 매킨지는 로봇과 인공지능의 등장으로 미국 내 2,000개 업무 중 45%는 자동화될 수 있다고 봤으나 막상 완벽하게 사람을 대체할 수 있는 건 5%에 불과하다는 분석을 내놓았다. 다가오는 로봇의 시대에 대체 불가능한 직업은 어떤 것들이 될까? 첫 번째는 인간이 전문성을 갖고 무언가를 손으로 직접 만드는 일이다. 한국고용정보원은 이런 이유에서 회계사, 항공기 조종사, 변호사, 큐레이터 및 문화재 보존원, 식품공학자 등 분야 직업은 대체하기 어렵다고 봤다. 두 번째는 새로운 데이터를 만드는 일이다. 이 일은 인공지능과 로봇이 하기 어렵다. 1980년대에 웹툰작가, 유투버 등의 직업이 세상에 나타날 것을 예상한 사람은 없었다. 미래는 로봇과 인간이 서로 가장 잘 하는 일을 하며 협업하는 사회가 될 것임은 명확하다. 과학기술정보통신부는 「10년 후 대한민국, 미래 일자리의 길을 찾다」라는 보고서에서 미래에는 인공지능, 로봇과 공존하는 능력이 뛰어나고 자신만의 전문성이 높지만 창의적이고 복합적 역량을 갖춘 인재가 대우받는다고 정의하였다. 미래에 로봇은 우리 일자리를 빼앗는 존재가 아니라 우리가 꿈을 이루는 데 도움을 줄 수 있는 고마운 존재로 다가올 것이다.

07 / 미래 자동차, 무너지는 시장의 경계

현대모비스 구매팀 과장 **이정열**

자동차 산업의 현재와 미래를 논하다

최근 몇 년 사이 자동차 역사 100여 년 만에 자동차 산업은 대변화를 겪으면서 현재 구조적인 변화와 패러다임의 전환에 직면해 있다. 자동차 관련 기술적·사회적·경제적·정책적 환경이 변화되면서 전반적인 메가트렌드도 같이 변화하고 있는 것이다. 지금 한창 자율주행자동차 또는 스마트카가 집중적으로 발전하면서 기존의 자동차 산업에서 보다 안전하고, 편리함을 추구하는 소비자의 욕구를 충족하기 위해 기계장치 중심에서 전자장치 중심으로 변하고 있다. 기술적 환경변화 측면에서 보자면 레이더, 카메라 기반 지능형 자동차가 사고예방, 주행지원 등을 추구한다면 자율주행이 양산되는 시점에서는 외부와 소통하는 자동차로 변모할 것이다. 과거에는 사회적으로는 안전하고 고연비의 기계 중심 자동차였다면 미래에는 스마트카, 컨넥티드카로 대변되면서 인간 중심의 자동차로 변화할 것으로 예상한다. 이러한 변화에 정부는 자동차 관련 안전규제를 완화할 것이고 이로 인해 글로벌 시장의 사업전략 및 사업 모델이 변화하리라고 예상한다. 그럼으로써 이업종 간의 융합은 불가피하게 될 것이며, 시너지 효과 창출을 위해 자동차-ICT 업계 간 미래시장의 융합은 점차 심화될 것으로 예상한다.

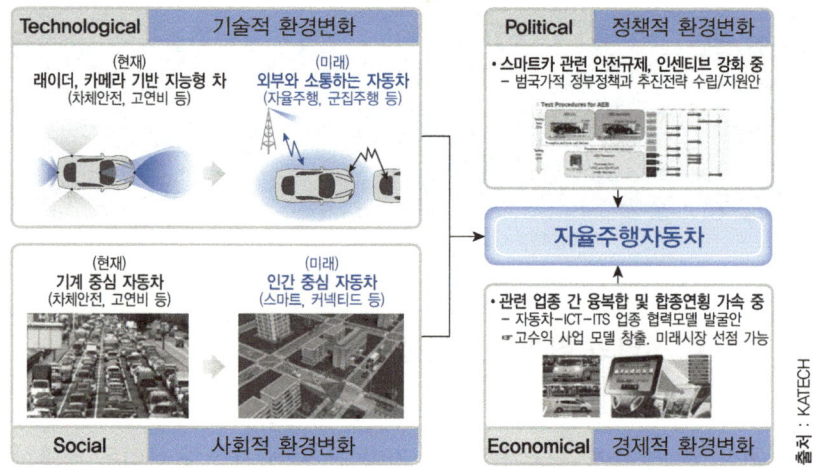

▲ 미래 자동차 산업의 변화

모바일 내 자동차, 전자제품 속 자동차는 더 이상 새롭지 않다

스페인 바르셀로나에서 열리는 세계 최대 모바일 전시회 'MWC^{모바일월드콩그레스}'는 세계이동통신사업자협회가 주최한다. 우리나라의 삼성과 LG, SKT, KT, LG유플러스와 같은 세계의 많은 모바일·이동통신 사업자가 이 행사에 참여해 최첨단 기술을 뽐낸다. 하지만 언제부터인가 자동차 단독부스가 생기는가 하면 모바일 업체와 자동차 업체가 협업해 모바일 LTE에 내장된 근거리 무선통신^{NFC} 칩셋과 자동차가 서로 연동하는 차량 제어기술을 선보이기 시작했다. 특히 MWC 2017에서는 자동차 제조사, 이동통신사, 스마트기기 업체들이 자율주행차 관련 기술을 뽐냈다. 여기에 SKT, 인텔은 차별적으로 5G와 관련된 자율주행 기술을 선보이기도 했다(자율주행은 각종 도로 위에서 엄청난 데이타 양을 읽고 처리해야 하기 때문에 빠른 통신속도가 필수적이다).

CES소비자가전박람회는 미국 라스베거스에서 매년 실시하는 MWC와 함께 가전과 정보통신을 아우르는 미국 최대의 전시회이다. CES에서도 수년 전부터 자동차 관련 기업들이 참가해 다양한 스마트 융합기술을 공개하기 시작했다. 특히 2017년에는 기조연설을 닛산의 카를로스 곤이 하는가 하면 테슬라, 벤츠, BMW, 폭스바겐, 현대기아차 등 유수의 자동차 제조사들이 부스를 차리고 각자의 자율주행 기술과 스마트기술을 선보이며, 이러한 기술들이 인공지능, 음성인식과 연결되고 사물인터넷과 연결되면서 정보를 주고받아 높은 편의성을 제공할 수 있음을 소개했다. 이렇게 다양한 최신기술이 적용되고 연결되는 자동차-ICT 간 융합이야말로 최근 2~3년간 MWC, CES 전시회들의 키워드라 할 수 있다.

▲ MWC 2017, SKT 컨넥티드카 T5

▲ CES 2017, NVIDIA CEO 기조연설

자동차-IT 융합기술 소개

우선 자동차와 IT 기술의 융합이라 하면 첨단 IT의 신기술을 이용해 운전자에게 안전과 편의를 제공하고 친환경을 도모하는 미래 자동차의 한 분야이다. 자동차 산업에서 IT와 융합해 적용할 수 있는 기술은 차량제어, 안전·보안부터 시작해 IoT, 지능형 시스템, 인포테인먼트, 텔레매틱스 등 무한하다. 운전자의 실수를 최소화해 사고를 회피하는가 하면 운전자의 성향을 파악해 편의를 제공한다. 뿐만 아니라 도로에 통신 인프라를 구축해 차량이 지나갈 때 유용한 정보를 제공하거나 도로의 흐름을 지능적으로 제어하고 CO_2 배출을 줄이는 친환경 차량을 만들기도 한다.

▲ 5G를 활용한 커넥티드카

앞으로 도래하는 미래 자동차는 오히려 융합이 아닌 기술의 것을 찾는 게 더 힘들지도 모른다.

2016년 11월 BMW, SKT, ERICSSON은 BWM 드라이빙 센터에 모였다. SKT는 스웨덴의 세계적인 이동통신 장비업체인 ERICSSON과 협업해 개발·구축한 5G 통신망을 소개했다. 이들은 5G를 이용해 '커넥티드카-실시간 도로교통정보-드론'을 연결하는 미래주행기술을 시연하였다. 이날 공개된 기술에는 5G 통신망과 V2X 기술, 카메라 센서를 이용해 장애물을 회피하는 기술 및 CCTV 기술, 신호등과 같이 주변 사물들과 실시간으로 소통하는 기술 등이 있었다. 이 같은 다채널 IoT 기술뿐만 아니라 드론을 활용하기도 했는데 드론은 다양한 영상을 제공하여 운전자의 편의를 도왔다.

실리콘밸리는 지금 자동차밸리

현재 전 세계에서 자동차 연구소가 가장 많이 위치해 있는 곳은 디트로이트가 아닌 바로 실리콘밸리이다. 실제 실리콘밸리에서 이루어지고 있는 자동차에 대한 도전은 상상 그 이상이다. 폭스바겐, BMW, 도요타, 혼다, 현대, 닛산, GM, 포드 등 세계에서 내로라하는 자동차 회사의 연구소가 스탠퍼드대를 중심으로 반경 10킬로 이내에 모두 위치해 있다. 그 이유는 자동차에서 전자제품이 차지하는 비중이 점점 늘고 있기 때문이다. 이를 반영하듯 요즘 실리콘밸리에서 가장 투자금이 많이 몰리는 곳도 바로 자율주행차량, 커넥티드카, 차량공유, 디지털 지도와 같은 자동차 분야이다. 실리콘밸리는 이제 미래의 청사진을 꿈꾸는 자동차 회사들이 원하는 최적의 입지조건을 갖추고 있는 곳이라 할 수 있다.

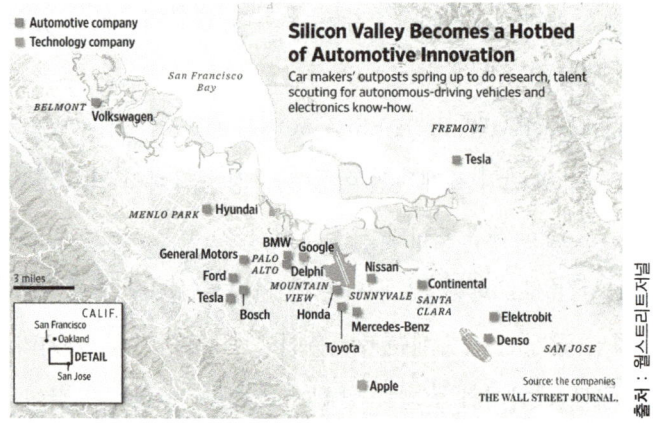

▲ 실리콘밸리의 자동차 회사

　게다가 실리콘밸리의 터줏대감인 애플과 구글은 i-CAR, 웨이모를 앞세워 이미 자율주행차 시장에 뛰어들면서 자동차 회사들을 위협하고 있는 수준까지 이르렀고 인텔, 엔비디아, 아마존과 같은 글로벌 IT 기업들이 자기들이 개발한 제품으로 자동차와 연결하는 데 그치지 않고 자동차 업계를 지배하려는 움직임마저 보이고 있는 것이 실리콘밸리의

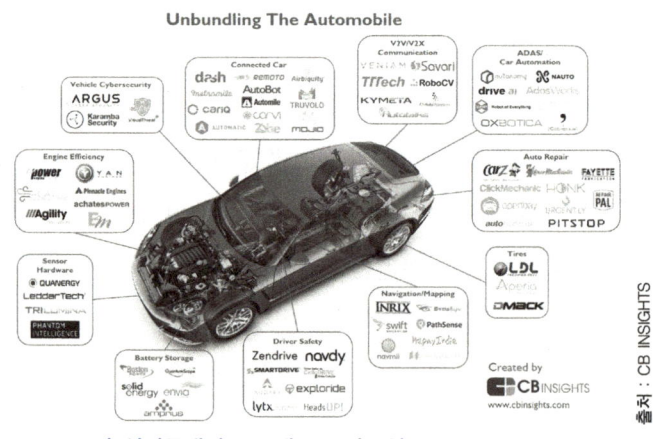

▲ 2016년 실리콘밸리 오토테크 스타트업

현재 모습이다. 뿐만 아니라 센서와 소프트웨어가 자동차에 보강되면서 보다 안전하고 똑똑하게 자동차 운행을 도와줄 수 있는 기술을 가진 스타트업도 실리콘밸리에서는 우후죽순으로 점점 늘어나고 있는 추세이다.

M&A로 보는 자동차시장의 이종 간 산업 변화

2012~2016년 사이 글로벌 자동차시장의 M&A 추이를 살펴보면 2013년 이후 이종산업 간 M&A는 연평균 25% 이상 성장해 왔다. 반면에 동종업 간 M&A는 뚜렷한 큰 변화가 없었던 것을 볼 수 있다.

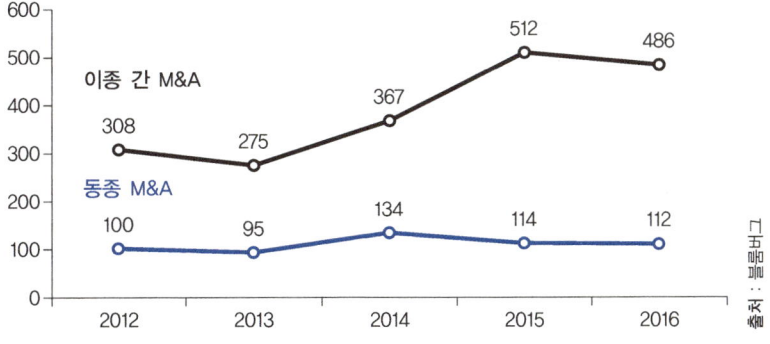

▲ 전 세계 자동차 산업 내 동종 VS 이종 간 M&A

사실 지금까지의 자동차 산업 내 동종 업계 M&A는 신흥시장 진출을 위해 현지 브랜드나 부품 협력사를 인수함으로써 보다 경쟁력 있는 가격으로 시장점유율을 확대하기 위한 목적으로 이루어져 왔다. 하지만 최근 몇 년 사이 자동차 산업의 패러다임이 전장화 · 경량화 · 친환경화라는 큰 주제로 각종 센서, 소프트웨어 전자부품 등의 IT를 기반으로 하는 수많은 기술들이 접목되고 그 기술들의 개발 속도가 가속화되고 있다. 이러한 변화 속에 IT 업체들은 미래의 먹거리를 위해 자동차라는 새로운 시장을 개척하게 되었고 전통적인 자동차 업체들은 빠른 속도로 변화하고 있는 기술변화에 대응하기에는 스스로 한계를 느끼면서 이종 간 M&A가 이루어진 것으로 판단된다. 이러한 변화들이 자동차 산업의 새로운 생태계를 조성하게 된 계기라 볼 수 있다.

글로벌 M&A 현황

최근 글로벌 자동차시장에서 가장 핫한 인수·합병은 인텔과 퀄컴의 사례이다. 인텔은 세계 최대의 컴퓨터용 반도체칩을 생산하는 업체 중 하나였다. 그리고 이스라엘에 본사를 둔 모빌아이는 자율주행차 ADAS(첨단운전자보조시스템) 관련 벤처기업으로 카메라 센서 기술에서는 세계 최고의 기술을 보유하고 있다. 인텔은 이번 모빌아이의 인수로 센서 기술, 자율주행 알고리즘, 디지털맵핑 기술 등 자율주행자동차가 필요로 하는 핵심 기술을 확보하게 되었다. 앞으로 인텔은 자율주행차의 중앙처리장치 및 반도체 등 다양한 연산 프로세스를 제공하고 모빌아이는 고성능 비전 솔루션을 자동차 제조사에 제공함으로써 자율주행차의

자율주행차 관련 글로벌 인수·합병 사례

인수기업	인텔	우버	포드	GM	삼성전자	퀄컴
피인수기업	모빌아이	오토모토	아르고 AI	크루즈 오토메이션	하만	NXP
인수액 (달러)	153억	6.8억	10억	10억	80억	390억

출처 : 월스트리트저널

핵심 부품 업체로 부상하게 될 것이다. 이미 BMW는 인텔, 모빌아이와 함께 자율주행차 개발을 진행 중이다.

▲ BMW, 인텔, 모빌아이 자율주행 협력 발표

퀄컴은 무선모바일 관련 칩을 생산하는 세계 1위 업체이며, NXP는 지난해 프리스케일반도체를 인수하면서 일본 르네사스, 독일 인피니언을 누르고 차량반도체 시장에서 1위를 한 업체다. 두 회사의 사업영역은 전혀 다르다. 하지만 퀄컴은 모바일 시장에서의 성장한계를 느끼면서 차량반도체뿐만 아니라 IoT 분야에서도 경쟁력 있는 NXP를 인수하기로 결정하였으며, 그 결과 모바일, 5G, 자동차 반도체, IoT 분야에서 두루두루 경쟁력을 가지며 자율주행이라는 미래 자동차 분야에서 선두그룹으로 나아갈 수 있는 기반을 확보하였다. 지금은 폭스바겐과 손을 잡고 자율주행기술을 개발 중에 있다.

퀄컴은 또한 V2X$^{\text{Vehicle to Everything}}$ 분야에서도 두각을 나타내고 있다. V2X 기술은 차량-차량$^{\text{Vehicle to Vehicle}}$; V2V, 차량-인프라$^{\text{Vehicle to Infra}}$; V2I 등과 통신을 하면서 운전자의 안전을 도와주고 자율주행을 보

다 원활하게 할 수 있도록 도와준다. NXP는 V2X에 있어 세계 최고 수준의 보안을 자랑하며 차량 내 네트워킹 솔루션을 시스템 플랫폼으로 제공하고 있는 강자이다. 퀄컴은 NXP를 인수해 퀄컴이 개발 중에 있는 이동통신 기술(5G, LTE)과 NXP의 프로세서 기술을 접목해 차별화된 경쟁력으로 시장 지배력을 높이는 구상을 하고 있다. 퀄컴의 CEO는 2017년 독일 프랑크푸르트 모터쇼 기조연설에서 5G 기술이 V2X의 핵심 기술이라고 말한 바 있다.

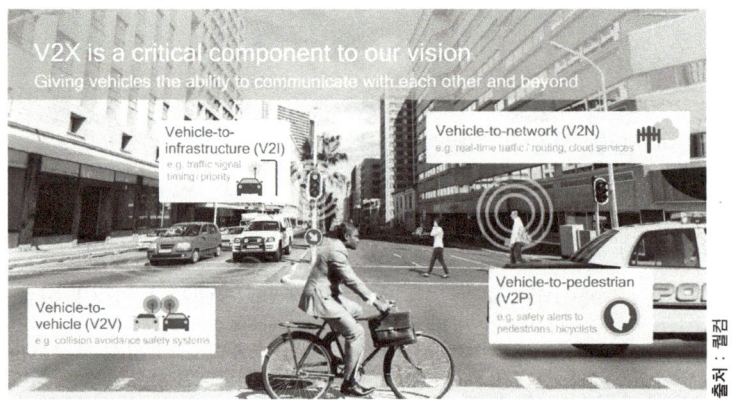

▲ 모바일과 자동차를 완전 연결하는 시스템 C-V2

현실과 미래 경쟁력 확보를 위한 과제

대한민국의 자동차 산업은 요즘 위기에 직면해 있다. 지금까지는 현대-기아차 중심으로 수직 통합적인 구조로 Fast Follow라는 전략을 응용해 발빠르게 따라왔고 가격 경쟁력과 품질 우위의 전략으로 우리나라 자동차 산업은 세계시장에서 점유율을 높이며 선방해 왔다. 그 결과 현대-기아차는 세계 5위의 글로벌 자동차 제조업이 되었지만 대기업 중심의 산업 발전으로 인해 중소·중견 기업의 제품 경쟁력은 아직 선진국보다 뒤쳐져 있는 부분이 많다. 히든챔피언이란 독일에서 유래한 단어로 잘 알려져 있진 않지만 세계시장을 지배하는 우량기업을 일컫는다. 히든챔피언들이 있기에 세계적인 불황 속에서도 해당 국가들은 안정적인 위치를 더욱 강건히 지켜나갈 수 있었다. 히든챔피언 기업은 국가 경제에서 중추적인 역할을 하고 있다. 2015년 9월 기준 우리나라의 히든챔피언 기업 수를 살펴보면 23개 업체로 제조 강국 독일, 미국, 일본에 비해 한참 모자라는 수준이다.

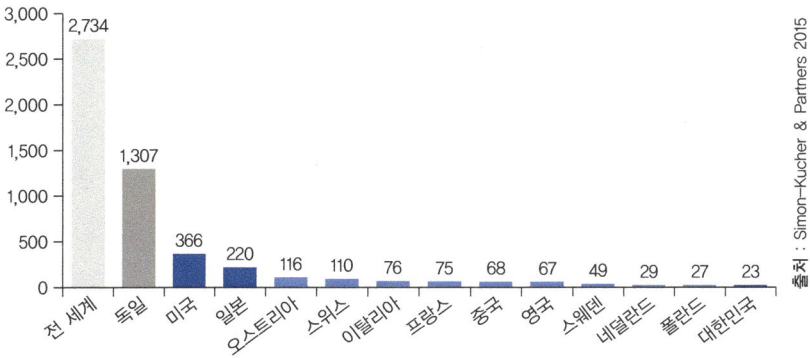

▲ 국가별 히든챔피언 기업 수

뿐만 아니라 향후 자율주행자동차가 확대되고 이에 대한 안정성을 담보로 하는 영역으로 경쟁이 확대된다면 이젠 차량의 네트워킹에 기반한 서비스 플랫폼까지 산업의 영역이 확대될 것이다. 이를 아우르기 위해서는 이제 단순 하드웨어 부분이 아닌 산업 간의 융합이 필수요소로 적용될 수밖에 없다. 우리나라는 이종산업 간의 융합, 협업능력에 대해서는 아직 해외 선진업체들에 비해 부족함이 있다.

게다가 부품사들의 자율주행차 핵심 신기술은 아직 부족하므로 대부분 수입에 의존해 자동차를 개발하고 있다. 아래 자율주행에 대한 특허 출원 순위가 그 단편적인 예이다.

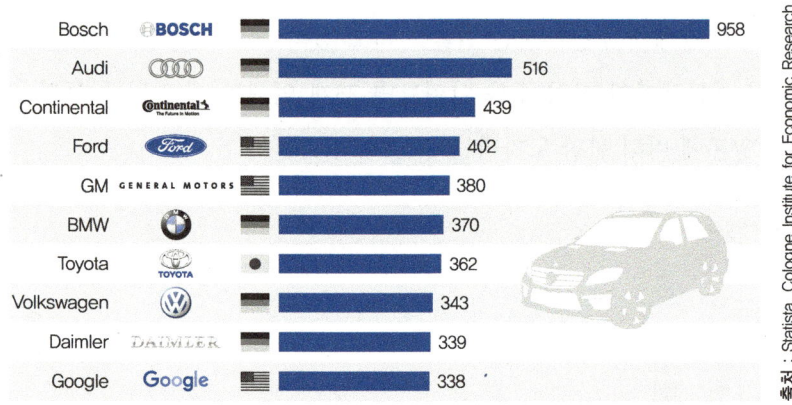

▲ 자율주행 특허 출원 순위

그 결과 미래 자동차 산업 생태계에 대한 구축은 지연되고 이종산업의 융합에 대해서도 한발 늦은 행보를 보이고 있는 것으로 풀이된다. 앞으로의 미래 자동차시장 요구에 대응하기 위해서는 중소·중견기업의 기술 육성 및 자동차-ICT, 제어, 소프트웨어, 인간공학 등 다양한 융합을 위한 연구 기반 구축이 필요하다.

전략적 미래산업을 육성해야 한다

다보스 세계경제포럼에서 회장인 클라우스 슈밥이 2016년 1월 4차 산업혁명을 이야기하며 4차 산업혁명의 도래 여부 시점에 대한 찬반 의견과 그 정의를 논했다. 그 자리는 뜨거웠다. 그러나 그 자리에서도 앞으로 ICT 융합이 대세가 될 것이라는 내용에는 큰 이의가 없었다. 자동차도 예외는 아니다. 우리나라 자동차 산업을 살펴보면 진입장벽은 높은 편이며, 제품개발 기간의 차이, 안전요구 수준의 차이, 자동차 산업의 수직 계열화, 규제장벽 등의 이유로 해외 선진국과의 격차는 물론이고 타 산업과 융합은 아직 미진한 편이다. 하지만 자동차-IT 융합은 우리나라 국가 미래 전략 산업으로 부가가치를 극대화할 수 있는 미래 유망산업으로 반드시 육성해야 할 산업이다.

첫째, 우리가 가장 먼저 해야 할 것은 무엇보다도 기초·원천기술 및 핵심 부품 개발이다. 또한 일본이나 독일과 같이 중소기업이 육성될 수 있도록 대기업 위주의 정책이 아닌 산·관·연·학의 긴밀한 유대 및 협조가 이루어지며 동반 성장할 수 있는 환경을 만들어 주어야 한다. 그리고 정부는 자동차, IT 회사가 단독으로 할 수 없는 기술에 대해서는 이를 해결할 수 있도록 지원을 필수적으로 행해야 한다.

둘째, 막대한 비용과 인력이 발생하는 업계별 독자개발보다는 연구기관, 자동차 사, IT 사, 부품 사 등 융합 기술이 필요한 부분에서는 협력과 공동개발을 함으로써 효율적으로 인력과 비용을 관리할 수 있도록 해야 한다. 셋째는 선택과 집중이다. 자율주행 관련 고도의 기술이 필요한 LIDAR 센서, 반도체, 제어 솔루션 등 우리가 보유하고 있지 않거나 이제 막 초입 단계에 있는 기술들을 개발하려면 막대한 비용과 오랜 시간이 필요하므로 쉽게 접근하기 어렵다. 따라서 정부와 함께 장기적인 계획을 수립하고 집중적인 투자가 이뤄질 수 있도록 분위기를 조성해야 한다. 넷째는 법과 제도를 정비하는 일이다. 아직 우리나라는 자율주행차 관련 법규나 규정이 미흡한 실정이다. 기본적으로 기존의 안전 관련 법·제도와 충돌하는 점이 많으므로 이를 위해 법 개선 대책을 고민해야 한다. 산업분류, 각종 인허가, 평가기준, 관련 규제 등을 개선하고 재정비함으로써 새로운 융합의 시대를 맞이해야 할 것이다.

자동차융합 얼라이언스

2015년 12월 자율주행자동차 등 다양한 분야의 협업이 필요한 미래 자동차 개발을 위해 현대자동차, LG전자, KT, 네이버, 한화첨단소재, 오비고 6개 기업이 '자동차융합 얼라이언스'를 발족하였다. 이는 크게 전장화, 감성화, 그린화 3개의 기술 키워드를 바탕으로 현재 자동차, 전자, IT, 통신 등 100여 개 이상의 주요기업과 20여 개 이상의 연구기관, 협회 등이 참여하는 대형 얼라이언스로 발전해 회원사 간 협업을 통한 비즈니스 모델을 발굴하고 워킹그룹을 운영하고 있다. 또한 비즈니스 모델 중 기술개발이 필요한 부분은 정부의 지원을 요청해 R&D 과제로 추진하기도 한다.

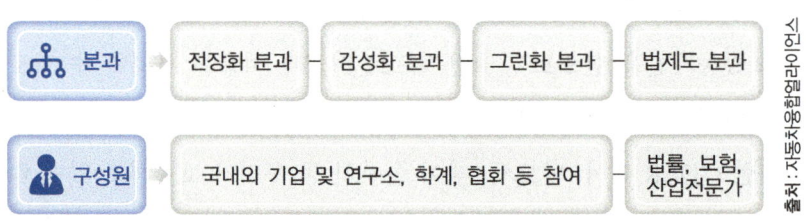

▲ 자동차융합 얼라이언스 조직 구성

자동차융합 얼라이언스는 '통신사 + IT + 서비스 개발 업체 + 자동차'처럼 서로 다른 섹터에서 참여해 '텔레메틱스 확장 서비스 개발 및 상용화'와 같은 비즈니스 모델을 만드는 등 지금까지 총 15개의 비즈니스 모델을 발굴해 운영 중에 있다.

자동차융합 얼라이언스 기술 키워드

전장화	능동안전	자율주행, 군집주행 등에 필요한 능동안전 제어기술을 중심으로 한 파워트레인, 샤시 관련 기술 등
	운전편의	ADAS 기술 구현에 있어 편의 중심의 기술 및 인포테인먼트 기술, 차세대 HVI 기술 등
	정보융합	IT를 자동차에 접목한 차량 내 인포테인먼트 시스템 및 서비스 등
감성화	클라우드	빅데이터를 기반으로 한 위치 기반 서비스 개인의 추향을 포함한 감성서비스 등 클라우드 컴퓨팅 융합
	커넥티비티	4G, 5G 등 통신기술과 V2X 통신기술을 연동한 초연결 서비스 기술
	감성튜닝	감성소재, 성능 및 디자인 등을 포함한 자동차 튜닝산업 전반에 필요한 기술
그린화	전력부품	차량의 효율 성능 향상 전력구동시스템, 에너지 저장 및 관리, 연료전지 가격 저렴 및 고신뢰성 기술 등
	그린인프라	급속·완속·무선 충전기술, 수소연료 충전 인프라 기술 등
	경량/소재	초고강도강, 알루미늄 합금, 마그네슘 합금, 카본복합소재와 같은 고강도 경량금속 및 복합소재 부품

출처 : 자동차융합 얼라이언스

우리나라는 앞으로 도래하는 새로운 미래 자동차시장에서 미국, 독일, 일본의 제조업에 맞서 지속 가능한 경쟁력을 확보해야 한다. 또한자동차 부품산업의 생태계 혁신과 융합을 촉진하기 위해서는 자동차융합 얼라이언스와 같이 융합의 장을 만들 수 있는 단체가 활성화되어야 하며, 새로운 아이디어들이 도출될 수 있도록 지원을 아끼지 않아야 한다.

08 디지털 시대의 비즈니스 트랜스포메이션

삼정KPMG 컨설턴트 **김용우**

사장님의 한마디, 디지털 트랜스포메이션

2017년 10월, 전략회의가 끝나갈 무렵이었다. 당신은 전사전략 담당부서의 실무자이고, 별다른 일 없이 회의가 마무리되어 가는 것에 감사함을 느끼고 있던 찰나, 아래와 같은 사장님의 마무리 발언이 당신의 감사함을 모두 날려버렸다.

"모두 고생들 많으셨습니다. 우리 회사가 디지털 트랜스포메이션을 추진하고자 하는데 어떤 방안들이 있는지 기획부서에서 다음 번 회의를 위해 미리 준비해 주시면 좋겠습니다."

아마 상무님도, 부장님도, 차장님도 당신만을 바라보고 있을 것이다. 보고서의 초안이라도 작성하기 위해 뉴스 기사에서만 보았던 디지털 트랜스포메이션이 무엇인지 함께 살펴보자.

먼저, 디지털 트랜스포메이션이란 무엇일까? 디지털 트랜스포메이션의 정의는 경영 컨설팅의 개념과 같이 학계 및 산업계에서 합의한 바는 없으나 각 참여 주체는 아래와 같이 대동소이한 개념의 정의를 내리고 있다.

디지털 트랜스포메이션의 정의

기관명	내용
Bain	일상 업무에 기술을 접목하고, 기술의 이점을 최대한 활용해 성과를 창출하는 것
AT Kearney	모바일, 클라우드, 빅데이터, 인공지능, IoT 등 디지털 신기술로 촉발되는 경영환경상의 변화 동인에 선제적으로 대응함으로써 현행 비즈니스의 경쟁력을 획기적으로 높이거나 새로운 비즈니스를 통한 신규 성장을 추구하는 기업 활동
IDC	고객 및 시장(외부환경)의 변화에 따라 디지털 능력을 기반으로 새로운 비즈니스 모델, 제품 서비스를 만들어 경영에 적용하고 주도하며 지속 가능하게 만드는 것임
World Economic Forum	디지털 기술 및 성과를 향상시킬 수 있는 비즈니스 모델을 활용해 조직을 변화시키는 것

출처 : 각 사 및 언론 배포자료

각기 서로 다른 개념으로 판단할 수 있겠으나 본질적인 현상은 동일한데, 공통적으로 언급되는 개념은 기존과 다른 무엇, 변화, 통합 등으로 볼 수 있다. 여기에서는 위와 같이 정의되는 디지털 트랜스포메이션의 세 가지 속성을 짚어 보고자 한다.

(1) 산업의 전 영역에 걸쳐 동시에 진행되는 변혁

디지털 트랜스포메이션은 특정 산업에서 특정 주체에게 일어나는 현상이 아니라 산업의 전 영역에서 모든 주체에게 동시에 나타난다. 앞서 살펴본 바와 같이 정보통신기술의 발달과 함께 채널의 통합^{옴니채널}, 생산자와 소비자의 실시간 상호작용^{On-Demand, 온 디맨드}이 일어나게 되었고 이러한 현상이 쌍방향, 나아가 전 방향의 변화를 일으키는 것이다.

(2) 빠르게 변화하고 있는 디지털 시장과 기술

디지털 트랜스포메이션은 기업의 사업 모델을 바꾸거나 시장의 급진적인 변화를 따라잡아야 하는 경우, 혹은 둘 모두를 요구받는 경우에 진행되므로 시행 착오를 최소화해야 한다. 실패하는 경우 회복하기 어려운 손해를 입거나 시장에서 도태될 수 있기 때문이다. 그러나 디지털 트랜스포메이션은 빠르게 변화하는 디지털 시장, 그리고 기술 및 기법에 따라 그 자체도 시장과 대중의 요구에 맞추어 지속적으로 변화하고 있는 개념으로, 기업 내 충분한 IT 인력과 경영전략에 관한 인력을 확보하고 있지 않다면 자체적으로 그러한 변화를 따라잡고 기업의 경영에 적용하기란 어려운 것이 사실이다.

(3) 객관적 입장에서의 현황 진단과 장기적 관점에서의 모델 수립이 필요

디지털 트랜스포메이션은 고객 경험, 운영 및 관리 프로세스, 비즈니스 모델의 세 가지 영역에서 진행되어야 하는데, 각 영역의 세부적인 내용은 아래와 같다.

첫째, 고객경험의 디지털 트랜스포메이션은 디지털 기술을 활용해 고객에 대한 각종 데이터를 심층적으로 분석해 개별 고객 단위의 마케팅 및 고객 응대가 가능하도록 하며 통신과 모바일 기술의 활용으로 고객이 필요로 할 때 실시간 On-Demand으로 언제든 고객의 요구사항을 청취할 수 있어야 하고 나아가 온·오프라인의 통합 옴니채널을 통해 언제, 어디서, 어떤 채널로 경험해도 동일한 수준의 고객 경험을 제공할 수 있는 것을 의미한다.

둘째, 운영·관리 프로세스의 디지털 트랜스포메이션은 IT 인프라의 적극적인 활용으로 일하는 방식과 관리의 중점이 달라지는 것을 말한다. 커뮤니케이션의 속도가 빨라지며 장소에 구애받지 않고 업무를 처리할 수 있기 때문에 의사결정 속도 역시 빨라지는데, 조직은 단순히 의사결정과 소통의 속도가 빨라지는 것이 아니라 기존과는 다른 방식의 사고방식과 통제를 요구받게 된다. 조직이 이러한 여건이 요구하는 바에 대해 대응하는 방식이 운영·관리 프로세스의 디지털 트랜스포메이션 전략이 된다.

셋째, 비즈니스 모델의 디지털 트랜스포메이션은 디지털 컨버전스Digital Convergence라는 명칭으로도 많이 불리고 있다. 먼저 컨버전스란 기존의 비즈니스 모델을 분석해 각 요소별로 특성을 파악하고 새로운 가치를 창출할 수 있는 방식으로 재조합해 새로운 비즈니스 모델을 수립하는 비즈니스 모델 혁신방법의 하나인데, 디지털 컨버전스란 이러한 비즈니스 모델 컨버전스의 과정에서 디지털 기술을 활용하는 것으로 볼 수 있다. 디지털 기술을 기존의 비즈니스 모델 안으로 끌어들일 때에는 반드시 기업의 핵심 경쟁우위를 파악해 고객 경험을 향상시킬 수 있는 적절한 기술을 선별 도입해야 한다.

이러한 각 영역에서의 디지털 트랜스포메이션을 진행할 때에는 정확한 현황 진단과 효율적이고 적합한 향후 모델 수립이 필수적인데, 이를 위해서는 객관적인 입장에서 현황을 진단하고 전문경영층의 단기적인 목표가 아닌 장기적인 관점에서의 이행 로드맵을 수립해야 한다.

왜 디지털 트랜스포메이션인가?

2000년대 들어 약 20년간 디지털 기술의 비약적인 발전이 거듭됨에 따라 자동화를 넘어 지능화가 가속되면서 기업 경영, 사업 모델, 운영 프로세스 등에 대해 기존과는 근본적으로 다른 방식의 접근이 요구되고 있다. 이러한 필요성이 기업으로 하여금 디지털 트랜스포메이션을 이행하도록 요구하고 있다. 아래 그래프에서 볼 수 있듯이 아마존, 에어비앤비 같은 디지털 파괴자Digital Disruptor들은 기존에 견고하게 시장을 차지하고 있던 지배자들을 빠른 속도로 추월하며 성장하고 있기 때문에 많은 시장에서 기존의 시장 지배자들도 디지털 기술의 도입을 통한 트랜스포메이션을 필요로 하게 되는 것이다.

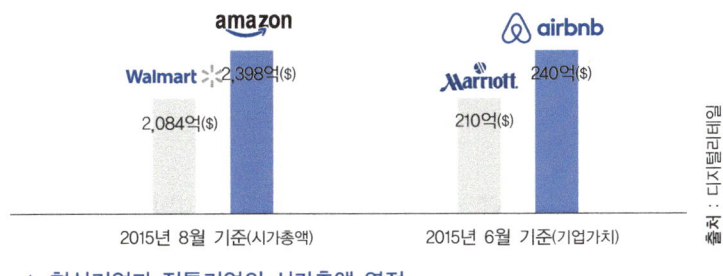

▲ 혁신기업과 전통기업의 시가총액 역전

또한 정보통신기술의 비약적인 발전과 함께 디지털 문화에 익숙한 '디지털 네이티브Digital Native' 세대가 도래하면서 고객 또는 소비자와 생산자 간의 상호작용이 개인화되고 더욱 빨라져 실시간에 가까운 반응속도를 요구하게 되었고, 이러한 변화는 소비시장에서 기존의 구매 채널 및 방식의 옴니채널, 온디맨드 형태로 이행을 촉진시켰다. 동시에 산업계에서도 디지털화는 급진적으로 진행되어 왔다. 제조, 유통, 서비스 등 산업의 거의 모든 영역에서 제조방식과 비즈니스 모델, 관리, 고객 관계 등이 기존과는 완전히 다른 방식을 요구하고 있으며, 이러한 변화에 발맞추어 나타나는 기업은 기존의 시장을 파괴하며 '디지털 파괴Digital Disruption' 현상을 보여주고 있다.

기존 기업이 디지털 기술을 도입한 대표적인 예로는 산업기기 시장을 선도하는 GE General Electric의 platform 기반 서비스인 Predix나 독일 Siemens 사의 Amberg 공장, Adidas 사의 Speedfactory 등이 있으며 이러한 선제적인 변화관리가 거대기업으로 하여금 계속해서 등장하고 있는 혁신적인 시장 파괴자들로부터 스스로를 보호하고 새로운 성장의 단계로 이끌어줄 수단으로 작용할 수 있을 것으로 기대된다.

경영 컨설팅에서 제시하는 디지털 트랜스포메이션 방법론

AT커니

경영 컨설팅 회사 AT커니Kearney는 기업의 디지털 트랜스포메이션 전략 수립과 실행을 지원하기 위해 기업 전반의 혁신 방법론으로 사업 전략, 디지털 사업 모델, 오퍼레이션, 실행의 4개 영역에 특화된 프레임워크로 구성된 'DigitalFIT'을 제시하였다.

digitalFIT™

A.T. Kearney Transformation 방법론

급변하는 Digital 환경 변화에 선제적으로 대응하기 위한 전사 Transformation Framework

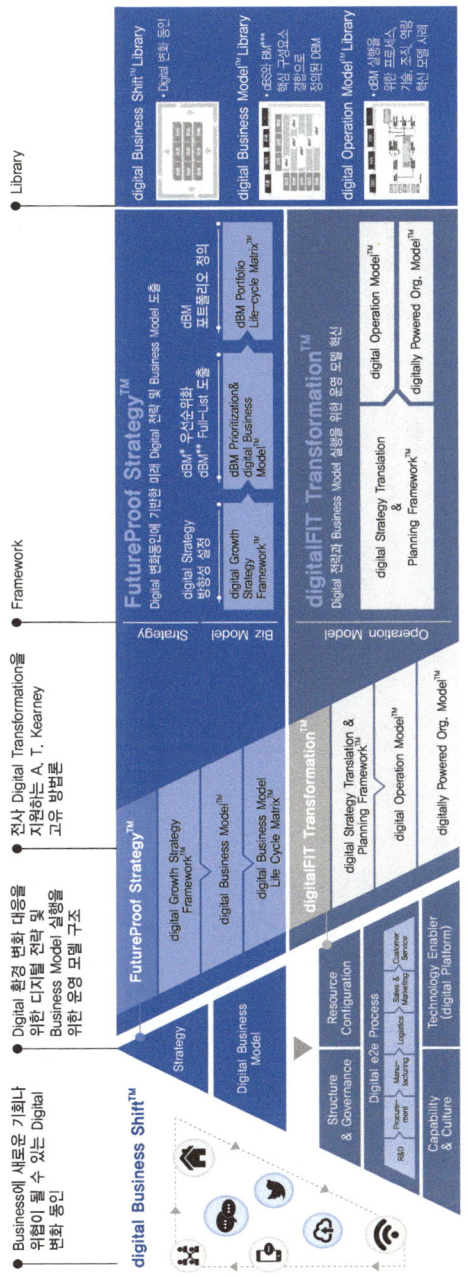

출처 : AT Kearney

8. 디지털 시대의 비즈니스 트랜스포메이션 | 203

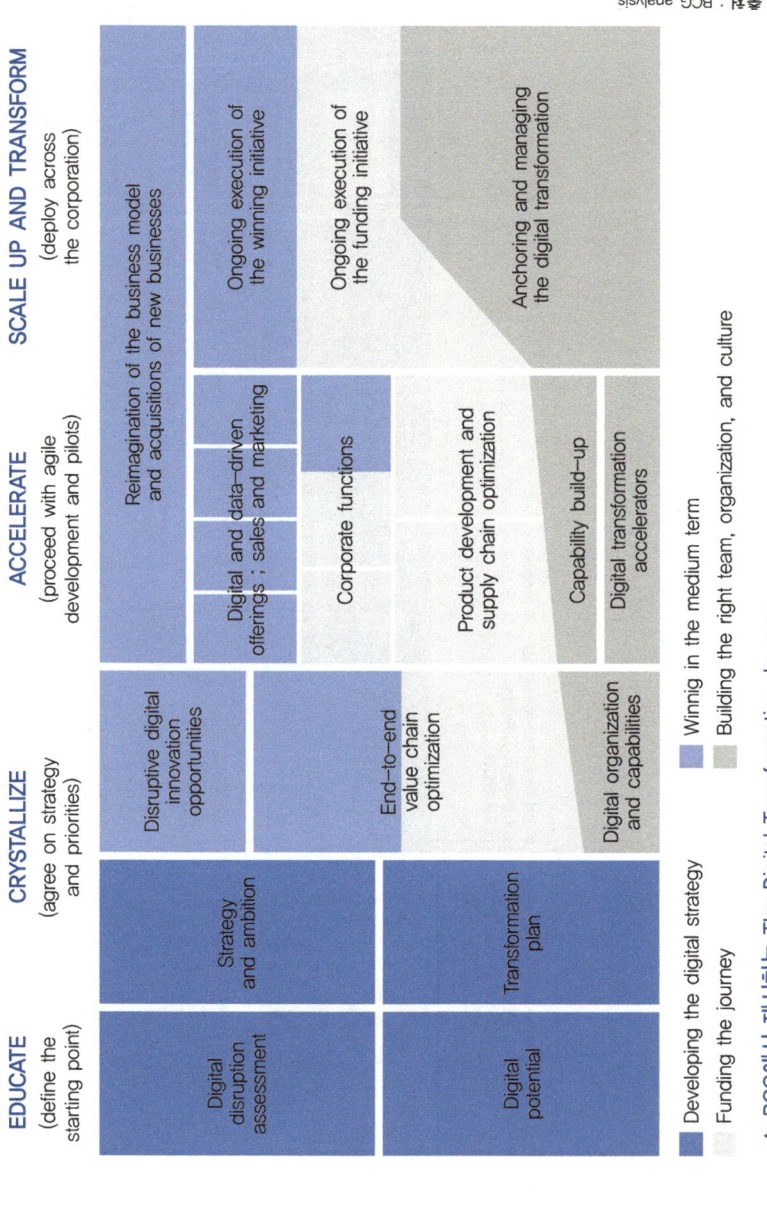

▲ BCG에서 제시하는 The Digital Transformation Journey

DigitalFIT : AT커니 사에서 기업의 성공적 Digital Transformation 전략 수립 및 실행을 지원하기 위해 제시한 전사 혁신 방법론으로 외부 환경을 먼저 분석해 내부 혁신의 동인을 발굴한다는 점, 사업 모델의 재설정부터 이행 로드맵 구축까지 전 영역에 걸친 방법론이라는 점 등에서 특징을 가짐

FutureProof Strategy(사업전략 재설정 및 디지털 사업 모델 구축) : 'Digital Business Shift'로 정의하고 있는 디지털이 촉발하는 변화동인이 기업의 경영환경에 어떤 기회 또는 위협으로 작용하는지 살피고 그에 따른 전략을 수립하는 방법론으로 디지털 전략에 대한 방향성 설정, 디지털 비즈니스 우선순위화, 디지털 비즈니스 모델 도출 및 포트폴리오 정의의 4단계로 진행됨

Digital FIT Transformation(운영모델 혁신 및 실행역량 구축) : 조직 및 거버넌스, 프로세스, 리소스, 역량·문화, 기술의 총체적 변화를 통해 디지털 시대에 강한Strong, 민첩한Agile, 군더더기 없는Lean 운영모델을 갖추는 방법을 제시함

BCG

보스턴컨설팅그룹Boston Consulting Group ; BCG은 디지털 트랜스포메이션의 단계별 추진을 '디지털 트랜스포메이션 여정The Digital Transformation Journey'으로 제시하고 있다.

학습^{Educate} 단계 : 디지털 트랜스포메이션 전략 추진 준비 단계로, 환경의 변화와 시장의 잠재력을 분석하여 어떤 방향으로 접근 및 진입할 것인지를 모색하는 단계

결정^{Crystalize} 단계 : 학습 단계에서의 분석 결과를 바탕으로 디지털 트랜스포메이션 전략 추진을 위한 비전 및 전략 수립에서의 우선순위를 도출하는 단계

가속화^{Accelerate} 단계 : 실행방법 및 조직체계를 구축하여 변화 관리를 시스템화하고 시장의 요구에 대한 빠른 대응속도를 갖추어 가는 단계

규모 확대 및 변혁^{Scale Up and Transform} 단계 : 가속화 단계까지의 결과인 디지털 역량을 기업 내부에 완전히 내재화하고 반복적으로 수행하여 확대하는 단계

사례로 보는 Digital Transformation

(1) STARBUCKS, 고객 경험의 새로운 지평을 열다

디지털 트랜스포메이션 추진배경

미국 시장을 기준으로, 가장 예치금액이 많은 선불카드는 어떤 회사의 카드일까? 당연히 전문 카드사거나 다목적 선불카드를 출시한 회사일 것 같지만 정답은 바로 스타벅스이다. 스타벅스는 세계 최대의 커피 프랜차이즈로 서비스 디지털화를 지속적으로 추진, 진화를 거듭하며 성장한 결과 미국 내 대표적인 디지털 기술 도입 서비스인 충전카드의 적립금 총액이 2016년 1분기를 기준으로 12억 달러(1조 4,130억 원)

을 넘어서는 비약적인 성장을 이루었다. 스타벅스는 2008년 금융위기를 전후하여 급격한 글로벌 확장의 후폭풍을 경험하였으며 던킨도너츠와 맥도날드의 저렴한 커피에 수요가 몰리면서 매출이 급감하고 다수의 지역에서 철수하는 등의 어려운 시기를 겪으면서 이러한 환경을 극복하기 위한 방안으로 디지털 트랜스포메이션을 추진하게 되었다.

목표 및 비전

한 번 은퇴하였다가 2008년에 최고경영자로 복귀한 스타벅스의 창업자 하워드 슐츠는 어려운 시기를 이겨낼 원동력으로 '핵심 가치에 대한 집중'을 추진하였는데, 이는 바로 커피의 본질에 집중하는 것과 스타벅스라는 공간, 즉 집과 일터가 아닌 제3의 공간으로서의 정체성을 확립하는 것이었다. 또한 그는 이러한 원동력을 확보하기 위하여 아래와 같은 7개의 혁신 아젠다를 주창하였다.

스타벅스의 7대 디지털 트랜스포메이션 어젠다
1) 커피에 대한 확고한 권위자 역할을 감당
2) 파트너들과의 애착 관계 형성
3) 고객들과의 정서적 유대감 강화
4) 글로벌 지위 확대 및 각 매장에 대한 해당 지역의 중심화
5) 공정무역 및 환경문제에 대한 앞장선 해결
6) 창조적인 혁신 성장 플랫폼 마련
7) 지속 가능한 경제적 모델 구축

또한 하워드 슐츠는 IT 관련 매체인 ZDnet과의 인터뷰에서 "기술 혁신은 브랜드를 강화하고 매장관리의 효율성을 개선하며 수익성을 높여주고 경쟁우위를 확대하여 고객에게 스타벅스의 경험을 높이는 기회를 만든다"라는 비전 하에서 실리콘밸리의 IT 기업들과 제휴하여 서비

스를 제공하고 있다고 밝힌 바 있다.

조직 및 인력

하워드 슐츠 CEO가 2008년 복귀와 함께 영입한 스테판 질렛 전 스타벅스 최고정보책임자^{CIO}는 입사 당시 제출한 이력서에 '레벨 70의 성기사이자 성직자'라는 온라인 게임 관련 사항을 기재했던 것으로 알려졌을 만큼 게임을 좋아하는 사람이었는데, 그의 이러한 부분은 스타벅스의 서비스 디지털화를 구현하는 방식에 큰 영향을 미쳤고 결과적으로 다음에서 자세히 다룰 '디지털 플라이휠$^{Digital\ Flywheel}$' 개념의 구축으로 그 성공에 크게 기여하게 되었다. 이 외에도 스타벅스의 사업과 IT를 연계하려는 의지는 적극적인 실리콘밸리의 IT 베테랑 기술자들을 대거 영입한 것에서도 알 수 있는데 디지털 기술 도입과 전략 수립을 위해 클라우드, 빅데이터, 모바일, 보안, 네트워크 기술에 노하우와 경험을 가진 우수 인력들을 두루 영입하였다. 현재의 스타벅스는 CIO 체제가 아닌 최고운영관리책임자^{COO}, 최고디지털책임자^{CDO}, 최고기술책임자^{CTO} 체제로 디지털 조직을 운영하며 여전히 최고의 디지털 트랜스포메이션 역량을 발휘하고 있다.

추진전략

위에서 언급한 바와 같이 스타벅스의 디지털 트랜스포메이션에서 중심 축을 담당하고 있는 개념은 디지털 플라이휠이다. 스타벅스의 디지털 플라이휠은 개인화^{Personalization}, 주문^{Ordering}, 결제^{Payment}, 보상^{Reward} 각 요소의 순환구조로 이루어져있으며, 무료 음료 이용권 또는 기타 상품^{Goods}을 중심으로 한 보상이 다시 개인화를 거쳐 새로운 구매^{주문}을 가속화하는 플라이휠로 작용하고 있다.

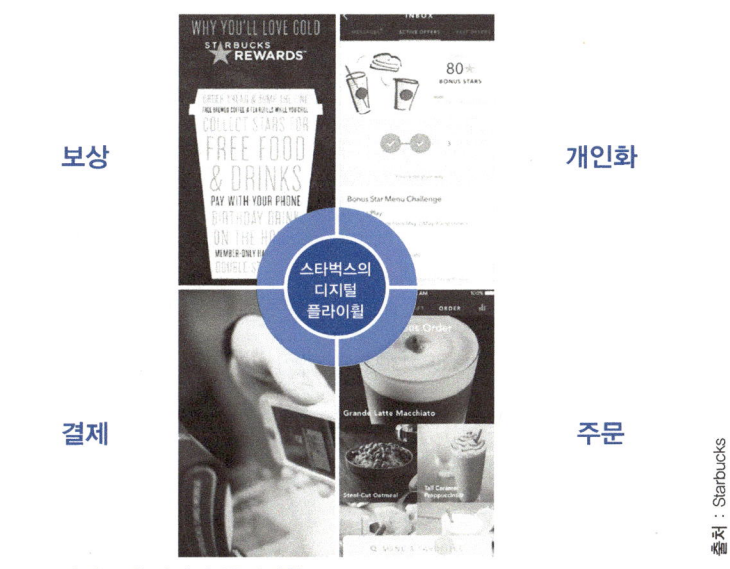

▲ 스타벅스의 디지털 플라이휠

디지털 플라이휠 전략은 온·오프라인에서 단일하게 끊김 없는^{Seamless} 소비자 경험을 제공하여 주문-결제-보상의 고리가 지속 또는 가속화하는 것을 목표로 하며, 이를 위해 모바일 주문 및 결제 시스템, 모바일 앱, 회계처리 서비스 애플리케이션 등 다양한 IT 플랫폼을 하나의 시스템으로 통합, 운영하고 있다. 스타벅스는 향후에도 지속적으로 디지털 플라이휠 개념이 적용된 점포 수를 늘려 나갈 계획임을 밝힌 바 있다.

성과 및 시사점

2016년 말 스타벅스의 투자발표회에서는 미국 내에서 250만 명의 고객이 모바일 오더&페이 멤버이며, 리워드 프로그램의 전체 회원은 전년 대비 18% 증가한 약 1,200만 명으로 발표되었다. 모바일을 통한 주문량은 월 평균 약 600만 건 수준이며 이 수치는 미국 내 전체 매출의 약 25%에 달한다. 고객이 스타벅스 카드에 충전해둔 예치금은 매출을 상승시키면서 동시에 새로운 디지털 기술 투자금으로 활용되고 그 결과인 서비스 고도화를 통하여 다시 고객의 유입을 증가시키는 선순환을 가능하게 한 원동력이다.

스타벅스는 명확한 CEO의 비전, 원활한 디지털 리더·인력의 영입, 모바일 기반의 지급-결제-보상의 디지털 플라이휠 구축을 통하여 온·오프라인의 소비자 경험을 통합하여 옴니채널, 또는 심리스^{Seamless}를 활용한 성공사례라고 할 수 있다.

(2) Burberry, Digitalized Luxurious

디지털 트랜스포메이션 추진배경

디지털 트랜스포메이션과 가장 거리가 멀어 보이는 산업군은 어디일까? 출판, 음악 같은 예시가 가능해 보이지만 전통과 역사, 그리고 일관된 정체성을 가장 중요시하는 럭셔리 브랜드 산업이 정답에 가깝다. 아날로그의 감성이 충만하며 간편하고 빠른 구매는 터부시되는 침착한 분위기의 럭셔리 브랜드에서도 디지털 트랜스포메이션을 찾아볼 수 있을까? 여기서 주인공은 'Fully Digital BURBERRY'이다.

150년이 넘는 유구한 세월을 지나온 버버리는 1990년대 초반, 럭셔리 브랜드 중에서도 전통적인 모양을 고수하는 디자인 패턴이 젊은 세대로부터 외면당하기 시작하면서 성장동력을 잃기 시작하였다. 버버리는 이러한 상황을 타개하기 위하여 당시 구찌 브랜드의 수석디자이너로 일하던 크리스토퍼 베일리를 디자인 책임자로 영입하였고, 그는 성공적으로 기존 브랜드 정체성에 젊음과 신선함을 접목시켰다는 평을 받았다. 그 덕분에 지속적인 성장세를 유지하며 브랜드를 이끌어온 공로를 인정받아 2014년부터는 CEO 역할을 겸임하고 있다. 그와 버버리는 2000년대에 접어들며 새로이 구매력을 가지게 될 밀레니얼 세대를 주 고객층으로 타깃팅하였고, 디지털 기반의 소비자 경험을 극대화하여 시장, 특히 아시아 시장에서 큰 성공을 거두게 된다.

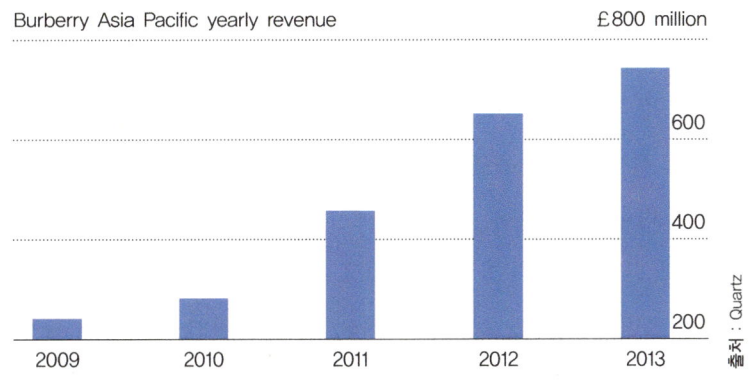

▲ Burberry의 디지털 트랜스포메이션 추진 결과

목표 및 비전

미국에서 가장 많은 연봉을 받는 여성으로 유명세를 치른 바 있는 안젤라 아렌츠^{Angela Ahrents}는 2006년도에 버버리의 CEO를 맡으면서 그 동안의 낡은 브랜드 이미지를 젊은 감각의 프리미엄 브랜드로 변화시키기 위해서는 무엇인가 새로운 것이 필요하다는 판단을 하게 되었고, 방법을 모색하는 과정에서 디자인 책임자인 크리스토퍼 베일리가 주장하던 젊은 감성을 가진 새로운 세대를 공략하기 위하여 디지털 기반의 고객경험 구축을 추진하게 되었다. 전략은 디자인뿐 아니라 생산, 조직, 프로세스, 마케팅, 커뮤니케이션 등 경영 전반에 걸친 변화를 요구하였고, 아렌츠는 'Fully Digital BURBERRY'라는 슬로건 하에 전사 전략을 추진하였다.

아렌츠는 이러한 버버리의 새로운 브랜드 전략 및 디지털 트랜스포메이션 추진을 위해 디자인 책임자였던 크리스토퍼 베일리$^{Christoper\ Baily}$를 최고크리에이티브책임자$^{Chief\ Creative\ Officer}$로 임명함과 동시에 CTO를 새롭게 임명하고 IT 부서의 역할을 기존의 지원부서 개념에서 전방의 실행 조직으로 새로이 부여하였다. 아울러 전통적인 조직문화에서 오는 경직성을 극복하기 위해 독립조직인 전략혁신위원회를 설치하여 젊은 직원들이 자유롭게 의견을 개진하는 채널로 활용하도록 하는 등의 노력을 기울였다.

이러한 전략은 2014년 5월, CEO로 부임한 크리스토퍼 베일리가 이어받아 글로벌 채널뿐만 아니라 각국의 로컬 디지털 플랫폼을 통한 마케팅을 활발하게 추진하며 2015년 대한민국에서 카카오, 일본에서 라인 등과 제휴를 맺고 각국의 소비자들이 가장 선호하는 플랫폼과 방식으로 온라인 콘텐츠를 공급하는 전략으로도 계속하여 표현되고 있다.

추진전략

버버리의 디지털 트랜스포메이션 추진전략은 아래와 같은 세 가지 대표적인 전략으로 요약해 볼 수 있다.

① 디지털 미디어를 활용한 커뮤니케이션

커뮤니케이션 지원 및 브랜드 경험을 위한 웹사이트 구축·활용,

다양한 소셜미디어의 활용을 통한 적극적인 고객과의 커뮤니케이션, 고객으로부터 브랜드에 대한 공감을 이끌어내고 브랜드 경험에 참여하도록 유도하기 위한 캠페인 및 이벤트 등

② 옴니채널 구축

오프라인 매장에서 온라인 쇼핑경험을 최대한으로 구축함으로써 온라인 쇼핑 시에도 오프라인 쇼핑과 유사한 경험을 할 수 있도록 구현하였으며, 온라인에서 정보를 탐색하며 경험한 것들을 고스란히 오프라인 매장에서 느낄 수 있도록 하는 옴니채널 전략

③ 런웨이 리얼리티 캠페인

전통적인 패션쇼 진행방법을 혁신하여 고객들이 쇼에 참석하지 못하더라도 현장을 생생하게 경험하고 출시된 제품을 더욱 **빠르게** 구매할 수 있도록 하여 점점 고객으로부터 멀어지던 패션쇼를 고객들이 선호하는 새로운 경험의 장으로 재탄생하게 한 런웨이 리얼리티 프로젝트

성과 및 시사점

버버리는 디지털 트랜스포메이션 추진으로 2006년 매출액 7억 4천만 파운드에서 2015년에는 25억 2,300만 파운드로 성장하였고, 이러한 실적 성장을 바탕으로 같은 기간 주가 역시 165% 상승하였다. 2012년도에는 인터브랜드^{Interbrand} 지수^{Index}에서 럭셔리 브랜드 중 가장 **빠**르게 성장한 브랜드로 선정되었으며, 이외에도 디지털 씽크탱크$^{Digital\ Think\ Tank}$ L2에서 선정한 '2015년 패션 디지털 리포트'에 탑 브랜드로 선정되어 패션 브랜드 중에서 디지털 혁신을 가장 성공적으로 추진, 실행한 브랜드로 평가받고 있다.

사례로부터 얻을 수 있는 시사점

위에서 논의한 스타벅스, 버버리와 더불어 조사했던 금융, 산업, 기타 여러 분야의 사례로부터 다음과 같은 시사점을 얻을 수 있었다.

① 디지털 트랜스포메이션은 특정한 사업전략을 지칭하는 것은 아니며, 오히려 CEO 또는 owner의 강한 의지에 따라 시행되는 기업의 체질 개선 과정에 가깝다. 이러한 과정을 성공적으로 수행해 내기 위해서는 비전 수립·공유, 사업영역 재편, 인사·조직 개편, 신기술 도입 등의 전방위적인 개선작업을 효과적으로 진행해야 하며, 단발성이 아닌 지속성을 가지는 변화를 만들어 내야 한다.

② 디지털 트랜스포메이션은 만병통치약이 아니다. 연구대상 사례는 수많은 기업들의 시도 중 몇 되지 않는 성공적인 예를 다뤘을 뿐이다. 특히 여기에 게재한 사례는 그중에서도 극적인 성장을 이루어 낸 극히 드문 사례에 불과하고 오히려 대부분의 경우 근본적인 변화에 실패하거나 지지부진한 정도의 변화만을 겪는 경우가 많다.

③ 그럼에도 불구하고 현재 시장과 소비자는 기업에 강력하게 디지털 트랜스포메이션을 요구하고 있다. 서두에 언급된 바와 같이 길게는 100여 년 이상 꾸준히 성장해 온 전통적인 강자들이 디지털로 무장한 신흥 강자들에 의해 왕좌에서 끌어내려지고 있고 이러한 현상이 반복되어 이제는 딱히 신기한 일도 아닌 정도가 되었다. 어떤 산업에서 어떤 형태로 사업을 영위하고 있는지 관계 없이, 디지털 트랜스포메이션을 이루지 않는 기업은 소비자에 의해 시장에서 축출되거나 진화에 도태되어 제한적인 영역에

서의 사업만을 영위하게 될 것이다.

성공적인 디지털 트랜스포메이션 추진을 위한 전략

비전 수립

디지털 트랜스포메이션은 눈에 보이지 않는 사업 모델을 그리면서 진행해야 하기 때문에, 경영진의 미래에 대한 강한 비전과 확신이 전제되고 Top-Down 방식으로 진행하는 전사 혁신이 가능한 조직이어야 실행 가능하다고 할 수 있다. 대부분의 전사 단위 전략이 그렇듯이 경영진의 결단에서부터 시작할 수밖에 없으므로 경영진은 항상 디지털 환경, 즉 패러다임의 변화에 지속적으로 관심을 가져야 하며, 디지털 트랜스포메이션 전략을 추진할 수 있을 정도의 명확한 디지털 비전과 우선순위를 확립해야 한다.

조직 정비 및 인재 확보

디지털 트랜스포메이션을 추진할 때에는 통상적으로 기존 조직으로는 곧 한계가 드러나는데, 첫 번째로는 사업 모델의 변경에 따라 자연스럽게 조직 자체의 변형이 포함되는 경우가 많기 때문이고 두 번째로는 기존의 조직 형태를 유지한다면 새로운 전략의 추진 주체가 불분명하기 때문이다. 이에 컨설팅 그룹인 Accenture는 디지털 트랜스포메이션 추진에 적합한 조직체계로 분산형 Decentralized, 공유 서비스형 Shared services, 전문화센터형 Center of Excellence, 집중형 Centralized의 네 가지 유형을 제시하였다.

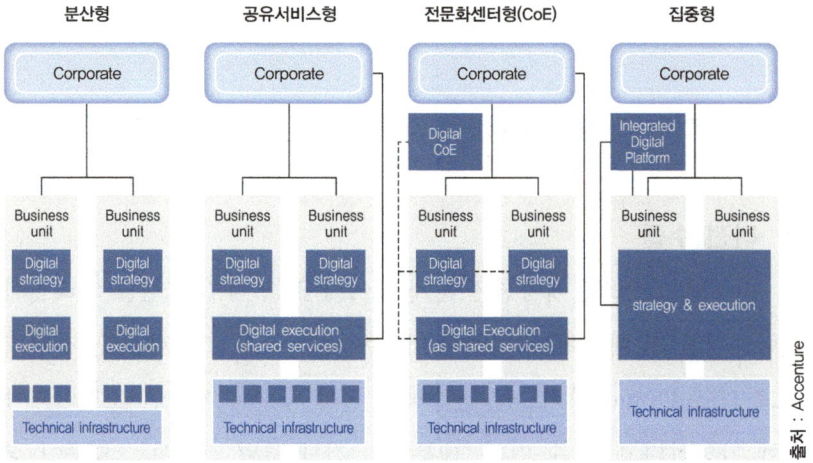

▲ 디지털 트랜스포메이션 조직운영 모델

　디지털화의 개념 또는 관점에서 본 조직이므로 분산형에서 집중형으로 갈수록 디지털 전략 중심의 조직이라고 할 수 있으나, 어떤 형태가 가장 적합한지는 각 조직의 특성에 맞추어 검토한 후 선정해야 할 것으로 생각된다. 분산형은 기존의 각 조직에서 디지털 전략과 실행을 진행하는 방식을 택하며, 공유 서비스형 전략은 기존의 각 조직에서 수립하나 실행은 서비스 센터에서 진행하는 방식을 택한다. 전문화센터형의 경우에는 조직 구조 및 형태는 공유 서비스형과 동일하나 별도의 디지털 관련 조직이 생성되어 전체 전략을 추진하는 방식을 택하며, 마지막으로 집중형은 조직 구조 및 형태로 미루어 짐작할 수 있듯이 각 조직의 디지털 트랜스포메이션 전략 및 실행이 모두 연계되어 통합 디지털 플랫폼 조직에 의해 움직이는 방식을 택하게 된다.

　여기에 더하여 IBM은 디지털 전략 수립, 비즈니스 모델의 발굴 및 디지털 채널의 통합 운영관리, 새로운 디지털 기술 도입 및 적용, 기업

내 디지털 문화 확산을 담당하는 최고디지털책임자CDO의 필요성을 강조한다. 이는 디지털 트랜스포메이션 추진의 장기적이고 지속적인 동력 확보를 위한 부분으로 볼 수 있으며, 실제로 대부분의 성공사례에서는 CDO가 등장한다.

거버넌스 구축과 비즈니스 모델 개발

위에서 설명한 조직의 형태와 전담조직, 그리고 디지털 정책을 총괄하는 책임자를 선정한다고 해도 체계적이고 일관성 있는 디지털 트랜스포메이션의 장기적인 비전 및 전략 추진을 담보하기 위해서는 거버넌스 체계의 수립이 필수적이다. 거버넌스 체계란 어떠한 전략을 수행하기 위한 운영, 관리, 조정, 평가하는 체계를 말하며 이러한 거버넌스 구축을 위해서는 조직, 프로세스, 정책, 평가체계의 마련이 필요하다. 거버넌스 구축에 실패한다면 새로운 사업 모델 또는 일하는 방식 자체의 변화를 실행할 수는 있겠지만 회사 내에 하나의 새로운 문화로서 자리 잡아 내재화되기는 쉽지 않을 것으로 생각된다.

거버넌스 체계 구축 이후에는 디지털 트랜스포메이션의 배경이 된 환경변화, 즉 기회와 위협에 관한 분석과 향후 예상변화 시나리오 및 사업전략의 방향을 기반으로 사업요소별 적정 디지털 기술 적용, 자체 비즈니스 플랫폼 구축, 비즈니스 모델 변화에 따른 사업 진행 방식의 변화, 신규 사업 모델 및 비즈니스 플랫폼에 따른 가치사슬 재설정 등의 사업전략 재설정 단계를 거치고 신규 디지털 사업 모델 개발에 착수한다. AT커니에 따르면 비즈니스 모델 개발은 아래와 같이 4단계로 진행된다.

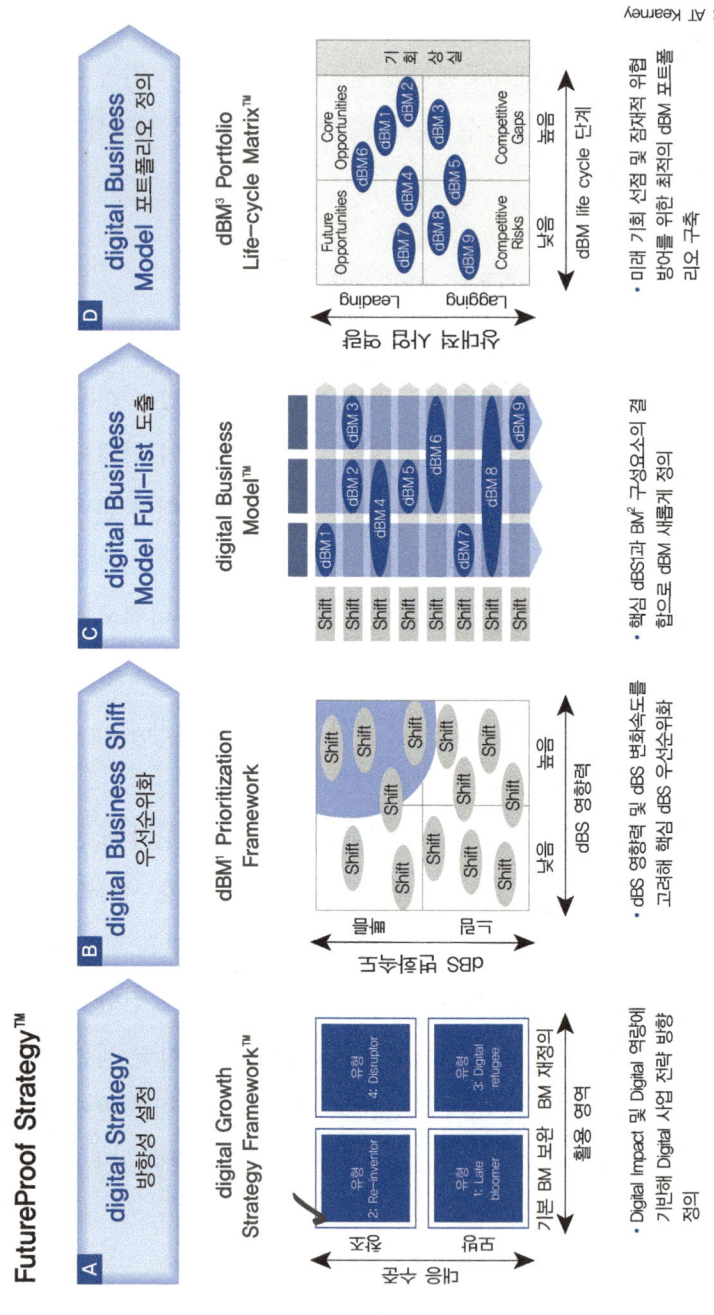

▲ 사업전략 재설정 및 디지털 사업 모델 구축

1 digital Business Shift   2 Business Model   3 digital Business Model

1단계 : 디지털 기술 및 변화에 따른 기존 비즈니스 모델의 역량을 분석하여 사업의 전략 방향성을 정의

2단계 : 디지털 비즈니스 변화를 촉진하는 변화의 영향력(고객, 기술, 미디어, 커뮤니케이션 등) 및 변화속도를 고려하여 디지털 비즈니스 변화 우선순위를 설정

3단계 : 핵심적인 디지털 비즈니스 변화 우선순위와 비즈니스 모델 구성요소(고객, 채널, 상품, 수익모델 등)를 결합한 신규 디지털 비즈니스 모델을 도출

4단계 : 미래 기회 선점 및 잠재적 위협 방어를 위한 최적의 디지털 비즈니스 포트폴리오 정의

조지 이스트먼이 저술한 『디지털 트랜스포메이션』에 따르면 디지털 트랜스포메이션의 과정에서 고려하는 새로운 비즈니스 모델의 유형은 산업 자체의 인프라를 대체하거나 완전히 새로운 고객 행동을 유발하는 '산업의 재창조 Reinventing Industries', 기존에 제공되던 제품 또는 서비스를 디지털화하여 다른 형식으로 제공하는 '제품 또는 서비스의 대체 Substituting Products or Services', 인공지능, 로봇 등의 새로운 기술을 접목하여 기존에는 없었거나 달성 불가능했던 목표들을 새로이 세울 수 있게 되는 '새로운 디지털 비즈니스의 창출 Creating New Digital Business', 제품 및 서비스와 데이터의 분해 및 재결합을 통하여 가치사슬을 변경시키는 '가치전달 모델의 재구성 Reconfiguring Value', 마지막으로 디지털 기술을 활용하여 기존 또는 신규 고객의 충족되지 않았거나 알려지지 않은 니즈를 충족시켜주기 위한 '가치제안의 재정의 Rethinking Value Proposition'의 5가지 형태로 나누어 볼 수 있다.

성공적인 디지털 트랜스포메이션 추진을 위한 제언

디지털 트랜스포메이션이란 무엇인가?

당장 모든 구성원이 이 질문에 동일한 대답을 내놓지 않는다면, 전략은 시행하더라도 변혁은 일어나지 않을 가능성이 높다. 단순한 변화가 아닌 근본적인 전환을 위해서는 이상 논의한 바와 같이 ① Top-Down leadership, ② 최고책임자의 지정과 전담조직의 신설, ③ 비즈니스 모델의 재구축이 필수적으로 일어나야 한다. 다만, 조직에서 받아들일 수 있는 방법과 형식에 맞도록 적정 수준, 적정 속도로 지속적인 변혁이 일어날 수 있도록 장기적 지원을 가해 주어야 할 것이다.

찰스 다윈이 "결국 살아남는 좋은 강인한 종도, 지적 능력이 뛰어난 종도 아니라 변화에 가장 잘 적응하는 종이다"라고 말한 바 있듯이 디지털 시대로의 변화에 무사히 적응하여 진화를 이루어 내는 회사는 어디가 될까?

09 차세대 산업 허브, 드론

대한항공 항공우주사업본부 **정동재**

드론은 1900년 초 군사용으로 개발되어, 미사일 폭격 연습 상대로 사용되기 시작하였다. 이후 항공기술과 통신기술 등이 발달하면서 정찰기와 공격기로 그 용도가 확장되었다. 현재는 기존의 전투기들을 무인항공기로 대체할 수 있을 정도의 수준으로 발전하였다. 특히 통신기술과 비행제어 기술의 발달로 인해 원격으로도 고도화된 임무를 수행하게 되었고, 실제로 미국의 많은 무인기들이 중동에 투입되어 지구 반대편의 미국 공군기지에서 원격조종을 통해 임무를 수행하고 있다.

▲ MQ-1 Predetor

출처 : General Atomics

▲ 프로데터 원격조종실(미국 네바다주)

출처 : United States Air Force

또한 미국은 정찰기 및 전투기들을 무인기로 대체해 나감과 동시에 향후 무기로 활용할 새로운 개념의 초소형 드론부터 스마트 폭탄에 이르기까지 다양한 종류의 무인비행체를 개발하며 새로운 미래를 준비하고 있다. 미국뿐 아니라 기존 군사 선진국들 및 이스라엘, 중국 등이 무인기 개발 및 운영을 통해 자국의 군사력을 증대해 나가고 있다. 특히 이스라엘은 전투기 및 민항기 등 기존 항공우주산업에서는 기술적 역량이 뛰어나지 않았지만 군용 무인기 시장에서는 미국에 이어 두 번째로 높은 기술적 성숙도를 보이고 있다.

이처럼 지금까지는 드론 시장은 군사적 용도로 그 시장을 확대해 왔고, 현재에도 세계 드론 제품의 90% 이상이 군사용으로 사용되고 있지만, 최근에는 그 영역을 점차 확대하며 물류, 재난 감시, 농업, 영상, 개인 취미용 등 다양한 분야에서 활용되고 있다. 특히, 최근 제4차 산업혁명 시대가 도래하면서 드론은 제4차 산업혁명 시대를 이끌어갈 핵심인 인공지능^{AI} 및 사물인터넷^{IoT}을 하나의 플랫폼으로 묶어주는 융합^{Convergence}의 허브 역할을 맡게 될 수 있을 것으로 기대받고 있다. 또한 해양에서의 선박, 지상에서의 자동차를 최종 융합하여 모빌리티^{Mobility} 플랫폼을 구축해 가며 그 생태계를 견고히 해나가게 될 것이다.

드론이 여러 기능들을 구현하면서도 소형화할 수 있는 기술적 수준을 갖게 되면서 앞으로는 우리 생활에서 더 밀접하게 접할 수 있게 될 것이다. 이 과정에서 드론이 어떠한 기술, 산업과 융합되는지에 따라 우리 생활에 큰 변화를 일으킬 것으로 기대된다.

더 다양해지고 있는 드론의 기술들

항공산업은 보이지 않는 하늘길을 이용하여 항공기가 운용되는 특성상 항공기 자체만으로는 임무를 수행할 수 없고 수많은 법규와 이를 지원하기 위한 시설, 장비들로 구성되어 있다. 항공기가 이착륙하기 위해 필요한 공항 및 각종 관제시설들을 통해서 그 본연의 업무를 수행할 수 있다. 드론은 항공기 내에 사람이 탑승하지 않는다는 점에서 더 많은 기술적 구성요소들로 구성된다.

따라서 드론은 기체와 이를 운용하기 위한 엔진 등 추진계통 등을 포함한 비행체, 항공전자 장비, 지상통제 장비, 데이터링크, 임무수행 장비로 구성된다. 비행체 내에서 조종사가 비행조종을 하는 항공기와 달리 비행체에 조종사가 탑승하지 않고 지상에서 비행체를 조종하는 무인항공기의 특성상, 지상통제 장비와 데이터링크의 역할이 중요하다. 지상통제 장비는 지상에서 원격제어 및 임무통제를 위한 장비로 무인항공기의 조종실 역할을 한다. 군사용으로 사용되는 무인항공기의 지상통제 장비는 통상 기지 내에 위치하며 이동 및 야지 운용 등을 위해 차량에 지상통제 장비를 탑재하기도 한다.

데이터링크는 지상통제 장비와 비행체와의 통신을 위한 장비이다. 비행체 상태의 정보, 임무 탑재체가 획득하거나 수행한 정보(영상 정보 등)를 실시간으로 전달받고 이에 기반해서 비행체 조종 통제를 수행하기 때문에 무인항공기에는 가장 중요한 기능을 구현하는 요소라고 할 수 있다. 데이터링크의 상향 링크를 통해 비행체를 이륙-상승-착륙, 비행 중 제어, 통제하는 명령을 내리고 하향 링크를 통해서는 비행체의 위치와 자세 등 상태를 제공받고 임무 수행을 통해 획득한 정보를 전달받는다. 이를 위해 UHF, S-band, C-band, Ku-band 등의 여러 주파수 대역을 사용하여 대용량의 데이터를 정확하고 빠르게 전달한다. 다양한 주파수 대역 사용을 위해 여러 형태의 안테나가 적용되는 것이다.

또한 정찰용 드론 등에는 영상 데이터를 수집하기 위해 EO/IR^{가시광선/적외선} 센서와 SAR^{합성영상레이더} 센서 등을 탑재하여 구름, 안개, 조도 등의 영향을 받지 않고 정보를 수집할 수 있도록 한다.

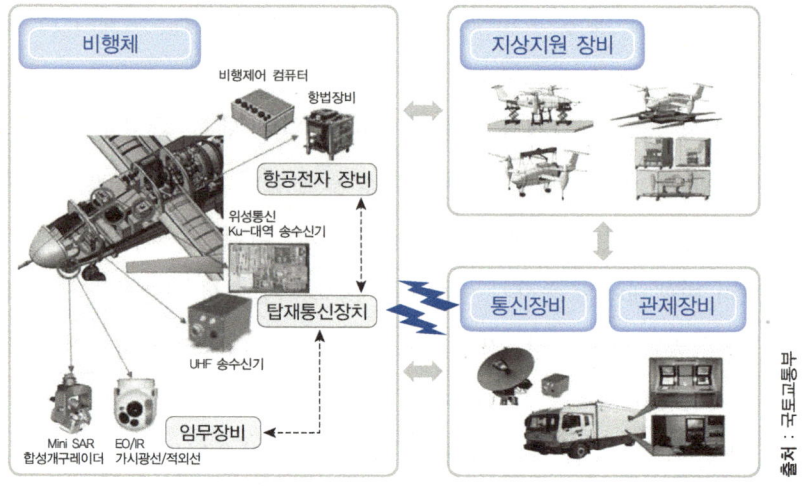

▲ 드론의 시스템 구성도

　　최근 언론에 빈번하게 언급되고 일상생활에서도 쉽게 접할 수 있는 상업용 드론은 여러 개의 프로펠러의 회전을 이용하여 비행을 제어하는 회전익기인 멀티콥터 형태를 중심으로 확산되고 있다. 상용 드론은 비행체 크기가 작고 출력장치 및 항공전자 장비들의 성능들이 군사용 드론 대비 제약사항이 많기 때문에, 비행체를 제어하기 위한 기술이 상대적으로 더 중요하다. 또한 멀티콥터 형태의 드론은 각 날개의 회전의 차이를 이용하여 움직이기 때문에 비행조종 컴퓨터 FCC$^{Flight\ Control\ Computer}$의 역할이 중요하다. FCC에는 위치를 파악하는 자이로 센서, 압력과 고도를 파악하는 기압센서, 위치를 파악하는 GPS 등 드론의 상태를 알려주는 여러 센서가 연결되어 비행체 상태에 맞게 드론을 제어할 수 있다. 또한 멀티콥터 형태의 드론은 주로 모터를 이용하기 때문에 운용시간과 직결되는 배터리 기술 또한 중요하다. 최근에는 배터리 기술이 발전하고 있고 태양광 패널을 이용한 충전 보조, 하이브리드 엔진 개발 등으로 무인기의 운용시간이 획기적으로 늘어날 것으로 예상된다.

상용 드론은 각각의 고유한 목적을 가지고 있기 때문에 비행체와 결합되어 임무를 수행하는 임무장비의 기술 또한 중요하다. 특히 전체 드론 시장을 확대시키는 중요 역할을 해왔던 방범·방재용 드론에서는 영상감시 장비의 역할이 중요하다. 따라서 초기에는 고성능 초소형카메라가 사용되었지만 최근에는 전용 열화상 카메라까지 개발되어 드론에 적용되고 있다.

ICT와 항공우주 기술 융합

CES^{The International Consumer Electronics Show, 국제전자제품박람회}는 세계 최대의 전자제품 전시회로 스마트폰, TV 등 전 세계의 최첨단 가전제품들이 소개된다. 하지만 최근에는 기존의 가전제품 이외에 자동차, 드론 등의 전시 매장 크기가 더 늘어나고 있다. 전통적인 기계산업으로 분류되는 자동차 산업 및 항공산업에도 IT의 영향력이 커져감에 따라 IT 산업과의 시너지를 내기 위해 IT 업계에서 적극적으로 홍보하고 있는 것이다. 특히, 드론은 기존의 항공산업과는 달리 기계장치를 거의 사용하지 않는 경우도 있어 드론 생산업체뿐만 아니라 인텔 및 퀄컴 등 세계 최고 수준의 전자부품회사들도 드론 산업에 뛰어들며 주도권을 선점하기 위한 노력을 하고 있다.

인텔은 중국의 드론 전문업체인 유닉^{Yuneec}과 손잡고 자사의 핵심 기술들을 대거 적용하여 최대 1.5m 거리에 있는 사물을 인식하고, 충돌 방지 기술을 강화한 유닉 타이푼 H를 개발하였다. 또한 인텔의 IoT

전략 기술인 '리얼 센스'를 활용한 드론 충돌방지 시스템을 개발하여 주목받았던 독일 드론 제조업체인 어센딩을 2016년 초 인수하며 드론 시장에 진출하겠다는 의지를 천명했다.

▲ 인텔 에어로 플랫폼　　　　▲ 스냅드래곤 플라이트

이어 인텔은 2016년 인텔 개발자 포럼에서 무인항공기^{UAV} 개발 현황 및 UAV용 인텔 에어로 플랫폼$^{Intel\ Aero\ Platform}$을 발표했다. 이 플랫폼은 인텔 아톰 쿼드 코어 프로세서로 구동되는 무인항공기 개발자 키트로 컴퓨터, 저장, 통신 및 입출력 모듈로 구성된다. 이 인텔 에어로 플랫폼을 이용하여 개발자들은 자신만의 드론을 개발할 수 있다. 현재 드론 산업의 표준과 나아가야 할 방향이 명확하게 설정되지 않은 만큼 인텔은 오픈 이노베이션을 통한 드론 산업의 발전을 이끌어 가고자 하는 것으로 보인다. 2018년 2월 평창 동계올림픽 개막식에는 인텔이 드론 군집비행 기술을 이용, 1,218개의 드론을 조종해 오륜기 등을 화려하게 연출하며 드론 분야에서의 기술력을 뽐내기도 하였다.

글로벌 반도체 업체인 퀄컴 또한 드론 시장에 눈독을 들이고 있다. 퀄컴은 스마트폰용 SoC$^{Systemn\ on\ Chip}$가 탑재된 스냅드래곤 플라이트$^{Snapdragon\ Flight}$를 선보였다. 스냅드래곤 플라이트는 드론을 제어하는 SoC와 공중 촬영용 4K 카메라, 메모리, GPS 수신기, 카메라 비행 컨트

롤러 등을 탑재한 보드다. 퀄컴은 드론이 '날개 달린 스마트폰'이 될 것이라고 예상하며, 드론 산업 진출에 대한 의지를 표명하고 있다.

이처럼 세계 각국은 드론 산업이 이끌어갈 미래의 가능성에 기대를 걸고 IT 등 타 산업과의 융합을 이루어 내며 시너지 효과를 창출하고 있다. 특히 드론은 폭넓은 활용성을 가지고 있기 때문에 IT 업계의 새로운 성장동력으로 기대받는다.

앞에서 언급한 것과 같이 드론에는 위치를 파악하고 경로를 설정하는 GPS, 비행체의 위치를 파악하고 균형을 유지하는 자이로 센서 등 각종 센서들이 탑재되어 있다. 이들 센서들은 드론의 성능과 기능에 직접적인 영향을 미치게 되어 드론은 각종 센서 기술 향상을 이끌게 되었다. 또한 드론은 '하늘 위의 눈'으로 불릴 만큼 시각적인 자료 처리가 중요하기 때문에 카메라 등 영상·감지 분야 기술의 중요성도 높아지고 있다. 카메라와 함께 카메라 센서, 장애물을 감지하는 레이더 센서, 적외선·열 감지 센서 등을 통해 여러 악조건 하에서도 눈으로 보는 것과 같은 시각 처리가 가능하게 된다. 무인기라는 기술의 특성상 이러한 시각 센서와 영상 처리 기술은 어느 다른 분야보다 발달한 상태이고 무인자동차에도 적용되어 개발 시험 중에 있다. 또한 이러한 기술들을 통해 IoT 기기와도 연계하여 사용할 수 있을 것이다.

하드웨어는 드론의 기본적인 성능 구현을 위해 중요하지만 이를 완성시키는 것은 소프트웨어이다. 각종 센서와 이미지 데이터를 종합하여 정확하고 신속하게 처리하고, 각종 신호를 통해 비행체의 자세 제어 및 임무 수행을 하는 만큼 소프트웨어는 드론 기술에 있어 중요한 요소라고 할 수 있다. 휴대폰 산업이 애플의 IOS, 구글의 안드로이드를 통해 하드웨어 중심에서 소프트웨어 중심으로 바뀌면서 급격하게 재편된 것과 같이 드론 운영체제 또한 드론 산업이 도약하는 과정에서 중요한 역할을 하게 될 것이다. 따라서 일반 사용자들이 제작할 수 있는 수준의 드론 단계에서부터 SDK^{Software Development Kit}를 통한 소프트웨어 개발을 하면서 IT 기기와의 융합을 촉진시키고자 하는 노력들이 이루어지고 있다. 운영자가 컴퓨터 운영체제인 리눅스와 같이 하나의 플랫폼을 개발, 전격 공개하면 각 유저들이 자신에게 맞는 소프트웨어를 개발하면서 기능 및 응용 분야를 확장하여 나가게 된다. 앞에서 언급하였던 인텔 에어로 플랫폼 등 여러 SDK가 이미 개발되어 다양한 애플리케이션을 만들고 공유하고 있다. 드론에게 사용자 위치를 공유해 주면 자동으로 따라오는 팔로우 미 기능과 감정에 따라 글자와 이모티콘들을 직접 그려주는 기능, 한 자리에 고정하며 바닥이나 간판 등에 배너를 띄워주는 기능, 새로운 형태의 탐지·회피 기능 등 다양한 형태의 기능들이 SDK로 개발되었다.

또한 드론은 VR^{Virtual Reality} 및 3D 프린트의 기술과도 융합하여 새로운 형태의 기술로 구현될 수 있다. 드론은 다양한 범위의 용도 및 크기로 활용될 수 있기 때문에, 3D 프린팅 기술을 사용하여 사용환경에 맞는 비행체를 제작할 수 있게 된다면 일반 사용자들이 쉽게 드론을 제작할 수 있게 될 것이다. 일단 비행체가 제작이 되면 그에 맞는 각종 센서를 탑재할 수 있게 되고, SDK를 통해 이용자에게 맞는 소프트웨어를 탑재시킬 수 있게 되어 맞춤형 드론을 쉽게 만들 수 있게 되는 것이다.

드론은 영상에 있어 평면의 시대를 입체의 시대로 바꾸어 주고 있다. 기존의 촬영기법으로는 카메라가 비추는 시각의 평면 혹은 여러 카메라의 조합을 통해 볼 수 있었지만, 드론은 평면적 공간의 제약을 해소하면서 입체적으로 화면을 볼 수 있게 해준다. 이미 드론을 이용한 촬영은 대부분의 방송에서 활용하고 있어 우리에게 익숙하지만, 평면 TV를 통해 시청하게 되므로 일부 한계는 존재한다. 하지만 VR기술의 발달을 통해 촬영의 입체감을 시청자들도 더욱 현실감 있게 느낄 수 있게 될 것으로 기대된다. 이미 드론 레이싱 대회에서 이를 적용하여 초소형 드론을 VR 기기를 착용하여 더욱 정확하고 현실감 있게 조종할 수 있게 되었다. 이처럼 드론은 VR의 활용 범위를 넓히며 효율적인 콘텐츠 제작 도구로도 쓰이게 될 것으로 기대된다.

우리 생활 속으로 들어온 드론

현재는 세계 최대 개방형 로보틱스 개발 커뮤니티가 된 DIY 드론스는 창업자 크리스 앤더슨이 2007년 창립한 첫 해 25만 달러의 매출을 올리며 드론 상용화의 시작을 알리게 된다. 2009년 회사 이름도 3D로보틱스로 바꾸고 최첨단 ICT 기술을 접목하면서 초기 상용 드론 시장을 이끌어 왔다.

3D로보틱스가 드론 상용화를 이끌어 왔다면 드론 대중화에 있어서는 중국 기업들의 기여가 크다. 중국 기업들은 군사용으로 인식되어 왔던 드론을 가격 경쟁력을 무기로 대중들에게 보급했다. 특히 특허권 및 안전 등에 있어 상대적으로 약하게 제약하는 중국 정부의 규제환경을 바탕으로 여러 유형의 드론들을 개발하고 있다. 특수 카메라를 장착한 드론은 물론 CES 2016에서는 사람을 태우고 나는 드론을 세계 최초로 선보이기도 했다.

중국 드론 산업을 이끌어 가는 회사는 세계 최대 드론 생산업체인 DJI다. DJI는 2006년에 설립되어 6명의 종업원으로 시작하였으나 농업용 드론을 세계 최초로 출시하며 현재는 총 6천 명의 종업원이 100여 개 나라에 제품을 판매하는 회사가 되었다. 2016년 매출 14억 달러를 돌파하여 개인용 드론 세계 시장에서 70%에 가까운 점유율을 차지하게 된다. 2013년 1억 3,000만 달러 매출과 비교하여 거의 10배 가까운 성장을 3년 만에 달성한 것이다. DJI는 창업 초기에는 헬리콥터에 탑재하는 영상장치를 개발하는 데 주력해 왔으나, 멀티콥터 드론에 대한 수요가 급속도로 많아지자 발 빠르게 주사업 분야를 멀티콥터로 전환한다. 그리고 2013년 드론에 카메라를 연결하는 장치인 짐벌을 탑재한 쿼드콥터인 팬텀Phantom을 출시하게 된다. 이 모델은 드론의 대중화를 이끌게 되는데 우리나라 소비자들이 방송을 통해 촬영용 장비로 처음으로 접하게 된 드론이 DJI의 팬텀이다. 이후 DJI는 드론의 핵심 기술인 비행체 컨트롤과 관련된 다수의 특허를 출원하고 기체, 카메라, 고정장치 등 주변장치까지 개발하며 DJI 드론 플랫폼을 형성해 가고 있다. DJI뿐 아니라 SYMA, MJX, 호버 등 중국의 다른 드론 제작업체 또한 낮은 가격을 무기로 세계 드론 시장에서 점유율을 높여 가고 있다. 중국의 대표적인 IoT 업체인 샤오미도 드론을 개발하며, IoT의 한 축을 드론이 맡아주길 기대하고 있다. 또 다른 드론 전문기업인 EHANG은 사람이 탈 수 있는 드론인 EHANG 184를 CES 2016에서 공개하였다. 세계 최초의 유인 자율 비행체인 이 모델은 최대 100kg까지 태운 채로 최장 23분간 운항이 가능하다고 한다. 더욱이 이 회사는 비행체뿐만 아니라 자동운항 시스템 등 대부분의 시스템을 독자적으로 개발하였다. 이처럼 드론 시장에서 있어서는 중국 기업들의 혁신성이 눈에 띈다. 중국은 휴대폰, 가전, 자동차 산업과 같은 전통적 기술 기반의 제조업에서는 자국의 시장 규모를 무기로 하여 선두업체의 기술들을 빠르게 추격함과 동시에 가격 경쟁력을 내세우는 중국형 패스트 팔로워 전략을 통해 시장을 선점했으나, 드론 시장에서는 기술 및 비즈니스 모델에 있어 새로운 시장을 개척하며 이끌어 가고 있다.

유럽을 대표하는 민간 드론 기업은 프랑스 드론 제작업체인 패

드론 관련 핵심 기술

항공 무인이동시스템 통신/항법/교통관리 기술
• 항공 무인이동시스템의 국가공역으로의 안전한 통합을 위해 필요한 고신뢰도 무인기 제어링크 기술 • 항재만/항기만 항법 및 대체항법 기술 • 차세대 항공교통관리와의 통합 및 차세대 항공교통관리 기술

항공 무인이동체 제어 및 탐지/회피 기술
• 항공 무인이동체의 이착륙과 비행제어 및 자율화 향상 기술 • 안전 비행과 임무수행을 위해 다른 비행체나 물체의 위험요소를 탐지하고 충돌을 회피하는 탐지회피 기술

항공 무인이동시스템 센서 기술
• 항공 무인이동체의 안전한 운항 지원 및 임무 수행을 위한 센서 기술

항공 무인이동시스템 S/W 및 응용 기술
• 항공 무인이동체의 제어 및 임무 수행을 위한 고신뢰 실시간 OS와 interoperability 지원 개방형 S/W 플랫폼 및 표준 인터페이스 기술 • 무인이동체가 수행하게 될 특정한 임수 수행을 위해 필요한 탑재체 기술 및 빅데이터 처리 등 응용기술

항공 무인이동체 플랫폼 기술
• 다기능 초경량 소재 및 구조물 기술 • 무인기 actuator 및 기계/전기 기술 • 다학제 설계 기술 • 설계 자동화 기술

항공 무인이동체 동력원 기술
• 친환경적 고성능·고효율 동력원 기술

출처 : KISA

럿Parrot이다. 패럿이 시장에서 소비자들의 관심을 끌 수 있었던 것은 모바일 기기에 연결하여 쉽게 조종이 가능하면서도 가격 경쟁력을 갖는 미니 드론을 개발하는 데 집중했기 때문이다. 드론 산업의 대부분 선행 기술들을 개척해 왔을 정도로 패럿은 드론 업계에 많은 혁신을 가져왔다. 패럿의 첫 모델인 AR DRONE은 스마트폰으로 구동되는 최초의 멀티콥터이다. AR DRONE의 성공에 힘입어 이후 다양한 라인업을 갖추어, 롤링 스파이더, 점핑 스모, AR DRONE 2.0 등의 미니 드론과 풀HD급 촬영이 가능한 비밥 BeBop 등 중형 드론을 출시하게 된다. 이때까지만 해도 드론은 레저용으로 소수의 매니아들에게만 관심을 받았다. 그러나 방송사 등에서 TV 프로그램 촬영, 스포츠 중계, 영화 촬영 등에 활용하기 시작하면서 대중화되었다. 드론에 고프로 등 고성능 액션 카메라를 장착하여 여러 각도에서 생동감 넘치는 장면을 찍을 수 있기 때문에 '영상혁명'으로 불릴 정도로 촬영장비로서 자리를 굳히게 됐다.

▲ SOLO   ▲ Phantom III   ▲ AR DRON2

요즘에는 자동차, 통신 등 다양한 산업 군에서도 드론을 활용한 장비들을 개발하기 위해 노력하고 있다. 프랑스 대표적 자동차 업체인 르노는 2014 뉴델리 모터쇼에서 교통상황 관측을 위한 드론을 차량 지붕에 탑재한 차량을 선보이기도 했다. 페이스북은 드론에 무선인터넷 중계기를 탑재하여 전 세계 인터넷 시장을 장악하는 데 활용하고 있다. 인터넷 쇼핑몰 업체인 아마존은 드론을 이용한 다양한 물류 연구를 수행 중이고 일부 지역에서는 드론을 이용한 택배 서비스를 시범 운용 중이다.

다양한 산업의 총 집합, 드론 생태계

드론 시장은 항공산업의 전후방 연계 효과가 큰 산업 생태계에 더해 다양한 서비스 시장이 형성되면서 그 규모가 커질 수 있을 것으로 보인다. 제조업인 항공산업을 기반으로 하고 있기 때문에 하드웨어 중심으로 생태계가 구축되었으나, 물류, 서비스, 영상 등 다양한 서비스 분야에서도 활용이 예상되어 독특한 비즈니스 모델 구축이 가능해지는 것이다. 이를 구현하기 위하여 각종 센서와 부품들이 추가되었고, 이를 관리하기 위한 소프트웨어의 개발 또한 중요해졌다.

이에 따라 드론 생태계는 드론용 소프트웨어를 만드는 기업들로부터 시작될 것이다. 드론 운영체제인 항공정보플랫폼^{AIP}를 개발한 에어웨어^{Airware}는 세계적인 벤처캐피털인 KPCB 및 GE 등의 투자를 유치하면서 드론 소프트웨어 생태계를 이끄는 선두주자로 급부상하였다. 이 업체는 드론이 목적지까지 안전하고 효율적으로 비행할 수 있는 자율주행 시스템을 제공한다. 또한 각종 애플리케이션을 통해 임무들을 추가할 수 있으며 스마트폰 등 여러 기기들과도 연동이 가능하다. 소프트웨어를 이용해 나만의 드론을 개발할 수 있는 항공정보플랫폼을 통해 드론의 미래 잠재성이 표출될 수 있다. 이와 같이 드론 산업은 안정화되어 있지 않고, 여러 시도들을 통해 나아갈 방향을 설정하고 있는 단계로 플랫폼을 누가 어떻게 선도하느냐에 따라 그 방향이 정해질 것이다. 이러한 점에서 소프트웨어 기반의 플랫폼 경쟁에 주목해야 할 것이다.

앞서 언급한 것과 같이 드론에 장착하는 카메라의 역할이 중요해지면서 고성능 카메라 및 센서를 개발하는 업체 또한 주목받고 있다. 대부분의 드론에 장착되는 카메라는 영상을 촬영하여 실시간으로 제공하는 것과 함께 촬영한 영상을 처리하여 여러가지 정보로 활용하게 되면서 하드웨어 중에서는 가장 중요한 역할을 하게 되었다. 따라서 드론 생태계를 이해하는 데 있어 카메라의 성능 및 그 활용에 대한 이해는 중요한 요소라고 할 수 있을 것이다.

먼저 농업과 어업 등 1차 산업에서도 드론의 활용은 높아져 가고 있다. 기존의 농약을 살포하는 것과 같은 기본적인 영역을 벗어나서 더 다양한 역할을 수행할 수 있게 되면서 스마트 농업 시스템의 중요한 축을 맡게 될 것이다. 실제로 해외에서는 대규모의 면적을 자동화하여 농작물을 재배하는 과정에서 드론을 적극적으로 활용한다. 드론이 수시로 농지를 촬영하여 데이터를 전송하면, 빅데이터에 기반한 모니터링 시스템이 농작물의 상황 등을 분석하여 상황에 맞게 농약 살포 등을 즉각적으로 대응하면서 효율적이고 안전한 농작물 재배를 하게 된다. 그 시작과 마무리를 드론이 맡으며, 스마트 팜 시대에 중요한 역할을 하게 되는 것이다.

사람을 직접 투입하기 힘든 위험한 지역에 대한 드론의 역할도 주목받고 있다. 기존에는 방사능 노출이 우려되는 지역 등 위험한 지역에는 로봇 등을 투입하여 그 상황을 분석하고 처리하였으나, 로봇에는 기술적·비용적 한계점이 존재하였다. 하지만 드론은 더 간단하고 정확하게 위험한 지역의 상황을 파악할 수 있으므로 재난 현장 등에서의 역할이 점차 확대되고 있다.

　인터넷이 보급되고 생활의 일부가 되면서 보안사고 등 문제가 발생하는 것처럼 드론이 우리 생활의 일부가 되는 시대가 오면 각종 문제가 발생할 것이다. 이를 사전에 방지하고 예방하는 기술들도 드론 생태계의 중요한 요소가 될 것이다. 드론이 도시에서 비행 중 사고로 갑자기 낙하하게 될 경우 지상의 사람 및 사물을 보호할 수 있는 드론용 에어백이나 낙하산, 전파방해장치를 불법적으로 활동하는 드론에 발사하여 강제로 착륙시키는 기술, 데이터 통신 중에 발생할 수 있는 해킹을 방지하기 위한 보안 강화 솔루션 등이 그 예가 될 수 있다.

　드론과 IoT와의 연계도 고려해 볼 수 있다. 사물인터넷은 인터넷을 기반으로 모든 가전-자동차 등의 사물을 연결하여 사물과 사물 간의 정보를 공유하고 이를 인공지능 등을 통하여 새로운 정보를 생산해 내는데, 여기서 중요한 것이 각 사물들의 정보를 수집할 수 있는 센서와 이를 종합, 통제하는 플랫폼이다. 현재는 각 사업자별로 표준을 만들어 가는 과정으로 그 개념이 생소하지만 조만간 우리 생활 속으로 파고들 것으로 예상된다. 실내를 중심으로 IoT 생태계가 구축되고 나면 자동차를 중심으로 Mobility IoT 구축으로 확대되며 그 활용도가 높아질 것이다. 이후 가장 많은 정보들을 가지고 있을 드론으로까지 IoT가 활용되면 드론은 IoT 생태계에서 다양한 역할을 수행하며 IoT 생태계의 핵심 구성요소가 될 것이다. 앞에서도 언급한 인텔과 퀄컴이 드론 산업에 적극적으로 진출하는 이유 중 하나도 향후 IoT 시장에서 핵심 부품을 기반으로 주도권을 쥐기 위해서이다.

　이처럼 드론 산업은 우리가 생각하고 있는 이상으로 잠재적인 시장

규모를 갖고 있고, 전반적인 생태계의 크기는 단순히 드론 자체에만 있지 않고 다양한 구성요소와의 상호작용을 통해 시너지를 내며 커져 갈 것이다. 연관 기술 및 부품, 소프트웨어, 서비스 등 파생되는 산업의 크기가 큰 자동차 산업과 마찬가지로, 향후 활용되는 영역이 넓어지면서 드론 생태계의 크기는 더욱더 커질 전망이다. 여기에 드론이 가지고 있는 잠재성과 활용 분야를 고려하면, IT 등 각종 기술들과 드론의 융합은 다차원의 시대가 될 미래에 중요한 방향을 제시해 줄 것이다.

10 / 레그테크를 활용한 규제 준수 및 금융포용과 소비자 보호를 위한 혁신

골드만삭스 테크놀로지부서 소프트웨어 엔지니어 **정민철**

핀테크

인공지능을 필두로 한 4차 산업혁명을 통해 발전될 기술들은 참으로 무궁무진하다. 앞으로 펼쳐질 무궁무진한 기술의 중심에는 핀테크가 있다. 금융위원회 금융용어 사전에 따른 핀테크의 정의는 다음과 같다.

핀테크^{FinTech}는 Finance^{금융}와 Technology^{기술}의 합성어로, 금융과 IT의 융합을 통한 금융 서비스 및 산업의 변화를 통칭한다. 금융 서비스의 변화로는 모바일, SNS, 빅데이터 등 새로운 IT 기술 등을 활용하여 기존 금융기법과 차별화된 금융 서비스를 제공하는 기술 기반 금융 서비스 혁신이 대표적이며 최근 사례는 모바일뱅킹과 앱카드 등이 있다.

말 그대로 금융과 기술의 합성어다. 사실 기존의 IT 기술을 기반으로 금융산업에서 활용한 사례들은 매우 많다. 그러나 핀테크 서비스는 기존 서비스들과 차별되는 점들이 존재한다. MTS, HTS, 인터넷뱅킹 및 모바일뱅킹은 모두 IT 기술을 활용해 성공한 혁신적인 사례들이다. 그러나 이러한 사례들은 현재 금융기관에서 행해지는 업무를 자동화한 것에 불과하다. 즉, 과거 금융회사 직원을 통해 처리하던 업무를 언제 어디에서나 간편하게 처리하게 된 것이 핵심이다. 그러나 핀테크 서비스는 VAS^{Value Added Services}를 제공한다. 단순하게 금융기관들이 변화에 대한 주도권을 쥐고 있지 않다. 스타트업^{Startup} 및 IT 기업들이 주도권을 쥐고 있다. 즉, 혁신이 외부에서부터 온 것이다. 이는 금융기관에서 제공하던 서비스들이 금융기관에서 분리됨을 말한다. 과거에는 금융 서비스를 비금융회사에서 제공한다는 것은 상상하기 어려웠다. 정의와 마찬가지로, 핀테크가 포괄할 수 있는 개념의 범위가 매우 광범위해졌다. 기존 금융기관들이 제공하던 IT 기술 기반 서비스, 자동화 업무 시스템, 알리페이와 같은 결제 서비스, 스타트업들의 다양한 금융 관련 앱들도 모두 핀테크 분야에 들어간다. 이처럼 핀테크는 현재 매우 보편적으로 쓰이는 용어가 되었다. 이번 장에서는 단순하게 핀테크의 정의와 사례를 알아보기보다는, 현재 많은 연구가 이루어지고 앞으로 새로운 트렌드가 될 핀테크를 활용한 소비자 보호 및 규제 분야에 대해 이야기해보고자 한다.

레그테크

금융거래가 이루어지는 모든 나라에는 금융을 규제하고 소비자를 보호하는 금융당국이 존재한다. 우리나라의 경우에는 금융감독원을 들 수 있다. 금융감독원은 레그테크^{RegTech}를 도입하기 위해 레그테크 도입 및 활성화 과제를 채택하였다. 레그테크는 규제를 뜻하는 Regulation과 기술을 뜻하는 Technology의 합성어이다. 핀테크를 활용해 소비자를 보호하

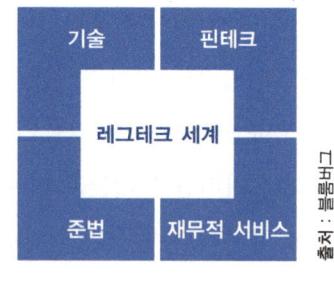

▲ 레그테크 개념도

고 금융회사들의 규제 준수를 이끄는 기술이다. 우리나라는 2008년 미국발 금융위기를 겪으면서 자본 건전성, 유동성 및 파생규제 강화 관련 규제를 강화하였다. 또한 AML$^{자본세탁\ 방지}$ 등 복잡한 법안과 규제들이 등장함에 따라 감독당국의 감독비용이 증가했을 뿐만 아니라 이를 효과적으로 잡아내기가 매우 어려워졌다. 우리나라뿐만 아니라 전 세계 모든 나라의 규제들은 모바일과 인터넷 발전 이전에 만들어진 규제들이다. 따라서 규제를 하는 데 한계가 있다. 세계 각 나라의 금융당국은 규제 변화를 따라잡기 위해 인공지능을 활용해 실시간 데이터를 분석할 수 있는 역량이 필요하다고 느끼고 있다. 이에 따라 사람 의존도를 낮추기 위해 레그테크를 도입하고 있다. 영국, 캐나다, 아일랜드 등 35개 국가들은 레그테크를 도입하고 있다. 아시아의 금융허브인 홍콩 또한 레그테크에 대한 파일럿 프로젝트를 진행 중에 있고, 호주는 더 나아가 AML FIU 인공지능을 개발하고 있다. 세계적 IT 컨설팅 회사인 어센츄어^{Accenture}에 따르면 2025년에는 세계 30%가량의 금융당국이 레그테크를 활용할 것으로 예상한다. 우리나라는 이제 시작 단계지만 레그테크 도입을 위해 앞으로 많은 노력을 할 것으로 보인다. 이처럼 핀테크 기술을 기반으로 하는 레그테크는 앞으로 큰 패러다임이 될 것으로 보인다. 이런 레크테크에 대해서 더 자세히 알아보도록 하자.

레그테크 전망 및 도입의 필요성

과거 우리나라뿐만 아니라 전 세계가 IT 기술의 발전을 겪었다. 이를 바탕으로 핀테크 산업이 발전했다. 핀테크 기술이 발전함에 따라 더 많은 금융규제들이 생겨나게 되었다. 이는 금융회사들이 규제준수 비용의 가성비에 대해 더 인식하게끔 했다. 보통 금융회사는 준법Compliance 감시 부서를 두고 인건비에 많은 비용을 쓰고 있다. 레그테크는 준법감시 업무비용을 크게 낮출 수 있는 대안으로 부상하였다. 핀테크는 기존에 존재하던 규제에 관한 문제들을 핀테크와 같은 기술을 사용하여 다룬다. 규제가 강화되고 있고 더 많은 데이터 활용이 이루어지고 있다. 이는 레그테크 관련 회사에 더 큰 기회를 가져다 준다. 결국 사람이 찾아내지 못할 데이터의 패턴을 핀테크를 통해 쉽게 찾아낼 수 있는 것이다. 뿐만 아니라 실시간 감시 효과도 있다. 레그테크 기술을 통해 이를 바로 컴퓨터가 인지하고 이를 감독당국에 실시간 보고가 가능하다. 규제준수의 핵심은 교전수칙으로 설명된다. 즉, 금융기관들 간의 규제에 대한 허가 혹은 불허하는 것에 대한 교전수칙인 셈이다. 모든 규제들에 있어서 기업은 "가능하다"라고 해석을 하는 반면, 금융당국은 "가능하지 않다"라고 해석하는 경우가 많다. 이는 또 다른 비용낭비를 발생시킨다. 기업들은 법무법인을 통해 규제를 벗어나기 위해 비용을 기꺼이 지불할 것이다. 그리고 감독당국은 이러한 규제를 적용하기 위해서 더 많은 시간과 인력을 사용해 더 정교한 규제를 만들어낼 것이다. 레그테크는 이러한 비용낭비를 많은 부분 줄여줄 것으로 기대된다.

현재 우리나라 법규(자본시장법 시행령 제42, 45조-위탁이 금지되는 업무범위)에서는 업무 위탁 절차에 따라 레그테크 이용이 가능하다. 즉, 우리나라 스타트업이나 IT 관련 기업들은 준법감시 관련 업무를 위탁 받을 수 있다. 이는 레그테크가 신생기업들에게 얼마나 많은 기회를 창출할지 잘 보여준다. 많은 핀테크 기술로 인해 오늘날의 일자리가 줄었듯이, 레그테크로 인해 미래에는 감독당국 및 기업들의 준법부서 인력 축소가 가능할 것으로 예상된다. 이러한 준법 분야는 규제가 너무 복잡하고 광범위함에 따라 대체가 불가능할 것으로 예상했었다. 레그테크를 핀테크의 일부로 보는 시각에 대한 개념도를 살펴보도록 하겠다.

금융과 기술이 만나서 핀테크가 되었다. 여기서 규제는 과거 금융에만 존재했지만 이는 기술로 넘어가고 있다. 우리는 이러한 규제 해석 및 통제를 핀테크에 도입함으로써 각종 비용과 시간을 아낄 수 있다.

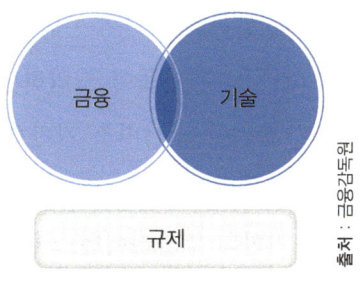

▲ 레그테크 개념도

현행 규제 해석에 대한 질의를 하려면 금융기관들은 법무법인에 가서 문의를 한다. 이때 자문료 비용이 상당하게 발생한다. 앞으로 레그테크가 활성된다면 상당히 많은 규제 해석에 대한 비용을 아낄 수 있다.

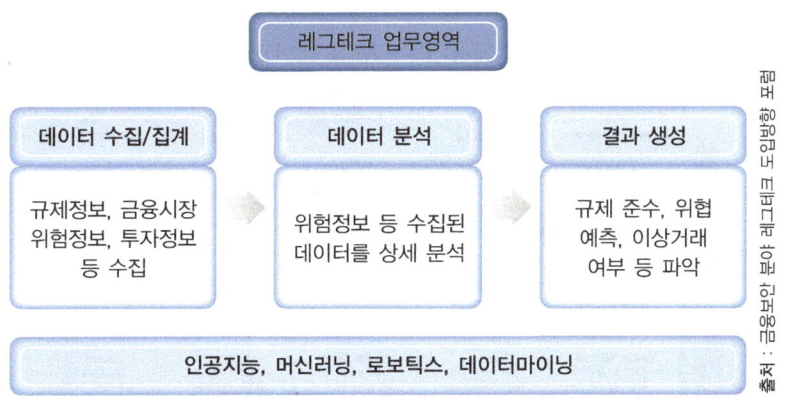

▲ 레그테크 업무영역

위의 그림은 금융보안원의 '금융보안 분야 레그테크 도입 방향 포럼'에서 설명했던 다이어그램이다. 즉, 인공지능 관련 기술 머신러닝, 로보틱스, 데이터마이닝 등을 활용해서 금융당국의 감사역들이 찾을 수 없는 부분까지 미리 찾고 예측을 한다. 해외 레그테크 관련 솔루션을 살펴보면 아주 다양한 영역이 존재한다. 보고서 생성, 포트폴리오 리스크 관리, 컴플라이언스, 보안, 신원확인, 운영 리스크 관리, 기업 리스크 관리, 자금세탁, 블록체인, 정부·법률 등 여러 분야가 있다. 레그테크 관련 솔루션을 금융기관들이 도입하면 이는 클라우드 서비스 기반으로 하게 된다. 클라우드 서비스 기반으로 금융당국은 금융정보를 실시간 분석이 가능하게 해준다. 즉, 레그테크 기업들은 플랫폼을 제공하고, 클라우드 기반의 컴플라이언스 DB를 구축해 주고 운영을 하게 된다. 그러면 금융당국은 개별적으로 금융기관들을 관리하는 대신 해당 레그테크 업체만 관리하면 된다. 이를 통해 인력비용과 많은 시간을 줄일 수 있을 것으로 예상한다. 아래는 세계 주요은행들이 미국 금융감독당국에게 지불한 비용을 보여주고 있다.

▲ 준법감시에 지불하는 비용

실제로 규제들은 더 복잡해지고, 금융기관들은 이를 감당하기가 점점 어려워지고 있다. 이에 따라 준법감시에 더 많은 비용을 지불하게 되는 것이다. 현 금융기관들은 큰 비용을 지불하면서 준법감시에 더 많은 인력을 투입하고 있다. 또한 새로 사업을 시작하는 회사들에게는 큰 부담으로 다가온다. 일정 규모가 되면 준법감시 관련 인력을 보유해야 한다. 이는 진입장벽이 될 수 있다.

인터넷의 발전으로 인해 세상이 많이 편리해졌다. 수많은 정보들을 국경과 상관없이 넘나들며 찾을 수 있게 되었다. 소통 또한 실시간으로 이루어지고 있다. 그리고 스마트폰의 발전은 언제 어디서나 인터넷이 가능하게 만들어 주었다. 이에 따른 기술 발전으로 인해 핀테크와 같은 정교하고 혁신적인 기술의 뼈대가 만들어졌다. 사람들은 여기에 만족하지 않고 이를 적용할 수 있는 분야를 계속 개척해 나가고 있다. 레그테크 또한 그렇다. 사람을 대체하지 못할 것이라고 생각했던 분야를 핀테크를 통해 대체하려고 한다. 우리는 이러한 빠른 변화에 대처해야 한다. 레그테크는 핀테크 기술뿐만 아니라 인공지능, 빅데이터 등을 활용한 감독체계를 고도화하는 기술이다. 레그테크는 각종 보고서 또한 단축시켜 줄 것이다. 레그테크를 구축하는 데 있어 필요한 과제를 금융감독원은 아래와 같이 4가지로 나누었다.

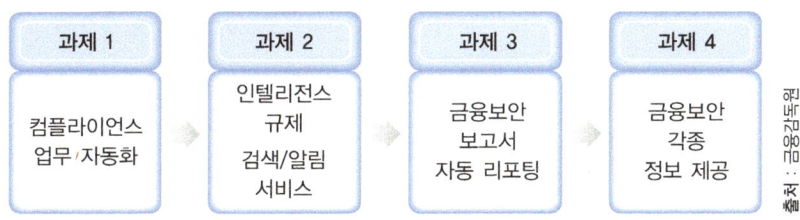

▲ 레그테크 구축 프로세스

이같은 정부기관의 방향성에 맞춰 앞으로의 수요를 맞추어 나간다면 많은 기회가 있을 것으로 보인다. 금융당국도 무작정 추진하기보다는 국내 금융회사, 학자, IT 회사 등과 지속적으로 협의를 통해 국내에 맞는 환경과 규제 방향을 제시해야 한다. 레그테크에 대한 도입을 장려하고 새로운 기술을 도입하는 데 거리낌이 없어야 한다. 레그테크뿐만 아니라 앞으로 계속 발전될 핀테크 기술이 기대된다. 우리나라뿐만 아니라 전 세계가 시대에 맞춰 정책과 산업 방향도 변화하고 있다. 핀테크는 비슷한 기술과 플랫폼으로 나아가지 않고 무궁무진하게 다양한 방향으로 나아가고 있다. 물론 비슷한 길로 발전이 되는 부분도 보인다. 이렇게 계속 좋은 방향으로 나아가다 보면, 어느 순간 많은 것들을 편리하게 대체할 핀테크 기술들이 우리 눈앞에 펼쳐질 것이다. 정말 사람들이 원하는 것이 무엇인지 이를 잘 파악하고, 앞으로 개발될 신기술들을 잘 융합하여 적절한 서비스를 제공해야 한다. 앞으로 10년 후의 모습들을 기대하며 상상해본다.

11. 블록체인 시대의 가치를 창출하는 과정

한국거래소 글로벌IT사업단 **유현재**

IT doesn't matter?

먼저 블록체인 현상과 융합의 시대를 논하기 이전에 한번쯤 짚고 넘어가고 싶은 역사적 사례가 있어 먼저 소개하고 블록체인에 대해서 이야기를 하고자 한다. 경영학을 공부한 사람들이라면 『하버드 비즈니스 리뷰』라는 출간물을 한 번쯤은 읽어 보았을 것이고 경영학을 전공하지 않는 독자들도 이 경영학 매체를 한 번쯤은 접해봤을 것이다. 특히 필자와 같이 IT 경영학을 공부한 사람들이라면 2003년 『하버드 비즈니스 리뷰』에 실린 'IT Doesn't Matter'라는 칼럼을 모르는 이는 없을 것이다. 왜냐하면 당대의 『하버드 비즈니스 리뷰』 편집장이었던 니콜라스 카 Nicholas G. Carr가 IT는 더 이상 기업의 경쟁우위 요소가 아니며 IT 비용을 절감하는 것에 기업들이 초점을 맞춰야 한다고 파격적으로 주장했기 때문이었다. 당시 2000년대 초반에는 닷컴 기업들이 우후죽순 생겨나고 IT가 세상을 바꿔놓을 수 있을 것처럼 언론이나 여러 매체에서 대서특필하던 시대에 나온 주장이었기에 더욱 논란이 많이 되었다. IT 업계에서는 많은 논쟁을 불러일으켰으며, 마이크로소프트의 빌 게이츠나 휴렛팩커드의 칼리 피오리나 회장 등이 나서서 이 칼럼을 비판하기 시작했다.

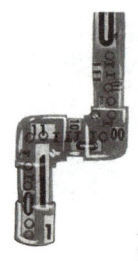 

출처 : 하버드 비즈니스 리뷰

▲ IT Doesn't Matter 하버드 비즈니스 리뷰 강연 중인 니콜라스 카

그 일이 있고 난 뒤 15년이 지난 지금, 니콜라스 카가 주장한 IT는 누구나 사용할 수 있는 마치 수도시설이나 전기 시설과 같은 것일 뿐 이제 더 이상 기업들에게 경쟁우위의 전략이 되지 못한다는 주장이 맞는지를 따져본다면 반은 맞고 반은 틀렸다라고 자문자답해 볼 수 있다. 분명 IT, 그리고 인터넷 기술은 이제 누구나 다 사용하는 공공재의 성격이 되어버렸고 이제 이 기술을 사용하지 않는 기업이나 개인들이 없을 정도다. 하지만 반은 틀렸다고 할 수 있는 주장의 근거는 바로 이 기술을 이용한 더욱더 진보된 디지털 트랜스포메이션이 나타나고 있기 때문이다. IT와 기계장치가 결합한 테슬라 자동차가 세상에 나오며, 이제는 내연기관 자동차라는 개념보다는 바퀴 달린 스마트폰의 개념으로 진화하고 있다. 그리고 스마트폰이 등장하면서 다양한 IT 생태계가 구축되고 이를 통해 더 나은 부가가치를 창출할 수 있는 기회가 생겨나게 된다. 또한 이런 IT 생태계의 발전으로 인해 금융, 물류, 정치, 의료 등 수많은 사업들이 IT에 의해 영향을 받게 된다. 이렇게 개별 IT 기기들이 개개인들의 손에 들어오게 되고 인터넷을 이용한 공유의 가치라는 것이 생겨나게 되면서 이제 점점 중앙 집중적인 정보소유 형태가 개인들에게 넘어오기 시작한다. 세상은 Peer to Peer[P2P]라는 개념에 익숙하

게 되고 이런 P2P 기술을 발전시킨 블록체인 기술이 암호화폐의 기반 기술로서 이 세상에 등장한다.

많은 사람들과 기업들은 이제 새로운 기술인 이 블록체인에 열광하고 있다. 마치 인류 최고의 발명품 중 하나로 손꼽히는 구텐베르크의 활자 인쇄술이나 미군 군사용으로부터 시작된 인터넷과 TCP/IP의 발명처럼 블록체인이 정부나 중앙집권적 기관에서 주도하는 세계관에서 개별 개인들이 주도하고 이끌어 가는 새로운 세상으로 발전시켜 줄 수 있을 것처럼 다양한 매체에서 열광하고 있다. 마치 15년 전의 IT 붐과 그 IT 붐을 신중하게 바라보는 시각이 공존했던 것처럼 다시 블록체인 열광의 시대가 도래한 것이 틀림없다. 이제 우리는 이 블록체인 기술이 우리가 생각하는 것만큼 가치가 있는지 없는지를 생각해보고, 그 이전에 왜 이런 기술이 나타나고 전 세계가 열광하는지를 살펴보고자 한다. 과연 블록체인이 가치를 창출하는 기술로서 타 산업과 융합될 때 다양한 가치를 만들어 낼 수 있을까?

블록체인의 탄생배경

블록체인의 시발점은 비트코인의 탄생이었고 그 탄생배경은 2008년 금융위기로 거슬러 올라갈 수 있다. 사토시 나카모토라는 익명의 개인(혹은 그룹)이 암호화폐인 비트코인의 시작과 그 기술을 알리는 백서를 2008년에 발표하고 비트코인이 거래가 되거나 채굴을 할 때 필요한 기반 기술로 블록체인 기술을 소개한다. 사토시 나카모토는 비트코인을 소개한 이후 한 포럼에서 "기존 화폐들의 가장 근본적인 문제점은 해당 화폐 시스템이 작동하기 위해서는 그 근본에는 신뢰^{Trust}가 바탕이 되어야 한다는 점이다. 중앙은행의 역할은 이런 통화의 신뢰를 유지해 주는 것이지만 역사를 돌이켜 보면 화폐의 신뢰를 깨뜨리는 사건들이 반복되어 왔다"라고 밝히는 등 기존 통용화폐에 대해 더 이상 그 신뢰라는 기반이 건재하지 못할 수도 있을 것이라는 생각을 하게 된다. 물론 여러 포럼에서 비트코인 기술의 개발은 2007년부터 시작되었다고 알려져 있지만 2008년 금융위기가 비트코인 혁명의 도화선이 된 것임은 분명하다. 미국은 금융위기의 발단이 된 대형 금융기관에 대해 공적자금을 투입해 가며 대형 은행과 보험업계의 대형 손실을 만회하게 해 주고 그 과정에서 많은 현금을 찍어 내게 된다. 돈이라는 것은 신뢰를 바탕으로 만들어지고 사람들은 정부가 발행하는 법정통화를 믿고 거래하게 되지만 정부는 자신들의 입맛에 맞거나 혹은 경제를 살린다는 명목 하에 그 신뢰를 자신들의 목적에 맞게 변경해 나갔던 것이다. 금융위기는 사토시를 비롯한 무정부주의적 사람들에게는 정부에 대한 신뢰를 바닥으로까지 추락하게 하는 계기가 되었으며, '대마불사$^{\text{Too big to fail}}$'이라는 단어를 또다시 상기시켜 주었다. 이런 상황에서 월스트리트를 점령하자는 운동이 생겨나게 되었으며 개개인들이 주체가 되어 어떠한 정부의 통제도 받지 않고 개별적으로 사용의 편의성과 그 시스템을 자발적으로 운영될 수 있게 하는 인센티브 시스템을 도입한 비트코인이 떠오르게 되었던 것이다.

최초에는 비트코인이 화두되었지만 2014년 들어서 많은 사람들이 블록체인 기술에 대해서 관심을 가지기 시작한다. 투명성과 익명성에 기반을 둔 블록체인 기술은 모든 사람들이 모든 거래와 그 가치를 공유할 수 있게 되었고 사용자의 선택에 따라 익명을 유지하거나 자신의 신분을 밝힐 수도 있어 재조명받았다. 이후 비탈릭 부테린이 이더리움이라는 또 다른 암호화폐를 개발하면서 블록체인 2.0 시대를 맞이했다. 비탈릭 부테린은 기존 거래를 구성하는 블록을 생성할 때에 스마트 계약을 추가해서 더 많은 정보를 담을 수 있는 블록체인을 만들고 이를 통해 단순 교환뿐만 아니라 다양한 조건들을 추가해서 더 나은 가치를 만들어 가는 블록체인을 개발해 냈고 이제 상당수의 암호화폐 생태계에서 블록체인 2.0 기반 기술에 따라 다양한 코인들이 나오게 되었다.

블록체인의 작동원리는 어떻게 이루어지는가?

암호화폐의 세계에서 블록체인은 정말 다양한 형태로 존재하지만 일단 블록체인의 탄생이라고 할 수 있는 비트코인의 블록체인 기술에 대해서 그 원리를 이해하고 넘어가보자. 블록체인은 비트코인의 핵심 소프트웨어 프로토콜에 의해서 운영된다. 비트코인을 채굴하는 채굴자들은 비트코인의 탄생 때부터 지금까지 어떻게 서로 간에 상호작용을 하고 있고 커뮤니케이션을 하고 협업을 하는지를 담고 있는 통합 프로그래밍 인스트럭션을 모두 동일하게 다운받아서 사용하고 있다. 블록체인 그 자체는 어떤 한 대의 컴퓨터나 서버에 존재할 수 없고 집합적으로 동일한 서로 연결된 컴퓨터 네트워크에 존재할 뿐이며, 그 각각의 컴퓨터들을 우리는 '노드'라고 부르고 있다. 하나의 노드란 네크워크에 연결된 한 대의 PC 또는 채굴장치를 의미하기도 하며 채굴자들은 하나의 노드를 소유한 개인이나 기업을 의미한다. 각각의 노드 컴퓨터에 깔린 클라이언트 소프트웨어는 네트워크 거래가 발생했음을 알릴 때마다 언제든 매수자와 매도자의 컴퓨터(노드)가 블록체인 장부를 보고 읽을 수 있게 해줄 뿐만 아니라 앞으로 업데이트될 내용을 입력하는 역할을 한다. 만약 개별 노드가 생성하는 업데이트 내용이 전체 네트워크에서 유효한 것으로 승인되고 그 정보가 다른 컴퓨터들이 가진 가장 최신의 거래 내역에 관한 정보들과 정합성을 갖게 된다면 그런 세부 내역들이 영구적인 블록체인 기록에 더해지게 된다.

독자들의 이해를 돕기 위해 실제 사례를 통해 블록체인의 거래가 어떤 식으로 이루어지는지 살펴보자. 이용자가 판매자에게 어떤 서비스나 재화를 구입하고 그 대금을 암호화폐로 지급하는 경우를 예로 들면 다음과 같다. 먼저 대금을 지급받을 B는 자신의 암호화폐 지갑 주소를 이용자에게 알려준다. 그 주소는 암호화폐 지갑의 공개키로부터 자동적으로 생성되며, 우리가 흔히 사용하는 이메일 주소와 유사하지만 거래를 할 때마다 그 주소가 바뀐다는 차이점이 있다. 이런 공개키는 해당 지갑이 누구의 지갑인지를 나타내는 역할을 맡게 되는데 우리가 흔히 사용하는 은행계좌번호와 비슷하다고 생각하면 된다. 이용자는 받은 주소에 자신이 이용한 만큼의 가격에 해당하는 암호화폐를 서비스 제공자에게 지급하고 이 주소를 받은 이용자는 비밀키를 이용해 서명을 하게 된다. 비밀키와 공개키의 서명이 이루어지면 암호화폐 지갑 소유자는 비트코인을 다른 주소로 보낼 수 있다.

이렇게 이용자와 서비스 제공자 간에 비밀키와 공개키 서명을 하게 되면 이런 거래들이 네트워크에 참여하고 있는 노드들을 통해 해당 거래가 정상적으로 이루어졌는지에 대한 검증을 실시하게 된다. 이런 거래예정 내역들이 몇 가지 주요정보와 함께 네트워크로 퍼지게 되는데 이런 주요정보라 함은 지갑의 주소, 거래예정 일시, 고유거래 코드 등 세부정보, 그리고 전송자가 첨부할 메시지 등 모든 정보를 포함한다. 각각의 노드에 해당하는 채굴자들은 이런 정보를 수집하여 해시로 알려진 영문과 숫자로 된 암호화 코드로 만들며, 해당 거래 내역의 정보량을 줄이게 된다. 압축과 압축해제를 할 수 있는 문서 파일과 마찬가지로 이 프로세스를 통해 상대적으로 많은 양의 정보를 요약하고 이전보다 훨씬 적은 데이터의 양으로 압축할 수 있다. 해시는 컴퓨터 세계에서 암호화 및 데이터 저장의 기본적인 부분이다. 이 과정에서 이용자의 지갑에서는 서비스 제공자에게 전송한 암호화폐 외의 일정 부분 거래비용이 발생하게 되고 이 거래수수료는 블록에 기록됨으로써 최종적으로 거래를 승인하고 이전까지의 블록체인에 연결하는 수고를 제공해주고 있는 채굴자에게 보상으로 지급될 수 있다. 비트코인을 예로 들면 단 하나의 노드가 비트코인 알고리즘이 최종 블록 해시로 찾고자 하는 내용과 일치하는 논스를 발견하게 되고 블록을 생성할 때마다 일정 부분의 비트코인을 지급받게 되며 이는 개별 노드들이 채굴에 참여함으로써 비트코인의 블록체인을 형성하고 유지해 나가는 데 필요한 일정의 노력을 제공하고 반대급부로 보상을 얻는다.

새롭게 봉인된 거래 블록이 만들어지고 체인에 추가된 이후에도 여전히 남아있는 중요한 일은 바로 작업증명$^{Proof\ of\ Work}$이다. 다른 채굴자들은 이제 그 안에 포함된 거래정보의 정합성을 확인해야 한다. 그들의 확인작업이 없다면 블록체인에 대한 공통의 합의체가 없는 것과 같다. 사기를 치고자 하는 채굴자가 가짜 거래정보를 블록에 입력하는 것을 막을 수 있는 방법이 없다. 즉, 위조할 수 있는 비트코인을 보낼 수 있으며, 시스템은 사기를 인지하지 못하고 합법적인 거래로 받아들일 수 있다. 그렇기 때문에 다른 채굴자들은 작업증명을 통해 보상받는 채굴자를 검증하게 되고 이 새로운 블록에 패키징된 모든 해시 데이터를 역산하고 이를 블록체인의 히스토리와 대조해서 확인한다. 이 작업은 작업량이 많은 것처럼 보이긴 해도 채굴자들이 가진 컴퓨터는 고성능이기 때문에 부담스럽지 않고 비교적 빠르고 쉽게 처리할 수 있다. 이런 확인 작업들이 블록체인 노드 네트워크에 전달되고 최종적으로 지갑 소지자에게 전달된다. 이제 암호화폐를 받게 되는 서비스 제공자는 암호화폐를 지불하는 이용자의 지불행위가 적합하게 이루어졌다고 안심할 수 있게 된다. 중요한 것은 이런 확인절차가 채굴자에게는 체인의 마지막 블록이 실제로 합법적인 블록이라는 안도감을 준다는 것이다. 즉, 보상받은 채굴자가 될 경우 다음 블록을 부착할 준비가 되는 것이고 여기에서부터 다시 전체 거래 프로세스가 다시 시작된다.

왜 사람들은 블록체인에 열광하는가?

처음부터 일반 대중들이 블록체인을 이해하려 들지는 않았다. 비트코인이 대중들에게 서서히 알려지기 시작하고 나서 상당한 시간이 지나고 나서야 많은 사람들이 비트코인에 투자하거나 들여다보기 시작했으며, 그 이후에 블록체인 기술에 대해서 이야기하기 시작했다. 실제로 비트코인의 최초블록 Genesis Block이 생겨난 2009년 당시에는 블록체인 기술에 대한 시사점이나 리뷰, 그리고 스타트업들이 별로 없었거나 사회에 드러나지 않았던 것에 반해 2014년 이후에야 비트코인이 아니라 블록체인 기술에 집중해야 한다는 보고서들이 나오기 시작한다. 이와 함께 뒤에서 언급할 상당수의 스타트업들이 생겨나기 시작한다.

블록체인 기술을 잘 이해하고 있는 전문가들, 그리고 블록체인 기술을 바탕으로 사업을 시작하려는 창업가들, 혹은 비트코인에 투자하고자 하지만 그 이면을 조금 더 들여다보고 싶은 암호화폐 투자자들이 나타나며, 블록체인의 향후 활용 가능성에 대해서 토론하고 건설적인 결과물들이 나오기 시작하자 마치 인터넷 혁명이 일어난 1990년대와 같이 블록체인 기술이 세상을 바꿀 수도 있을 것만 같은 분위기가 형성되었다.

일단 블록체인 기술은 중앙집권적 기반의 시스템이 아니기 때문에 제3자의 역할이 없어도 개인과 개인 간의 거래를 가능하게 해준다. 그렇기에 많은 사람들이 열광하게 되었다. 또한 거래를 기록한 원장들을 개인들이 소유할 수 있었기에 제3기관은 신뢰하지 못한다고 생각했던 많은 이들의 호응을 얻어낼 수 있었으며, 고도로 암호화된 기법을 통해 해킹이 불가능하다는 점이 많은 사람들의 관심과 지지를 얻어낼 수 있었다. 지금의 사회는 공유경제사회라고 할 수 있을 만큼 개개인들의 행위와 거래를 상호 간에 P2P로 하고 있지만 아직 우리 사회의 기본 시스템들은 중앙집중적 기관에 의해서 통제되는 경우가 많기 때문에 이들의 신뢰가 무너질 때마다 개개인들은 더욱 블록체인에 열광해 왔던 것이다.

또한 블록체인 기술의 발전에 따라 다양한 코인들이 생겨나고 이더리움과 같이 블록체인 2.0의 기술을 활용해 스마트 컨트랙트를 거래에 담을 수 있게 해주는 발달된 코인이 생겨나며, 블록체인의 확장 가능성이 높아지고 있다. 이를 통해 많은 사람들이 오픈소스인 블록체인 기술을—마치 리눅스가 그러했던 것처럼—다양한 개발에 사용하고 그 기술이 또 다른 개발을 통해 진전이 이루어지면서 블록체인 생태계가 점점 고도화되고 있다. 비탈릭 부테린이 이더리움의 블록체인 기술을 점점 더 업그레이드를 하면서 많은 사람들이 이더리움의 플랫폼을 이용해 다양한 코인들을 만들어 가며 다양한 산업에 적용하는 것이 그 예라고 할 수 있다.

블록체인과 융합의 시대

그렇다면 블록체인이 어떠한 방식으로 우리의 생활에 점점 더 들어오게 되는 것일까? 먼저, 사회를 구성하는 새로운 기술 및 방식으로 인한 어떤 혼란스러운 도전에 직면했을 때, 경제와 정치의 지배층에 있는 주요 기업과 기관에게는 세 가지의 선택지가 있다고 한다. 하나는 새로운 아이디어를 무시하거나 묵살해버리고 원래 하던 대로 하는 것, 두 번째는 정치적 로비 또는 홍보나 비방활동을 통해 대중의 시선에 부정적인 연관성을 불어넣어 초기에 위협을 제거해 나가는 것, 그리고 세 번째는 새로운 기술이나 개념을 도입할 때 협조적인 태도로 이를 받아들이려고 시도해보는 것이다. 현재까지 블록체인 기술을 받아들이는 우리 사회의 태도는 세 번째에 가깝다고 할 수 있다. 인터넷 기술의 발달로 이제는 개인들의 능력과 지식이 많이 발전해 왔으며, TCP/IP기술이 발견되었던 예전과는 차원이 다르게 지식들이 온라인상에 축적되고 사람들과 함께 공유되고 있다. 그리고 기업들도 이제는 이러한 기술을 무시하거나 정치적 로비를 하는 것이 아니라 적극적으로 받아들이기 위해서 노력하고 있다.

기존의 IT와 인터넷 기술이 그러했던 것처럼 블록체인 기술은 다양한 산업에서 활용도가 점차 커지고 있다. 하지만 이런 블록체인 기술도 개방형이냐 폐쇄형이냐에 따라서 기술의 활용 양상이 달라질 수 있고 기존의 비트코인이 나아가고자 했던 분권화의 시대에 역행할 수도 있다. 개방형 블록체인에서는 보안성과 더불어 네트워크 외부성이 중요

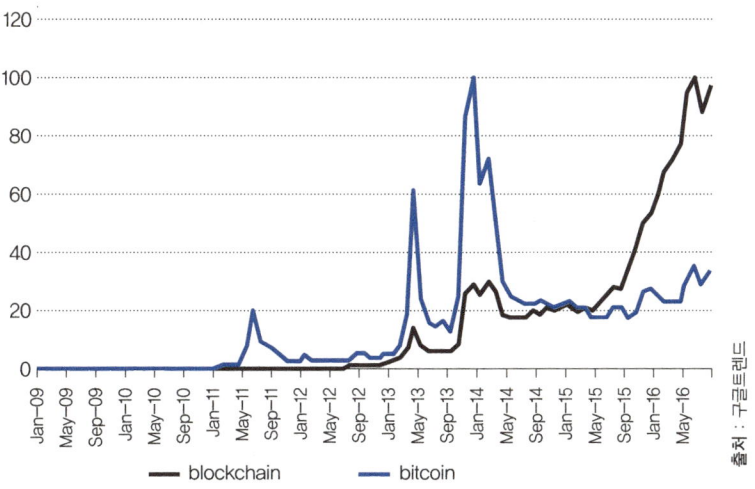

▲ '비트코인', '블록체인' 구글트렌드 분석

하다. 많은 사람들이 채굴경쟁에 뛰어들어 노드를 많이 확보하고 그 블록체인 기반으로 많은 거래를 하면 할수록 블록체인의 정합성은 높아진다고 알려져 있지만 이는 개방형 블록체인일 때에 한해서 유효하다. 폐쇄형 블록체인은 블록체인을 구성하는 참여자들의 필요성과 합의에 의해 운영되며, 중앙의 관리자가 거래 내역을 확인하기 때문에 네트워크 외부성이 그렇게 중요하지 않다. 아직까지 중앙집권적 힘이 강한 금융부분에서는 블록체인의 적용방안을 검토할 때 주로 폐쇄형 블록체인 모델을 기반으로 한 모델을 염두에 둔다. 반면 공유경제나 정치적인 부분에 있어서는 개방형 블록체인을 지향한다. 개방형이냐 폐쇄형이냐를 따지는 것이 융합의 시대에서 크게 중요하지만은 않을 것이다. 기존의 불편했거나 개선되어야 하는 사항들이 블록체인 기술을 만나서 융합되고 가치를 창출해 내는 과정에서 더 높은 부가가치를 이루어 낼 수 있고 그것을 이용하는 사회적인 비용은 낮출 수 있는 새로운 기술이 바로 블록체인이기 때문이다. 이제 우리는 블록체인이 어떻게 이용될 수 있으며, 다양한 사회와 융합되면서 어떤 가치를 창출할 수 있는지 다양한 사례를 통해 살펴보고자 한다.

(1) 금융

먼저 블록체인 기술을 가장 현실적으로 받아들일 준비가 되어 있는 곳은 금융권일 것이다. 비트코인 혹은 다양한 알트코인(예 : 리플 XRP) 등이 등장하게 된 배경에도 블록체인 기술이 제도권 금융기술을 혁신할 수 있을 것이라는 기대가 있었다. 현재 국내외 은행들을 중심으로 외화송금과 같은 서비스에 블록체인 기술을 도입하기 위해 시험이 이루어지고 있으며, 전 세계의 금융기관들은 중앙집권적 기관의 경쟁우위를 잃지 않고도 블록체인을 도입할 수 있는 방안을 여러 컨소시엄을 만들어 모색하고 있다. 가장 대표적인 컨소시엄이 R3CEV라는 곳으로 블록체인 네트워크의 설계기술, 지배구조, 표준 등을 논의하면서 어떻게 하면 블록체인 기술을 금융권으로 끌어들일 수 있는지를 연구하고 있다. 물론 금융이라는 대주제를 가지고 블록체인을 설명할 수 있지만 금융 중에서도 자본시장, 송금, 핀테크 순서대로 어떻게 블록체인이 기존의 기술과 더불어 가치를 창출하고 있는지 사례를 들어 설명하고자 한다.

첫 번째로 자본시장에서의 블록체인 활용 가능성이다. 우리가 흔히 이야기하는 증권시장을 떠올려 보자. 투자자들은 주문을 증권사에 내고 그 주문을 받은 증권사는 고객들의 주문을 모아 중앙화된 증권거래소에 호가를 제출한다. 그리고 거래소는 받은 호가를 가격과 시간의 순서에 따라 체결시키고 그 체결된 결과와 최종 결제는 현금이 되었든 다른 증권화된 자산이 되었든 간에 며칠이 지나고 난 뒤 고객에게 실제로 이행된다. 이는 자본시장에서 흔히 말하는 프론트 오피스Front Office 업무와 백 오피스Back Office 업무로 구분할 수 있다. 프론트 오피스가 고객들의 주문을 받아서 체결시켜 주는 것이 주된 업무라면 백 오피스는 그 체결된 정보를 바탕으로 고객들의 계좌에서 돈을 입금시켜 주거나 예탁결제원에 있는 증권을 매수자와 매도자의 거래 내역에 따라 옮겨 주는 것 등을 통칭한다. 일반적으로 알려져 있는 비트코인의 블록체인이나 기타 블록체인들은 한 블록에 담을 수 있는 거래량이 얼마 되지 않아 1초에도 수천 수만 건의 거래가 체결되는 프론트 오피스 업무에 블록체인 기술을 도입하는 것은 아직까지는 한계가 있다. 반면 백오피스의 경우 블록체인 기술을 통해 획기적으로 변화시킬 여지는 충분하고 많은 부분에서 변화가 일어나고 있다. 현재 국내 증권시장의 경우 체결이 일어나고 2영업일 이후에야 현금이 결제되는 식의 백오피스 업무가 진행되고 있지만 블록체인 기술을 활용하게 된다면 거래당일의 결제(이퀄결제 혹은 T+0일)이 가능해질 수 있다.

두 번째는 은행권 송금 기술이다. 현재 글로벌스탠다드 해외 송금 방식은 SWIFT라는 망을 통한 방식이다. 하지만 즉시 이체가 되지 않을 뿐만 아니라 송금수수료 또한 상당하다. 이러한 비효율의 배경은 은행마다 시스템들이 개별적으로 다르게 설치되어 있고 국제송금을 하게 되면 여러 은행들을 거치게 됨에 따라 수수료가 올라가게 되고 SWIFT라는 독점적 네트워크를 사용함에 따라 수수료의 가격 경직성이 나타났기 때문이다. 하지만 비트코인이나 리플과 같이 블록체인 기술을 이용하게 된다면 아주 적은 수수료를 지불하고 불과 수분 수초 만에 자금을 해외로 이체할 수 있게 된다. 일례로 리플은 실시간 국제송금 서비스를 표방해서 만든 암호화폐이다. 리플의 송금업무는 다음의 4단계를 거치게 된다. ① 은행들은 리플 네트워크를 이용해 해당 송금에 대한 견적 요청을 발송하고 답장으로 받은 견적에는 환율과 수수료 및 제규정 등의 요구사항이 포함될 수 있다. 그리고 ② 은행은 규정 준수 요구사항을 충족하는 최상의 조건을 제시한 견적을 수락하고 수신자의 은행은 견적을 확정한다. 이 시점에서 리플의 블록은 마치 에스크로처럼 두 은행의 장부에서 자금을 동결하게 된다. ③ 은행은 송금자의 계좌에서 자금을 인출하여 수신자의 은행으로 송금하고 ④ 수신자의 은행은 수신자의 계좌에 해당 금액을 지급하고 수령을 확인하는 과정을 거친다. 이처럼 블록체인 기반의 오픈소스를 이용해서 금융기관이 국제 송금 시스템을 혁신하게 된다면 엄청난 사회적 비용을 획기적으로 줄일 수 있게 되는 계기가 된다.

세 번째는 핀테크와의 융합이다. 세계은행이 집계한 바에 따르면 전 세계적으로 은행에 계좌가 없는 사람들이 약 25억 명에 달한다고 한다. 이런 사람들은 기존의 금융시스템에 접근할 수 없을 뿐만 아니라 자신들의 자산가치도 제대로 평가받지 못해 제도권 금융을 이용하지 못한다. 이들 대부분은 저소득 국가 사람들로 금융권 서비스를 받지 못해 더 높은 비용을 지불해 가며 은행 서비스를 이용해야 한다. 블록체인 기술은 이러한 사람들에게 금융 혜택을 제공해줄 수 있다. 37코인스라는 스타트업을 예시로 들어 보겠다. 이 스타트업은 공동창업자(이송이, 요한 바비, 로나단 조브로) 3명의 노력으로 만들어졌다. 요한 바비의 여자친구이기도 한 한국인 이송이 씨는 국제사회 원조 활동을 하다가 비트코인에 빠지게 된다. 그리고 바비와 이야기를 하는 와중 비트코인으로 뭔가 대단한 일을 할 수 있을 것만 같은 느낌이 들었다. 이송이 씨는 2013년 9월 아프리카 말리에서 비영리단체인 월드비전에서 빈곤퇴치 운동을 진행하는 데 협력하고 있었다. 말리는 이제 막 내전에서 벗어나 사람들이 북쪽을 버리고 남쪽의 난민 캠프로 도망쳐 온 상황이었다. 그곳 난민 캠프에서 이송이 씨는 아이 다섯 명을 키우는 파티마를 만나게 된다. 대부분의 말리 사람들이 그러하듯, 파티마의 남편은 아프리카 아이보리코스트로 일을 하러 떠났고 돈을 벌 때마다 가족에게 돈을 보내고 있었다. 그때 남편이 파티마에게 송금하던 방식이 이송이 씨에게 영감을 줬다. 파티마의 남편은 사람들을 통해서 돈을 보내고 있었던 것이다. 이런 어려운 상황 속에서도 파티마에게는 휴대전화가 있었고 이를 간파한 37코인스의 창업자들은 피처폰과 비트코인 기술을 융합한 국제송금 서비스를 기획하게 된다. 그 서비스는 매우 간단했다. 개발도상국의 가난한 사람들도 모두 사용하고 있는 피처폰을 이용하며, SMS 문자 메시지를 활용해서 돈을 송금하게 해준다. 단지 37코인스에 전자지갑만 개설하면 된다. 이 사업은 아직 초기 단계에 있지만 블록체인 기술과 기존의 휴대전화 네트워크를 융합해 새로운 가치를 창출한 좋은 사례다.

(2) 공유경제

우버와 에어비앤비는 현존하는 가장 성공한 공유경제 스타트업으로 평가받고 있다. 하지만 우버나 에어비앤비의 비즈니스 모델을 살펴보면 완전한 공유경제라고 말하기 힘들다. 비트코인과 블록체인이 꿈꾸는 완전한 분권화된 시대는 중앙집권적 기관 없이 개개인들이 서로 간의 자산이나 서비스를 공유하는 것을 목표로 하고 있지만 우버나 에어비앤비는 해당 기업이 개개인들의 직거래를 차단하고 중개수수료를 받고 있는 비즈니스 모델을 취하고 있다. 이런 비즈니스 모델에서는 강력한 중개인이 개개인들의 거래를 통제할 수 있으며, 해당 플랫폼 서비스 이용자들은 돈을 벌기 위해 재산을 재임대한다. 우버 서비스를 제공하는 기사들은 우버에 소속된 자영업자가 되었고 에어비앤비 서비스를 제공하는 사람들은 임대업자가 된 것이다. 그렇기 때문에 엄격한 공유경제의 정의에 맞춰 판단하자면 우버나 에어비앤비는 공유경제를 위한 플랫폼이 아닌 중앙집중적인 O2O 서비스 제공업체가 된다.

    2014년 8월 영국의 에딘버러에서 개최된 터닝 페스티벌에서 마이크 헌이라는 사람이 운전자 없이 센서와 GPS 기술로만 안내받는 택시를 예로 들면서 블록체인 기술을 활용한 카쉐어링 서비스 '원카$^{One\ Car}$'를 소개했다. 승객들은 택시를 타기 전에 원카의 '트레이드 넷'이라는 자동화된 마켓플레이스에 운행 요청을 하고 택시에게 최저가 입찰을 붙인다. 혹은 자신이 원하는 택시의 차종과 주행거리에 따라 다양한 선택지의 택시를 고르는 것도 가능하다. 그리고 원카 시스템은 시시각각으로 변하는 도로사정에 따라 다양한 선택지의 루트와 주행시간에 따른 요금체계 등을 자동으로 산정해 주기도 한다. 그리고 이 택시에는 주인이 없다. 말하자면 컴퓨터 운영 프로그램이 그 차를 소유하는 것이다. 이 프로그램을 통해 해당 차량의 운행비용을 지불하고 수익도 직접 가져간다. 이 모든 것이 블록체인과 암호화폐 덕분에 가능해진다. 이스라엘의 스타트업인 라주즈^{Lazooz} 또한 블록체인을 기반으로 한 차량공유 서비스다. 해당 회사는 '라주즈'라는 코인을 만들어서 차량공유 서비스에 이용한다. 운전자는 차량을 운행하면서 라주즈 앱으로 자신의 위치를 공유한다. 그리고 해당 위치가 실시간 정보로 블록에 등록되고 운전자 전자지갑에는 '주즈'라는 토큰이 생성된다. 만약 카풀을 원하는 사람이 라주즈 앱에 들어가 목적지를 검색하면 근처에 지나가는 기사들에게 알림이 뜬다. 여기까지는 마이크 헌의 원카 서비스나 기존 우버의 알림 서비스와 비슷한 형태를 띤다. 하지만 라주즈 서비스의 경우 서비스를 제공하는 운전자가 택시 운행을 수락하고 나면 거래가 성사되고 그 즉시 카풀 고객의 전자지갑에서 운전자의 전자지갑으로 주즈가 이체된다. 우버의 경우 카드사의 결제망이나 현금으로 대금이 지급되는데 라주즈 서비스는 자체 코인을 통해 운송비를 지급할 수 있고 서비스 제공자도 자신이 저장해 둔 주즈를 향후 택시 서비스를 이용할 때 사용할 수도 있다.

에어비엔비 같은 주거공유 서비스에도 블록체인 기술을 적용한다면 개개인들의 요구사항과 자신이 가진 하우스의 스펙을 서로 비교하고 거래조건이 맞으면 다양한 코인으로 지불할 수 있다. 그리고 에어비앤비처럼 운영자와 직접 만나지 않더라도 블록체인으로 개개인의 정확한 신원을 확인할 수만 있다면 집에 들어가는 키를 디지털화시켜 스마트폰으로도 문을 열 수 있게 된다. 이렇게 중간에 중개인이 없는 더 높은 수준의 공유경제를 블록체인을 통해서 달성할 수 있다.

(3) 헬스케어

금융부문 및 공유경제 부문에서의 블록체인 기술의 사용·활용 방안과는 달리 헬스케어 산업에 있어서의 블록체인 기술의 활용 가능성은 아직 시험 단계에 있다. 금융·헬스케어 산업과 가장 연관 있는 생명보험 시장에서 그 태동이 먼저 일어났는데 2017년 소프트웨어 개발 플랫폼 업체인 포키독PokiDok은 해당 기업의 헬스케어 트랜잭션을 기록하기 위해 스마트 계약 개발을 진행하고 있다고 밝혔다. 이런 스마트 계약을 활용해 환자의 신원을 관리하고 개인들의 건강 기록과 접근성을 블록체인화하여 관리한다. 2017년 5월 16일 theblockchain.com 기사에 따르면 포키독은 550개 이상의 보험회사와 납부자를 연결하여 청구자 신원을 확인하고, 청구 프로세싱과 허가, 그리고 진료 의뢰서를 위한 데이터 교환을 원활히 수행하게 되었다고 밝혔으며, 인텔의 블록체인 프레임워크인 가드 익스텐션을 활용하여 암호화되고 분산된 네트워크에서 검증 과정을 거치게 된다. 그 결과 블록체인을 이용해 고객들의 개인정보를 저장하고 웨어러블과 IoT를 이용한 고객정보 수집을 위·변조 없이 할 수 있다. 또한 헬스케어 정보를 보험료 산정에 실시간 적용하는 것은 물론이고 이를 공식적으로 인증하는 것도 어렵지 않다.

즉, 헬스케어 산업에 블록체인을 적용하면 수많은 정보 중에서도 가장 민감한 정보라고 할 수 있는 개인들의 건강지표 정보를 이제껏 보안성이 가장 우수하다고 여겨졌던 중앙집권적 기관에서 관리하도록 하는 대신, 환자의 데이터를 개별 신분에 대한 노출과 해킹에 대한 위협 없이 서비스의 활용도에 따라 개인들이 그 기록들을 서비스 제공업체에 어떻게 전달할 것인가를 선택할 수 있게 해줄 수 있다. 이렇게 된다면 경제학에서 우리가 배워 왔던 보험업 정보의 비대칭성 문제는 ICT의 발달로 인하여 점차 해결될 것이다.

헬스케어 분야에서도 상당수의 기업들이 블록체인 기술을 적용한 기술개발 움직임을 보이고 있다. 네덜란드의 필립스는 자회사 필립스 헬스케어가 2016년 암스테르담 본사에 블록체인 연구소를 설립했다고 보도했다. 필립스는 기존 헬스케어 분야에서의 고객관리 및 의료데이터 관리는 병원 네트워크에서만 접근이 가능했고 해당 기록을 유지하는 데 많은 비용이 들어갔지만 블록체인이라는 기술을 적용하면 고객

정보와 니즈를 수집하고 환자 데이터를 관리할 때 효율성이 높아질 것이라고 했다. 그리고 우리에게 '알파고'로 친숙한 구글의 딥마인드도 환자 의학 데이터 수집 관련 이슈들을 해결하기 위해 블록체인 기술을 도입할 것이라고 2017년 3월 보도자료를 통해 발표했다. 딥마인드는 기타 블록체인의 기술과 다르게 데이터가 공공의 개인들에게 분배되지 않고 정보는 암호화되어 기록된다고 말했다.

(4) 엔터테인먼트

2016년 10월 음악산업에 있어서 블록체인과 엔터테인먼트 산업 간 융합을 대표하는 사건이 발생했다. 국내 팬들에게도 익숙한 하드웰이라는 DJ가 주축이 되어 이끈 프로젝트다. 이 프로젝트에는 하드웰뿐만 아니라 하드웰이 직접 설립한 레이블인 리빌드 레코딩^{Revealed Recordings}과 함께 노래에 참여한 저작권자들이 참여하고 있다. 음악 팬들이 음원을 구입할 때마다 제작자, 권리자 정보, 그리고 계약 내용 등을 반영한 스마트 계약을 통해 각각의 저작자들에게 수익이 배분되는 구조이다. 이 네트워크는 라이트쉐어^{Rightsshare}라는 네덜란드 기반 스타트업이 만들었다.

라이트쉐어의 창업자인 존더반^{Zondervan}은 네덜란드 암스테르담 대학교에서 경영학과 미디어학을 전공했다. 그는 대학교를 졸업한 뒤 버진 엔터테인먼트^{Virgin Entertainment} 그룹, 이베이, 그리고 유니버셜 픽쳐스에서 엔터테인먼트 부분의 런칭을 담당한다. 이후 그는 네덜란드로 돌아가 네덜란드의 저작권 업체인 버마/스템라^{Buma/Stemra}에서 일하면서 디지털 시대의 새로운 엔터테인먼트가 가야 할 길에 대해서 고민하게 된다. 디지털화된 음원들이 불법복제가 되거나 그 수익이 엔터테이너들에게 적절하게 분배되지 않는다고 생각한 그는 어떻게 하면 적절한 저작권 수익 분배가 시행될까를 고민했다. 그가 문제를 삼았던 부분은 우선 ① 아티스트가 적절한 시기에 자신이 이루어 낸 성과에 대한 적절한 보상을 받지 못하고 있으며, 다양한 음원판매처가 생겨남에 따라 그 저작권 지급구조가 복잡해졌다는 것이었다. 그리고 ② 그 음원을 이용하는 소비자들은 해당 음원의 저작자가 누구인지를 확인하는 데 엄청난 비용과 시간이 들어간다는 것이다. 세계 도처에 널려져 있는 음원들과 그 음원들을 사용하는 전 세계인들을 생각해본다면 이해하기 쉬울 것이다.

음원산업의 수익 분배구조

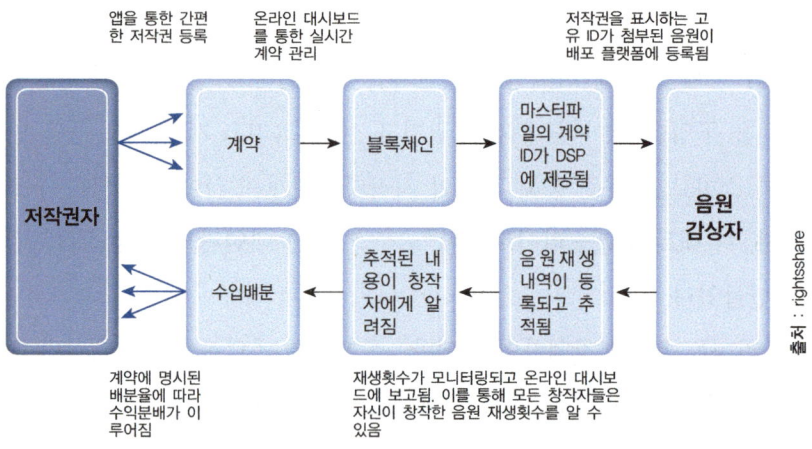

▲ 블록체인을 활용한 음원수입배분 도식화

그는 이 문제를 해결하기 위해 현재 떠오르는 기술인 블록체인 기술을 접목해 업무 효율화를 꾀해 정보관리 비용을 절감해보기로 하고 직접 행동에 나섰다. 블록체인 기술과 스마트 계약을 활용하여 구체적인 음원의 소유권 정보를 기록하고 해당 음원에 대한 결제 내역도 기록했다. 이렇게 분산형 네트워크를 통해 데이터베이스를 구축할 수 있었으며, 소액결제 내역을 블록체인에 연동해서 특정 음원 저작권 수입일자를 지정하지 않고도 음악이 자동으로 재생될 때마다 개별 권리자에게 음원사용료를 지불할 수 있게 되었다. 또한 음원을 만들어 내는 저작자들도 음원을 구매하는 소비자들의 정보를 실시간으로 입수할 수 있게 되어 어떤 나라에서 어떤 사람들이 나의 음원을 소비하는지를 쉽게 알 수 있게 되었다.

이런 아이디어를 바탕으로 그는 라이트쉐어를 창업하고 하드웰의 곡을 최초로 블록체인 기술을 접목시켰다. 이런 성공적 사업시행을 바탕으로 다양한 블록체인 저작권 스타트업이 생겨났고 현재는 BitTunes나 Peer Tracks도 블록체인 기술을 활용하여 P2P 네트워크를 구축하고 아티스트와 팬들 모두 암호화폐를 보상으로 얻을 수 있는 방법을 개발해 정확한 음원사용료 지불 시스템을 구축하고 있다.

(5) 정치, 그리고 투표

과연 암호화폐와 블록체인 기술이 정치의 많은 부분을 바꿀 수 있을까라는 생각을 하는 독자들도 있을 것 같다. 최근 기존의 정치를 바꾼 인터넷 정당을 떠올려 본다면 블록체인 기반으로 하는 정치도 쉽게 이해할 수 있을 것이다. 정보통신기술의 발달로 인해 인터넷이 생겨나게 되었고 인터넷은 정치영역까지 확장해 나갔다. 다양한 형태의 온라인 정치를 가능하게 만들었고 기존의 투표 기반 간접민주주의를 개인들의 참여가 주가 되는 직접민주주의로 변화할 수 있게 하는 기반을 만들었다. 이제 당원가입도 손쉽게 인터넷으로 할 수 있으며, 각종 후보자들은 일거수일투족을 소셜미디어에 업로드함으로써 손쉽게 일반대중들과 소통해 가며 대중과의 거리를 좁혀 왔다. 하지만 이런 인터넷 기반의 정치환경 토대가 마련된 지금까지도 직접참여의 정치보다는 대의민주주의를 통한 현실정치가 이루어지고 있다. 블록체인 기술이 정치에 도입이 된다면 어떻게 될까?

블록체인 기술을 바탕으로 토큰 기반 정치시스템 도입을 목표로 하고 있는 호주의 플럭스 당Flux Party를 통해 살펴보고자 한다. 플럭스 당은 정해진 정강이 없기 때문에 기존의 전통적인 정당과는 매우 다른 형태로 운영된다. 플럭스 당의 창립자인 맥스 카이Max Kaye는 모든 예비 법안들에 대해 당원들이 온라인 투표권을 가지고 있으며, 어떤 법안을 통과시킬 것인지에 대한 모든 권한은 개개인들의 당원이 가지고 있다고 이야기한다. 블록체인과 같은 토큰을 사용하는 블록체인 기반 투표 시스템은 일반적으로 유권자가 원하는 결과와 상원의원의 결정 사이에 존재하는 간극과 마찰 요인을 제거한다. 어떤 법안에 대한 당원들의 투표 결과가 7:3의 비율로 나오게 된다면 해당 당의 상원의원도 마찬가지로 7:3의 의견으로 투표를 해야 하는 점에 있어서 정치적인 요인이 없는 완벽한 직접민주주의 체제를 만들어 낸다.

물론 이런 식의 투표방식과 정치 행태가 이제껏 이루어 온 정치체계를 한번에 뒤바꿀 수는 없을 것이며, 시민들의 직접적인 정치참여가 당연시되어야 된다는 것도 아니다. 또한 상원의원이 블록체인으로 이루어진 정치시스템의 투표 결과를 본회의에서 그대로 이행해야 한다는 법적인 구속력도 없다. 그리고 이런 블록체인을 통한 투표는 향후 어떠한 식으로든 악의적인 행위가 일어난다면 개인의 투표 내역이 그대로 노출될 수 있다는 취약점도 있다. 그럼에도 불구하고 어떤 나라들은 블록체인 기반의 투표를 시행하는 방향으로 진행되고 있다.

에스토니아 공화국은 2016년 나스닥이 운영하고 있는 탈린 증권거래소에 상장된 회사의 주주들에게 블록체인 기반의 주주의결권 행사 투표를 시범사업의 일환으로 시행할 것이라고 발표했다. 주주총회에서 모든 주주들이 주권을 행사할 때 블록체인 기술을 이용해 신분을 확인받고 투표를 했다. 주주들은 이전보다 더욱 편리하고 안전하게 기업의 지배구조와 관련된 의사결정을 할 수 있게 되었다. 이 방식은 블록체인 기술을 통해 투표를 신속하고 안전하게 기록할 수 있기 때문에 노동 집약적인 전통적 투표방식보다 프로세스를 간소화할 수 있는 장점이 있었다. 물론 이런 투표방식이 기존의 우리가 알고 있는 정치적 투표방식과 크게 차이 나며 당장 도입되기 어렵다고 하더라도 해당 기술이 사용된 전반적인 프로세스를 통해 미래에 어떻게 정치적 투표방식이 블록체인 기술을 통해 어떤 식으로 한 단계 도약할 수 있는지를 가늠해볼 수 있는 사례이기에 주목할만하다.

Blockchain doesn't matter but it's everywhere.

2010년대 블록체인 기술이 나오게 되면서 우리는 또 한 번 기술의 변곡점에 와 있다. TCP/IP 기술은 블록체인 기술이 향후에 어떻게 진행되고 발전되어 나갈 것인지에 대한 좋은 본보기를 보여줄 뿐만 아니라 향후 블록체인 기술을 사람들이 어떻게 활용하고 적용시켜야 할 것인지에 대한 해답을 제시하고 있다. 기업들은 블록체인 기술을 활용해 기존 기술과 프로세스로는 달성할 수 없었던 분야나 부분에 적용함으로써 제반 비용을 절감하거나 프로세스 시간을 단축할 수 있을 것이며,

서비스 이용자들은 해당 기술을 수용해 기업들이 더 나아진 서비스를 제공할 때 편익을 얻을 수 있을 것이다.

하지만 지금 우리가 블록체인에 대해서 이야기하는 것만큼 미래의 우리들이 이 기술에 대해서 계속 열광하지만은 않을 것이다. 왜냐하면 블록체인 기술은 인터넷 기술만큼이나 우리의 일상생활 속에서 묵묵히 기반 기술로서의 역할을 다할 것이며, 왜 블록체인이어야 하는지 또 그 기술이 어떻게 이루어지고 사용되는지는 중요하지 않게 될 것이기 때문이다. 인터넷이 우리 생활 속에 들어오고 휴대용 디바이스들이 당연히 우리 손에 있고, 모뎀에서 LTE로 가는 기술의 진일보를 우리들은 경험했지만 그 기반 기술이 무엇인지에 대해서는 잘 알지 못하는 것과 같다. 블록체인 기술도 마찬가지다. 앞서 이야기한 다양한 스타트업과 정당들의 사례에서 보듯이 많은 이들이 블록체인 기술을 통해 세상을 바꿔나가기를 시도하고 있으며 우리의 삶에 조금 더 높은 편익을 주기 위한 방향으로 기술이 점점 우리 삶 속에 스며들 듯이 발전하고 있다.

하지만 지금 우리가 열광하고 있는 블록체인 기술의 완성도가 언제쯤 우리의 기대치만큼 높아질 것인지에 대해서는 대답하기는 쉽지 않다. 금융 서비스 기업들이 블록체인을 활용해 다양한 분야에서 적용하고 있지만 제조업 분야에서는 블록체인 기술에 대한 명확한 미래가 아직까지는 그려지지 않은 것처럼 보인다. 분명한 것은 블록체인 기술이 이제 세상에 나왔고 플랫폼으로써 세상의 또 다른 생태계를 만들어 가고 있다는 것이다. 그리고 시간이 지나면 언젠가는 블록체인 기술이 인터넷처럼 우리의 삶 속에 당연하고 조용하게 스며들어 와 있을 것이다.

PART 3

법률 제도 및 산업육성

01 인공지능에 관한 제반 법적 과제
경희대 법학전문대학원 교수 **범경철**

02 인공지능과 사회제도
변호사 **조경국**

03 교육제도의 진화
삼성전자 연구원 **김윤수**

04 스타트업 육성정책
미래과학기술지주회사 기술투자 심사역 **장지영**

05 규제 갈라파고스를 극복하라
부천시 법률전문관 **안성훈**

06 변화하는 고용시장엔 개인 맞춤 서비스가 필요하다
한국고용정보원 일자리정보플랫폼실 **송성희**

07 암호화폐 기술에 대처하는 규제 방향성
한국거래소 채권시장부 **김지연**

08 암호화폐에 대한 과세논의와 향후 예측
변호사·세무사 **채용헌**

09 아날로그의 나라, 일본의 암호화폐
일본 교토대학 교수 **최가영**

01 인공지능에 관한 제반 법적 과제

경희대 법학전문대학원 교수 **범경철**

　인공지능에 관한 정의는 다양하지만 일반적으로 인간이 오감으로 인식한 입력정보를 뇌세포가 통합해 분석하여 최종적인 결정을 내리는 것처럼, 인간의 오감에 상당하는 입력장치와 입력된 정보를 통합하여 분석하고 판단할 수 있는 정보처리장치를 구비한 정보처리시스템이라고 말할 수 있다. 쉽게 말해 인간과 유사한 지능을 가진 컴퓨터 기기를 의미한다. 이는 크게 강한 인공지능Strong AI과 약한 인공지능Weak AI으로 구분한다. 강한 인공지능은 약한 인공지능에 독립성과 자아, 정신, 자유의지 등을 가진 것으로 아직 개발 단계에 있는 것으로 알려지고 있다. 약한 인공지능이란 인간과 비슷한 수준으로 인지하고 이해하는 인공지능으로 이미 현실화된 인공지능이 이에 해당한다. 강한 인공지능을 만들기 위해서는 그에 필요한 뇌과학적 요소들인 정신·감정·창의성·자아 등에 대해 뇌과학적인 이해가 필요한데 이 점은 현재 연구도상에 있다. 강한 인공지능은 인간의 자아나 정신까지 갖춘 것으로 만약 강한 인공지능이 출현한다면 앞으로 민사법적 논의의 방향은 강한 인공지능의 인격을 인정할 것인가에 관한 논의를 통해 여기에 권리능력을 바탕으로 법인격을 부여할 것인가의 문제로 귀착될 것이다.

　신기술로 등장한 빅데이터는 과학기술, 정보통신기술 등 정보 서비스 환경의 변화와 함께 새로운 영역에서의 정보 생성 및 처리를 할 수 있게 하였으며, 이로 인하여 보호대상인 개인정보의 개념과 범위가 점차 확대되고 있다.

인공지능과 책임의 문제에서 의학용 전문가 프로그램이 사용된 진단에서 오진이 발생하여 치료될 수 있었던 환자가 사망했다고 가정해 보자. 그 책임은 누가 지며, 어디에 귀속되어야 하는지의 문제가 생긴다. 프로그램이 완전한 지성을 갖추지 못한다고 가정하면, 프로그램 자체의 책임은 미미하게 보일 수 있다. 그렇다면 책임을 묻는다 해도 프로그램 자체에 대한 처벌을 어떻게 할 것인지는 난감한 문제이다. 프로그램을 구금할 것인가 아니면 활동을 중지시킬 것인가? 그것도 아니라면 프로그래머 또는 그 프로그램을 만든 회사에 책임을 물을 수밖에 없는데 이 경우에는 제품의 하자에 대한 책임을 묻는 것이 될 것이다. 결국 프로그램 사고의 책임은 프로그램을 제작한 회사와 그 프로그램을 사용한 의사 사이의 중간 지점, 프로그램의 제작과 사용에 관련되어 있는 인간들에게 지울 수밖에 없다. 즉, 이 문제는 프로그램과 생산회사, 사용자 간의 책임분담이라는 쟁점으로 귀착된다. 예를 들어 모두가 정해진 매뉴얼에 의해 작업하는 공간에서 사고가 발생한다면 그것은 누구의 책임으로 돌릴 것인가? 매뉴얼에서 지시한 대로 하지 않은 경우는 당연히 그렇게 하지 않은 당사자가 책임을 져야 할 것이다. 그러나 매뉴얼대로 충실히 수행했음에도 발생한 사고에 대한 책임은 어디에 둘 것인가? 그러한 경우 매뉴얼에 책임을 물어야 하는데 매뉴얼이라는 비인격적 실체에게 책임을 묻는 것은 사실상 아무에게도 책임을 묻지 않는다는 뜻일 것이다. 이와 같이 자동화, 알고리즘화, 매뉴얼화가 강화되는 구조 속에서는 책임의 체계적 소실이라는 문제가 필연적으로 발생한다.

인공지능을 가진 로봇의 법적 취급과 관련하여 살펴보면, 개인이 재산을 소유하기 위하여 권리능력이라는 개념을 인정하였듯이 사람의 단체 또는 출연재산에 권리 주체성을 인정하기 위하여 법인이라는 개념을 정책적인 필요성에 의하여 도출하였다. 마찬가지로 인공지능, 인공지능이 장착된 지능형 로봇에 대해서도 책임재산을 소유하게 할 정책적 필요성이 인정되는 경우 제한적으로 권리 주체성을 인정해야 할 것이다. 권리의 주체에 관하여 인간에서 법인으로 확대되었듯이 이제는 인공지능 분야의 전문가들이 인공지능을 가진 로봇이 인간종의 실질적 절멸을 초래할 수 있다고 우려하고 있지만 정책적인 필요에 의해 법인에서 전자인간electronic person으로 확대될 가능성이 크다.

옵트인, 옵트아웃

빅데이터 환경 하에서의 개인정보 침해 우려에서 미국과 유럽연합EU 등 선진국에서는 발 빠르게 개인정보 보호 관련 법제의 정비에 나서고 있다.

미국은 과거부터 개인정보의 수집·처리에 관하여 우편, 전자우편, 브로슈어 등을 통해 정보 주체에게 개인정보의 수집·처리를 알리고 이에 대해 정보 주체가 공식적으로 이의를 제기하지 않는 경우에는 기업들의 개인정보 활용을 원칙적으로 허용하는 옵트아웃 방식을 채택하고 있다.

유럽연합 소속 국가들은 관심의 정도에 차이를 보이고 있다. 영국이 빅데이터에 대해 적극적 관심을 보이고 있는 반면, 독일은 오히려 큰 관심을 보이지 않고 있다. 개인정보 수집·처리에 있어서는 미국과

반대로 유럽연합에서는 옵트인 방식을 채택하고 있다. 즉, 기업들이 개인정보를 수집·처리하기 위해서는 사전에 미리 정보 주체에게 처리의 목적을 알리고 정보 주체의 명시적인 동의를 받아야 한다.

자율로봇에 대해서 살펴보면, 유럽연합에서는 특정한 권리와 의무 능력을 가진 전자인간으로서의 지위를 가진 것으로 취급하려는 움직임이 나타나고 있는데 무엇보다 자율형 로봇의 등록부를 창설하고 이 등록부를 당해 로봇의 책임을 커버하기 위한 펀드와 연계시킬 것을 제안하고 있다. 세계적인 흐름은 초기에는 전통적인 불법행위법$^{tort\ law}$의 틀에서 논의되었지만 점차 규제의 필요성을 인식하면서 배상책임규칙$^{liability\ rule}$으로 인공지능 규제의 지형도가 변화하고 있다.

법률 서비스 시장과 관련하여 인공지능이 적용된 스마트기기가 법정에서 사실관계를 파악하고 법관이 판결을 쓰는 데 활용되는 시대가 서서히 도래하고 있는 현재, 인공지능과 자료분석 기술을 근거로 한 온라인 법률 자문, 법률 검색 등을 활용하여 방대한 판례를 분석하고 승소 가능성을 높이는 서비스가 부상하고 있다.

최근 세계 첫 인공지능 로봇 변호사가 미국에 있는 대형 로펌에 채용되면서 인공지능의 법률 서비스 적용이 시작되었다. 로봇 변호사 '로스^{ROSS}'는 '인간' 변호사 50명과 함께 파산 관련 업무를 맡는다. 로스의 역할은 '머신러닝'을 통해 수천 건의 관련 판례를 수집해 분석한 뒤 담당하는 사건에 도움이 될 만한 내용을 골라내는 일이다. 이 업무는 통상 대학을 갓 졸업한 초보 변호사들이 맡아왔다. 로스는 연관된 판례 구절을 보여주고, 인간 변호사들과 상호작용할 수 있다. 로스가 있으면 변호사들은 의뢰인의 변호에 더 집중할 수 있으며, 필요한 구절을 찾느라 몇 시간씩 판례를 읽는 대신 보다 창조적인 일을 할 수 있다.

또한 형사재판에서 미국 법원이 재판의 효율성과 일관성 등을 위해 인공지능 기기를 재판에 활용해 왔으며, 실제로 이를 합법화한 첫 판결이 나왔다. 위스콘신 주 대법원은 총격사건에 사용된 차량을 운전한 혐의로 2013년 체포되어 재판을 받는 과정에서 주 검찰이 인공지능 기기인 '컴퍼스'를 활용해 중형을 구형하고 이를 법원이 인용해 판결한 것은 부당하다는 피고인 측의 항소를 기각했다. 컴퍼스는 알고리즘을 통해 '이 사건 피고인이 폭력적이고 재범 가능성이 큰 위험인물'이라는 보고서를 냈고, 담당 판사는 이를 인정해 피고인에 대해 '공동체에 대한 위험이 큰 인물'이라며 징역 6년형을 선고했다. 주 대법관은 '알고리즘의 한계와 그 비밀을 고려해야 하지만, 소프트웨어가 양형 법원에 활용 가능한 정보를 제공하는 데 도움을 주는 것은 사실'이라고 말했을 정도로 이제는 상용화할 날이 멀지 않다.

인공지능이 사고를 내면 누구 책임일까

우리나라 역시 빅데이터 환경 하에서의 개인정보 침해 가능성과 이에 대한 법·제도적 대응방안에 대한 본격적인 논의가 진행되고 있다. 개인정보 보호를 위한 현행 법체계는 일반법의 기능을 하는 '개인정보 보호법'을 비롯하여, '정보통신망 이용 촉진 및 정보 보호 등에 관한 법률', '위치정보의 보호 및 이용 등에 관한 법률', '신용정보의 이용 및 보호에 관한 법률', '금융실명거래 및 실명보장에 관한 법률', '전자금융거래법' 등 여러 법률들로 구성되어 있다.

우리나라는 다른 나라의 법제와 비교해 볼 때 소관 부처별로 개인정보 관련 법들이 산재되어 있어 적용 경계가 명확하지 않아 현행 법체계로는 일관된 개인정보 보호정책을 수립하기에 어려움이 있다. 이는 개인정보 보호에 관한 일반법을 발전시킨 외국과 달리 개별법을 통해 분야별로 개인정보 보호에 관한 규정들을 제정하였기 때문인데 통합적으로 일반법을 제정하여 시행하는 것도 고려해봄 직하다.

우리나라와 유럽연합은 프라이버시권을 기본 인권으로 인정하여 강력한 개인정보보호법제를 마련하고 있다. 미국에서는 프라이버시를 거래가 가능한 상품으로 보는 관점에서 정보 주체의 프라이버시 권리 행사를 용이하게 할 수 있도록 정책의 기본 방향을 설정하고 있다. 결국 미국과 우리나라 및 유럽연합의 개인정보 보호정책 방향을 비교해 보면 약간의 형식과 수단에 있어서는 차이가 있지만, 개인정보 보호의 강화라는 큰 방향은 일치하고 프라이버시 보호를 위해 기업의 책임과 의무를 강조해 가는 추세라는 공통점을 가지고 있다.

컴퓨터공학의 발전으로 인공지능의 출현이 가능하게 되었고 이러한 인공지능이 장착된 자율형 로봇의 등장은 로봇의 소유·이용 혹은 로봇의 판단으로 인한 사고의 책임에 관해 큰 법적 어려움을 야기하고 있다. 인공지능은 인간의 지능과 같은 방식으로 독자적인 자율적 판단을 하게 되는데, 이러한 판단은 인간의 판단과 마찬가지로 항상 옳은 것은 아니고 결과적으로 볼 때 오류가 있는 판단일 수 있다. 이러한 경우 인공지능의 자율적 판단에 대한 책임은 인공지능이나 인공지능이 장착된 로봇을 만든 제조자가 지기도 어렵고, 또한 소유자 혹은 이용자가 지기도 어렵다. 제조자는 알고리즘에 흠결이 없는 인공지능 혹은 로봇을 만들었기 때문에 과실이 없다고 할 수 있고 로봇의 이용자도 로봇을 이용할 뿐이지 로봇의 판단에 대해 귀책사유를 인정하기 어렵기 때문이다. 인공지능으로 무장한 자율로봇의 이용 증대는 전통적인 불법

행위 및 법적 책임의 개념을 변화시키고 있음에 틀림없다.

자동차 운행사고와 관련된 책임은 크게 운행이익을 갖는 운행자의 운행 책임과 운행자를 위해 운전하는 운전자의 책임으로 구분되는데 운행자의 책임에 대해서는 자동차손해배상 보장법(이하 자배법이라 한다)이 우선 적용되고, 이에 의해 해결되지 않은 경우 민법의 불법행위책임에 의해 해결된다. 이에 비해 운전자의 책임에 대해서는 민법 제750조의 불법행위책임 규정에 의해 해결된다. 자동차 사고는 자동차의 결함이 원인인 경우도 있다. 이 경우 제조물책임법은 '제조물의 결함'으로 다른 사람의 생명, 신체 또는 재산에 손해가 발생한 경우 제조자로 하여금 피해자에 대한 손해를 배상하도록 하고 있다. 인간이 운행 지배하는 동안의 자율주행자동차 사고에 관해서는 운행 지배에 관한 현행법이 동일하게 적용될 수 있다. 그러나 인간의 운행 관여 없는 자율주행자동차의 사고에 관해서는 누가 책임을 지는가의 문제가 심각하게 대두된다. 자율주행자동차가 활성화될 경우 운행자의 과실이 인정되는 부분은 크게 줄 것으로 예상되기 때문에 운행자의 운행 책임이 인정될 가능성은 크게 낮아진다. 반면에 제조자가 책임을 질 가능성은 증가한다.

문제는 완전한 자율주행차가 기계적 흠결이 없는 경우에도 사고가 발생하는데 이러한 경우에도 제조자는 무과실책임을 져야 하는지는 다시 논의할 문제이다. 자율주행자동차에 장착된 기술이나 장치에 흠결이 있는 경우 현행 자배법은 사실상 무과실책임을 인정하므로 운행자가 자배법상 책임을 벗어나기는 힘들어 보인다. 소유자 역시 운행이익과 관념적인 운행 지배를 가지고 있음을 부인하기는 어렵기 때문이다. 이는 자율주행자동차의 운행자에게 지나치게 가혹하므로 자배법에 자율주행자동차 운행자의 책임을 완화해 주고 제조자의 책임을 강화하는 입법적 조치가 필요할 것이다. 빨리 법을 개정하여 소프트웨어의 흠결에 대한 제조자의 책임문제를 규정하지 않으면 현행 제조물책임법상 자율운행자동차 사고에 대한 제조자의 제조물 책임은 인정되지 않는다. 이 경우 자율주행자동차의 자율주행을 지시하는 소프트웨어 흠결로 인한 책임은 피해가 발생되어 피해자가 반드시 있음에도 불구하고 운행자이든 제조자이든 누구도 손해배상책임을 지지 않는 상황이 발생할 수 있다.

자동차 사고책임을 커버하기 위한 현행 책임보험제도를 살펴보면 운행자에 대해서는 의무적으로 책임보험에 가입해야 한다고 정하고 있다. 그리고 이러한 의무책임보험에 가입하지 않은 자동차는 도로에서의 운행을 금지하고 있다. 그러나 제조자를 위한 제조물책임보험은 가입이 강제되는 것이 아니고 임의보험이다. 앞으로 자율주행자동차의 상용화와 관련하여 실질적으로 책임을 질 수 있도록 보험체계를 바꾸는 것도 고려해 볼 만하다.

개인정보보호법부터 손봐야 한다

개인정보 보호에 초점을 두고 있는 현행 개인정보보호법 체계에 대해서는 검토 및 개선을 통해 빅데이터 환경에서 적응 가능한 범위 내에서의 개인정보의 적절한 이용을 보장해야 할 것이다. 이를 위해서는 개인정보에 관한 포괄적 정의규정을 두고 있는 현행 개인정보보호법 체계를 검토하여 개인정보의 적절한 이용이 가능하도록 관련 법제를 정비해야 할 것이다. 빅데이터 환경에서의 개인정보 유통 및 보호에 관한 국제적 기준에 적응하고 국가 간 정보가 상호 운용될 수 있도록 개인정보 활용을 위한 국가 간 협력관계를 구축하기 위한 다각적인 노력이 필요한 시점이라고 본다.

사물인터넷, 인공지능 등의 네트워크가 고도화되면서 법 제도적·규범적 주체성 문제가 제기되었고 그 책임의 주체가 인간에서 사물로 이동한 경향이 있다. 전통적인 법철학적 사고는 인간이 이성과 판단력을 가진다는 측면에서 그 주체성과 존엄성을 인정하는 방향으로 움직였는데 인공지능의 출현은 권리 주체의 범주를 어떻게 설정할 것인지에 대한 근본적인 문제를 제기하기에 이르렀다. 따라서 자연스럽게 기존의 인간 중심 규범체계에서 인공지능, 자율형 로봇 등 사물과의 공존과 대체를 고려한 새로운 법적 패러다임 정립을 요구하기에 이르렀다.

인공지능을 갖춘 자율로봇의 등장은 스스로의 판단 하에 움직이는 새로운 개체나 주체의 도래를 의미하는 것으로, 이러한 로봇이 타인의 생명, 신체 및 재산권을 침해하는 경우에 누구에게 책임을 지울 것인지에 관한 법적 정립이 필요하다.

적법절차의 원리 due process of law 는 신체의 자유와 밀접한 관련성을 가지는데 인공지능 및 로봇을 통한 데이터 분석 결과가 범죄수사에 활용되는 경우 적법절차를 보장하기 힘든 측면이 있을 수 있다. 따라서 인공지능 사회에서는 이 적법절차의 원리를 어떠한 형태로 변형시켜 발전해 나갈지 아니면 그 원리를 포기하고 새로운 패러다임을 수용해야 되는지에 관한 논의가 필요하다 하겠다.

02 인공지능과 사회제도

변호사 조경국

신기술이 탄생하는 제도적 환경

미래는 이미 와 있다. 단지 널리 퍼져 있지 않을 뿐이다 The future is already here — it's just not very evenly distributed ─ 윌리엄 깁슨 William Ford Gibson

일반적으로 신기술은 필요와 인간의 호기심에서 시작된다. 고대 이집트에서는 나일강 범람 등의 문제로 기하학 등이 발달했고, 종교적 이유 또는 체제 유지를 위한 복지사업의 일환으로 피라미드를 건축하는 과정에서 석조술 등 관련 기술이 발달했다. 또한 수많은 학자들의 철학적 탐구와 지적 호기심에 의해서 새로운 기술들이 발전하게 되었다. 그러나 사회를 변혁하는 신기술이 탄생하는 과정은, 대체로 단순한 필요나 지적인 열망 같은 발전적이고 긍정적인 이유보다는, 급격한 사회 변화에 적응하기 위한 반사작용 또는 급격한 사회구조 변화에 따른 부산물로 이루어지는 경우가 많다.

산업혁명은 흑사병 창궐 등으로 인한 숙련공 소멸 및 인건비 증가를 대체하기 위해 품질이 다소 떨어지더라도 미숙련공을 투입해도 생산이 가능하도록 자동화와 분업화, 표준화하기 시작한 것에서 시작되었다. 1세기경 이집트의 헤론이 기록상 최초로 증기기관을 발명했지만 수요가 없어 사장되었고 산업혁명 시대에 들어 증기기관을 이용하기 시작했다.

CDMA 기술은 냉전시대에 군사통신 기술로 개발되었다. 그러나 냉전이 종식되고 군사적 필요성이 적어지자 민간에 기술이 판매되었다. 이렇듯 냉전의 종식은 냉전 시대에 축적된 기술을 단기간에 민간에 유통시켜 현대 통신혁명을 일으키는 데 중요한 역할을 하게 된다.

현대의 유명한 기술은 보통 전쟁을 위해 개발되었거나 체제 경쟁에서 이기기 위한 수단(예를 들어 일부 국가에서는 올림픽 메달 순위가 그 국가의 위상과 국력을 과시하는 증표가 되는 것처럼 말이다)으로서 개발되곤 했다.

인공지능을 탄생시키는 사회적 요구

앞에서 본 것과 같이 신기술이 개발되거나 사회에 적용되는 이유는 크게 산업적 요구, 군사적 요구, 지적 호기심, 기타 사상적·종교적 이유에 의해서이다.

일반적으로 인공지능에 대한 관심은 크게 산업적 관심과 학술적 관심 두 가지로 나누어진다. 전자는 필요에 의한 관심이고 후자는 호기심과 흥미에 의한 관심에 가깝다. 특수한 영역을 제외하면 대부분의 영역에서 인공지능이 할 수 있는 일은 인간도 할 수 있다. 그런데 아직까지는 인공지능이 갖는 가격, 안정성, 유연함, 초기투자비용, 유지비용, 기타 위험부담 등의 이유로 산업영역에서 인간을 대체할 인공지능에 대한 수요가 높지는 않다. 생산효율을 높이거나 인건비를 줄이기 위해 기존에 사람이 하는 업무를 보조하는 기술을 개발하는 과정에서 인공지능과 유사한 기술이 개발될 수도 있으나 현대 대부분의 산업 분야에서는 인건비 상승이 더디고 생산효율을 상승시켜야 하는 기술적 필요성 등이 부족했으며, 생산성을 향상시키기 위한 연구개발에 투자하는 것은 자본가의 입장에서 위험성 대비 수익성이나 자금 회수 기간 등의 측면에서 좋지 못한 평가를 받기 마련이어서 생산효율을 높이기 위한 인공지능 기술 발달 역시 미미한 수준이었다. 결국 20세기에 이루어진 인공지능에 대한 연구는 인간을 닮은 기계 혹은 스스로 작동하는 기계를 만들고 싶다는 욕망과 호기심을 통해 발전한 것이 대부분이다.

한 가지 더, 인본주의적 관점에서 인간을 노동에서 해방시키고 인간의 재능과 창의력을 보다 고차원적인 분야에서 활용할 수 있도록 하기 위해 종래 인간이 하던 업무를 보조하거나 대체할 수 있도록 하는 기술을 개발하는 것도 고려해 볼 수 있으나 실제로 이러한 목적을 주된 이유로 기술개발에 자금이나 인력이 투입된 사례는 없다.

인공지능이 바꿀 사법제도

인류가 신기술로서 인공지능을 개발하는 과정이 어떠했는지는 앞에서 설명하였다. 그런데 인류는 인공지능만 개발하는 것이 아니다. 인류가 개발한 것들을 늘어놓고 그중에 인공지능을 고르라고 하면 어떻게 선택할 수 있을까?

인공지능이란 추상적인 관념이다. 인간의 지능을 모방하는 기계장치가 인공지능이라면 주판이나 계산기도 인공지능이라 할 수 있다. 반면 컴퓨터의 고속계산 능력이나 데이터 관리능력, 통신능력 같은 것들은 인간의 지능과 작동하는 방식이 다르고 그 성능과 결과물도 다르다.

최근에 우리가 인공지능이라 부르는 것들은 대체로 '데이터 처리나 패턴 인식 분야의 신기술 중 인간의 뇌에 비견할 정도로 성능이 훌륭한 기술'에 해당한다. 흥미롭게도 빅데이터 기술의 경우, 전문적으로 훈련받지 않은 일반적인 사람의 데이터 분석과는 다소 다른 방식으로 작동하고 적용 분야에 따라 인간의 능력보다 우수한 경우가 많다는 이유로 일반적으로 인공지능으로 분류되지는 않는다. 결국 사람들은 자신의 일상적인 경험으로 이해할 수 없는 결과물을 만들어 내는 기술은 인공지능의 범위에서 제외하는 경향이 있다. 이를 반영하여 조금 더 직관적으로 최근에 인공지능이라 불리는 기술을 정의하면 '정보처리 분야의 신기술 중 인간의 뇌와 비슷한 방식으로 비슷한 결과물을 비슷한 수준으로 만들어 내는 기술'이라고 할 수도 있겠다. 조금 더 사족을 붙이자면, 인간이나 기타 생물들은 신경 시냅스의 전기신호 전달 속도 이상으로 정보를 처리할 수 없으나 전자기기는 소자의 특성상 생물체보다 훨씬 더 빠른 속도로 신호처리가 가능하다. 사람들은 컴퓨터나 계산기를 사용했던 일상적인 경험 때문에 인공지능이 "같은 연산 알고리즘을 가지고 있다면 사람보다 기계가 더 빠르다"는 인식을 가지고 있다. 따라서 인간과 비슷한 결과물을 내면서 더 빠른 속도로 결과물을 내는 기술은 여전히 '인공지능'의 범위 안에 포섭한다.

필자가 어렸을 때 집에 있던 선풍기에는 인공지능 기능이 있다는 문구가 적혀 있었고 인공지능을 작동시키는 버튼에는 '퍼지 이론'이라는 글씨가 박혀 있었다. 그래봐야 선풍기의 바람 세기를 강중약중강으로 반복하는 것뿐이었지만 선풍기에까지 써 있었던 것을 보면 당시 인공지능의 대표기술은 '퍼지 이론'이지 않았을까 싶다. 실제로는 무지한 소비자에게 별 거 아닌 기술을 비싸게 팔아먹으려는 얄팍한 상술로 그 이름이 악용되었다고 해도 말이다.

　최근 인공지능 이슈를 촉발한 기술은 딥러닝이다. 요즘은 소비자들이 많이 똑똑해졌고 과거보다는 정부에서 허위과장 광고에 대해서 엄격하게 단속을 하기 때문에 기업들이 전자기기에 함부로 '딥러닝 기술 적용'이라는 문구를 적지는 않고 있지만 알파고와 이세돌의 바둑 경기로 인공지능이 사회적으로 유명해진 이후 각종 교육업에 종사하는 사람들이 학부모와 수험생, 구직자들의 불안심리를 자극하여 인공지능 시대에 기계에 정복당하지 않기 위해서 이런저런 기술을 배워야 한다고 자극하는 것을 보면 사람들이 인공지능을 대하는 방식은 과거와 크게 다르지 않다.

　안타깝게도 우리나라는 인구 대비 변호사 수가 극단적으로 적다. 인구 대비 변호사 수가 적기로 우리나라는 법학전문대학원 제도가 도입되기 전까지는 전 세계 1위였고 현재는 전 세계 2위이다. 현재 1위는 일본이다. 공학자나 과학자 출신 변호사는 많이 있지만 그런 인력이 '인공지능이 법체계나 사법제도에 미칠 영향'이나 '인공지능 기술을 이용한 법체계나 사법제도의 개선방법'과 같은 돈 안되는 분야를 연구하기는 어려운 현실이고 개인의 순수한 공익적 또는 학술적 열망으로 그런 분야에 종사하려 해도 그런 일을 할 수 있도록 하는 연구환경이 갖춰져 있지 않다. 게다가 법학전문대학원의 본래 취지와 다르게, 현재는 '인공지능이 법체계나 사법제도에 미칠 영향'이나 '인공지능 기술을 이용한 법체계나 사법제도의 개선 방법' 같은 분야에 관심 있고 관련 신기술에 역량이 있는 사람이 변호사가 되기 어려운 형태로 변호사 선발 시험이 시행되고 있는 관계로 당분간 인공지능 관련 분야에 지식이 있는 변호사가 다수 배출될 가능성은 낮다.

결국 법조인들의 인공지능 관련 신기술에 대한 이해도는 일반인보다 높기 어렵고 어쩌면 더 떨어질 수도 있다. 우리는 이러한 암울한 전제에서 인공지능이 사법제도에 미칠 영향에 대해서 논의해야 한다.

더 안 좋은 소식은 법체계와 사법제도는 이런저런 정치적 이해관계 때문에 인공지능 기술이 국민의 권리와 사회경제 발전에 도움이 된다고 하더라도 함부로 신기술을 적용하기 어려운 분야에 속한다. 당장 법학에 사용되는 논리학 또는 기호학 등 연구방법론을 보면 다른 사회과학 학술 분야의 연구방법론에 비교했을 때 상당히 옛날 방법론을 사용하고 있다. 법은 인간정신 작용의 직접적인 결과물이지만 동시에 권력작용이라는 측면에서 이를 탐구하는 법학은 권력에서 자유롭기 어렵다는 속성이 있다. 더욱이 우리나라에는 암울했던 법학 역사가 있었고 그 유산 때문에 법체계와 사법제도는 신기술과 먼 영역일 수밖에 없다.

이러한 전제에서 법조인들이 막연히 인공지능을 이용하여 사법제도와 법체계를 개선하려는 시도에 대해서 설명해보겠다. 또한 법조인들이 인식하지 못하는 사이에 인공지능과 유사한 기술이 사법제도나 법체계에 적용되는 측면에 대해서 이야기해보겠다.

한 가지 더 덧붙이자면, '인공지능 기술을 이용한 법률서비스'는 그나마 가능성이 있지만 데이터 취합의 문제 때문에 역시 빠른 시일 내에 체감할 정도로 상용화되기는 어렵다.

인공지능이 바꿀 인간의 삶

사회는 유기적으로 돌아간다. 각자가 자기 분야에서 제 역할을 할 때 효율적인 일이 가능하다. 우리 사회가 변화하고 발전하기 위해서는 경제, 정치, 제도, 기술, 과학, 법, 문화 등 모든 분야에서 각자 발전이 있어야 한다.

일련 화학반응의 전체 속도는 각 반응 단계 중 가장 느린 반응에 의해 결정된다. 쉽게 설명해서 금속 부품을 가공할 때 '절단 → 용접 → 열처리 → 표면처리' 과정을 거쳐야 한다고 하고 절단은 2분에 1개, 용접은 1분에 1개, 열처리는 10분에 1개, 표면처리는 3분에 1개를 완료하는 작업 속도를 갖고 있다고 하면, 그 금속부품을 생산하는 속도는 10분에 1개이다. 절단-용접 과정은 빠르게 일어나므로 중간 제품이 열처리 공정 앞에 쌓일 것이고, 열처리 이후 공정은 열처리 속도보다 상대적으로 빠르므로 느린 열처리 공정을 기다려야 하기 때문이다. 딥러닝 이론 또한 오래전에 정립되었지만 이를 구현할 수 있을 만큼 대량의 연산장치가 없어서 실현할 수 없었다. 그러다 현대에 와서 반도체 생산단가가 낮아지면서 병렬 컴퓨팅을 구현할 수 있는 산업인프라가 갖추어지자 딥러닝 기술을 실제로 활용할 수 있게 되었다. 컴퓨터의 경우 찰스 베비지가 1833년에 기초가 되는 해석기관을 만들었고 에이다 러브레이스가 프로그램을 구현해 놓았지만 결국 진공관과 트랜지스터, CMOS와 같은 소자가 개발될 때까지는 세상을 바꿀 수 없었다.

사회의 변화도 마찬가지다. 기술과 사람들의 인식 수준이 아무리 발전해도 이것을 반영할 정치적 절차와 이를 규율할 법·제도가 정비되지 않으면 변화는 일어나지 않는다. 사회는 가장 느리게 변화하는 분야에 속도를 맞출 수밖에 없다. 인공지능이 우리의 삶을 변화하는 방식도 이러한 법칙에서 벗어날 수 없다.

우리 사회에서 가장 느리게 변화하는 분야를 꼽으라고 한다면 사람들은 대부분 법과 정치를 꼽을 것이다. 그런데 다른 분야가 정체된 상태에서 기술만 지속적으로 발달하다 보면 예상치 못한 방법으로 신기술의 발달이 정치와 법에 영향을 주기도 한다.

정치는 사회 구성원 간의 이해충돌을 조율하는 역할을 하는데, 우리나라의 선거제도와 권력구조는 이러한 기능을 하기 어려운 형태로 짜여져 있다. 최근의 비트코인을 예로 들면, 비트코인이 투기와 도박에 이용될 우려가 있으므로 이러한 투기와 도박을 금지할 사회공익적 필요성이 있지만 동시에 이로 인해 개인의 영업의 자유와 통신의 자유 등이 침해될 우려가 있다. 사회 구성원마다 중요시하는 가치가 다르고 이해관계도 다르므로 비트코인을 적절히 규제하기 위해서는 이러한 부분에 대하여 사회적 합의가 이루어져야 한다. 그러나 우리나라의 공직자 선발제도와 선거제도, 헌법체계, 권력구조 등은 이러한 전국적인 이해관계를 공평하게 반영하는 기능을 전혀 하지 못한다. 우리나라 국회의원은 대부분 지역구로 선출되고 소선거구제에 단순다수 선출방식이다. 심지어 최근에는 비례대표를 줄이고 지역구 의석을 더 늘리기까지 했다. 이러한 선거구제는 실질적으로 개리맨더링과 동일한데, 특정 지역에 한정된 지역적 이해(예를 들어 그 지역의 재개발이나 고속도로가 들어오는 문제, 또는 혐오시설이 화장장이나 쓰레기처리 시설, 발전소 등이 들어오는 문제, 기타 그 지역의 집값이 오르는 이슈 등)를 대변하는 후보들은 쉽게 선출되지만 전국적으로 균일하게 분산된 이해관계를 대변하는 후보(예를 들어, 비트코인에 대한 규제에서 자유시장 원칙을 대변하거나 투기를 방지할 공익적 필요성을 대변하는 일, 고위공직자의 비리를 척결하는 일 등)는 구조적으로 선출되기 어렵다. 또한 대통령이든 국회의원이든 결선투표 없이 단순 다수 득표만 얻으면 선출이 되는데, 이는 결집된 소수가 분열된 다수를 지배하기 쉬운 구조를 만든다. 20%의 지지를 받는 정당 3개와 30%의 지지를 받는 정당 1개가 있을 경우, 30%의 지지를 받는 정당에서 대통령이 선출될 것이므로 국민의 60% 지지를 받는 정당들의 의사와 무관하게 국정이 운영될 것이다. 이는 결국 소수정당이 서로 연합하게 되는 결과를 가져오는데, 이렇게 소수정당이 원치 않게 강제로 연합될 경우 연합된 정당 내부에서 소수파에 속하는 계파는 "일단 권력을 획득하는 것이 우선이니 소수파가 다수파에게 양보를 하라"는 논리로 다시 부당한 차별을 받게 된다.

본래 다수결 원칙은 민주주의를 반영하지 못한다. 51%의 지지를 받은 자가 모든 권력을 획득하여 49%의 상대방을 억압한다면, 51%의 지지를 받은 자는 51%의 권력을 가지고 49%의 지지를 받은 자는 49%의 지지를 받아야 한다는 민주주의 원칙에 어긋난다. 따라서 51%가 부당하게 권력을 행사하게 하지 못하도록 헌법에서 국민에게 기본권을 부여하고 있고 이렇게 기본권을 침해하려는 경우 국민 3분의 2 이상의 지지를 받아야만 가능하도록 하여 소수자의 권리를 보호하고 있다. 즉, 득표수에 비례한 권력을 부여하기 위해서는 소수자에 대한 보호를 섬세하게 해야 한다. 공학자들이 이해하기 쉽게 설명하자면, 다수결제도는 본래 비선형적이므로 선형적으로 작동하기 위해서는 소수자 보호와 같은 조정장치를 달아야 하고, 선형성이 강해질수록 조정장치의 과다로 시스템의 다른 성능(속도, 안정성, 운영비용 등)이 저하될 수 있으므로 적절한 밸런스 유지가 필요하다.

현재 우리나라 선거체계는 전국적 이해관계와 다수의 이해관계가 반영되지 못하는 극단적인 비선형적인 시스템을 가지고 있고 이러한 시스템 하에서 전국적이고 새로운 이해관계를 조율하는 것은 불가능하다. 예를 들어 비트코인을 규제하기 위해서는 국회에서 의견을 합의하여 법률을 만들어야 하지만 국회에는 개인 영업의 자유를 대표하는 후보도 없고 투기를 억제해야 한다고 말하는 후보도 없다. 그저 자신의 지역구에 도로를 개설하고 땅값을 올리고 투자를 유치하고 싶어하는 국회의원들만 있을 뿐이다.

이렇게 이해관계 조율에 정치가 아무런 기능을 하지 못할 때 인공지능이 이를 대체하기도 한다. 기존에는 정치가 역할을 하지 못하는 분야들에서 이른바 '전문가' 또는 '관료'(행정부의 관료도 당연히 포함하며, 가장 대표적인 예로 사법부의 법관이 있다)가 그 역할을 대신했다. 즉, 사람들 간의 이해가 대립하여 타협점을 찾지 못하는 경우, '전문가'가 그 권위를 통해 중립적인 제3자로서 이해관계를 조율하는 것이다. 그러나 현대에 와서는 이러한 관료집단도 당연히 특정한 정치집단에 영향을 받을 수밖에 없고, 이해관계에 벗어난 순수한 '학문'이나 '전문성'이라는 것은 허구에 가깝다는 것을 사람들이 깨닫기 시작했다. 결국 새로운 문제 상황이나 이해충돌 상황이 생겼을 때 '기존의 이해관계에서 벗어나 미리 합의된 규약에 의해서 완전히 중립적으로 결정을 내릴 수 있는 무언가'에 대한 수요가 강해졌고 여기에 부합하는 것이 인공지능이었다. 빅데이터 기술의 경우 사람들이 인공지능으로 여기지 않는 분위기가 있지만 이는 이미 정책결정을 바꿔놓고 있다. 버스 등의 대중교통을 신설하거나 조정할 때, 과거에는 이해집단이 서로 편향된 데이터에 근거한 모호한 주장을 내세웠고 이로 인해 정책결정이 미뤄지거나 불합리한 결정이 이뤄지곤 했다. 하지만 최근에는 지방자치단체에서 버스노선을 신설하거나 조정할 때 빅데이터 분석을 통해 노선과 정류장을 결정하곤 한다. 높은 공정성이 요구되는 법관에 대한 불신으로 법관의 기능을 일부 인공지능으로 대체하고자 하는 여론이 있는 것도 이러한 이유이다. 이와 유사한 방식으로 인공지능은 기존의 전문가와 관료를 대체하게 될 것이다.

법이 바꿀 인공지능

법은 정치의 결과물이자 정치적 결정을 표현하는 방식이다. 현대국가에서 정치는 이해관계의 조율기능이 핵심이다. 앞에서 본 것과 같이 인공지능은 여러 이유에 의해서 개발되고 개발 목적에 따라 그 결과물이나 사회에 적용되는 양상이 달라진다.

한 가지 흥미로운 점은 사람들이 직접적으로 의도하지 않더라도 낡은 정치와 낡은 법으로 인해 기술개발과 상용화가 쉽게 왜곡된다는 점이다. 영국의 적기법처럼 정치적 이해로 관련 기술과 산업이 몰락해버린 극단적인 역사적 사례가 있다. 최근 현실에 영향을 미치는 예로는 자율주행차 문제가 있다. 인간이 운전하지 않고 자동차 스스로 움직이는 기술을 개발하는 것이라면 도로에 간단한 유도장치를 설치하고 자동차를 네트워크로 연결하는 것보다는 자동차가 서로 간섭을 일으키지 않고 원활하게 움직이기 위한 프로토콜을 짜는 것이 더 값싸고 빠르며, 현재의 인프라를 크게 변화시키지 않고 최대한 재활용할 수 있다. 그러나 이러한 방향으로 기술을 개발하기 위해서는 정부 또는 대기업이 개인의 자동차에 대한 통제권을 가지고 이에 대한 인프라를 구축해야 한다. 그럴 경우 자동차 산업을 정부가 공적으로 관리하기 위해서는, 또는 특정 대기업이 독점적으로 운영하기 위해서는, 어떤 방식으로 운영할 것인지에 대한 사회적인 합의가 필요하다.

새로운 산업, 새로운 사회구조가 등장하면 기존의 이해관계가 변동하기 때문에 기존 사회구조와 산업에서 이득을 보던 사람과 새로운 시대에 이득을 볼 사람 간에 합의가 필요하다. 사회 변혁으로 사회 전체가 이득을 볼 것이 확실시되더라도 일부 사람들이 기존의 이익을 상실하게 된다면, 더욱이 그 일부 사람이 권력을 가진 사람이라면 그 사회변혁은 무산될 가능성이 높다. 자율주행차를 정부가 공적으로 관리하는 시스템을 구축하는 방식으로 운영하게 될 경우 기존에 자유로운 자동차 판매 시장은 위축되거나 소멸할 것이고 이는 기존의 이해관계에 큰 영향을 주게 된다. 결국 기존과 같이 개개인이 자동차를 소유하고 통제하는 구조와 동시에 정부가 도로에 투자하는 자금의 양과 투자 방법을 현재와 같이 유지하면서 자율주행차를 운영하기 위해서는 현재 진행되고 있는 방식처럼 자동차에 카메라를 달고 이를 통해 도로 상황을 분석하여 인간과 유사한 판단을 내리는 프로세서를 개발하여 장착할 수밖에 없다.

03 / 교육제도의 진화

삼성전자 연구원 김윤수

교육제도의 기원

교육제도란 통상적으로 일정한 법규 위에 조직화된 교육기관의 계통을 말하는데, 그 기원을 이해하려면 각국의 지리, 언어, 경제, 종족의 다양성 등에 따른 특수성과 연관시켜 생각할 필요가 있다. 신생아의 건강에 따라 양육과 교육 여부를 결정했던 스파르타는 전쟁에서 이기기 위해 국가에 헌신할 병사가 필요했고, 춘추전국시대에 극심한 사회 변

▲ 좌 : 아들에게 방패를 주는 스파르타 여인(장 자크 르 바비에), 우 : 유교의 창시자 공자

동을 겪었던 중국은 정치인을 양성하기 위한 이념과 종교에 관한 교육이 필요했다. 이처럼 고대교육 제도는 국가적 환경에 필요한 인재를 키우기 위해 조직사회의 전통 및 관습과 관련을 맺어 성립되었고, 상황에 따라 다른 교육제도와 합쳐지거나 변화하였다.

고대 교육은 서양에서는 그리스와 로마, 동양에서는 중국과 인도의 교육으로 대표된다. 고대 그리스의 교육에서는 아름다움과 선함이 조화를 이루는 미선성을 바탕으로 윤리와 도덕성을 갖춘 영웅 양성이 목적이었다. 때문에 교육의 기본 양식은 훈련이었으며, 국가가 주도적인 교육을 진행하였다. 로마 역시 교육이 국가와 긴밀하게 연관되어 있다는 점은 그리스와 동일하지만 가정이 힘과 법의 중심이 되었다는 차이가 있다. 교육을 국가의 권한으로 생각하지 않았기에 가정이 로마의 중요 교육기관 역할을 하였고 자녀교육에 대한 부모의 책임이 강조되었다. 하지만 기원전 3세기 중엽 이후 그리스 문화가 유입되고 그리스 문화 섭취의 수단으로 그리스의 교육제도를 채용하면서 학교제도로 재구성되었다.

동양의 경우는 동아시아의 많은 나라들이 중국의 영향을 받아 교육이 시작되었다. 중국의 고대 교육은 유교의 고전 문헌 등으로 추측하여 볼 때, 학교제도가 본격적으로 등장한 주나라를 시작으로 볼 수 있다. 제정일치와 조상숭배 사상을 강조하며, 인륜을 밝히고 실천하는 성인군자를 양성하는 데 목적을 두었고 조상과 제왕의 권위를 확립하기 위한 교육제도가 탄생하였다. 한편 인도는 엄격한 계급사회를 바탕으로 독자적인 교육제도를 갖추었는데, 국가차원의 교육기관이 있는 것은 아니었지만 계급과 종교적 이념에 따른 규정과 교육내용이 차별화되었다. 그러나 후세에 불교의 등장으로 계급과 남녀의 차별이 없는 불교식 교육방법도 전파되었다.

교육의 목적 또는 목표는 시대적·국가적 상황에 따라 달라지기 때문에 하나로 통일되지 않는다. 그러나 일반적으로 해당 조직 사회의 경제 발전을 촉진하고 문화적 가치를 보존하는 등 사회적 기여에 강조되는 교육제도가 만들어졌고, 시대와 목적에 맞게 변화하고 발전하였다. 위에서 언급한 고대 그리스와 로마의 교육은 서구의 인본주의적 이론 교육의 토대를 이루었고 중국과 인도에서 시작된 유교와 불교를 바탕으로 한 이념과 교육제도는 현 시대까지도 우리나라를 비롯한 동아시아 전역의 교육제도에 영향을 주었다.

시대별 교육제도—서양

서양은 많은 국가의 융합으로 각기 다른 문화와 교육제도가 합쳐진 것은 물론이고 시대적 상황에 따라 많은 변화와 발전을 거쳐왔다. 그러나 앞에서 언급한 것처럼 그리스와 로마의 교육제도가 뿌리가 되어 고대 서양의 교육제도를 대표하고, 중세는 종교기관에 의한 교육이, 근세는 공교육 중심의 교육제도가 성행하였다.

고대 시대부터 살펴보면, 그리스와 로마 모두 국민들이 국가에 기여할 수 있는 국가를 위한 교육제도를 성립하였다. 특히 그리스의 수많은 폴리스 국가 중 스파르타와 아테네의 교육은 각각 전체주의적이고 민주주의적인 교육의 기원이 되었다. 스파르타의 경우 국가의 강력한 통제를 받으며 강인한 신체를 가진 애국시민을 육성하는 것이 목적이었고 이에 따라 7세 이후의 남자는 가정을 떠나 집단 군사교육 후 시민권이 부여되었다. 반면 음악과 문학, 읽기와 쓰기 등의 지적 측면은 나

뿐 것으로 간주하며 경시되었다. 아테네의 경우도 국가의 교육을 이수한 성인에게만 시민권을 부여하였으나 스파르타와 다르게 예술과 신체 교육의 조화를 강조하고 자녀 교육의 권한을 부모에게 주어 개인의 자유와 개성을 존중하였다. 아테네 교육제도의 가장 큰 특징은 초등·중등·고등 교육의 3단계 학교체제를 갖추었다는 것인데, 여기서 소피스트들이 등장하였다. 소피스트들은 초중등 교육을 넘어선 일반교양 교육을 제공하였는데, 여기에는 문법, 수사학, 천문학, 음악 등의 다양한 학문이 포함되었고 이들은 인류 역사상 최초의 직업교사로 여겨지고 있다. 로마의 초기 문화는 가부장권과 조상의 관습을 바탕으로 하고 있었다. 이에 따라 그리스와는 달리 국가가 아닌 가정이 중심이 되는 교육제도가 성립되었고 신과 국가뿐만이 아닌 가정에 대한 의무를 수행하는 사람으로 만들도록 훈련되었다. 교육은 부모의 의무였고 국가는 대중을 상대로 하는 공교육을 제공하지 않았기 때문에 학교교육이 체계화되지 않았다. 그러나 로마 후기에 그리스 문화가 유입되면서 그 문화를 습득하기 위한 수단으로 그리스의 학교제도가 도입되었고 문법학교, 수사학교, 철학학교 등의 중등·고등 교육기관이 발달하였으며 웅변가 양성을 목적으로 하였다.

　　중세의 교육은 기독교가 전파되고 그 영향으로 종교교육을 위한 다양한 학교 설립과 운영을 통해 교육 기회가 확대되었다. 중세의 기독교 교육은 인간을 순종과 신앙을 바탕으로 교회 공동체의 정교 구성원으로 만드는 것이 목적이었다. 때문에 남녀노소를 불문한 대중에게 기독교의 기본 교리를 가르치기 위한 문답학교가 세워졌으며 교사의 대부분이 성직자로 구성되었다. 문답학교의 연장선으로 교회의 지도층 및 교사 양성을 위한 고급문답학교가 있었으며, 더 나아가 성직자 양성을 위한 대성당 학교도 각 교구에 만들어졌다. 대성당 학교를 중심으로 훗날 기독교 교리의 이론적 틀을 마련한 스콜라철학이 발전하였다. 중세의 또 다른 중요 교육기관은 수도원 학교인데 본래 수도사를 양성하기 위한 수도원 내 부설학교였으나 일부 수도원에서는 내교와 외교로 구분하여 일반 아동을 위한 교육이 마련하였다. 중세 시대에 교회가 교육을 주도하고 담당하게 된 원인은 교육 없이 교회가 발전할 수 없기 때문이었고 대상과 형식에 관계없이 교육을 실시하였던 궁극적 목적은 성직자 양성과 신앙을 배우고 실천하기 위해서였다. 종교적 교육 외에도 유럽은 도시의 발달로 새로운 교육 기관을 탄생시켰다. 바로 최초의 대학 설립인데 그 예로 이탈리아의 살레르노대학, 프랑스의 파리대학 등이 있다. 이러한 대학들은 기초교양 외에도 신학, 법학, 의학 등 전문 지식을 가르칠 수 있는 여건을 갖추었는데, 이는 왕이나 교황이 대학의

▲ 좌 : 중세 고급문답학교에서의 교육, 우 : 기독교 수도사, 신학자, 역사가, 학자였던 성 비드

자치권과 학문의 자유를 보장하는 교육제도를 설립했기에 가능한 일이었다. 중세 대학은 유럽의 지적 활동 중심부가 되어 훗날 르네상스 운동의 바탕이 된다.

근대의 서양교육은 교육의 중심지가 교회에서 가정과 학교로 확대되는데, '교육의 장'에 대한 새로운 사고가 제시되었다. 고대 로마 시대 이후로 다시 가정에서의 교육 영향력이 가장 높다고 여겨지는데, 루터는 가정이 가장 중요한 교육의 장이라고 하며, 부모에게 자녀에 대한 교육의 의무감과 신의 대리자로서의 역할을 강조하였다. 또한 학교도 큰 개혁을 경험하게 되는데 기존 교육의 목적은 교회의 존립이었지만 점차 국가 질서 유지를 위한 교육의 필요성이 제기되었다. 때문에 루터는 통치자들이 국가를 올바르게 통치하기 위해서는 국가도 교육의 의무가 있음을 주장하였고 처음으로 공교육이라는 개념이 제시되었다. 여기서 제시된 공교육의 개념은 현재까지 유럽사회에 영향을 끼치고 있으며, 서양에서 루터는 공교육의 아버지라는 평가를 받고 있다. 공교육의 도입으로 과학적 정신이 발흥하게 되고 이는 실학주의·자연주의 교육으로 발전하게 된다. 언어를 통한 교육보다 경험을 통한 실제적인 교육과 백과사전적인 광범위한 교육 내용이 주장되었다. 교육이 발달하면서 점차적으로 더 넓은 대상에게 다양하고 실질적인 교과목을 가르칠 필요성이 제기되었고 19세기에 이르러서는 모든 국민을 대상으로 하는 '보통교육'을 국가가 담당해야 한다는 민족주의 교육으로 발전하였다. 때문에 각 국가에서는 국민 교육제도를 정립하기 위해 다양한 노력이 시도되었고, 독일의 경우 의무 취학을 위한 법제화와 국가에 의한 교육통제가 규정되었으며, 프랑스도 의무, 무상의 보통 교육제도가 최초로 확립되어 각 국가의 경제적·산업화 발전을 통해 국가적 부강을 위한 교육의 중요성이 강조되었다.

서양에는 이처럼 고대에는 국가의 유지와 번영을 위한 제한적인 교육제도가 있었고, 중세에는 종교적인 바탕 위에 세워진 교회 중심의 교육제도가 세워져 많은 대중을 위한 교육의 틀을 마련하였다. 만들어진 교육의 틀 위에 과학의 발전과 공교육의 개념이 더해지면서 근대의 서양 교육제도는 현재의 의무교육의 시초가 되었다. 고대 그리스와 로마의 교육이 원형이 되었지만 시대적 상황에 따라 교육제도는 중심과 기관, 그리고 형태가 다르게 발전하였다. 대부분의 서양 국가들은 공통적으로 차별 없는 교육의 기회를 제공하고 국가와 세계의 경제적·과학적 발전을 위한 기여를 교육의 목적으로 하고 있다.

시대별 교육제도 — 우리나라

동양의 교육제도는 우리나라를 포함한 동아시아 전역 대부분의 국가들이 중국의 영향을 받아 시작된 것으로 알려져 있다. 제정일치와 조상숭배 사상을 강조하였던 고대 중국 사회의 문화와 관습에 따라 제왕과 조상의 권위를 확립하기 위한 교육제도가 필요하였기 때문에 질서에 순응·동조하는 것이 교육내용의 기반이 되었다. 그중 관학과 사학이 있었던 주나라가 최초의 교육제도가 만들어진 나라로 여겨지며, 사학은 유교가 공자에 의해 창시된 곳이기도 하다. 유교는 동양 사회 교육에 과거부터 현재까지 큰 영향을 미치게 되는데 유교교육의 목적은 성인·군자의 양성이고 기본 원리로 수신제가치국평천하를 가르친다. 우리나라 역시 삼국 시대부터 고려·조선 시대를 거쳐 현재까지도 영향을 많이 받았고, 유교와 관련된 교육제도가 발전하였다.

먼저 삼국 시대에는 중국과 가장 가까운 위치에 있었던 고구려에서 우리나라 최초의 국립고등교육기관인 태학이 설립되고 최초의 사학 교육기관인 경당이 만들어졌다. 태학에서는 유교교육에 의한 고급 관리를 양성하고자 하였고 대상은 귀족의 자제들이었다. 경당에서는 사기, 삼국지 등의 문학과 더불어 활쏘기와 같은 무예를 익힐 수 있었고, 훗날 일반 평민을 위한 교육기관으로 변화하며 서당의 원형이 되었다. 백제의 경우 학교를 세웠다는 기록은 없으나 오늘날 교육부에 해당하는 '사도부'라는 것이 있고, 교학지임을 맡은 관직으로 '박사'가 있었다. 신라의 경우 화랑도라는 제도로 국가 주관 교육을 하였는데, 인재 발굴과 양성이라는 목적 외에도 종교적·도덕적 교육을 통한 국가 안위 보전을 목적으로 하였다. 때문에 유학교육과 더불어 심신수련과 군사훈련도 포함되어 있었다.

고려는 중앙집권적 체제를 강화하기 위해 국교였던 불교가 아닌 유교를 바탕으로 한 이념을 강조하며 교육제도 완비를 최우선 과제로 인식하였다. 제도와 기관은 크게 관학과 사학으로 운영되었으며 관학에는 국자감과 동서학당, 향교가 포함되었고, 사학에는 십이도와 서당이 있었다. 최고 학부이자 국립교육기관인 국자감과 중등교육기관인 동서학당에서의 교육으로 중앙집권적 권력을 강화시키고자 하였고, 향교를 통해 지방관학과 유학 전파, 지방민의 교화까지 국가에서 적극 주도를 하였다. 또한 광종 때 도입된 과거제도의 발달로 교육과 학교는 그 준비기관으로 발전하였으며, 귀족들 간의 경쟁을 조성해 그들의 세력을 약화시키는 역할을 하였다. 십이도는 최충의 구재학당이 효시인 사설 고등교육 기관이고 서당은 서민계급의 자녀를 대상으로 하는 사설 초등교육기관으로 고구려의 경당에서 유래하였다.

조선의 경우는 성리학을 지도이념으로 한 유교사회로 유교교육이 교육의 중심이 되었으며, 교육제도 및 기관, 과거제도까지 고려 시대의 틀을 계승하였다. 특히 조선 시대에는 관료로 출세할 수 있는 방법이 과거 합격이었기 때문에 자연스레 교육제도도 과거 준비에 초점이 맞춰졌다. 대상은 양반 자제에 한정되어 있었고 서당에서 초보적인 지식을 배우고 학당 또는 향교에서 공부한 뒤 과거를 통해 성균관에 입학할 수 있었다. 이렇게 유학을 중심으로 하는 교육기관과 제도는 많았으나 조선 사회가 문文을 숭상하고 무武를 경멸하는 분위기였기에 무과 인재를 양성할 수 있는 교육제도는 전혀 마련되어 있지 않았다. 그러다 1894년 갑오개혁에 의해 근대적 국민교육체제를 갖추기 위한 노력이 실시되었고 1895년 고종이 '교육입국조서'를 발표하며 평등교육의 원칙에 입각한 교육제도가 제시되었다. 또한 신교육제도를 도입하기 위해 한성사범학교 및 전국에 공립소학교가 세워지는 소학교령이 발표되었다.

우리나라의 교육제도는 이처럼 유교사상의 영향을 많이 받으면서

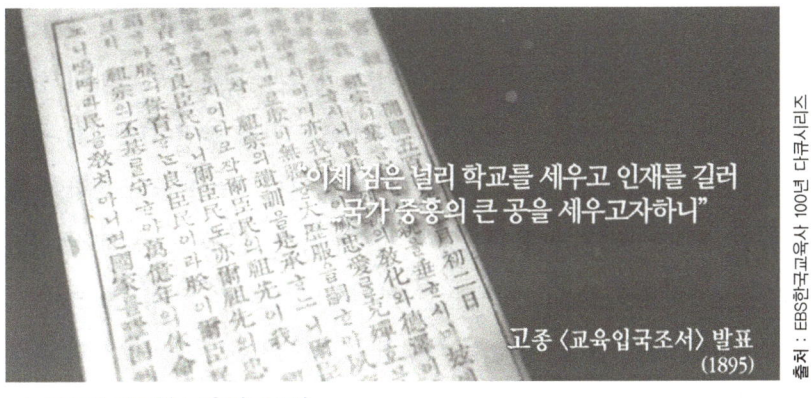

▲ 고종이 발표한 교육입국조서

출발하였고 고대부터 근대까지 그 기본 이념과 사상이 이어지고 있다. 교육의 궁극적 목적은 부모와 조상, 왕을 섬기는 것을 바탕으로 하고, 올바른 군주와 정치인을 양성하여 백성을 통치하는 것이었으며, 이를 기반으로 하되 각 시대별 강조된 이념에 맞게 틀이 조금씩 변화하였다. 우리나라는 일찍부터 국가가 주도하는 학교와 같은 교육기관이 만들어졌지만 근대로 오면서 점차 국가의 부강은 교육의 혁신에 달려있다는 인식이 확산되면서 국가뿐만 아니라 민간 차원에서도 학교 설립이 활발하게 이루어지게 되었다. 교육의 대상도 남성과 귀족층 자제에서 점차적으로 여성을 포함한 다수에게 확대되었다. 이와 같은 근대적 교육제도의 변화는 새로운 역사에 직면하여 대처해 나갈 인재들을 양성하기 위한 것이었다.

현재의 교육제도

교육제도의 역사는 앞서 언급한 것처럼 크게 동서양으로 나뉘어 각 시대별 국가별 관습과 목적에 맞게 탄생하고 발전하였다. 기본 사상과 제도의 차이는 있었지만, 국가통치 목적에 맞는 교육내용과 대상에 제한이 있었다는 공통점이 있었다. 그러나 과학과 기술이 발전하여 정보화 시대가 되면서 세계 간 교류가 활발해졌고 환경 발전이나 세계 평화 등 함께 이루고자 하는 공통 목적이 늘어나면서 교육제도의 성격이 변화하였다. 과거에는 개인의 성향과 재능보다는 국가 또는 종교적 이념에 맞는 조직을 위한 교육이 주를 이루었다면, 현대의 교육제도는 국가, 종교를 포함하여 환경, 경제 등 다양한 가치를 위한 전문가로서의 성장을 지원하고 있다.

첫째, 교육제도 중 과거와 가장 크게 변화된 점은 교육대상에 대한 제한이 사라졌다는 것이다. 실력과 절차에 따른 일시적 제한은 존재하나, 성별, 나이, 인종에 대한 인식이 자유로워지면서 교육의 기회가 확대되었다. 전 세계 대부분의 국가에서는 성인이 되기 전까지 전 국민 교육을 의무교육으로 규정하면서 교육의 기회를 보장하고 있으며, 성인이 된 후에도 평생 교육을 지향하며 국가 성장을 위한 교육을 제공하고 있다. 또한 국가가 다르고 종교가 달라도 합당한 조건을 갖추면 누구나 다른 문화권의 교육을 받을 수도 있다. 최근에는 정보화 시대를 맞아 초고속 인터넷을 장소와 시간에 구애받지 않고 사용하는 사회가 되면서 누구나 인터넷을 통해 원하는 교육을 받을 수 있게 되었다.

둘째, 교육내용이 달라졌다. 과거엔 국가와 종교기관에 기여할 수 있는 인재 양성을 위한 내용이 주를 이루어 극히 제한적이었지만 문화권의 경계가 허물어지면서 다양한 사상과 이념을 지닌 사회가 만들어졌고 이에 필요한 직업이 증가하면서 기존 학문과 예술을 포함하여 기술, 심리학, 의학 등 가르칠 수 있는 모든 것은 교육에 포함할 수 있게 되었다. 국민이 성장하면서 다양한 능력을 가진 전문가가 되어 각 분야에서 활약을 할 수 있게끔, 개인의 역량과 특성에 따라 배우고 싶은 것을 선택하고 변경할 수 있으며, 국가는 다양한 교육들이 창조되고 전파될 수 있도록 제도를 수정하고 발전시키고 있다.

셋째, 교육의 평가방법이 변했다. 과거 교육에 대한 평가는 교육 특성과 관계 없이 시험제도가 주를 이루었다. 대중을 상대로 역량을 판단하고 결정하는 방법에는 시험이 가장 빠르고 편리하지만 특성을 고려하지 않은 시험은 부작용이 동반되었기 때문에 최근에는 다양한 방법과 장소에서 적합한 평가가 이루어지고 있다. 예를 들어 우리나라의 경우 2000년대 중반까지만 해도 영어의 평가 기준은 말하기, 쓰기, 읽기를 통틀어 지문 해석에 초점이 맞춰져 있었다. 하지만 점수가 아닌 영어회화 능력 향상이라는 본래의 목적에 중점을 두면서 회화를 통한 평가제도가 나타났다. 또한 입시 시험도 마찬가지로 수학능력시험뿐만 아니라 논술과 토론 등 다양한 평가 방법을 인정하면서 교육제도가 크게 변화하였다.

오늘날 대부분의 국가에서는 누구나 배우고 싶은 내용을 배우고 합리적인 평가를 받는 교육제도가 발전하고 성립하였다. 교육의 기회 균등원리를 바탕으로 교육의 기회가 확대되고 개인 특성에 맞는 교육을

대입제도 변천사

연도	내용
1945~1953년	대학별 단독시험제(대학별 입학시험)
1954년	대학입학 국가연합고사(자격고사) + 대학별 고사(본고사)
1955~1961년	대학별 단독시험제 부활 + 내신제(권장) 병행
1962년	대학입학자격국가고사
1963년	대학입학자격자격고사 + 대학별 본고사
1964~1968년	대학별 단독시험제 회귀
1969~1980년	대입예비고사 + 대학별 본고사
1981년	대입예비고사 + 내신, 선시험 후지원
1982~1985년	대입학력고사 + 내신
1986~1987년	대입학력고사 + 내신 + 논술
1988~1993년	대입학력고사 + 내신 + 면접 + 선지원 후시험
1994~1996년	수능 + 내신 + 대학별 고사
1997~2001년	수능 + 학생부 + 논술
2002년~	수시와 정시, 수능 + 학생부 + 논술/면접 등

출처 : 이투스청솔

위한 제도를 누릴 수 있으나 제한이 완전히 없어진 것은 아니다. 과거의 교육제도에서는 국가의 제한이 있었지만 현재는 경제적인 능력과 개인의 상황에 맞는 제한으로 교육에 차별이 생기는 때가 있다. 각 국가의 교육기관에서는 이런 교육 울타리를 낮추기 위해 여러 가지 방법으로 교육을 지원하고 있지만 현실적으로 일대일 맞춤형 교육을 제공하는 것은 비용과 효율성 면에서 이뤄지기 어렵다. 그러나 기술의 발전은 그동안 현 교육제도로 불가능할 것 같았던 분야를 가능한 분야로 바꿔주었고 그중 하나의 수단이 에듀테크를 통한 교육제도이다.

에듀테크 시대의 교육제도

세계적인 과학자 알버트 아인슈타인은 "모든 사람들은 천재다, 그러나 물고기에게 나무에 오르는 능력을 가르친다면, 그 물고기는 평생을 스스로 쓸모 없는 존재라고 생각하며 살 것이다"라고 말한 바 있다. 이 말처럼 획일화된 교육제도 내에서는 각자 다른 재능을 가진 사람들을 발굴하고 양성하는 데 어려움이 있다. 과거에 비해 교육기회가 확대되고 다양한 교육이 만들어졌지만 과학기술 발전에 따른 교육내용 및 교육방법에 대한 학습자 수요를 현 제도는 만족시키지 못하고 있다. 그리고 학교와 학년제가 고정되어 있어 학생들의 능력별 개인차를 충분히 고려하고 있지 못하며, 학제 안에서 학생들의 이동이 제약되어 있다. 이를 해결하기 위하여 나타난 것이 교육Education과 기술Technology이 결합한 '에듀테크Edu Tech'이다. 제4차 산업혁명은 기존 교육제도의 한계를 극복할 수 있게 만들어 주었고 과거와 다른 프레임을 제시하고 있다. 예를 들어 VR과 AR을 비롯한 영상기술의 발전으로 현실만큼

실감 나는 가상교실이 등장할 수 있으며, 소셜미디어의 발전으로 수업의 경계가 파괴되는 교육환경의 변화가 나타나고 있다. 이러한 변화에 따라 교육제도도 많은 변화를 맞이하고 있는데 에듀테크 시대의 교육제도가 강조하는 바는 크게 세 가지다. 양질의 교육을 더 많은 사람들이 받을 수 있는 교육의 대중화, 학습을 보다 효과적으로 할 수 있는 교육 효과의 극대화, 생활에 공유하고 활용할 수 있는 교육과 일상생활의 결합이다.

그럼 교육의 대중화를 위한 교육제도에는 어떤 것들이 필요할까? 먼저 교육의 대중화에 초점을 맞춘다면 누구나 원하는 교육을 시간, 장소, 비용에 상관없이 양질의 교육을 누릴 수 있는 기반이 마련되어야 한다. 기존에 과거 유명한 아이비리그 대학의 강의를 듣기 위해서는 경제적 능력(학비)과 입학 조건(성적) 등 일부 한정적인 요소가 있었다. 하지만 최근 온라인 강의가 활성화되면서 이를 체계적으로 관리하고 제공하는 사이트들이 생겨나게 되었다. 그중 가장 규모가 큰 사이트는 '무크^{MOOC}'라는 곳으로, MOOC는 Massive Open Online Course의 약자이다. 이곳은 하버드, 스탠포드, MIT 등 세계 유명한 대학 강의를 무료로 서비스해준다. 이외에도 각 대학 기관에서 운영하는 온라인 사이트가 있으며, 심지어 유튜브에도 공유가 되어 인터넷만 가능하다면 누구나 강의를 들을 수 있다. 또한 TED는 기술·오락·디자인 등 3분야의 세계 최고 명사들이 참여하는 첨단기술 관련 강연회로 인터넷으로도 볼 수 있는 오픈형 강의를 제작하고 공유하고 있다. 무크와 TED와 같은 오픈 강의 사이트는 교육의 대중화를 가속시키고 있으며, 우리나라에서도 국가평생교육진흥원이 케이무크$^{K-MOOC}$를 운영하여 한국판 TED 활동이 활발하게 이뤄지고 있다.

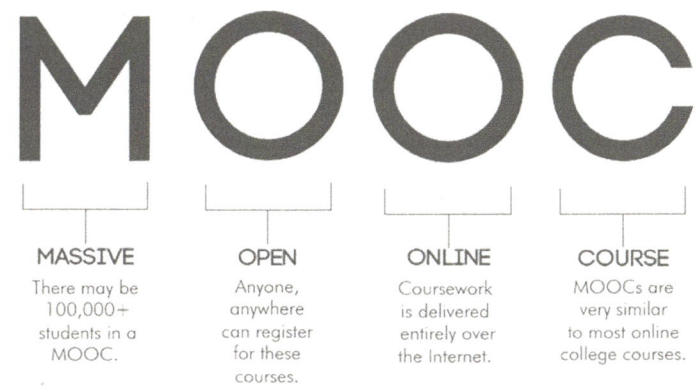

▲ 세계 유명 대학 강의를 무료로 들을 수 있는 사이트, 무크(MOOC)

두 번째는 교육 효과의 극대화인데, 이것을 위해서는 맞춤형 교육의 제공이 필요하다. 현재도 수준별 학습, 심화 학습이라는 명칭 하에 부분 맞춤형 교육이 제공되고 있지만, 에듀테크 시대는 일대일 맞춤 교육제도를 지향한다. 개인 역량에 적합한 학습 교육과정과 방식, 평가들을 제공하여 최대의 학습효과를 볼 수 있도록 해야 하는데, 최근 빅데이터와 인공지능 기술들을 통해 일부가 구현되고 있다. 인공지능으로 학습자의 수준을 파악하여 적절한 난이도의 교육과 평가를 제공하는 것은 물론 최근에는 질문에 대한 답변까지 할 수 있는 수준으로 학습자에게 최적화된 교육 컨텐츠를 제공할 수 있게 된다. 이런 점을 이용해 현재는 대학교부터 초등학교까지 학습자 수준에 맞는 인터넷 강의를 통한 학습 수료도 인정해주고 있다.

마지막으로 에듀테크 시대에는 일상생활과 교육의 결합을 강조하기 때문에 실생활과 연관된 교육제도가 필요하다. 에듀테크는 사람들이 평가를 위한 학문을 익히는 데 그치지 않고 배운 것을 실생활에 공유하고 활용할 수 있도록 한다. 인터넷 방송과 SNS 등을 통해 자신이 학습한 것을 다른 사람들과 공유하며, 상호 간 학습의 장을 제공할 수 있게 되었고, 덕분에 에듀테크를 통해 학습할 수 있는 교육내용도 다양해졌다. 실제로 우리나라에서는 9살 소녀가 유튜브를 통해 학습한 후 3D 프린터를 제작한 사례가 있는데, 이는 제도와 평가에 국한되지 않고 일상생활에 필요한 것을 기존 정규 교과과정과 무관하게 에듀테크를 이용하여 스스로 학습한 사례이다. 때문에 제도적 차원에서는 언어, 수학, 과학과 같은 기본 소양 외에도 에듀테크 시대에 걸맞는 개인이 원하는 일상과 관련된 학습도 이뤄질 수 있도록 지원해야 한다.

에듀테크 시대의 교육제도는 앞서 여러 번 언급되었듯이, 기존 교육제도가 불가능했던 영역을 가능하게 해주고, 대상과 내용, 방법까지 제한이 없는 개개인 맞춤형 교육이 이뤄질 수 있도록 개선되어야 한다. 인공지능, VR, 인터넷 방송, SNS와 같이 제4차 산업혁명으로 대반되는 기술들을 교육과 연결하여 새로운 교육제도가 필요한 때이다. 로봇 교사, 가상 교실, 소셜 러닝, 게임 러닝 등 에듀테크로 변화하게 될 교육의 모습은 굉장히 다양하고 무궁무진한 가능성을 갖고 있다. 하지만 명심해야 할 점은 에듀테크는 기존 교육을 대체하는 것이 아닌 교육제도의 문제를 보완하고 더 좋은 방향으로 이끌 수 있는 수단이므로, 변화하는 교육제도의 바탕에는 학습자를 위한 교육철학이 기본이 되어야 할 것이다.

04 스타트업 육성정책

미래과학기술지주회사 기술투자 심사역 **장지영**

최근 들어 스타트업이라는 용어는 매우 친숙한 단어가 되었다. 사업을 시작한다는 의미에서 스타트업이라고 표현하게 되었지만 실질적으로 이는 미국 실리콘밸리에서 생겨난 용어로 혁신적 기술과 아이디어를 보유한 설립된 지 오래되지 않은 창업기업을 일컬으며, 스타트업 컴퍼니startup company 또는 스타트업은 신생 벤처기업을 뜻한다.

흔히 창업과 비슷한 의미로 쓰이기도 하지만, 실제로 시작할 수 있는 사업에는 서비스업, 단순 식음료 체인점의 개업 또는 서비스 대리점, 기술 창업 등 다양한 종류가 있을 수 있다. 그러나 우리가 '스타트업'이라고 칭하는 창업에는 '혁신'이 필수적인 요소가 되어야 한다. 혁신에는 점진적 혁신Sustaining Innovation과 파괴적 혁신Disruptive Innovation이 있으나 '혁신'이라는 용어만으로도 하나의 책을 구성할 수 있을 정도의 방대한 이론적 배경과 연구가 있다.

그리고 국내에서는 스타트업과 벤처기업이 유사한 개념으로 통용되고 있으며, '벤처기업육성에 관한 특별조치법' 제2조의 2 제1항에 따르면 법적으로는 벤처투자기업, 연구개발기업, 기술평가보증 및 대출기업 중 어느 하나에 해당되는 기업을 의미한다.

강조해도 지나치지 않는 스타트업 팀 빌딩

이런 스타트업에 있어 팀 빌딩이 중요한 화두가 되는 이유가 있다. 창업을 결심한 창업자 대표 1인이 가질 수 있는 역량이 현실적으로 한계가 있을 수밖에 없다는 가정 하에서다. 왜냐하면 스타트업은 아이디어로부터 시작하여 비즈니스 모델을 세우고 판로를 개척하여 실제 시장에 진출하기까지의 모든 과정을 포함하고 융합하는 일종의 종합예술과도 같기 때문이다. 물론 1명이 이 모든 과정을 훌륭하게 수행하는 것이 가능한 경우도 있겠지만 현실적으로 1명이 커버할 수 있는 영역을

팀 구성의 장점

이점	내용
피드백	팀 구성원들은 서로에게 긍정의 피드백이 가능하다. 적극적으로 팀원들 간에 의사소통을 하면 사업팀이 겪게 되는 다양한 문제를 스스로 해결해 나갈 수 있다.
능력 향상	팀 구성원들은 서로의 피드백을 통해 본인이 가지고 있는 전문성을 더욱 키워나가 능력을 향상시킬 수 있다. 또한 다른 구성원들의 장점을 벤치마킹할 수 있는 기회를 갖는다.
정신적 지원	팀은 홀로 있지 않기 때문에 내·외부에서 어려움이 닥칠 경우 공동으로 대응해 나갈 수 있다. 이러한 정신적인 지원이 매우 중요한 역할을 한다.
혁신 역량	팀 구성원들은 각자가 맡은 전문 분야에서 혁신을 통해 사업을 성공적으로 수행해 나갈 수 있으며, 이러한 혁신은 팀을 구성함으로써 얻게 되는 시너지를 통하여 더욱 촉진될 수 있다.
확장된 네트워크	각 구성원이 속한 전문 분야를 넘어 내·외부의 포지션에 속한 전문가 그룹을 통해서 네트워크를 확장해 나갈 수 있다.
높은 수준의 사회적 지지	팀 구성원들이 서로에게 주는 긍정의 피드백 및 정신적 지원, 확장된 네트워크는 각 구성원에게 높은 수준의 사회적 지지로 나타날 수 있다.

출처: 「기업가정신 2.0」, 창조경제연구회

벗어난다는 전제가 깔려 있다.

따라서 팀을 만든다는 의미의 팀 빌딩은 스타트업에 있어 단순한 구성원의 모집 외에 새로 개척하는 사업의 전 과정에 있어서 어떤 기여를 할 수 있는 사람을 모집하여, 회사가 어떤 핵심 역량에 집중하여 사업을 발전시킬 것인가를 의미하기도 한다는 점에서 매우 중요하다.

위키백과에 따르면 이렇게 참여하게 되는 공동 창업자$^{Co-founder}$('코-파운더'라고 직접 부르는 게 일반적이다)는 스타트업 회사를 만드는 데 공헌한 사람들을 의미한다. 이미 존재하는 기업들 역시 공동 창업자가 있을 수 있으나, 공동 창업자라는 용어는 일반적으로 기업가와 해커, 엔젤 투자자, 웹 개발자, 웹 디자이너 등으로 구성된 기업의 성장과 관련된 모든 사람들을 지칭한다.

또한 파트너^{partner}는 사업뿐 아니라 일상에서도 매우 범용적으로 사용되는 단어로 사업을 발전시키는 데 있어 주로 협조적인 관계를 의미하는 상대자(또는 법인), 동료를 의미한다.

글로벌 스타트업 흐름

(1) 리스크에 대한 투자 분위기

앞서 스타트업의 개념에서 설명한 스타트업의 모험적인 요소가 지니는 리스크에 대하여 가능성을 믿고 스타트업 투자를 선도해 나가며, 이에 따라 스타트업의 발굴과 성장이 활발한 국가는 미국이다. 특히 실리콘밸리는 스타트업의 성지와 같이 불리는 곳이기도 하다.

이러한 미국에서도 2015년까지는 투자 규모 및 건수가 활발히 증가하는 추세를 취하다 최근 실리콘밸리의 스타트업 기업에 대한 구조

조정과 미국 IPO 시장의 침체로, 2016년 스타트업 투자 관련 계약 및 거래 건은 4,520건, 5,815억 달러로 전년 대비 각각 16%, 20% 감소하는 등 VC 투자 심리가 위축되었다. 그러나 PwC^{다국적 회계컨설팅기업}와 CBinsight^{미국 시장조사기관}은 2015년 버블과 같은 투자환경에서 양질의 환경으로 전환되고 있다고 분석하고 있다. 이는 여전히 세계 스타트업 시작과 발굴, 그리고 성장의 주도적인 역할을 하는 국가는 미국임을 시사한다.

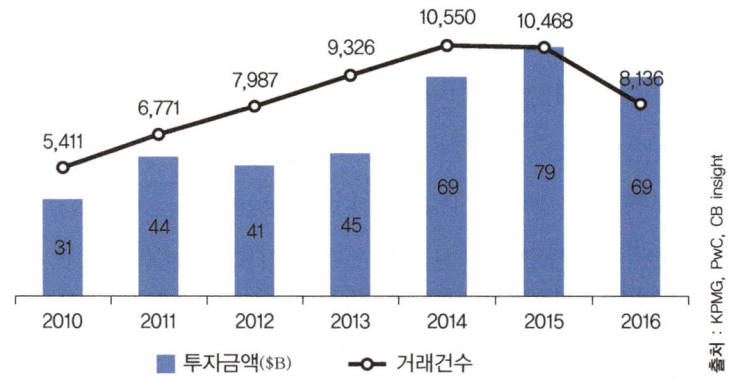

▲ 미국 스타트업 투자 동향

(2) 다양한 스타트업의 과정에 따른 결과(성공의 지표-유니콘 기업)

그러한 활발한 스타트업 활동과 발굴, 성장의 성과로 '유니콘^{Unicon} 기업'을 지표로 삼을 수 있다. 기업가치 10억 달러 이상의 스타트업인 유니콘들이 비즈니스 혁신을 통해 시장을 선도하면서 스타트업 성공의 기준이 되며 제4차 산업혁명의 지표로 대두되고 있다. CB Insight에 따르면 2017년 3월 현재 전 세계 유니콘 기업은 총 186개이며, 이들의 전체 기업가치는 6,470억 달러에 달한다고 한다.

국가별로는 미국(99개)과 중국(42개)이 주도하는 양상으로 총 75.8% 비중을 차지한다. 약 30%의 유니콘 기업은 미국 실리콘밸리, 10%는 실리콘앨리$^{Slicon\ Alley}$라고 불리는 뉴욕에 있다.

상위 20개 유니콘 현황

순위	기업명	기업가치(억 달러)	국가	분야
1	Uber	680	미국	공유경제(차량)
2	Xiaomi	460	중국	스마트폰/디바이스
3	Didi Chuxing	338	중국	공유경제(차량)
4	Airbnb	300	미국	공유경제(부동산)
5	Palantir Technologies	200	미국	빅데이터 분석 소프트웨어/서비스
6	Lu.com	185	중국	핀테크(P2P대출)
7	China Internet Plus	180	중국	전자상거래
8	WeWork	169	미국	공유경제(사무실)
9	Flipkart	160	인도	전자상거래
10	SpaceX	120	미국	항공우주
11	Pinterest	110	미국	소셜(이미지 공유 및 검색)
12	Dropbox	100	미국	웹 기반 파일 공유 서비스
13	Infor	100	미국	비즈니스 소프트웨어
14	DJI Innovations	100	중국	상업용·개인용 드론
15	Stripe	92	미국	핀테크
16	Spotify	85	미국	온라인 음악 스트리밍 서비스
17	Zhong An Insurance	80	중국	핀테크(보험)
18	Snapdeal	70	미국	전자상거래
19	Lianjia(Homelink)	62	중국	전자상거래
20	Global Switch	60	영국	데이터 센터

출처 : CB insight, Trade Brief, 한국무역협회 국제무역연구원

(3) 스타트업의 성공에 지역적 밀집 성향이 있다.

이런 지역적인 집중의 특징을 보이는 것은 스타트업이 물리적 공간에 영향을 받는다는 의미로 해석해 볼 수 있다. 즉, 일종의 공간적 밀집을 통해 그 안에서 자연스럽게 네트워킹과 교류로 인한 시너지가 일어나고, 그 안에서 기회가 생겨나며 이로 인해 스타트업의 성장과 성공의 가능성이 높아질 수 있다는 것을 유추해 볼 수 있다.

그러한 세계적인 분위기의 형성은 사실 닭이 먼저인지 달걀이 먼저 인지 구분하기 힘든 선순환의 구조를 갖고 있다. 실리콘밸리는 역사적으로 우수한 기술의 스핀오프로부터 벤처창업의 열풍이 불었던 지역이고 자연스럽게 창업과 자유로운 네트워킹이 가능했다. 이러한 네트워킹과 스타트업 창업 비용을 줄이기 위한 공유공간에 대한 니즈로 '코워킹 플레이스'가 생겨나기 시작했다. 스타트업의 핵심적인 과정 중 하나인 '팀 빌딩'을 위한 분위기 형성의 플랫폼으로서의 역할을 '공유공간'이 일부 담당하게 된 것이다. 미국 인디홀Indy hall, 오피스노마드Office Nomads, 중국 처쿠車庫카페, 독일 베타 하우스Betahaus 등이 공유공간으로 다양한 네트워킹을 제공했으며, 그중에서도 창업 팀 빌딩을 위한 분위기 형성에 기여하고 있다.

특히 실리콘밸리에 위치한 로켓스페이스RocketSpace는 2011년 설립되어 엑셀러레이터와 인큐베이터 중간 형태의 역할을 하며 기술 스타트업의 캠퍼스를 표방, 우버Uber, 자포스Zappos 등을 졸업시켰다.

(4) 대표적 성공사례

1인 창업을 할 수도 있고 그 성공사례도 적지 않지만, 팀을 구성하여 창업을 할 경우 여러모로 많은 장점을 누릴 수 있다. 또한 4차 산업의 트렌드 등과 맞물려 고객들의 요구가 복잡해지고 다양한 융합의 이슈가 지속적으로 발생함에 따라 스타트업이 수행해야 하는 업무의 영역이 창업자 1인 혼자서 감당하기 힘든 경우가 많다. 실제 성공적인 창업 기업을 보더라도, 훌륭한 인재들이 모인 팀으로 시작하여 발전한 경우를 많이 볼 수 있다.

애플의 스티브 잡스와 스티브 워즈니악, 구글의 레리 페이지와 세르게이 브린, 페이스북의 마크 주커버그와 더스틴 모스코비츠 등 성공적인 기업들도 모두 훌륭한 팀을 구성하여 시작하였다. 또한 현재는 'PayPal Mafia'로 불리는 모바일 결제 업체인 페이팔 창업 팀이 있다. 최근에는 이 팀 구성이 큰 시너지를 내고 있다. 페이팔 창업 팀은 맥스 래브친을 중심으로 현재까지도 다양한 분야에서 창업 및 벤처투자를

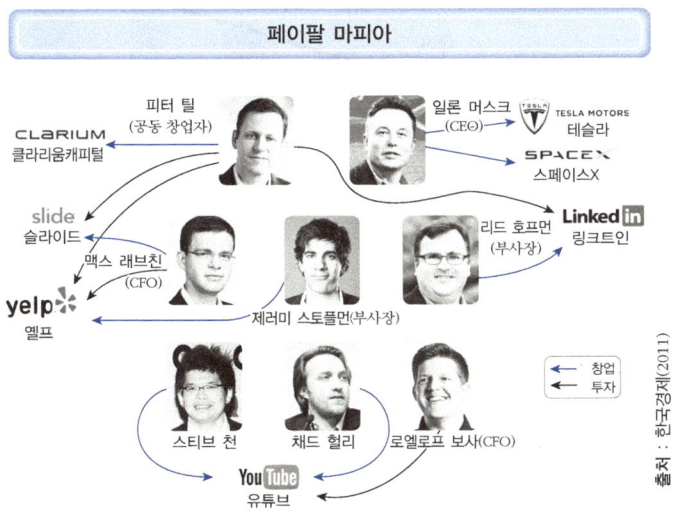

▲ Paypal Mafia의 창업 및 투자 현황

하며, 스타트업의 성공을 통해 얻은 혜안과 자금을 다시 스타트업의 선순환을 위해 사용하여 스타트업 생태계에 일조하고 있다.

대한민국 스타트업 이대로 괜찮은가?

국내 기술투자업계를 살펴보면, 세계의 흐름과 같이 벤처기업 및 스타트업을 대상으로 하는 투자산업이 더욱 활성화되어 가는 분위기이며, 그 규모도 꾸준히 늘어나고 있는 상황이다. 뿐만 아니라 대기업 및 중견기업에서도 스타트업 발굴과 신사업 활용을 위한 투자 및 지원에 뛰어들고 있는 상황이다. 대기업 등은 신사업 발굴을 위한 다양한 보육시설 및 공간을 지원하는 노력을 하고 있다.

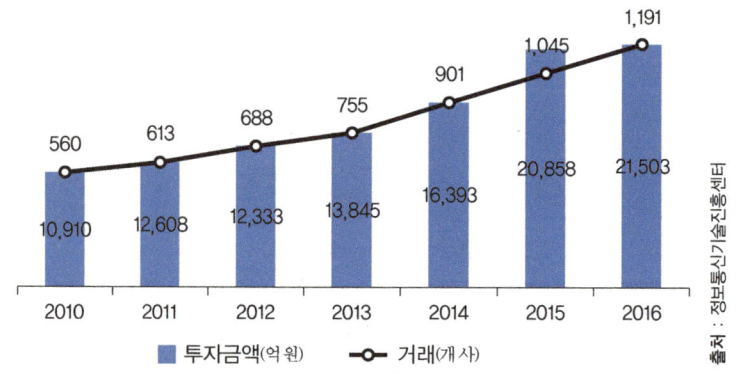

▲ 신규 벤처 투자 추이, 중소기업벤처부

또한 다양한 네트워킹과 공유하게 되는 물리적 공간이 스타트업에 미치는 영향을 체감하고 다양한 루트를 통해 분석한 결과에 따라 많은 인식의 전환을 통해 앞서 세계적 흐름에서 언급한 코워킹 플레이스 역시 매우 활성화되고 있다. 2013년 은행권청년창업재단이 창업지원을

국내 스타트업 투자 추이

구분	2014년	2015년	2016년
투자유치금액(억 원)	7,802	8,120	10,078
투자유치 스타트업(개수)	101	210	313

* 공개하지 않은 투자 건, 인수 이후 투자 건, 창업지원기업, 대기업 자회사, 스타트업을 벗어난 기업 제외
출처 : 2014~2016년 연간 국내 스타트업 투자동향 보고서, 플래텀, 재작성

전문으로 하는 최초의 민간 코워킹 스페이스로 D.camp를 설립하였다. 이후 마루 180(현대그룹 계열 아산나눔재단), 스타트업얼라이언스(네이버), 드림엔터(과기부), K-ICT 본투글로벌센터(KIAT, 과기부), 구글캠퍼스 서울(구글) 등 대기업과 정부의 노력으로 많은 코워킹 플레이스가 생겨났으며 그 활동 역시 매우 활발한 편이다.

실질적으로 이러한 산업 분위기는 국가의 다양한 지원책과 정책의 힘을 입어 활발히 수행되고 있다고 할 수 있다. 민간자금의 벤처투자를 유도하고자 정부재원으로 조성된 펀드를 '모태펀드'라고 한다. 이러한 자금의 규모가 꾸준히 늘어나고 있는 추세이며, 특히나 2017년 추가경정예산에 반영된 예산의 규모가 1.4조 원 수준으로 정부의 매우 적극적인 기술기업 발굴에 대한 의지를 드러내는 부분이라고 할 수 있겠다.

뿐만 아니라 앞서 코워킹 스페이스의 사례에서도 보듯이 부처 및 산하기관의 주도로 설립된 시설인 드림엔터, K-ICT 본투글로벌센터 등 역시 활발하게 운영 중이다. 국가의 출연을 바탕으로 운영되는 연구기관 역시 실질적 정책 수립과 사회분위기 환기를 위한 노력을 기울여 왔다. 2015년 4월 과학기술정책연구원에서「창업지원 코워킹스페이스 현황 및 활성화를 위한 정책 과제」를 발간한 바 있다. 과학기술정책연구원STEPI는 창조경제, 일자리, 성장동력, 환경, 안보 등 우리나라가 당

면하고 있는 주요 사회·경제와 관련된 정책문제에 대하여 대응방안을 모색하기 위해 보고서를 발간하는 곳으로 시기의 적절성 여부는 논외로 하더라도 다양한 정책 제안이 이루어지고 있음을 알 수 있다.

그러나 앞서 세계 흐름에서 언급한 CB Insight의 유니콘 현황 자료를 보면 국가별로는 미국(99개)과 중국(42개)이 주도하는 양상으로 총 75.8% 비중을 차지하고 있으며, 다음으로는 인도(9개), 영국(7개), 독일(4개), 대한민국(3개)이다. 대한민국 기업은 쿠팡과 옐로 모바일, CJ게임즈 넷마블만이 유니콘 기업에 이름을 올리고 있다(Techcrunch Crunchbase unicorn leaderboards 기준으로는 CJ 모바일 제외). 2014년 이후 글로벌 시장에서 많은 유니콘 기업이 탄생한 것과는 반대로 대한민국은 2014년 이후 새롭게 유니콘 기업으로 성장된 기업이 없는 상황임을 고려하면 국내 스타트업의 기업가치는 아직 낮은 수준이라는 것을 알 수 있다.(『주간기술동향』, 2017. 5. 3., 정보통신기술진흥센터) 스타트업의 모험적 요소에 의한 리스크가 있음에도 불구하고 혁신에 힘입어 투자가 활발해졌으나 실질적인 성과 면에서는 아직 부진한 것이 사실이다.

스타트업을 많은 과정과 다양한 분야를 융합하는 일종의 종합예술이라 표현한 것처럼, 다양한 산업, 국가적 차원의 지원 노력과 활기를 띠는 스타트업 업계의 분위기에도 불구하고 그 결과가 부진한 데는 원인도 매우 다양할 것이다. 그러나 본 장에서는 스타트업에 핵심적인 요소인 창업 팀을 '제때, 제대로' 빌딩하지 못하는 현실에 집중하여 살펴보고자 한다. 대부분의 국내 스타트업 창업 팀은 친구, 학교 선후배, 같은 연구실, 같은 회사 동료, 가족 등이 창업 팀을 구성하는 경우가 많다. 기존에 정서적으로 어느 정도 관계를 맺고 있는 사람과 정서적인 이끌림으로 "함께 창업해도 괜찮을 것 같은 '느낌'"으로 팀을 구성하게 되는 경우가 많은 것이다.

고집을 내려놔야 한걸음 더 나아갈 수 있다

필자는 현재 스타트업의 자본조달 구조에서 seed capital과 early stage 중간 단계 정도의 자본조달을 지원하는 회사에서 투자를 검토하는 일을 하고 있다. 그래서 우선 기업설명IR을 통해 어느 정도 기술성과 사업성, 시장성이 확보되어 있는 아이템을 갖고 있는 스타트업이면 일단 검토를 진행하게 된다. 검토를 진행하면서 기술에 대한 스터디, 사업성, 시장성 검증을 위한 각종 자료를 조사하는 일도 하지만 가장 기본적으로는 창업 팀(대표)과의 교류와 커뮤니케이션이 업무에서 비중을 많이 차지하는 편이다. 그러다 보니 스타트업이 진행코자 하는 아이템이 매우 흥미로워 검토를 한참 진행하는 중에 창업 팀과의 커뮤니케이션을 통해 얻게 되는 피드백에 실망해 검토를 보류하거나 중단하게 되는 경우가 종종 있다.

예를 들면 비슷한 전공의 같은 연구실에서 나온 창업 팀의 경우, 창업 팀이 보유하고 있는 기술적인 역량이 해당 아이템을 성공적으로 이끄는 데 핵심적인 역할을 할 수 있을 것으로 기대되기는 하지만 창업 팀이 추진하고자 하는 사업영역이 그 기술적인 영역뿐 아니라 최종 완제품의 공급 및 제조까지를 포함하고 그를 고집하는 경우이다. 물론 가능한 계획일 수는 있겠으나, 프로그래밍만 하는 서너 명의 개발자가 개발 이외의 사업화 영역을 단순 제조 외주 등을 통해 커버할 수 있을 것이라 자신하고, 시장 및 마케팅에 대해 지나친 장밋빛의 왜곡된 시각을 갖고 있는 경우가 많다. 자신들의 주요영역 외에는 다 별것 아니라는 생각이 자칫 실패를 불러올 수 있다. 항상 사업에는 견제가 가능한 시각적 편차가 필요하다.

또한 모 대기업에서 동료로서 수년간 함께 일하면서 습득한 서로에 대한 역량과 인성에 대한 정보로 창업 파트너로서의 검증이 충분했다고 생각했지만, 막상 스타트업에서는 서로가 실망스러운 경우도 있다. 대기업의 경험은 분명 스타트업에도 중요한 역량 기반이 될 수 있지만, 큰 조직에서 갖춰진 시스템 내에서 하나의 역할만을 부여받고 제한된 분야의 업무나 개발을 해온 경우에는 훌륭하게 제 역할을 해왔던 연구총괄에게 스타트업에서 수행해야 하는 '종합예술' 수행이 역부족일 수 있다. 이에 대해서 사전에 서로의 능력에 대해 냉정하게 검증하고 부족한 부분에 대한 명확한 이해를 선행하고 팀을 구성하면 불필요한 책임소재 탓으로 인한 감정싸움 및 시간낭비를 줄일 수 있다.

> **"주주 간 계약서 때문에 망한 회사도 있다" – 온오프믹스 양준철 대표**
> 창업자 간, 주주 간 계약서를 중요치 않게 생각하다가 낭패를 보는 스타트업이 많다. 한 기업은 공동 창업자 3명이 지분을 나눴는데, 대표가 가장 적게 가져갔다. 근데 나중에 대표를 제외한 2명이 사적인 이유로 회사를 나가겠다고 한 것이다. 근데 주주 간 계약서 안에 의무종사 기간을 채우지 않고 나갔을 때에 대한 페널티가 명시되어 있지 않았다. 결국 대표가 사비로 주식을 다 되찾아 왔어야 했는데, 꽤 높은 가치로 투자를 받은 이후서어 쉽지가 않았다. 후기 투자를 받으려고 해도 의사결정권이 밖에 나가 있는 상태니까, VC 입장에서 뭘 보고 투자하겠나. 결국 그 회사는 망했다. '좋은 게 좋은 거'라는 마음으로 주주 간 계약서를 대충 쓰거나, 아예 없이 사업을 시작하는 경우가 많은데 그래선 안 된다.
>
> **"대기업 인맥, 실제 나와 보면 아무도 안 도와준다" – 착한텔레콤 박종일 대표**
> KT 통신사에서 7년을 일했고, 대우증권에서 2년 반 동안 핀테크 관련 업무를 했다. 총 10년간 직장생활을 한 셈이다. 대기업에서 꽤 많은 인맥을 쌓았지만, 결국 "하늘은 스스로 돕는 자를 돕는다". 처음에는 다들 도와줄 것처럼 얘기하지만, 실제로 나

> 와보면 아무도 안 도와준다. 결국 그들에게 나 역시 도움이 되어야 한다. 명확한 이해관계 속에서 사람은 움직이게 되어 있다. "내가 이용당할 수 있을 만큼 충분히 매력적인 사업과 상품을 만들어야 한다"는 것을 깨달았다. 단지 대기업에 있었다는 것만으로는 아무 소용이 없다. 그 과정에서 내 이용가치를 만들어야만 하는 것이다. 그러나 어느 정도 검증이 된 후에는, 주변 사람들의 도움이 결정적인 역할을 하게 된다. 내 경우에도 이전 회사에서 통신 요금을 계획했던 경험과 과거 알티폰 사업할 때 만들었던 인맥이 나중엔 큰 도움이 됐다.

출처 : 플래텀, 실패를 극복한 창업가들

비슷한 사람과 만나고 어울리려는 문화적 습성

어쩌면 그것은 한국인을 넘어 인간의 정서적인 특징일지도 모른다. 인간은 기본적으로 자신과 비슷한 생각과 비슷한 관심사를 가진 사람들과 집단을 이루고 교류하기를 원한다. 그래서 함께 일하며 가족보다도 더 많은 시간을 함께하는 '회사 사람들'보다도, 초·중·고등학교 동창모임 외, 또 굳이 같은 취미활동을 하는 동호회를 통해 개인적이고 새로운 사회생활을 즐긴다. 이렇게 감정적으로 소통도 잘되고 비슷한 관심사를 가지며 많은 공감대를 형성하는 사람과 함께 일할 수 있다면 얼마나 좋을까?

만약 현재 당신이 기업에서 일하고 있는데 불가피하게 창업을 해야만 하는 상황이라고 한다면, 지금 함께 일하고 있는 ○ 대리, ○ 과장, ○ 팀장과 시작하고 싶은 마음은 얼마나 되는가? 아마도 대부분의 사람들은 현재 함께 일하는 '회사 사람'이 아닌 좀 더 신뢰감 있고 의사결정의 과정이 나와 비슷한 사람을 선택하고 싶을 것이다. 왜냐하면 회사에서 공동의 목표를 위해 업무를 추진할 때 하고 싶지 않은 일을 누군가는 지시할 수도 있고, 내 생각과는 다른 비합리적인 방식으로 일을 추진하더라도 억지로 따라야 하는 경우도 있었다. 따라서 현재 '회사 사람'은 나와는 잘 맞지 않는 사람일 가능성이 많다. 이처럼 우리가 알고 있는 기성의 기업문화 속에도 사실은 스타트업에서 중시하는 다양성이 확보되어 있다.

그런데 창업가들, 특히 젊은 스타트업의 경우에는 오히려 다양성이 확보되지 않는 인력으로 '마음에 맞는' 창업 팀을 꾸리는 경우가 다반사다. '마음에 맞는' 팀원들과의 팀은 자칫 편협하고 왜곡된 조직의 생각과 문화를 만들어낼 위험성이 있다. 그런데 우리가 스타트업을 장려하는 이유는 스타트업의 도전을 통해서 '세상을 혁신'하는 기회를 만들기 위함이다. 편협한 사고를 가진 조직은 세상을 담기에는 너무 작은 그릇이다. 스타트업은 친목을 위해 만드는 조직이 아니므로 다양한 시각을 통해 비판적 사고와 제안이 자유로운 문화가 필요하다.

두려움으로 인한 팀 빌딩 시기의 성급함

실패에 대한 두려움은 창업에 대한 큰 장애요인으로 작용한다. 이는 사회적으로 창업 실패가 개인의 인생에 주었던 낙인이 상당했음을 알 수 있다. 다양한 인식조사 결과를 통해 창업을 하지 않는 사람들뿐 아니라 창업을 결심하고 추진하는 예비창업자들에게도 실패가 두려울 것임을 유추할 수 있다.

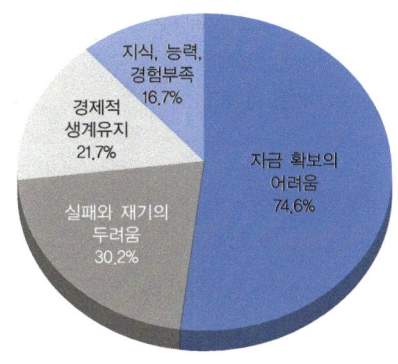

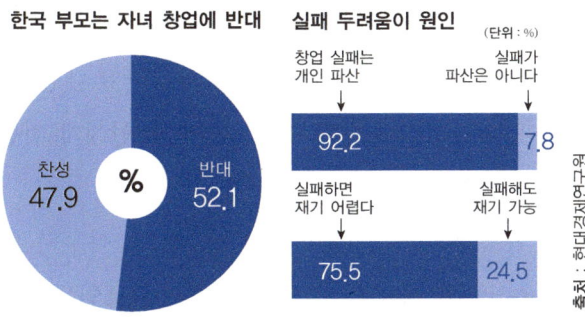

▲ 창업의 장애요인과 창업에 대한 인식

(중략)
한국의 경우 중소기업 창업에 대한 인식이 경제협력개발기구(OECD) 회원국 가운데 최하위권에 머물고 있다는 비교 분석 결과가 나왔다. 2017년 5월 OECD가 발간한 '중소기업 경영환경 보고서'(Small, Medium, Strong. Trends in SME Performance and Business Conditions)를 보면 한국은 2014년 기준 '창업 기회 인식' 조사에서 OECD 34개 회원국 가운데 33위를 기록했다. 한국보다 순위가 낮은 국가는 꼴찌인 일본뿐이었다. 1위인 스웨덴은 성인 70%가량이 창업 기회를 긍정적으로 보았지만, 한국과 일본은 이 비율이 20%에 못 미쳤다. 창업에 필요한 지식과 기술이 있는지 묻는 '창업 역량 인식' 조사에서도 한국은 역시 일본만 간신히 제친 33위였다. '창업 실패에 대한 두려움'은 그리스, 일본, 이스라엘이 차례대로 1~3위에 올라 두려움이 컸으며 한국도 7위로 나타났다. 한국 응답자 40% 이상은 실패할까 두려워 창업이

> 꺼려진다고 대답했다. 또 '창업에 필요한 교육훈련 접근성'에 관한 질문에서도 한국은 23위로 중·하위권에 그쳤다. 핀란드, 뉴질랜드, 호주가 나란히 1~3위로 공식·비공식적인 창업 교육 접근성이 가장 높았다.
> (중략)

출처 : 연합뉴스, 2017. 5. 23., 박성진 기자

이러한 두려움으로 인해 많은 스타트업이 실제 아이템을 구체화하고 사업화 계획을 세우기 전에 팀원부터 모집하는 경우가 많다. 하나보다는 둘이, 둘보다는 셋이 무언가 나 하나의 부족한 능력을 보완해 줄 것이라는 불확실한 기대, 그리고 나의 모험이 나만이 감당해야 하는 것이 아닌, 나의 팀원이 조인함으로써 한번쯤은 타인에게 검증받았다는 심리적 안정감 때문이다.

물론 그런 두려움으로 인한 성급한 상태라고 아무나 조인시키는 것은 아니다. 우리는 이성을 잃지 않고 나의 스타트업에 도움이 될 만한 인재를 영입하려 노력할 것이다. 하지만 애써 나를 큰 도전으로 이끈 아이템에 대해서 감탄과 존경은커녕 비판적 의견을 술술 내놓는 사람에게 정말 그 모든 비판을 대응하며 설득할 에너지가 있을 것인지 또한 그런 '멘탈'을 지켜낼 여력이 있을지는 확답하기 어려울 것이다. 창업 팀을 구성하는 일은 사실 생각만큼 쉬운 일이 아니다. 일반적으로 친구, 선후배, 동료, 가족 등과 자연스럽게 사업 아이디어와 기획에 대한 이야기를 나누다 비전을 공유하고 지지하며 창업 팀을 빌딩하는 경우가 많으며, 대부분 비슷한 수준의 지식과 경험, 연령을 보유한 또래끼리의 구성이 자연스럽게 이루어지는 경우가 많다. 그러다 보니 비슷한 생각을 갖고 나에게 우호적인 팀원을 찾고 '말이 통하는' 사람과 스타트업을 시작하게 되는 경우가 많다. 그 분야에 대해서 얼마나 '말이 통하

는' 사람이냐는 일반적으로 나이, 학연, 지연, 사업의 기회로 인식하는 분야, 솔루션의 분야(H/W, S/W, 서비스, 컨텐츠 등), 마케팅의 방법 등 다양한 구분이 있을 수 있다.

비슷한 사람과 집단을 이루려는 습성과 사회적 인식 모두 사실은 교육을 통해 일부분 해결이 가능한 부분이다. 또한 많은 제안들이 그러한 다양성을 강조한 교육과 사회 안에서의 기업가정신 교육이 미치는 긍정적 영향 등에 관한 학술적 연구 결과 등을 토대로 교육의 필요성을 언급하고 있으나 실질적으로 반영되지 않고 있는데, 이는 학벌과 학력이 사회적 신분의 계층화와 직접적 연관이 있었던 우리의 역사 때문에 쉽게 개선되지 않는 부분이라 할 수 있다.

앞서 원인으로 언급한 비슷한 사람과 만나고 어울리려는 문화적 습성, 다양성을 인정하지 않는 폐쇄적 교육과 비판적 사고에 적합하지 않는 주입식 교육, 두려움으로 인한 팀 빌딩 시기의 성급함 모두 융합 없이는 어느 하나의 방법만으로 쉽게 해결될 수 있는 문제가 아님은 자명하다.

혼자서 시작해도, 실패해도 두렵지 않은 보편화된 스타트업 분위기 형성을 위해 더욱 적극적인 국가적 정책뿐 아니라 초등학교에서의 기업가정신 교육 등 교육정책이 움직여야 함은 두말할 것이 없다. 이러한 정책을 통해 자연스럽게 인식의 전환을 유도하여 도전을 장려하는 사회 분위기를 조성하여야 한다.

이런 분위기를 통해 도전하고자 하는 열정이 단순한 열정으로 그치지 않고 스타트업이 냉철한 생존의 영역임을 인지할 수 있도록 팀 빌딩의 적정 시점에 대한 체계화된 전략과 다양한 사례에 대한 교육 연구도 필요하다. 최근에는 일반적으로 최소존속가능제품^{Minimum Viable}

Product ; MVP을 만들어 일단 시장성을 검증한 후 실질적으로 사업에 꼭 필요한 역할을 정하고 그 역할에 적합한 팀원을, 사업화 진행 단계에 맞게 순차적으로 찾는 것을 추천한다. 이때 문화적 습성을 뛰어넘는 팀 빌딩이 가능하도록 다양한 사람들과의 융합을 시도할 수 있는 자연스러운 공간의 제공과 분위기 형성을 위해 코워킹 프로그램과 다양한 정부 지원 프로그램, 산업계의 노력이 필요함은 두말할 필요가 없다.

세대 간의 융합 : 최적의 팀 구성(신뢰의 YB+OB)

시기상 조금 뒤처지고 있으며, 무분별하게 선도 국가의 흐름을 차용해 오는 정부정책으로 인해 이를 악용하는 실례들도 있으나(여기서는 언급하지 않기도 한다), 개인적으로 대한민국의 스타트업 생태계는 매우 긍정적인 방향으로 흘러가며 선순환 구조로 변화하고 있다고 생각한다.

앞서 살펴본 실리콘밸리처럼 역사와 뿌리가 깊은 산업단지가 다시 스타트업의 메카로 재성장하고 재탄생하고 있다. 이러한 산업의 중심이었던 실리콘밸리가 다시 창업의 메카로 자리매김하는 데는 그 공간에 머무르는 '사람'이 있었기 때문이 아닐까? 또한 실리콘밸리는 스타트업으로 성공한 후 다시 스타트업계로 들어와 선순환하는 페이팔 마피아처럼 많은 OB들이 재유입되고 있어 OB와 YB가 만날 수 있는 자연스러운 공간이기도 하다.

이와 달리 우리나라는 금융과 사람이 몰려 있는 서울의 테헤란로에 각종 코워킹 스페이스와 창업과 관련한 물리적 시설, 지원 기관들이 점점 집합하고 있다. 우리는 실리콘밸리와 다른 우리만의 스타트업 문화를 만들 수 있다. 그러한 우리만의 물리적 스타트업 허브 공간에 산업과 융합의 노하우와 지혜를 지닌 OB^(중년세대 : old boy)들이 자연스럽게 유입되도록 해야 한다고 생각한다. 왜냐하면 역사는 반복되는 면을 갖고 있으며, 시간이 단련시킨 OB의 지혜의 힘은 강력하기 때문이다.

진정한 최적의 팀 구성은 어떻게 해야 할까? 사실 이 질문은 "그때그때 달라요"가 정답이다. 사업의 아이템과 성장시점에 따라 필요한 팀원과 그 역량이 달라지기 때문이다. 그러나 앞서 제안한 바와 같이 최근에 연령의 세대 차이를 뛰어넘은 쉽지 않은 팀 구성을 하는 스타트업들의 사례가 늘어나고 있다. 여기에는 어떠한 시너지 효과가 있을까? 젊음의 아이디어와 기획력, 그리고 추진력과 함께 연륜의 영업력, 업계 생리에 대한 전문적 이해가 통합되어 하나의 스타트업이 된다면 이것은 매우 강력한 팀 구성이 될 수 있다. 또는 최근 젊은 개발자들이 많이 참여하고 있는 IT와 AI 분야의 기술과 이를 적용할 수 있는 의학, 역학, 금융 등 분야의 베테랑 전문가의 기술성이 보완된다면 매우 높고 강력한 진입장벽을 갖게 된다고 할 수 있다. 실제로 젊은 개발자와 연륜의 금융전문가가 함께 팀을 이루어 창업한 탱커펀드의 경우 시니어와 주니어의 파워풀한 팀 구성의 대표적인 사례라 할 수 있다.

사례) 탱커펀드 – 시니어와 주니어의 파워풀한 팀 구성
"안정성 높은 탱커펀드만의 P2P 플랫폼을 제공하겠습니다"
전문성과 차별화로 한국 P2P시장의 새로운 반향을 일으키다
(중략)
신뢰받는 전문가로 구성된 탱커펀드㈜는 '전문가들과 함께하는 안정성 높은 P2P 투자' 기회를 투자자에게 제공하고, 기존의 금융 시스템에서 자금을 원활히 공급받지 못하던 대출자들에게는 대출 기회를 제공해 금융의 혁신, 유연화, 간편화를 목표로 설립된 P2P 기업이다. 탱커펀드는 임현서 대표와 2015년 창조경제대상을 수상한 이종찬 기술이사 등 카이스트 전산과 출신의 핵심 개발진들과 전 신한은행 부

> 행장인 최상운 이사, 전 한미글로벌 전무 김규현 이사를 비롯한 시중은행, 투자은행, 저축은행 출신 금융 전문가로 구성되어 기업의 신뢰성을 높이고 있다. 임현서 대표는 "전문성을 바탕으로 각종 담보 제공으로 투자 안정성을 높인 상품만을 취급하며 투자자 보호를 위한 안전장치 마련을 최우선 목표로 탱커펀드를 운영하고 있습니다"라고 설명했다. (중략) 탱커펀드는 이미 5억 원 규모의 대출상품에 대한 성공적인 투자모집을 완료했다. 임 대표는 "플랫폼 초기인데도 믿고 투자해 주신 투자자분들의 소중한 투자금을 모아 이룬 결과이기에 의미가 깊다고 생각합니다. 또한 명망 있는 전문가들이 직접 심사하고 상품을 출시한다는 것에 대해서 긍정적으로 생각해 주시는 분들이 많습니다"라고 말했다. 그의 말대로 탱커펀드는 시중은행을 비롯한 제도권 금융에서 오랫동안 근무해 온 경력을 가진 전문가들과 젊은 개발자들이 한 팀을 이룬 핀테크 회사로 많은 투자자에게 긍정적인 이미지를 주고 있다. (중략)

출처 : 이슈메이커, 임성지 기자

그러나 강력하게 좋은 무엇인가를 얻어 내기 위해서는 많은 어려움이 있고 큰 기회비용이 소요되는 것이 일반적인 이치이다. 사실 세대 간의 소통과 융합의 문제는 매 시대마다 매우 어려운 일이었음을 우리는 역사를 통해 잘 알고 있다. 난관과 모험이 많은 스타트업에서 효과적으로 이러한 팀 빌딩부터 사업을 추진·운영하며 수행하기란 진심으로 쉬운 일일 수 없다. 이를 위해서는 각각이 가진 역량과 능력을 존중하여 앞서 언급된 팀 구성의 원칙처럼 상호 간의 역할분담을 명확히 수행하여야 한다. YB$^{젊은 세대 : young\ boy}$는 본인의 역할에 충실함과 동시에 나이에 따른 수직적 문화를 만들어낼 필요는 없으나, 대한민국의 장유유서^{長幼有序}의 문화를 존중하여 혹여 생길 수 있는 감정상의 문제에 유연하게 대비할 필요가 있다. 마찬가지로 OB$^{중년세대 : old\ boy}$ 역시 창업 팀 구성에 있어 부여된 역할에 최선을 다하여야 하며, 기존의 경험을 쌓아오던 조직의 문화에서 과감히 탈피하려는 노력이 필요하다. 창업 팀은 각각의 역할이 큰 조직에 비해 매우 중요하므로 지시하고 따르는 문화가 아닌 스스로 주어진 일을 책임져야 한다는 생각과 나이가 어리더라도 YB의 역량을 존중하는 수평적 문화에 대한 연습과 도전정신, 그리고 유연한 사고방식이 필요하다. 또한 이러한 상호 존중을 이루어 내기 위해서는 기본적으로 각각의 담당 영역에 대한 존중과 서로의 역량 및 인간에 대한 깊은 신뢰가 바탕이 되어야만 한다. 이는 앞서 언급된 팀 구성의 원칙에서도 이야기한 바 있는 가치관과 비전의 공유가 필수적이며, 또 이를 위해 깊은 소통 역시 꼭 필요하다.

비단 팀 구성뿐만 아니다. 스타트업의 성공을 위해서는 실제 다양한 파트너와의 협력과 융합이 필요하다. 즉, '캐미'가 맞는 파트너를 만나는 것이 스타트업 생존과 직결되어 있다. 이 파트너의 영역에는 투자자도 마찬가지로 스타트업의 성격과 단계에 맞는 적당한 시기에 적당한, 그리고 신뢰의 전략적·재무적 투자자를 만나야 한다. 이는 다음 기회에 다시 기술하기로 한다.

"아이 하나 키우는 데 온 마을이 돕는다"라는 아프리카 속담이 있다. 창업은 새로운 사업자 법인이라는 생명을 낳는 일이다. 생명을 낳고 키우는 데는 큰 인고의 시간도 필요하고 많은 시행착오도 겪는다. 이러한 새로운 생명을 성공적으로 키워내기 위해 다양한 주체가 융합하여 도와야 한다. 스타트업은 분명 살아 움직이는 생명이기 때문이다. 다시 한번 강조하지만, 스타트업은 융합의 결정체. 종합예술이다.

05 규제 갈라파고스를 극복하라

부천시 법률전문관 안성훈

규제의 불가피성과 어려움

인간이 사회를 이루고 사는 이유는 개인의 자유를 일부 양보해서라도 질서를 유지하는 편이 서로에게 유익하기 때문이다. 이른바 사회계약이 설명하는 내용이다. 생명과 재산을 지키기 위해서는 때론 강력한 권력이 개입해 질서를 잡아주어야 한다. 사회의 존재 이유가 그것이라면 국가와 같이 사회적 권력을 가진 기관이 사회구성원들의 공동이익을 위해 일정한 행동을 금지한다든지 처벌하는 내용의 규범을 설정하는 것은 불가피하다. 그리고 바로 이 금지나 처벌의 내용을 담은 규범이 규제에 해당한다. 그렇다면 규제는 사회 존속을 위해 필요한 것이고 적절한 규제는 사회구성원 모두에게 도움이 된다. 따라서 규제 자체가 나쁜 것이거나 부정적인 것이라고 보는 것은 부당하다.

그렇다면 무엇이 문제일까? 우리는 왜 항상 규제개혁을 이야기하는가? 특히 제4차 산업혁명의 시대라고 불리는 이 시대와 규제개혁은 어떤 관계가 있는가?

현대사회의 우리는 각각 국가라는 사회 안에서 살아가고 있다. 국가는 사회계약의 본질에 따라 국민의 생명과 재산을 지킬 책무를 이행하고 있다. 그런데 국가가 그 역할을 하면서 국민이 갖는 자유의 본질적인 부분을 침해해서는 안 된다. 또한 평등이라는 문명적 책무도 소홀히 할 수 없다. 문제는 자유와 평등, 생명과 재산이 온전히 조화를 이루며 달성되기가 어렵다는 것이다. 자유와 평등의 보장은 생명과 재산 보호를 위해 제한될 수도 있다. 우리 헌법 역시 "국민의 모든 자유와 권리는 국가안전보장·질서유지 또는 공공복리를 위하여 필요한 경우에 한하여 법률로써 제한할 수 있으며, 제한하는 경우에도 자유와 권리의 본질적인 내용을 침해할 수 없다"고 규정함으로써 그 한도를 정하고 있다.

그런데 완벽한 타협이나 절충이 없다는 점이 문제다. 자유와 평등, 생명과 재산 등 모든 좋은 것들을 모두 온전히 달성하는 일은 불가능하다. 적정한 선을 찾아 타협하는 것은 예술에 가까운 일이다. 규제는 아주 어려운 과업이다.

산업의 측면에서 보자. 쉽게 생각해보면 기업에 자유를 크게 보장해 줄수록 창의적인 발전을 이루어 나갈 수 있을 것 같다. 기업에 무한정 자유를 보장하면 될까? 그렇지는 않을 것이다. 국가는 기업이 아닌 국민들의 권익을 또한 보호해야 하기 때문이다. 소비자 등 일반 국민들의 생명과 재산 등 권익을 보호하기 위해서는 기업의 자유를 어느 정도 제약할 수밖에 없다. 그래서 정부는 소비자 보호를 위한 각종 규범을 만들고, 공정거래를 위해 개입하며, 환경과 안전에 관련한 규제를 만든다. 그런데 이런 규제들은 결국 새로운 일을 하려는 기업의 행동을 굉장히 위축시킬 수밖에 없다. 이러한 이익 간의 조율은 규제의 어려운 역학구조다.

한편으로, 규제의 권력적 속성도 문제의 원인이다. 국가가 국민에게 관심을 쓰는 방식은 두 가지다. 하나는 어떤 행위를 하지 못하게 하는 것이고, 하나는 어떤 행위를 북돋워주는 것이다. 그런데 인간은 그대로 놓아두면 자기 욕망대로 행동한다는 점을 생각하면 국가가 관심이란 성질상 '간섭^{interference}'이 될 여지가 많다. 자유로운 행동이 타인의 생명이나 재산에 피해를 줄 수 있다면 국가는 국민의 보호를 위해 특정 행동을 금지하고 불이익을 가하거나 처벌하는 등 간섭할 수 있을 것이다. 그런데 그 간섭의 범위는 섬세하게 조율되어야 한다. 간섭의 범위가 넓어질수록 국민의 일반적 행동반경은 줄어들 수밖에 없기 때문이다. 간섭하는 권력은 자칫, 마치 독자적인 자아를 가진 것처럼 어떤 이상적인 모습을 수하의 자들에게 강요하는 경향이 있다. 부권적 국가의 모습이다. 국가가 규제를 통해 국민들을 수하에 두고자 한다면 국민은 국가가 그리는 이상의 그림을 그릴 수 없고, 그렇게 되면 창의성은 묵살될 수 있다.

또한 규제는 누군가의 행동을 제약하는 권한이기 때문에, 그 권한이 부여하는 힘을 중심으로 하나의 권력을 생성한다. 규제가 만들어지면 관련 권력기관이 만들어지고 규제의 힘에 따라 그 권력의 크기가 형성된다. 권력기관이 만들어지면 권력은 계속적으로 자기를 확장해 나간다. 때문에 규제는 한 번 만들어지면 없어지기 힘들고, 오히려 더욱 촘촘해지고 강화되기 마련이다.

규제의 권력적 속성에는 다른 측면도 있다. 이해당사자가 규제를 포획한다는 이론, 이른바 규제의 포획 이론이다. 이익집단이 자신들이 필요로 하는 규제를 획득해 장벽을 형성하는 현상을 설명하는 이론이다. 기득권은 자신의 이득을 위해 창의적인 신예들의 진입을 막고 싶어한다. 환경, 소비자 보호, 시장자율 등 공익의 기치를 내세운 규제들은 실상 신규진입을 막는 장벽으로 작용하는 경우가 많다. 적기조례^{Red}

Flag가 기득권 규제포획의 대표적 사례다. 19세기 후반 영국에서 증기자동차가 발명되었을 때, 마차산업의 보호를 위해 증기자동차의 시내 운행 속도를 '붉은 기'를 든 기수의 통제에 따라 시속 2마일로 제한하도록 한 것이다. 결과적으로 영국의 자동차 산업은 독일 등 주변 국가에 밀릴 수밖에 없었고, 보호하려고 했던 마차산업의 쇠퇴도 막지 못했다.

규제의 권한을 가진 공무원 조직의 권력 유지적 속성과 이익집단의 권력 포획적 속성이 맞물려 성장하는 규제는 산업 발전에 굉장한 장벽으로 작용할 수 있다.

융합의 시대와 규제

앞서 말했듯 규제는 불가피하지만 왜곡되기 쉽다. 여러 이익 간의 이익을 조화시키는 규제의 본래 목적보다는 일정한 표준적 모습을 강요하거나 권력행사의 수단으로 사용되고, 이익집단의 방패로 사용되기 쉽다. 일정한 모습의 강요, 기득권의 방어는 모두 발전을 저해하는 요소들이다.

그런데 우리나라는 강력한 정부 주도의 경제발전 플랜에 따라 성장한 경험이 있기 때문에 규제에 대한 거부감이 적은 편이다. 부권적 규제가 부작용이 없기 위해서는 국가가 모든 문제를 사전에 파악하고 답을 가지고 있어야 하는데 산업이 정형화되고 규모가 크지 않을 때는 국가가 문제와 답을 알 수 있기 때문에 이런 방식이 유효했을 수 있다. 새마을운동의 기적은 그래서 가능했다고 볼 수도 있다.

하지만 지금은 그렇지 않다. 오늘날 우리는 변화의 포화를 맞고 있다. 전방위적으로 기술과 산업이 엮이면서 새로운 장이 마련되고 있다. 혹자는 이를 두고 제4차 산업혁명이 일어나고 있다고 말한다. 하지만 제4차 산업혁명이라는 말을 만든 클라우스 슈밥도 미래 예측에 자신감을 갖지 못했다. 예측할 수 있는 것은 전례 없는 변화가 있을 것이라는 점뿐이다. 국가를 포함해서 그 누구도 미래를 제대로 예측하기 어려울 것이다. 그렇지 않더라도 아버지가 항상 자식보다 나은 결정을 하지는 못하며, 이와 같은 시대에는 더욱이 국가가 아버지여서는 안 된다.

무엇보다 제4차 산업혁명의 시대는 융합의 시대라고 해도 과언이 아니다. 획일적이고 효율적인 방법으로 기존의 것을 개선해 나가는 식의 발전이 아니라 기존의 것들을 전혀 새로운 방식으로 합쳐서 새로운 것들을 만들어 내는 시대다. 융합혁명 시대의 규제는 분명 이전과는 다를 수밖에 없다. 융합은 기존의 것을 통해 새로운 것을 만들어 낸다는 점에서 혁신과 같다. 혁신과 규제는 일반적으로 친하지 않다. 더구나 아주 상세하게 미리 정한 기준으로 행위들을 제약하는 규제는 혁신을 짓이긴다. 우리가 이 시대에 들어 규제를 문제 삼아야 되는 이유다.

규제 갈라파고스

아산나눔재단이 테크앤로TEK & LAW에 의뢰하여 조사한 바에 따르면, 글로벌 TOP 100 스타트업의 비즈니스 활동 가운데 70% 이상의 혁신이 대한민국에서 제대로 꽃피울 수 없거나 시작조차 할 수 없다고 한다. 누적 투자액(1,160억)을 기준으로 40.9%는 사업 불가, 30.4%는 조건부로 제한적 사업만이 가능하다는 것이다. 과연 우리의 규제가 어떻기에 그럴까?

가정을 한 번 해보자. 좋은 사업 아이템을 찾아서 희망에 부푼 마음으로 사업을 시작하려고 한다. 무엇부터 해야 할까? 사무실 마련? 유통방법의 모색? 우리나라에서라면 아마도 그것보다 먼저 해야 할 일이 있다. 관련 업무 담당 공무원에게 전화를 해보는 것이다. 해당 사업이 '법적으로' 가능한지, '어떤 기준'을 충족해야 하는지 '어떤 절차'를 밟아야 하는지 등을 확인하기 위해서다. 그런데 먼저 담당 공무원이 누군지를 찾는 것부터 문제다. 소관 업무가 너무 세분화되어 있어 여러 번 핑퐁으로 전화를 돌리다가 한나절이 지난다.

우여곡절 끝에 담당 공무원을 찾았는데 "아직 관련 규정이 마련되지 않았다"는 답변을 한다고 하자. 어떤 의미일까? 관련 규정이 없다면 해당 사업을 할 수 있다는 것일까, 아니면 없다는 것일까? 할 수 없다는 의미라면, 이렇게 답답한 노릇이 어디 있나. 관련 규정이 없어서 사업을 시작조차 할 수 없다니. 오호통재라.

다행히 관련 규정이 있어서 일을 추진해보려고 한다고 해보자. 그런데 이번에도 문제다. 관련된 규정이 "너무도 많고 복잡하다". 대체 그 많은 기준들을 숙지하는 것조차 어렵다. 어려운 규정들이 많아 담당 공무원에게 해석을 의뢰하면 대답을 듣기까지 오랜 시간이 걸리고, 허가와 같이 행정청의 검토를 거쳐야 하는 경우는 답답증이 폭발할 지경이 된다.

관련 규정들을 꾸역꾸역 이해했다고 해도 담당 공무원이 몽니를 부리면 일이 한두 달 지연되는 건 다반사다. 하루가 다르게 세상이 변하는데 이렇게 지연되는 시간이 야속하기만 하다.

이것이 우리가 만나고 있는 답답한 규제의 모습들이다. 관련 규정의 존재, 관련 규정의 내용 이해, 담당 공무원과의 관계설정까지 쉬운 일이 하나 없다.

그런데 따져보면 이상한 일이다. 관련 규정이 없다고 "할 수 없다"는 것은 어불성설이다. 우리 헌법은 국민의 기본적 자유를 제한할 때는 반드시 법률에 근거를 두도록 하고 있기 때문에 법률에 아무런 제약이 없다면 할 수 있는 행위라고 보아야 한다. 그런데 우리는 "법률에 근거가 없으니 못한다"라는 말을 너무 자연스럽게 받아들인다. 그리고 공무원과 은밀한 거래를 통해 일을 진행하는 것을 자연스럽게 생각한다.

왜일까? 위에서 말한 바 있듯이, 우리나라 사람들이 규제를 싫어하지 않기 때문이다. 우리나라 국민들은 국가의 보호에 익숙해져 있다. 질서를 좋아하고 혼란을 싫어한다. 그래서 '똑똑하신 분들이 알아서 잘' 질서를 잡아주고 보호해 주기를 바라는 무의식적 심리가 있다.

그래서인지 우리는 정부입법이 너무 많다. 우리나라의 입법기관은 국회지만 정부도 부처에 따라 소관 법률의 입법안을 발의할 수 있다. 또한 정부는 법률에서 위임된 사항이나 법률의 집행을 위한 사항을 시행령, 시행규칙으로 제정할 수 있고 세부적인 집행기준 등을 고시, 지침 등 행정규칙 등을 통해 정한다. 정부의 의도대로 법률이 입법되면 하위 규정을 촘촘하게 규정해 의도하는 대로 규제의 그물을 짤 수 있다. 이런 경우 입법권이 정부로 넘어가 있다고 해도 과언이 아니다. 정부는 이렇게 효율적으로 규제를 생산해낼 뿐만 아니라 적극적인 규정 운용을 통해 권력을 뽐낸다.

이런 권력이 문제인 가장 큰 이유는 시대 변화를 따라가지 못하고 고립될 수 있기 때문이다. 세상과 단절되어 그 섬만의 생태계를 이뤘던 갈라파고스 제도처럼 국제적 흐름을 따라가지 못하고 시대에 뒤떨어진 규제를 고수하는 것을 갈라파고스 규제라고 한다. 너무도 많고 복잡한 규정, 지나치게 세분화된 권한, 정부의 규제권력 행사방식, 규제 친화적인 국민의 태도 등이 어우러져 우리는 이 시대의 뒤떨어진 규제 역학을 가지고 있지는 않은지 반성해 볼 필요가 있다.

관련 규정이 문제가 되는 사례부터 보자. 행위의 허용요건을 상세히 규정하는 방식인 포지티브 규제가 신산업의 활발한 발전을 저해하는 사례로는 전자화폐 규제를 들 수 있다. 전자금융거래법 제2조 제15호는 전자화폐의 요건을 상세하게 정하고 있는데, 그중 첫 번째가 '대통령령이 정하는 기준 이상의 지역 및 가맹점에서 이용될 것'이라는 요건이다. 동법 시행령은 지역과 관련해서는 2개 이상의 광역지방자치단체, 가맹점에 대해서는 500개 이상의 가맹점이라고 규정하고 있는데, 생각해보면 우리나라에서 전자화폐와 관련된 스타트업의 탄생은 불가능하다는 것을 알게 된다. 어떻게 신생업체가 이런저런 요건을 충족하면서 사업을 시작할 수 있을 것인가? 결국 기득권인 금융대기업만이 전자화폐 서비스에 달려들 수 있을 뿐이다. 이 때문에 김철호라는 개인 개발자가 2014년 3월 1일 비트코인 기술을 응용해 만든 국내 최초의 암호화폐 독도코인은 전자화폐로 인정되지 못하고 말았다.

관련 규정뿐만 아니라 정부의 규제 운용이 장애가 된 사례들도 많다.

이른바 '당뇨폰' 사례는 유명하다. LG전자가 헬스피아와 개발해 2004년에 출시한 '당뇨폰'. 이 제품은 배터리팩에 장착된 테스트 막대로 혈액을 채취한 후 각종 혈액정보를 휴대폰에 전송하여 개인의 건강상태를 측정할 수 있는 획기적인 제품이었다. 무엇보다 세계 최초의 IT-BT 융합 스마트폰이라고 할 수 있다. 그런데 정부는 아직 준비가 덜 되었던 것이 문제였다. '예기치 못한' 획기적인 제품이나 서비스가 나올 때마다 당국은 우왕좌왕하고 사업자는 결국 시장진출 타이밍을 놓치거나 사업을 접는 경우가 허다하다. '당뇨폰'도 마찬가지였다. 보건복지부는 당뇨폰을 의료기기법상 의료기기에 포함되는 것으로 보고 제조사뿐만 아니라 이를

▲ 모델이 당뇨폰으로 혈당을 체크하고 있는 장면

유통하는 이동통신판매점에까지 의료기기법상 유통·판매업자의 자격을 요구했다. 판매점들이 적법한 자격과 시설을 갖추는 것은 현실적으로 불가능한 일이었고 결국 당뇨폰 사업은 포기됐다. 그리고 그 사이에 미국에서 당뇨관리 서비스 웰닥Welldoc이 출시되면서 우리는 최초의 타이틀을 빼앗기게 되었다.

정부 규제의 문제점을 더 잘 볼 수 있는 것은 르노삼성의 초소형 전기차 트위지 사례인데, 정부입법으로 소관 장관이 제품과 서비스의 유형까지 구체적으로 특정하는 경우에 새로운 제품이나 서비스의 등장이 어떻게 방해받는지를 볼 수 있다.

2017년 서울모터쇼 르노삼성자동차의 전시관에서 가장 큰 관심을 받은 것은 초소형 전기차 트위지였다. 그런데 르노삼성이 트위지를 국내 출시하기로 처음 계획한 것은 2015년 5월이다. 그런데 왜 2017년 서울모터쇼를 하기까지도 출시되지 못했을까? 국토교통부가 트위지를 자동차로 볼 수 없다면서 임시운행 허가를 거부한 일로부터 문제는 시작된다. 제너시스 BBQ는 2015년 5월 서울시, 르노삼성자동차와 초소형 전기차 도입 업무협약을 맺으며, 배달문화의 혁명을 예고했다. 서울

시는 이에 따라 트위지 임시운행 허가를 해주었으나, 국토교통부는 같은 해 6월 서울시에 이를 취소하라고 통보했다. 트위지가 자동차관리법의 차종 분류 기준에 어긋난다는 이유였다.

트위지는 르노삼성의 초소형 전기차로 바퀴가 4개고 운전대가 원형이지만 시트 두 개가 일렬로 놓여 있고 유리창이 없어 이전에 보던 일반적인 자동차와는 다른 형상이다. 현행 자동차관리법은 자동차를 승용자동차, 승합자동차, 화물자동차, 특수자동차, 이륜자동차 등 5종으로 분류한다. 자동차업계는 바퀴 개수와 운전대 특성을 들어 트위지를 승용자동차로 보았으나 국토교통부는 처음에 트위지가 이륜차도 아니고 승용차도 아니기 때문에 아예 자동차관리법상의 자동차가 아니라고 보고 임시운행마저 불가능하다는 태도로 일관했다. 하지만 이에 대해 유럽에서 이미 상용화된 트위지에 대해 임시운행마저 불허하는 것은 과잉 규제라는 반발이 거세자 국토교통부는 초소형 전기차를 새로운 자동차의 분류로 도입하고 이에 관한 임시운행 관련 규정을 담은 자동차관리법 시행령을 입법하려고 하기도 했는데, 이 시도는 무산되었다. 자동차의 분류는 자동차관리법에서 규정할 것이기 때문에 초소형 전기차의 정의를 시행령에 넣는 것은 법체계상 부적절하다는 법제처의 지적 때문이었다.

그렇다면 법제처의 지적은 부당한가? 그건 아니라고 보인다. 자동차관리법은 스스로 자동차의 정의를 규정하고 있기 때문에 동법 시행령이나 시행규칙으로 새로운 자동차의 정의를 만들 수는 없는 것이기 때문이다. 오히려 문제의 요점은 국토교통부가 애초에 '시행령까지' 개정할 필요가 없었다는 것이다. 자동차관리법은 자동차를 5종으로 구분하면서 간단한 정의를 마련하고 있고, 세부적인 분류를 '시행규칙'으로 정할 수 있도록 하고 있다. 이에 따라 동법 시행규칙에서 규모별·유형별로 자동차의 세부기준을 마련하고 있다. 그런데 이 규정들을 살펴보면 트위지는 적어도 승용자동차의 한 종류로 포섭할 수 있다고 보인다. 결국 국토교통부가 법령을 어떻게 해석하고 운용하느냐의 문제가 아니었을까.

자동차관리법령상 자동차의 종류

자동차관리법	동법 시행규칙(규모)	동법 시행규칙(유형)
승용자동차	경형, 소형, 중형, 대형	일반형, 승용겸 화물형, 다목적형, 기타형
승합자동차		일반형, 특수형
화물자동차		일반형, 덤프형, 밴형, 특수용도형
특수자동차		견인형, 구난형, 특수작업형
이륜자동차		일반형, 특수형, 기타형

그런데 국토교통부가 '시행령까지' 개정하려고 한 이유는 무엇이었을까? 안전문제에 대한 두려움이 컸기 때문이다. 기존 승용자동차보다 안전성이 떨어지는 것처럼 보이는 이 차에 대해서 차종 분류를 해야 안전기준 관리를 할 수 있는데, 기존에 있던 차와는 모양이 다르니 규제영역에 포섭해 관리할 자신이 없었던 것이다.

백번 양보해 국토교통부의 말처럼 자동차관리법령의 문제였다면, 개정 논의가 한참 전부터 시작되었어야 한다. 1987년부터 자동차의 종류를 5종으로 규정한 자동차관리법과 이에 따라 제정된 동법 시행령이나 시행규칙이 차세대 교통수단과 자연스럽게 조화되지 않을 것이다.

하지만 더 큰 문제는 규제 권한을 운용하는 방법의 문제다. 새로이 등장한 제품에 대해서 심지어 법령에서도 불명확한 기준을 들어 기존 규제를 유지하려고 하는 태도, 법령에 명확히 규정되지 않은 것은 배척부터 해버리는 태도는 산업기술의 발전을 굉장히 저해하고 있다.

트위지는 결국 자동차관리법령의 개정 없이 승용자동차 중 경차로 포섭될 수 있었다. 그리고 자동차관리법의 다른 위임 규정인 '자동차 부품의 성능과 기준에 관한 규칙'에 특례규정을 둬 초소형 전기차에 '외국의 자동차 안전 및 성능에 관한 기준'을 적용할 수 있도록 해 임시변통이지만 안전기준도 마련되었다. 환경부는 이에 보조를 맞춰 트위지를 저속 전기차로 분류해 579만 원의 보조금을 지급하기로 했다(그러나 국토교통부는 트위지의 자동차 전용도로 운행을 불허한다는 입장이어서 트위지가 넘어야 할 산은 아직 남아 있다).

더 최근으로 와보자. 2017년 11월 13일 대한변호사협회^{대한변협}는 한국판 우버라고 불리는 앱 '풀러스'의 출퇴근 시간선택제 시범 서비스 규제에 관한 성명서를 발표했다. 풀러스는 원래 자격 없는 자의 유상운송을 금지하면서 다만 출퇴근 때 승용자동차를 함께 타는 경우에는 유상운송을 예외적으로 허용하는 여객자동차 운수사업법 규정에 따라 출근시간(오전 5시~11시)과 퇴근시간(오후 5시~오전 2시)에만 서비스를 시행했다. 하지만 같은 해 11월 6일부터 시간선택제 시범 서비스를 시행하여 위 이용시간의 제한에서 벗어나 개인별 근로환경에 맞춰 출퇴근 시간을 선택할 수 있도록 한 것이다.

이에 대해 서울시는 같은 해 11월 7일, 풀러스를 '여객자동차 운수사업법 제81조 1항' 위반혐의로 서울지방경찰청에 수사 의뢰하였다.

하지만 대한변협은 '해당 서비스는 출퇴근 시간 유상카풀이 가능한 현행 규정을 합리적으로 해석하기만 해도 되는 상황'이라는 입장이다. 법률 해석의 기본은 문헌 해석인데 여객자동차 운수사업법이 예외 사유에 규정하고 있는 '출퇴근 시'라는 것은 시간을 정확하게 특정하고 있는 규정이 아니라는 것이다.

대한변협은 "제4차 산업혁명 시대에 새로운 신기술과 서비스로 도전하는 한국 스타트업 기업이 삼중고를 겪고 있다"라며 우리나라 규제의 중요한 문제점들을 지적했다. "포지티브 시스템의 법률 규정으로 인해 기존 법률이 예상하지 못했던 신사업이 불법이 되며, 이미 기득권 세력이 된 기존 사업자와의 갈등이 발생하며, 공무원 조직이 규제 중심의 인식을 갖고 있다"는 것이다. 이에 대한 해결책으로 네거티브 시스템의 적극 도입, 정부와 공무원의 적극적인 마인드를 촉구했다. 대한변협의 이러한 입장 발표는 우리 규제 현실을 정확히 짚어 보여주고 있다.

부권적 규제의 태도가 더욱 분명하게 드러나는 사례로는 16세 미만 청소년의 심야시간(자정부터 새벽 6시) 인터넷 게임 제공을 금지하는 '셧다운제'와 온라인 게임 결제한도 제한 등 게임 과몰입을 해결하기 위한 제도들을 들 수 있다. 이들은 게임의 폭력성, 선전성 등과 무관하게 그 자체를 부정적인 중독성이 있는 것으로 파악하고 사용 시간과 방법을 일반적으로 제한하는 것으로 규제의 범위가 매우 넓고, 특히 결제한도 제한은 청소년뿐만 아니라 성인에게도 적용되는 것이어서 위헌의 소지가 없지 않다(셧다운제에 대해서는 헌재가 2014년 4월 합헌 취지의 결정을 하였으나 위헌이라는 취지의 소수의견도 있었다). 이 규제들은 게임의 과몰입 문제를 국민의 자율적 통제 역량 강화로 해결하기보다는 국가의 보호적 조치로 해결하겠다는 것이어서 부권적 규제의 특징이 강하게 드러나는데, 이로 인해 우리나라의 국내 온라인 게임 시장은 다소 위축되고 게임시장의 축은 모바일 게임으로 급속히 이동했다. 모바일 게임에 대해서는 셧다운제나 결제한도 제한이 적용되지 않기 때문이다. 한편으로 셧다운제나 결제한도 제한이 게임 과몰입을 해결했다는 보고는 거의 접할 수 없는데, 결국 규제의 목적도 달성하지 못하고 시장구조만 비정상적으로 변형시키는 결과만을 낳았다고 생각된다.

새 정부는 규제의 문제를 제4차 산업혁명의 장애로 분명히 인식하고 있다. 문재인 대통령은 2017년 10월 11일에 대통령 직속 4차산업혁명위원회 첫 회의를 주재하면서 제4차 산업혁명 지원을 약속했는데 그 방법의 핵심은 규제를 완화하는 것이다. 자율주행차, 스마트공장이나 로봇 같은 신산업 분야에서 규제 없이 사업할 수 있도록 하겠다고 하면서, 이른바 '규제 샌드박스'를 제시했다. 특별법 등의 제정을 통해 개별 법령의 개정 없이도 사업자가 새로운 제품이나 서비스에 대해 규제 샌드박스 적용을 신청하면 심사를 거쳐 시범사업, 임시허가 등으로 규제를 면제하거나 유예해 빠른 시장진입을 가능하게 하고 사후 규제하겠다는 아이디어인데, 자유롭게 뛰놀 수 있는 모래놀이터와 같다는 의미에서 샌드박스라는 명칭이 붙는다. 4차산업혁명위원회는 또한 반년에 한 번씩 다양한 인사들이 참여해 끝장 토론을 벌이는 해커톤을 도입하기로 했다. 해커톤은 해킹hacking과 마라톤marathon의 합성어로 개발자들이 아이디어를 끌어내기 위해 장시간 토론을 벌이는 것을 뜻하는데, 이해관계자들이 모여서 토론하는 '규제·제도 혁신 해커톤'을 통해 합의점을 찾아가겠다는 것이다.

한편, 국회는 2017년 11월, '4차 산업혁명 관련 법·제도 개선을 위한 특별위원회'를 발족하기도 했다. 특별위원회에는 여당과 야당 의원들이 함께 참여하는데 이는 여야를 막론하고 혁신산업 활성화를 위한 법·제도 개혁에 집중하겠다는 것이다.

과연 대통령 직속 4차산업혁명위원회의 정책과 국회 4차 산업혁명 특위의 입법이 보조를 맞춰 새 시대에 맞는 새 부대를 만들어 낼지는 잘 지켜봐야 할 일이다.

규제는 글로벌 이슈

다른 나라들도 규제에 관해 완벽한 것은 아니다. 자율주행자동차의 관련 규제는 미국이나 영국 등과 우리 간에 유의미한 차이가 없다고 평가된다. 드론의 경우에는 우리나라의 규제가 다른 나라에 비해 상대적으로 느슨하다는 평가가 있기도 하다. 그러나 다른 나라의 사례들을 개별적으로 검토해보면 배울 점이 많다는 것은 분명하다.

위에서 보았던 트위지 사례와 관련하여 유럽연합과 우리를 비교해보자. 유럽연합에서는 모터사이클을 L1~L6로 분류하면서, 여기에 속하지 않은 기타 유형을 L7으로 분류하고 있다. 새로운 형태의 모터사이클은 모두 L7에 포섭할 수 있고 유럽은 집행기관의 무리한 규제적 해석 없이 트위지를 L7에 포함시켜 시장에 출시될 수 있게 했다. 그런데 우리도 위에서 살펴보았듯이 우리나라에서도 승용자동차나 이륜자동차에 '기타형'을 두어 새로운 형태의 승용자동차나 이륜자동차의 포섭 가능성을 열어두었다. 트위지 사례에 있어서는 법체계의 문제보다는 이제까지 존재하지 않았던 것이라고 해서 일단 임시운행마저 막아버린 우리 정부의 태도가 더 큰 문제였던 것으로 보인다.

위에서 본 전자화폐 사례를 다시 보자. 우리는 전자화폐가 갖추어야 할 요건을 구체적으로 열거하고 있어 새로운 개념의 전자화폐를 화폐로 포섭하기 어려운 구조다. 특히 범용성을 요구해서 소규모 기업의 시장진출을 막고 있다. 그런데 영국의 The Electronic Money Regulations 2011(2. Interpretation)은 전자화폐를 '발행자에게 청구할 수 있는 금전적 가치로 대표되는 전자적으로 저장된 화폐'라고 포괄적으로 정의하여 다양한 유형의 전자화폐를 포섭할 수 있는 문언을 사용하고 있다. 여기에서도 발행자와 제한된 서비스 제공자 네트워크 내에서만 또는 제한된 범위의 재화와 용역에 대해서만 사용하기로 계약한 경우 등을 전자화폐에서 제외하고 있으나 대한민국처럼 범용성을 요구하고 있지는 않아 상대적으로 시장진입이 용이하다.

뿐만 아니라 영국은 새로운 형태의 금융 서비스가 나타날 경우, 금융당국이 기존의 금융 서비스 관련 법 적용을 유예할 수 있는 포괄적 권한을 부여하고 있고 이에 따라 새로운 금융 서비스를 개발한 사업자들에게 기존 규제의 적용을 일정 기간, 일정 부분 면제하고 있다. 이는 핀테크 신사업에 대한 훌륭한 지원이 되고 있다. 우리는 금융관계법 자체가 열거주의적으로 사업의 유형을 정하고 있을 뿐만 아니라 산업자본의 금융진출을 강력하게 제한하는 금산분리 원칙 등 강력한 금융 규제로 인해 핀테크 신사업이 발생하기가 굉장히 어려운 구조다. 그래서 우리나라 인터넷전문은행은 미국이나 영국에 비해 5년 이상 뒤질 수밖에 없었다.

우리가 나아가야 할 방향

사실 규제개혁은 오래된 구호다. 1997년 제정된 행정규제기본법은 규제개혁을 통해 '사회·경제활동의 자율과 창의를 촉진하여 국민의 삶의 질을 높이고, 국가경쟁력의 지속적인 향상'을 도모하겠다고 선언하고 있다. 반대로 해석하면 잘못된 규제가 국민의 삶의 질을 저해할 뿐만 아니라 국가경쟁력도 저해한다는 문제의식인 것이다.

제4차 산업혁명 시대에 와서 규제는 더욱 심각한 문제가 되고 있다. 규제가 예측하는 범위를 넘어서는 융합과 혁신이 빈발하고 있기 때문이다. 초연결성과 초지능성의 결합으로, 사람 간, 사물 간, 사람과 사물 간 연결이 극대화되면서 기술 간, 산업 간의 경계가 무너지기 때문에 융합의 시대에는 기존에 전혀 다른 산업체계로 분류되었던 것들이 경쟁관계로 편입되기도 하고 완전히 새로운 산업을 만들어 낼 수도 있다. 그런데 규제가 잘못 설정되면 그 속도가 굉장히 느려지게 된다. 그 속도가 느려지는 것이 문제인 이유는 그만큼 국가경쟁력에 큰 타격이 될 수 있기 때문이다.

그렇다면 규제는 어떤 방향으로 나아가야 할까?

가장 중요한 건 규제 주체의 태도 변화다. 규제의 주체인 국가는 훈계하는 아버지가 되기를 포기해야 하고, 국민은 스스로 성장할 준비를 갖춰야 한다. 소비자와 다수 시민의 이익을 보호하면서 혁신과 기술 발전을 최대한으로 지원하는 규제 역학의 목적을 달성하기 위해서는 사회의 변화속도만큼 빠르게 움직여야 한다. 그렇게 하기 위해서는 경직되고 상세한 규정에 얽매여서는 안되고 운신의 폭을 넓혀 유연하게 대응해야 한다. 이는 부권적 규제태도에서 벗어나지 않는다면 불가능하다. 예전에는 특정 분야의 쟁점을 연구하고 필요한 규제정책을 마련해도 충분했지만 앞서 말했듯이 지금은 그런 시대가 아니기 때문이다. 오히려 부권적 규제는 기술발달에 따른 새로운 경제현상 자체를 막아 경제 및 기술 발전을 저해할 수 있다. 국가는 훈계하는 아버지가 되기를 포기하고, 다른 역할을 찾아야 한다. 아버지가 되더라도 든든한 바탕이 되는 아버지여야지, 훈계하는 아버지가 되어서는 안 된다. 든든한 바탕이 되는 아버지의 역할로는 플랫폼의 역할을 들 수 있다. 공공데이터 개방제도는 좋은 사례로 들어볼 수 있는데, 기존에 사실상 정부가 독점하던 공공데이터를 민간에 개방함으로써 새로운 경제적 가치창출을 유도하고 혁신을 견인할 수 있는 좋은 촉매가 되고 있다.

규제 객체인 국민의 입장에서도 성숙한 의식을 가질 필요가 있다. 이를 위해 사전적 규제보다는 사후적 페널티를 강화해야 한다. 행위 자체를 규제하기보다 사업활동의 결과가 발생시킬 수 있는 위험에 대비해 보험가입을 강제하는 제도나 집단소송 및 징벌적 손해배상제도를 도입하여 자율 규제를 유도하는 것이다. 따라서 사전 규제는 최소화하고 사후 규제를 강화해서 사업활동의 주체 스스로가 자기 책임 하에 행동할 수 있도록 하는 제도의 재구성이 필요한 상황이다.

또한 제조업 시대 규제 패러다임에서 벗어나야 한다. 제조업은 항상 땅에 정착해 발전했다. 산업집적 활성화 및 공장 설립에 관한 규정에서 공장 설립 허가를 받기 위한 입지 관련 규정을 상세히 정하고 있는 이유도 그것이다. 그러나 현재 땅에 터를 두지 않은 수많은 산업들이 탄생하고 있다. 이들 산업을 포용하기 위해서는 입지, 시설 등에 집착하고 있는 시설기준 규정들을 대폭 재검토할 필요가 있다. 온라인 자동차 경매업체에 주차장, 경매시설 확보와 같은 시설기준을 적용하는 것, 배달앱에 택배업 허가를 요구하고 숙박공유업체에 숙박업자 등록을 요구하는 것 등(자동차관리법, 화물자동차운수사업법, 공중위생관리법)은 모두 같은 맥락에서 재검토되어야 할 규제들이다.

산업별 구분에 근거한 규제 패러다임도 전면 재검토되어야 한다.

기술, 업종, 분야를 나누어 개별적으로 진입을 규제하고 있는 온갖 법령들의 통합적 관점에서의 정비가 필요할 수 있다. 온갖 경계가 허물어지는 융복합 시대에 산업별 구분에 근거한 규제는 비현실적이다. 필연적으로 과잉 규제가 되거나 규제 미비로 이어질 수밖에 없기 때문이다. 특히 우리 법제는 한국표준산업분류체계를 많이 원용하면서 규제를 설정하고 있는데, 이것이 아직 새로운 시대를 반영하지 못하고 있다. 예를 들어 3D 프린터는 어디에 해당하는가? 컴퓨터? 프린터? 공작기계? 의료기기? 융합산업은 한국표준산업분류체계에 포섭되기 어렵다. 전반적인 검토가 필요한 부분 중 하나다.

포지티브 규제를 네거티브 규제로 바꾸어야 한다. 포지티브 규제란 허용되는 행위를 열거적으로 규정하는 형태의 규제를 말한다. 이와 반대로 네거티브 규제란 금지되는 행위만을 규정하고 나머지는 모두 허용하는 형태의 규제를 말한다. 포지티브 규제는 국가가 국민이 해야 할 일을 상세히 알고 있을 때 타당한 방식이지만 반복해서 말했듯이 지금은 국가가 그렇게 똑똑한 시대가 아니다. 네거티브 규제를 통해 '반드시 양보할 수 없는 사항'들만을 규제함으로써 자유와 창의의 영역을 최대한 넓힐 수 있다. 특히 법을 제정할 때는 '기타 대통령령으로 정하는 사항', '기타 장관령으로 정하는 사항' 등 열린 규정을 두는 것은 매우 신중해야 한다. 정부입법 등 집행기관의 자의로 규제를 엮어낼 여지가 있기 때문이다.

한편으로 우리나라는 지원이 오히려 규제가 되어버리는 환경이다. 정부의 R&D 투자가 바로 그렇다. 원래 지원은 규제가 아니지만 지원의 조건이 시장의 자유로운 의사결정에 영향을 미치면 규제의 성질을 가질 수 있다. 정부의 R&D 지원을 받기 위해 어떤 분야에 투자해야 한다든가 어떤 기술을 가지고 있어야 한다든가 하는 조건들이다. 그런데 이 방식은 행위자들을 정부 순응적으로 만들어 놓는 문제가 있다. 정부의 지원을 받을 수 있는 분야에 노력을 집중하고 정부 입맛에 맞는 결과물을 내놓으려고 하게 되기 때문이다. 하지만 역시나 정부가 전지전능하지 않다는 점이 문제다. 아무리 공부한다고 한들 여러 산업 분야에서 진행되고 있는 융복합의 새로운 내용을 어떻게 다 알 수 있겠는가. 그런데도 정부가 특정 분야에 과도한 자원을 배분하게 되면 시장의 왜곡이 발생할 우려가 있다. 정부의 지원정책은 특정 분야를 보고 하는 것이 아니라 시장 전체의 흐름 속에서 자유로운 경쟁과 민간의 창의를 촉진하는 방향으로 설정되어야 한다. 특정 분야를 지원해 선도적으로 발전시키고 나머지 산업들이 이를 따라서 발전하게 하는 방식은 혁파되어야 할 아주 낡은 방식이다.

새 정부 들어 규제 샌드박스 도입 등 전향적인 움직임이 반갑다. 그러나 규제 샌드박스 같이 임시변통적 조치에만 그쳐서는 안 된다. 개별법이 열거적으로 다루고 있는 규제를 특별법으로 포괄하여 예외를 마련하는 것은 전체 규제 시스템과 부합하지 않아 장기적으로 불협화음을 만들 수 있기 때문이다. 결국 규제 패러다임 전반에 대한 진지한 고찰이 필요한 시점이다.

06 / 변화하는 고용시장엔 개인 맞춤 서비스가 필요하다

한국고용정보원 일자리정보플랫폼실 송성희

고용시장의 지각변동

제4차 산업혁명이 2016년 1월 스위스 다보스에서 열린 세계경제포럼에서 화두가 된 이후 세계 경제·산업·정책 등에 많은 논란과 변화를 가져왔다. 산업혁명과 고용은 밀접하게 연관되어 있다. 1748년 증기기관과 기계화를 중심으로 한 제1차 산업혁명에서부터 1870년 전기와 대량생산의 태동인 제2차 산업혁명, 1969년 컴퓨터를 기반으로 자동 생산 시스템을 도입한 제3차 산업혁명, 인공지능·로봇기술·생명과학이 중심이 되는 제4차 산업혁명에 이르기까지 가장 많은 영향을 받는 곳이 고용 분야라고 생각한다.

시장은 새로운 기술만큼이나 제4차 산업혁명 시대에 사라질 직업 예측과 대응방안을 쏟아내기 시작했다. 인공지능 기술의 발전으로 앞으로 12.5% 이상의 직업이 없어질 것이라는 주장과 4차 산업 시대의 인재 교육방법 등 다양한 분야에서의 논의가 여전히 진행되고 있다.

기존의 산업혁명에서는 새로운 기술이 새로운 일자리를 만들었고 생산력과 부는 더욱 확대되었다. 그러나 이번에는 다를 것이라는 견해가 많다. 제4차 산업혁명으로 새로 창출되는 직업은 과거에 비해 오히려 줄어들 것이라는 의견이 지배적이기 때문이다. 클라우스 슈밥은 기술의 혁신이 노동자를 빠르게 대체하여 미국 전체 직업의 47%가 영향을 받게 될 것이며 노동시장의 양극화('저직능·저급여', '고직능·고급여')가 가속화될 것이라 예언한다. 또한 개발도상국의 저렴한 노동력이 기업의 경쟁력에 더 이상 도움이 되지 않기 때문에 제조업이 선진국으로 회귀하는 '리쇼어링re-shoring' 현상이 발생할 것이라고 한다. 실제로 기술력 상승으로 노동력의 중요도가 낮아짐에 따라 발생하는 리쇼어링뿐만 아니라 국가의 경제이득을 위한 세제혜택 등의 조치로 '리쇼어링' 현상이 이미 발생하고 있다. 이렇듯 자국의 노동시장을 안정화하기 위해 선진국들은 국내외로 다양한 형태의 전략을 구사하고 있으며, 내적 노동시장의 안정을 위한 정책들도 끊임없이 변화·시행되고 있다.

개인화 서비스란 무엇인가?

정보의 양이 기하급수적으로 늘어나고 매체의 증가와 더불어 한정된 시간 안에 필요한 정보를 효율적으로 소비하도록 도와주는 서비스가 각광받기 시작했다. 정보 제공자들은 소비자가 필요하고 신뢰할 수 있는 정보를 경쟁자보다 빠르고 정확하게 파악하여 소비자에게 선택될 수 있도록 끊임없이 연구하는 소리 없는 전쟁을 치루고 있다. 개인화 서비스는 이처럼 정보통신 환경 하에서 개인이 스스로 선택한 분야의 정보 또는 관심을 가질 수 있는 정보를 개인 맞춤 형태로 제공하는 서비스를 말한다.

개인화 서비스는 일반적으로 개인화의 판단 주체에 따라 설정형 개인화와 학습형 개인화로 구분된다. 설정형 개인화는 각 사용자가 자신의 판단에 따라 스스로 설정한 개인화가 이루어지는 것이며 학습형 개인화는 사용자의 인구통계학적 정보, 웹 사용 정보, 구매 정보, 평가 정보 등을 분석하여 사용자가 선호할 것으로 판단되는 정보를 추천 제공하는 것을 말한다. 웹 서비스들은 개인화 서비스 초기

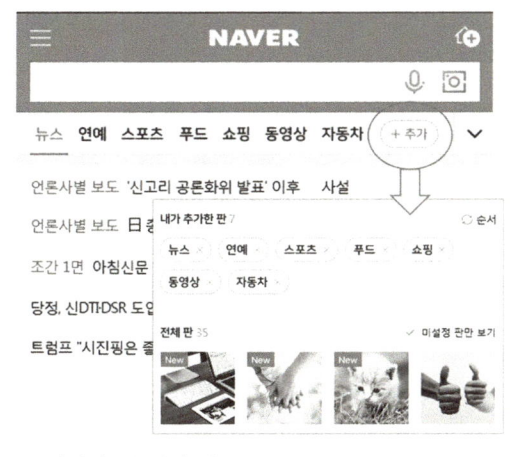

▲ 네이버 판 설정 메뉴

단계에서 설정형 개인화 형태로 제공되어 왔으며 최근 빅데이터 분석 등을 통해 개인에 대한 분석이 정교해짐에 따라 학습형 개인화로 변화하고 있다. 국내 포털사이트인 네이버에서 제공하는 주제별 판 서비스가 쉽게 접할 수 있는 설정형 개인화 서비스이다.

학습형 개인화 추천 서비스는 사용자의 관심정보와 관련된 컨텐츠를 노출하는 것에서부터 시작되었다고 할 수 있다. 초기에 센세이션을 일으키고 이후 대부분 모델의 기초가 된 아마존의 도서 추천 시스템이 가장 좋은 예라고 할 수 있다. 학습형 개인화 추천 서비스가 매출에 영향력을 미치게 되고 사람들로부터 호평을 받기 시작하면서 학습형 추천 서비스는 정보통신회사, 특히 쇼핑몰, SNS, 광고 사업자의 핵심 기술로 자리 잡게 되었다. 개인으로부터 수집되는 정보가 다양해지고 보다 정밀한 분석이 가능해짐에 따라 추천 서비스는 개인화 서비스의 중심이자 서비스의 질 향상과 매출 증대에 필수요소로 인식되고 있다.

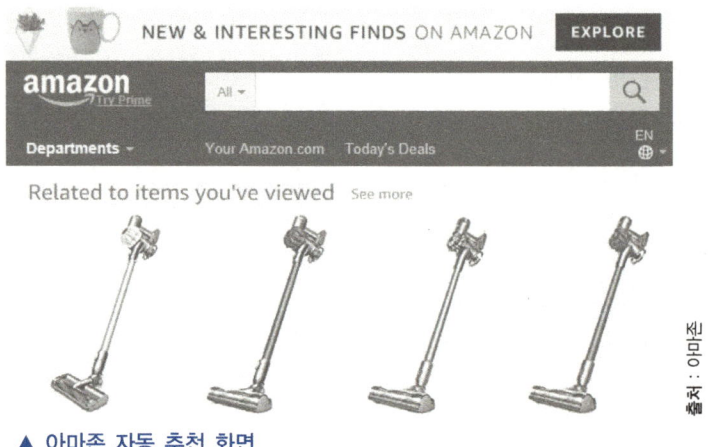

▲ 아마존 자동 추천 화면

추천 서비스의 기본 요소

　추천 서비스를 운영하기 위해서는 각 정보 제공 사이트에 적합한 시스템 개발이 필요하다. 개인화 서비스를 위한 추천은 크게 개인의 특성이나 패턴을 기준으로 하는 개인 추천, 사용자를 유형화하여 그 유형의 특성을 기준으로 하는 그룹 추천, 마지막으로 콘텐츠 간의 연관성을 기준으로 하는 연관 아이템 추천으로 분류된다. 모든 추천 서비스는 기본적으로 사용자의 특성을 파악하고, 특성에 적합한 콘텐츠를 매칭하고, 매칭한 콘텐츠를 검증하여 필터링한 후 사용자에게 제공하는 프로세스로 이루어진다.

　사용자의 특성은 서비스에서 제공하는 콘텐츠와 비즈니스 모델에 따라 달라질 수 있다. 개인을 파악하기 위해 수집되는 데이터와 콘텐츠 분류 기준도 추천 시스템에 적용하는 알고리즘과 제공되는 콘텐츠에 따라 달라진다. 추천 시스템은 기본적으로 사용자가 서비스 내에서 정보를 소비하거나 활용하는 행위^{behavior}를 분석하여 정보^{콘텐츠}에 대한 선호도를 추출 및 예측하여 사용자가 필요로 하는 콘텐츠를 각기 다르게 제공한다. 사용자의 행위는 콘텐츠 구매, 확인, 공유, 평점 이력 등이며 이러한 것들을 이용하여 콘텐츠의 사용자 선호도 지표로 활용한다. 사용자의 선호도와 사용자의 기본정보(인구 통계학적인 정보, 회원가입 시에 입력하는 정보 등), 사용자의 네트워크, 검색 키워드, 생산한 콘텐츠, 선호 카테고리들을 바탕으로 개별 사용자의 프로파일을 생성한다.

프로파일이 생성되면 선호도에 맞는 콘텐츠를 찾아서 사용자와 연결하는 매칭 작업을 진행한다. 선호도는 사용자가 콘텐츠를 소비·활용하는 것에서부터 시작된다. 특정 콘텐츠가 선호되었을 때 이와 가장 연관성이 높은 콘텐츠를 추천하기 위해서는 사전에 콘텐츠와 콘텐츠 간의 연관성에 기반한 관계에 대해 정의가 되어야 한다. 연관성은 서비스의 비즈니스 모델에 따라 달라질 수 있다. 단순하게는 비슷한 종류부터 콘텐츠의 특성에 따른 시계열적 단계에서 필요한 콘텐츠(예를 들어 육아 상품의 경우 어떤 상품이 선택되었느냐에 따라 시기별 추천하는 콘텐츠가 다름)까지 다양하며 콘텐츠의 특성을 메타데이터로 분류, 도출하는 것을 말한다.

프로파일과 콘텐츠가 정의되었다면 선호도를 명시적으로 정의하는 것이 필요한데 이것을 콘텐츠 선호도 레이팅^{rating}이라고 한다. 레이팅은 평점을 적용하는 것을 말하는데 10점 만점 중에 몇 점으로 명확하게 점수를 파악할 수 있는 것을 명시적 레이팅$^{explicit\ rating}$이라고 한다. 하지만 조회, 구매, 추천, 공유 등과 같이 명시적으로 점수를 차별화하기 어려운 것들이 있는데 이를 암묵적 점수$^{implicit\ feedback}$라고 한다. 명

시점수는 고객의 선호도가 명확하게 분류되기 때문에 직관적으로 파악할 수 있으나 모든 고객이 평점을 남기는 것이 아니고 고객마다 점수에 대한 기준이 서로 다르기 때문에 데이터 정확도가 낮다. 반면 암묵적 점수는 보다 더 객관적으로 선호도를 파악할 수 있다. 조회를 한 것과 하지 않은 것은 선호도 차이가 명확하다. 조회 후 5점 만점에 3점을 주는 것과 4점을 주는 것은 선호도 차이가 명확하게 보이는 것 같지만 실질적으로 선호도 4점이 3점보다 매우 높다고 할 순 없다. 이럴 때 집단지성을 적용하여 데이터가 많을 경우 정확도가 높아지지만 데이터가 적을 경우 판단하기가 매우 어렵다. 이 두 명시방법을 활용하여 선호도 측정의 기준을 정의하게 된다. 마지막으로 필요한 요소는 추천 알고리즘이다. 이를 통해 선호도를 기준으로 콘텐츠를 추출하여 개인별 맞춤형 서비스를 제공하게 된다.

추천 서비스의 주요 알고리즘

추천 서비스 알고리즘으로 많이 활용되는 것은 협업 필터링collaborative filtering, 콘텐츠 기반 필터링contents based filtering과 각각의 알고리즘의 문제점을 보완할 수 있어 많이 활용되는 두 알고리즘을 결합한 형태의 하이브리드 기법hybrid method이 있다.

협업 필터링 알고리즘은 "나와 비슷한 성향을 가진 사람들이 좋아하는 것이면 나도 좋아할 가능성이 높다"라는 기본적인 가정 하에서 이루어진다. 각 사용자와 가장 선호정보가 비슷한 사용자들을 그룹화한 후, 그룹이 선호하는 콘텐츠를 사용자에게 추천하는 형태이다. 그럴 경우 콘텐츠의 유사성을 추출하는 것이 중요한데 일반적으로 유사도similarity measure는 두 오브젝트 사이의 거리distance 또는 차이를 수치화해 변환 사용한다. "A 콘텐츠와 B 콘텐츠가 얼마의 비율로 유사하다"가 아니라 "A와 B는 몇 회 함께 등장했다"라는 것을 수치화하여 유사도를 측정하게 된다. 즉, A 콘텐츠, B 콘텐츠, C 콘텐츠가 있을 경우 A와 B는 함께 5회 선택되었고, A와 C는 함께 10회 선택되었다면 A와 C의 유사도가 A와 B보다 크다는 것이다. 기존의 랭킹과 다른 부분은 A가 10회 선택되었고 B가 100회 선택되고 C가 10회 선택되었다면 사용자가 A를 선택했을 때 다수가 선호하는 B를 제공하는 것이 아니라 C를 제공하는 것이 사용자의 만족도를 높일 수 있다고 가정하는 것이다. 세부적으로 Jaccard Similarity, Overlap Coefficient, Pearson Correlation Coefficient, Cosine Similarity 등을 이용해 수치와 범주를 바탕으로 그룹을 찾거나 그룹의 선호도를 측정하게 된다. 이를 통해 사용자가 이용하지 못한 콘텐츠에 대한 선호도를 예측한다.

아이템 기반 필터링은 각 사용자별 특정 콘텐츠의 속성을 학습하는 것을 기반으로 한다. 콘텐츠의 속성을 정의하고 그 속성에 해당하는 메타데이터를 이용해서 콘텐츠의 내용과 사용자가 요구하는 콘텐츠 간의 유사도를 계산한 후 그 결과를 순위화하여 보여주는 것이다. 이를 위해 사용되는 기법은 가중치 기법, 적합성 피드백, 확률 검색 모형 등이다. 사용자의 프로파일과 비교하여 높은 점수를 갖는 콘텐츠를 추천하므로 콘텐츠의 세부내용을 속성별로 분류하여 정의하는 작업이 필요하다. 최근 텍스트 마이닝을 활용하고 있으나 정확한 키워드 추출을 위해서는 수작업을 통한 검증이 필요하다. 예를 들어 A라는 사람이 영화 '나, 다니엘 브레이크'를 보았다고 한다면 감독의 다른 영화, 주인공이 출연한 영화, 복지제도와 관련된 영화, 영화제 수상 영화 등을 추천하는 것이다. 사용자의 프로파일과 비교하기 때문에 사용자 정보가 빈약할 경우 추천할 수 있는 콘텐츠도 같이 줄어드는 것이 단점이다.

개인화 추천 서비스의 고려사항

추천 서비스에서의 핵심은 사용자의 선호도를 정확히 예측하여 좋아할 가능성이 높은 정보를 추천하는 것이다. 정확도는 일반적으로 예측된 점수와 실제 점수 사이의 차이를 측정하는 것으로 평균 절대오차Mean Absolute Error와 평균 제곱근 오차Root Mean Square Error가 주로 사용된다. 넷플릭스가 추천 알고리즘 강화를 위해 공개 진행했던 경진대회도 RMSE평균 제곱근 오차를 개선하는 것이 목표였다. 최근에는 추천을 자동으로 해주는 것 외에도 추천에 대해 사용자가 느끼는 만족도를 지표화하는 것이 요구되고 있다. 사용자 만족도는 정성적인 부분이기 때문에 지표화하기가 어렵지만 여러 방법을 통해 예측하고 있다. 대표적으로 추천된 콘텐츠를 사용자가 조회·구매·활용하는 비율을 구해서 파악한다. 추가적으로 사이트 Duration Time, 재방문률 등의 지표를 통해 측정하기도 한다.

다만 추천 서비스에 의해서 사용자에게 추천되는 정보는 대부분 다른 사용자로부터 이미 활용된 정보일 확률이 높기 때문에 한 번도 선택되지 못한 정보의 경우 추천 자체가 되지 않는 문제점을 가지고 있다. 그런 측면에서 연관성은 있지만 새로운 정보를 찾아 추천해 주는 방법을 같이 고민할 필요가 있다. 또한 강력한 추천 시스템이 사람들을 실세계의 특정 측면을 인지하는 것을 가로막는 필터버블Filter Bubble 현상이 생기기도 한다. 즉, 필터링하는 알고리즘에 정치적·상업적 논리가 개입되거나 개인의 프로파일 중심으로 연관된 정보만 제공된다면 모르는 사이에 정보에 대한 편식을 하게 되고 가치관 확대를 방해할 수 있다는 것이다(필터 버블은 엘리 프레이저가 자신의 저서 『생각 조종자들』에서 소개).

추천 서비스로 인해 사용자는 점점 편리하게 원하는 정보를 얻을 수 있지만 반대급부로 노력을 기울이지 않으면 다양한 정보를 얻을 수 없게 되는 이면이 있다.

선진국 공공 고용서비스 현황

유럽 국가들은 교육훈련과 실업자의 빠른 고용을 위해 공공 고용서비스를 발전시키고 있다. 대부분의 국가가 중앙 집중 형태의 공공 고용서비스에서 지방 분권 형태의 고용서비스로 변화했다. 외국인이 유럽으로 많이 이주하면서 외국인에 대한 교육이나 직업훈련에 대한 역할이 요구되고 있으며, 외국인 구직자의 기술력 검증과 기술력 인증 부분에 대한 기능도 필요한 상황이다. 게다가 고용 형태가 1년에서 2년 단위인 단기 프로젝트로 변화하고 있기 때문에 노동자의 지속적인 고용을 위한 기능 강화가 필요한 실정이다.

따라서 유럽의 국가들의 공공 고용서비스는 개인의 기술과 능력을 분석하고 그에 적합한 일자리를 찾아주는 매칭 서비스를 강화하고 있다. 일자리 매칭 서비스는 실시간으로 개개인의 상황을 확인하고 향후 필요한 지원 분야를 파악하는 것을 중요한 기능으로 적용하고 있으며 개개인의 특성과 기술에 따른 경력 개발을 지원하는 것도 목표로 하고 있다. 이러한 매칭 서비스를 바탕으로 효과를 분석하여 지역 기반의 일자리를 장기적으로 검토하고 협의하여 교육기관의 커리큘럼이 유기적으로 구성되도록 노력하고 있다.

일자리 매칭 시스템으로 프랑스, 독일, 덴마크, 벨기에, 네덜란드 등의 공공 고용서비스 기관에서 활용되고 있는 ELISE라는 플랫폼이 있다. ELISE는 실시간으로 대용량 데이터와 구직자 정보, 구인정보 외의 다양한 고용정보를 분석하여 매칭 고도화를 위해 활용한다. 첫째로 구직자 그룹을 직업과 특성에 따라 다양화하여 대상의 범위를 확대하고 직업과 기술에 대해 각 국가별·회사별 분류체계를 구축하고 있다. 이를 통해 인재를 추천하고 추천한 매칭 결과를 분석하여 매칭 시스템의 효과를 관리하고 개선하는 것을 목표로 한다. 둘째로 직업과 일자리 용어에 대한 분류체계를 현행화하는 것에 많은 노력을 기울인다. 핵심은 시장에서 쓰는 고용시장의 용어와 정부와 학계에서 쓰는 용어를 서로 매칭시키는 것이다. 또한 구직자의 경험·지식·기술·희망사항과 고

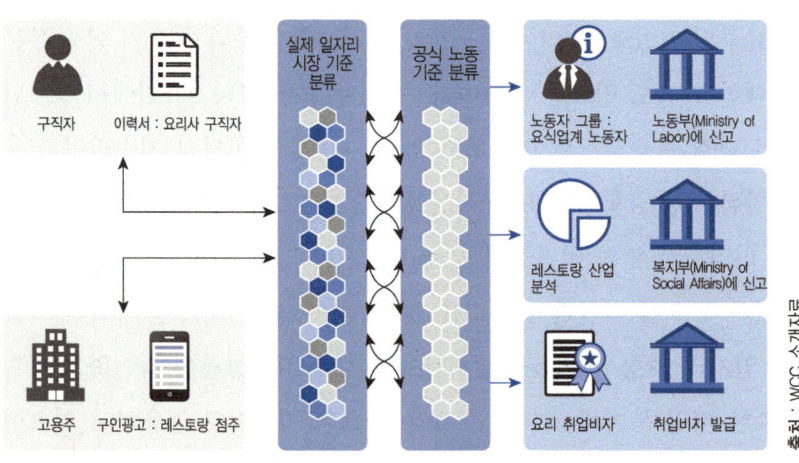

▲ ELISE 시스템의 분류체계 매칭 구조

용주의 직무 요구사항이 매칭될 수 있도록 매칭 확률을 높이는 것이다. 이를 위해 기계학습을 기반으로 시스템을 고도화하고 전문가가 매칭 매커니즘을 지속적으로 분석, 조정하고 있다.

캐나다는 2000년부터 Service Canada라는 브랜드를 만들어 정부의 모든 서비스를 하나로 묶어 국민의 편의성을 증대하고 고용을 복지와 연계하여 사용자의 상황에 맞게 통합 제공함으로써 효과를 극대화하고 있다. 맞춤형 고용·복지를 위해 15가지 영역에서 지원할 수 있는 서비스를 카테고리화하여 사용자가 한번에 필요한 정보를 파악할 수 있도록 공공 고용포털 사이트를 중심으로 연관된 정보들이 그물망처럼 연계되어 있는 구조로 구성되어 있다.

캐나다의 고용포털 서비스는 사용자를 유형별로 세분화하고 생애

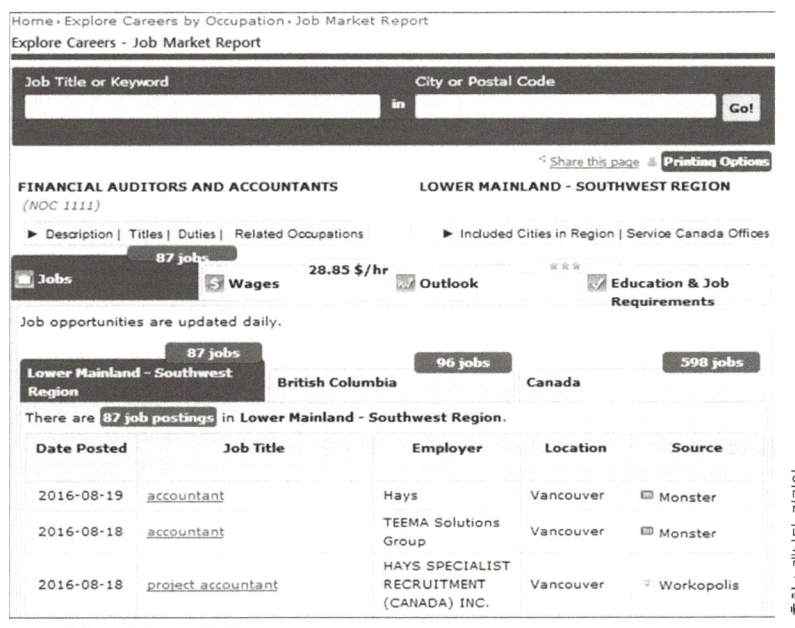

▲ 캐나다 공공 고용포털

주기 동안 발생하는 생활 이벤트별로 필요한 서비스를 제공한다. 임신, 장애, 가족 부양, 이직, 이사, 실업 등의 다양한 이벤트를 사례별로 정리하고 필요한 정보를 안내하거나 복지 프로그램을 신청할 수 있도록 지원하고 있다. 또한 일자리 정보는 지역, 고용형태, 교육수준, 필요언어 등 조건별로 자동 필터링이 되는 서비스를 제공하며 관심 직종과 관련된 단어를 자동으로 추출하여 연관된 채용공고를 안내한다.

또한 정부가 수집한 일자리 외의 일자리도 민간 취업사이트 직종별로 상세히 분류되어 한번에 다양한 일자리 정보를 확인할 수 있다.

국내 공공취업포털 고용정보 현황

고용정보는 일자리 정보, 진로를 설계하거나 직업활동을 준비할 수 있는 직업과 훈련에 대한 정보, 기업정보, 국가가 시행하는 고용과 관련된 정책정보 등을 말한다. 이들 정보들은 개인의 고용상황이나 생애주기 시점에 따라 활용범위가 달라진다.

현재 공공취업포털 워크넷에서는 고용정보를 다양하게 제공하고 있으나 정보가 광범위하고 정보의 필요대상이나 활용 시기가 개인별로

워크넷 정보별 이용 현황(2017. 4. 1. ~ 2017. 5. 31.)

(단위 : 건수)

구분	방문자 수	페이지 뷰	방문자당 페이지 뷰
일자리 정보	4,018,923	53,656,446	13.4
직업진로 정보	707,031	3,745,265	5.3
정책정보	150,015	1,010,557	6.7
기업정보	116,712	458,280	3.9

출처 : 한국고용정보원, 워크넷 와이즈로그

다르다. 이로 인해 전체 워크넷 사용자의 활용도는 일자리 정보 중심으로 협소한 편이다.

하지만 고용정보의 특성상 직업, 일자리, 기업, 직업훈련, 정책 정보가 서로 유기적으로 결합되어 있기 때문에 관련이 있는 정보를 묶어서 사용자에게 제공해 줄 필요가 있다. 이를 위해 각 정보의 속성을 연관 관계 중심으로 재정의하고 패키지화하는 작업이 필요하다. 사용자가 특정 정보를 이용할 때 관련된 정보들이 같이 제공될 수 있는 체계 마련이 필요하다.

사용자 연령이나 환경으로 인해 자신에게 필요한 정보가 어떤 것인지 정확하게 알고 있기도 어렵고 그런 정보가 제공되는지도 모르는 경우가 많다. 방대한 정보들 사이에서는 더욱 그러하기 때문에 사용자를 분석하고 필요한 정보를 찾아서 제공해 주는 것은 사용자의 지속적인 고용안정에 도움이 되는 서비스이다.

연관 고용정보 서비스 방향

공공의 고용서비스에서 핵심은 노동시장에 대한 정확한 정보를 쉽게 알려주는 것이다. 직업활동을 계획적으로 준비하도록 돕고 변화된 일자리 지형에 사람과 일자리를 적합하게 매칭되는 환경을 만들어 주어야 한다. 이를 위해 노동시장 진입에 필요한 다양한 고용정보를 사용자의 현황에 맞게 추출하여 활용할 수 있는 서비스를 제공해야 한다.

1차적으로 일자리, 직업훈련, 직업진로, 기업, 정책의 정보를 각각의 세부속성을 정의하고 속성 값에 따른 연관 데이터를 추출하여 정보들 간의 연관 매트릭스 테이블을 생성한다. 즉, A라는 일자리와 연관된 훈련과정, 직업 전망, 전공, 자격증, 진출 기업, 국가지원 정책을 한번에 볼 수 있도록 정보를 연결시켜 주는 것이다. 이렇게 되면 특정 정보를 사용자가 찾았을 때 관련된 다른 사용자가 미처 알지 못했던 다양한 정보를 한번에 쉽게 파악할 수 있게 된다. 이를 통해 사용자 간의 정보 활용의 격차를 줄이고 고용정보 활용도를 높일 수 있다. 이를 기반으로 사용자의 기술이나 이력 등을 분석하여 맞는 일자리를 추천해 줄 수도 있을 것이다.

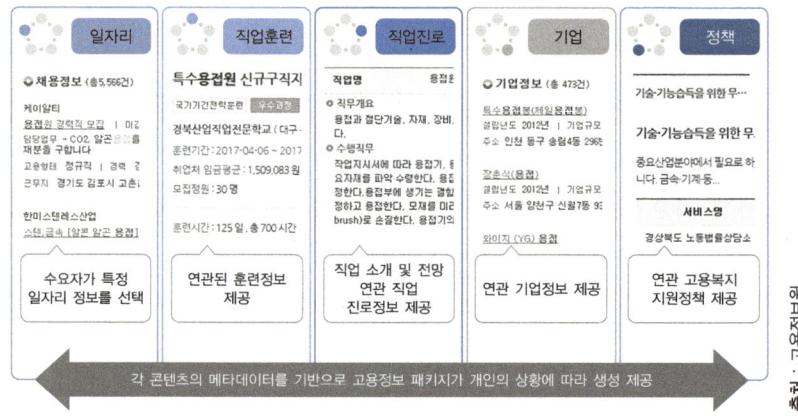

▲ 연관성 기반으로 연결된 고용정보

개인화 맞춤 고용정보 서비스 방향

개인 맞춤 고용정보 서비스를 제공하기 위해서 보유하고 있는 정보를 분석하여 정보 간 연결고리를 완성했다면 이후는 사용자를 분석한다. 일반 기업에서의 사용자 분석 대비 공공사이트에서 사용자 분석은 신중하고 조심스러워야 한다. 특히 개인정보에 대한 보호를 엄격하게 적용해야 한다. 공공 서비스는 민간 서비스에 비해 직접적이고 다양한 정보를 활용할 수 있지만 대신 투명하고 공정하게 활용해야 한다. 일반 취업 포탈에서는 광고비에 따라 우선순위를 선정하여 기업을 추천할 수 있지만, 공공에서는 다양한 이해관계자가 납득할만한 명확한 기준이 필요하다. 이러한 점들 때문에 편리한 기능을 제공하기 위해서 쉽게 서비스를 변경할 수도, 이용률이 매우 낮은 기능을 제거할 수도 없다. 알면 알수록 어렵고 민감한 것이 공공 서비스이다.

워크넷 서비스를 사용하는 대상은 매우 다양하다. 연령대로는 15세부터 70세 이상 전 연령층에서 활용한다. 사용자로는 학생, 취업준비생, 재직자, 구직자, 은퇴자, 구인자, 학자, 상담가, 고용센터 직원 등이 있으며, 모두가 다른 특성과 목적을 갖고 서비스를 이용하고 있다. 개인 맞춤 고용정보 서비스는 초기에는 구직자^{직업을 구하는 사용자} 중심으로 제공하고 향후 다양한 이용자로 확대하는 것이 효율적이다.

개인 맞춤 고용정보 서비스에서는 개인의 상황에 맞게 학생·취업준비생·재직자에게는 직업 설계를 위한 정보 제공이 필요하고 구직자에게는 추천 일자리 정보 제공이 필요하다. 앞에서 이야기한 것처럼 이를 위해서는 개인에 대한 분석^{프로파일링}이 필요하다. 사용자 프로파일은 회원정보를 바탕으로 한 인구통계학적 정보 취득과 기존 워크넷에서 이용했던 로그 데이터 분석을 통한 관심정보 추출 및 분석이 필요하다. 추가적으로 개인이 등록한 희망 직업이나 이력서 등을 통해 추천을 위한 세부적인 항목들을 분석할 수 있을 것이다. 또 특성이 비슷한 개인을 그룹화하여 프로파일을 구성하면 추천정보 구성 시 두 측면의 정보 제공이 가능하다. 즉, 개인의 맞춤 정보와 비슷한 유형의 선호정보를 같이 제공함으로써 더욱 풍부하고 연관성 있는 정보를 제공할 수 있다.

궁극적으로 개인 맞춤 서비스를 통해 개인의 생애주기 전 영역에서 고용과 관련된 세부적인 정보를 필요한 상황에서 쉽게 활용할 수 있게 하는 것이다.

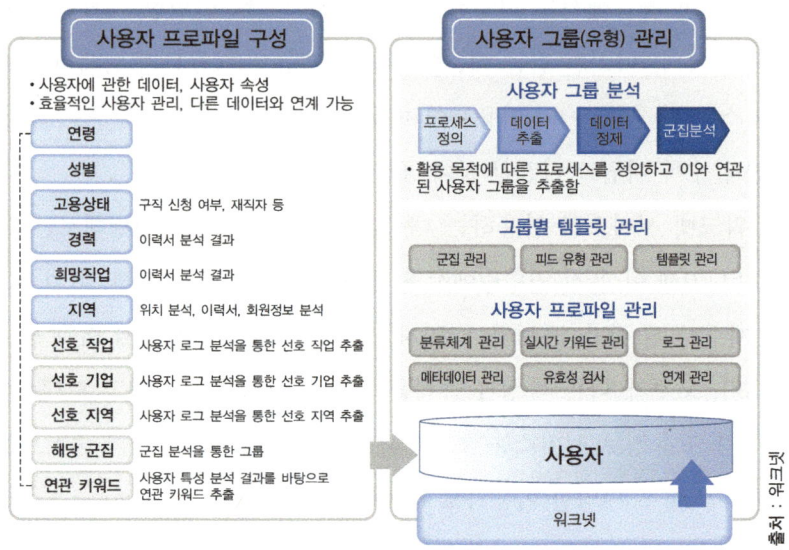

▲ 사용자 프로파일 분석 항목 및 그룹 분석 구성요소 예

A라는 사람이 40대이고 경기도에 거주하며 10년 이상의 영업직종의 경력을 보유하고 있다고 가정하자. A는 3번의 이직과 중견기업에서 근무를 했었다. 최근 회사 경영난으로 이직을 준비하고 있고 워크넷에서 주로 이용했던 콘텐츠들로 보아 반도체 부품 회사 영업에 관심이 있으며 교육은 기술 영업이나 마케팅을 주로 검색했고 경기 외 지역까지 일자리를 찾고 있었다. A라는 사람의 정보를 바탕으로 추천해 줄 수 있는 워크넷 개인화 서비스는 다음과 같을 것이다. 반도체 제조장비 영업 직원 일자리, 마케팅 전략기획 관련 직업훈련, 반도체 장비 주요기업, 40대를 위한 취업지원 정책이나 무료 프로그램, 영업직종 향후 전망, 반도체 분야 향후 전망, 영업직 40대 그룹이 선호하는 관심 일자리 등이다.

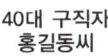
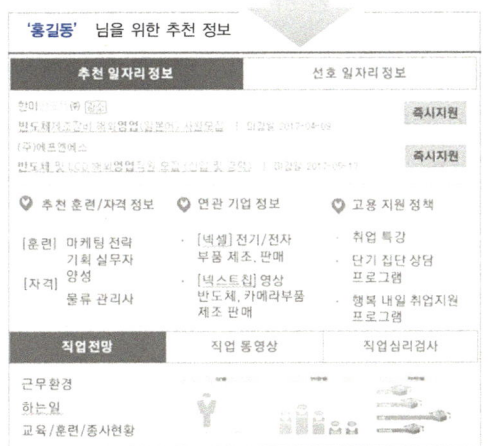

▲ 개인 맞춤 고용서비스 예시

 이와 같이 개인 맞춤 고용서비스 제공은 기존에는 일일이 키워드를 통해 검색을 하거나 관련 사이트들을 돌아다니면서 수집해야 했던 정보를 한번에 제공해 주기 때문에 사용자 측면에서는 다양한 정보, 예상하지 못했던 정보들까지 이용할 수 있다. 하지만 사용자의 정보가 빈약한 최초 가입자라든가 워크넷 활용 내용이 전무하다든가 사용자와 연관된 고용정보가 빈약할 경우에는 맞춤 서비스로 제공할 콘텐츠가 부족하게 된다. 콘텐츠의 양을 물리적으로 확보하기 위해 범위를 확대하게 되면 사용자에게 필요하지 않은 더미 정보가 제공되는 경우도 생기게 된다. 결국 분석의 정확도와 정보의 다양성 확보가 서비스의 만족도를 결정하게 되는 부분이며 이를 위해 지속적인 정보 확보 노력과 알고리즘 관리가 필요하다. 또한 개인정보의 관리 부분은 아무리 강조해도 지나치지 않다.

개인 맞춤 서비스는 온라인 취업 사이트인 워크넷을 중심으로 시작하여 향후에는 고용센터나 학교에서도 본인 인증을 통해 동일한 추천 서비스를 쉽게 지원받을 수 있는 온디멘드 형태로 발전이 필요하다. 궁극적인 목표는 사용자가 어디에 있는 어떤 환경에 있든 고용과 관련된 정부의 혜택을 제공받게 하는 것이다.[주]

주 : 이 글의 내용은 전적으로 필자의 의견이며 한국고용정보원, 고용노동부의 공식 의견이 아님을 밝힘.

07 / 암호화폐 기술에 대처하는 규제 방향성

한국거래소 채권시장부 **김지연**

2000년대 초반까지만 하더라도 대한민국의 금융정책을 담당하던 사람들은 금융을 산업으로서 인식하는 데 인색했다. 그들에게 금융은 단순히 대한민국의 잘나가는 2차 산업인 제조업을 뒷받침하는 정부의 정책도구였다. 하지만 19세기 제조업 강대국이자 세계를 호령했던 영국이 자국의 제조업 기반이 몰락하거나 해외 자본에 팔리고도 아직까지 세계 경제순위에서 상위권을 차지하는 이유는 금융산업이 발달했기 때문이다. 영국도 1987년 당시의 GDP를 살펴보면 금융산업이 전체 산업 GDP에 기여한 비율이 20% 수준으로 우리나라와 비슷한 수준을 보였다. 하지만 2007년 GDP가 3만 달러 수준으로 올라갈 때 당시 영국의 금융산업 GDP 기여도는 30%를 넘어섰으며 2017년 현재에 이르기까지 그 수치는 점점 더 높아졌다. 영국과의 경제성장도 차이에 금융 관련 산업에 대한 규제 방향의 차이도 유의미한 영향을 끼쳤을 것이 분명하다.

국제적으로 대한민국의 금융시장에 대한 평가는 굉장히 낮은 편이다. 그 이유로 대부분 대한민국은 금융 규제가 심하고 글로벌 스탠다드를 받아들이는 데 오랜 시간이 걸린다는 점을 든다. 암호화폐에 대한 정부의 정책 방향도 크게 다르지 않다. 암호화폐 시대가 도래할 것이라는 예측이 쏟아져 나오자 기존의 금융강국인 영국은 우리보다 훨씬 더

발 빠르게 대응하고 있다. 영국은 2016년 암호화폐 거래소 등 디지털 지갑 사업자들에게 자금세탁방지법^{AML}을 적용하지 않음으로써, 이들이 암호화폐 사업을 영위하는 데 부담을 주지 않겠다는 입장을 명확히 했다. 또한 과학기술부장관은 블록체인의 도입을 위한 준비를 총괄하는 조직을 신설하겠다는 입장을 밝혔다. 그리고 재무부와 금융감독기구는 일반 투자자들이 금융기관을 직접 찾아가지 않더라도 핀테크 업체를 통해 투자할 수 있도록 허용한다는 내용의 발표를 했다. 영국 정부의 이러한 발 빠른 대응은 기존에 투자자문 업무를 영위하던 업체에게는 위협요인으로 다가왔지만 이로 인해 경쟁을 통한 혁신을 유도할 수 있었고 신생 업체들이 경쟁환경에서 빠르게 정착할 수 있게 도와줌으로써 금융산업의 혁신을 돕고 있다.

바야흐로 융합의 시대이다. IT 기술과 금융기술에 종사하는 사람들은 어떻게 하면 금융을 이용하는 소비자가 더 효율적으로 금융 서비스를 이용할 수 있고 생산자들은 더 높은 부가가치를 창출할 수 있는가를 고민하며 IT 기술과 금융기술 간의 접목을 다각도로 고려하고 있다. 전 세계적으로 암호화폐가 가져올 수 있는 금융개혁, 금융의 미래에 대한 이야기가 많이 나오고 있다. 그리고 아직 시작 단계지만 기존의 금융시장의 개념을 뒤엎는 다양한 서비스들이 속속 등장하고 있다.

암호화폐 산업은 이를 잘 활용하는 정책을 수립한다면 대한민국의 경제를 다시 한번 도약시킬 기회가 될 수 있다. 대한민국의 제도권 금융은 해외의 발전된 금융산업 및 관련 법규들을 벤치마킹하거나 어느 정도 차용해서 만든 것이다. 해외에서 수백 년에 걸쳐 쌓인 결과물을 보고 배우며 들여놓은 것이 대부분이기 때문에 우리가 먼저 선진화된 시스템을 만든다든가, 해외에서 벤치마크할만한 제도를 만들었던 경험이 부족하다. 반면 암호화폐의 산업에 있어서는 대부분의 국가가 비트코인을 상품으로 볼 것인지 화폐로 볼 것인지에 대해 입장을 정리하는 것도 부담스러워하는 모양새로 아직 어느 나라도 이렇다 할 명확한 정책을 내놓지 못하고 있다. 대한민국의 경우 GDP 경제 규모는 전 세계 11위권 국가지만 암호화폐의 원화 결제 비율은 미국 달러화와 일본 엔화에 이어 3위의 거래 규모를 나타내고 있다. 암호화폐의 투기성 논란을 떠나서 이는 곧 국내 투자자들이 암호화폐에 대해서 다른 국가들보다 많이 알고 있으며 관심이 많다는 반증이기도 하다. 새로운 산업 카테고리가 형성되고 있는 이 시점에서 다른 국가들도 아직 이렇다 할 규제 방향이 없을 때 대한민국에서 해당 산업을 육성하기 위해 발 빠르게 뛰어든다면 관련 산업발전 방향에 대한 새로운 패러다임을 제시할 수 있을 것이다.

우리는 각국의 가상통화 혹은 블록체인 기술에 대한 규제 방향과 사례들을 중점적으로 살펴볼 예정이다. 암호화폐의 기술들은 대부분 서양권에서 나왔지만 일본과 중국에서도 암호화폐 시장 규모가 꽤 크기 때문에 이에 대응하여 정책 방향을 내놓고 있다. 암호화폐 기술은 이제 막 시작 단계이다. 이번만큼은 대한민국도 국민들의 암호화폐에 대한 관심과 인기에 힘입어 팔로워의 입장에 머무르지 않고 선도적으로 정책 방향을 정하고 제도 개선 및 산업육성 방안을 강구해야 한다.

주요국 가상통화 입법사례

아무래도 암호화폐 산업이 서양권에서 시작되었다 보니 가장 발 빠르게 대응하는 곳은 북미권이다. 암호화폐의 시초라고 할 수 있는 비트코인이 만들어진 2009년부터 지금까지 미국은 암호화폐 산업에서 가장 앞서 있는 곳이라고 할 수 있다. 비트코인 코어 개발진들을 비롯해서 암호화폐를 기반으로 하는 다양한 스타트업들이 실리콘밸리에 몰려 있다. 그리고 기존의 전통적 금융산업권이라고 할 수 있는 시카고 상업거래소와 나스닥 등은 암호화폐 그 자체를 이용한 상품을 만들어 내거나 블록체인 기술을 현존하는 증권거래 시스템과 융합해서 새로운 서비스를 내어놓는 등 다양한 시도들을 하고 있다. 그리고 유럽 및 일본 등이 뒤를 이어 암호화폐 산업에 대한 정책적 입장을 정하고 관련 제도적 인프라를 구축하는 데 큰 관심을 보이고 있다. 이렇듯 주요 금융선진국들이 암호화폐의 성장에 발 빠르게 대응하고 있는 상황에서 국내에서는 합동기관 TF를 꾸렸다고는 하지만 기술에 대한 스터디 수준이고 육성안보다는 규제안 위주의 검토내용뿐이다. 다음은 해외 암호화폐 관련 입법례인데 최근 국회에서 발간한 자료를 참고하여 작성하였다.

(1) 미국

먼저 미국 연방준비은행FRB의 경우, 향후 가상통화가 달러에 대한 수요를 줄여 통화량에 영향을 줄 수도 있다고 진단한다. 하지만 아직까지 가상통화의 네트워크 외부성이 없기 때문에 근시일 내에 급격하게 수요가 늘지 않을 것이라고 본다. 또한 현재로서는 암호화폐 시장을 통화정책 결정 변수로 볼 만큼 암호화폐가 실제 경제에 미치는 영향력이 크지 않다고 판단하고 있다. 다만, FRB는 암호화폐가 주는 시사점을 감안하여 기존 금융 서비스 산업에 필요한 개선사항을 검토하고 있으며, 다양한 이해관계자들의 의견을 지속적으로 모니터링하고 있고 추가 조사를 진행 중이라고 밝혔다. 나아가 만약 암호화폐 기술이 안전하고 효율적인 금융지불 시스템을 구축할 수 있다고 판단된다면 블록체인이나 암호화폐를 적용할 방침이라고도 밝혔다. 아직까지 미국 연방준비은행은 암호화폐를 규제한다기보다는 일단 지켜보고 면밀히 조사하면서 취할 수 있는 부분은 취하겠다는 의지가 강한 것으로 분석된다.

제도권 금융의 상징으로 통하는 월스트리트가 속해 있는 뉴욕주는 암호화폐를 폭넓게 규정하고 있다. 뉴욕주 법규NYCRR는 암호화폐Virtual currency를 '교환의 매개체medium of exchange' 또는 '디지털 방식으로 저장된 가치a form of digitally stored value'라고 정의한다. 비트코인과 같은 암호화폐가 결제수단으로서의 교환의 매개체도 될 수 있을 뿐더러 금과 같이 가치저장 매개체로서의 역할도 할 수 있다고 정의하기 때문에 굉장히 광범위하게 포섭하고 있다고 볼 수도 있다. 하지만 온라인 게임에서 사용되는 사이버머니나 '현실세계의 상품, 서비스를 할인, 구매, 교환 등의 방식으로 취득할 수 있는 디지털 단위'인 상품권 등은 제외하고 있다. 2015년 6월 당시 뉴욕주 금융감독국장인 벤자민 로스키는 비트코인과 같은 암호화폐 사업을 영위하기 위해서는 라이센스를 취득해야한다는 이른바 비트라이센스BitLicense 제도를 만들었다. 비트라이센스 법안은 미국 전역으로 퍼져나가 지금은 아리조나·시카고·델라웨어 주에서도 관련 인

▲ 벤자민 로스키(오른쪽 첫 번째)와 비트코인 전도사 클보스 형제(왼쪽 첫 번째 및 두 번째)

허가 법안을 만들어서 암호화폐 산업을 규제하고 있다.

원문	번역문
Section 200.2 Definitions	200.2조 정의
Virtual Currency means any type of digital unit that is used as a medium of exchange or a form of digitally stored value. Virtual Currency shall be broadly construed to include digital units of exchange that (i) have a centralized repository or administrator; (ii) are decentralized and have no centralized repository or administrator; or (iii) may be created or obtained by computing or manufacturing effort.	가상통화란 교환의 매개체 또는 디지털 가치저장방식으로 사용되는 모든 종류의 디지털 단위를 의미한다. 가상통화는 (i) 중앙집중식 저장소 또는 관리자를 갖는, (ii) 분산되었고 비중앙집중식 저장소 또는 관리자를 갖는, 또는 (iii) 컴퓨팅 또는 생산 노력에 의해 창조되거나 획득될 수 있는 교환의 디지털 단위들을 포함하여 폭넓게 해석된다.

미국에서는 증권은 증권거래위원회[SEC]가 감독당국이고, 주가지수 선물과 상품선물은 상품선물거래위원회[CFTC]가 감독당국이다. 비트코인과 관련하여 기존의 증권 및 선물로 볼 수 있는 다양한 상품이 등장하고 있고 기존의 IPO와 비슷한 자금모집 활동이 활발하게 이루어지고 있으나, 아직까지는 암호화폐에 대한 감독기관이나 관련 법규가 따로 마련되어 있지는 않다. 미국 증권거래위원회[SEC]는 증권거래법에 기반하여 암호화폐 시장을 예의주시하며 다양한 조사활동을 벌였다. 그러다 최근 Bitcoin Savings and Trust 사를 투자상품 모집 시 투자권유 관련 법규를 위반했다는 이유로 고발하였다. 이 사건에서 SEC는 암호화폐를 금전의 일종으로 보았고 해당 회사에 투자하는 행위는 투자계약에 해당한다고 보았다. 그리고 ETF나 다른 금융투자상품 발행 시 암호화폐로 투자자를 모집한 경우에는 무허가 증권 공모에 해당하여 위법하다는 내용의 규제가 시행 예정에 있다. 그러면서도 비트코인 지수

를 기반으로 한 ETF에 대해서는 자금모집 등에 비해 비교적 투자자 보호 측면에서 안전하다고 판단하고 이를 규제하고 있지는 않다.

한편, 미국 상품선물거래위원회는 암호화폐가 법정화폐인 달러화와는 구분되어져야 한다는 입장이다. 상품거래법 제1a조 제9항의 상품에 대한 정의를 넓게 해석하여 가상통화가 상품에 포함된다고 해석하였다. 이를 바탕으로 시카고상품거래소^{CME}는 가상통화 거래소들의 비트코인 시세를 바탕으로 지수를 산출하고 이를 통해 비트코인 지수 선물 상품을 출시하겠다고 2017년 11월 발표했다. 그리고 2017년 12월 시카고상품거래소뿐만 아니라 시가코옵션거래소^{CBOE}에서도 비트코인 선물거래가 개시되었다. 이들이 비트코인 가격을 추종하는 선물거래를 개시한다는 소식으로 17년 연말까지 비트코인 가격이 급등하는 양상을 보이기도 했다. 미국상품선물거래위원회도 미국 증권거래위원회와 마찬가지로 암호화폐를 이용한 옵션과 선물거래에 대해 무허가인 곳을 판단하여 고소·고발 조치 중에 있는 회사도 있다. 두 곳 모두 동일하게 현실적으로 비트코인과 같은 암호화폐를 규제하는 것이 아니라 암호화폐를 기반으로 하는 상품에 대해서 규제 혹은 가이드라인을 제시하고 있는 수준이다.

세법 측면에서는 미국연방국세청^{IRS}이 2014년에 가이드라인을 제시했다. 비트코인과 같은 암호화폐는 '법정화폐$^{Legal\ Tender}$'의 지위를 갖지 않으며, 과세대상인 재산으로 여겨질 수 있으며, 이는 곧 암호화폐는 연방소득세의 대상이 될 수 있음을 의미한다고 밝혔다. 하지만 암호화폐는 부가가치세의 과세대상에서 제외된다는 점도 명확히 했다. 한편, 2017년 9월 미국의 한 하원의원이 암호화폐 거래에 따른 세금 공제를 신청하는 법안을 제출했는데, 이는 미국 국세청이 비트코인 등 암호화폐를 과세대상인 자산의 일종으로 간주할 것으로 선언한 것에 대응하는 법안으로 볼 수 있다. 미국 국세청이 암호화폐를 자산의 일종으로 보게 되면, 암호화폐 거래를 하거나 사용을 하며 이득이 발생하면 이를 소득세 대상이 되는 건데, 세금 공제 신청 법안이 통과된다면 2018년부터 이루어지는 암호화폐 거래 중 600달러 미만의 거래는 면세가 가능해지기 때문이다.

(2) 유럽

유럽은 2017년 5월 유럽연합을 통해 가상통화에 대한 불간섭주의를 채택하고 있으며, 섣불리 규제를 도입하기보다는 지켜보자는 기조를 유지하고 있다. 유럽중앙은행은 암호화폐를 '중앙은행, 신용기관, 전자화폐기관에 의해 발행되지 않았으며, 일정 조건 하에서는 화폐 대용으로 쓰일 수 있도록 전자적으로 가치를 지니는 증표'라고 정의하고 있다. 암호화폐가 금융시장 안정에 미치는 영향과 관련해서는 가상통화 결제 편의성이 일상생활에서 편리하게 쓸만한 수준으로 증가하거나, 결제 규모가 실물경제를 잠식할 만큼 증가하거나, 결제 안정성이 확보된다는 등의 조건이 충족된다면 금융시장 안정을 위협할 수 있다고 보고 있다. 하지만 가상통화가 기술적인 측면에서 항상 전통적인 지급결제 시스템보다 효율적인 것은 아니라고 말하고 있다. 그리고 유럽중앙은행은 2013년에 최초로 일반 소비자들에게 암호화폐 사용과 관련하여 주의가 필요하다는 입장을 표명했는데 전자지갑이 해킹당할 위협이나 본인 소유의 암호화폐가 지하경제에서 사용될 수 있으니 유념해야 한다는 점들을 그 이유로 들었다.

하지만 유럽중앙은행의 입장은 미국보다 조금 더 허용하는 측면에 가깝다. 현재까지 유럽연합 차원에서는 암호화폐가 규제대상에 편입돼야 한다는 내용의 발표는 없었으며, 지난 2017년 10월 유럽중앙은행 총재인 마리오 드라기는 유럽중앙은행은 비트코인 및 다른 암호화 화폐에 대한 규제권한이 없다고 입장을 밝혔다. 드라기는 '유럽 중앙은행 차원에서 암호화 화폐의 의미가 무엇인지에 대한 논의가 이루어진 적은 없다. 다만, 만일 디지털통화 리스크에 대해 분석해야 할 때가 온다면, 유럽중앙은행은 이를 금융혁명으로 보고 접근할 것'이라고 이야기했다. 덧붙여 암호화폐 기술의 파급력, 그 적용 분야, 그리고 경제 전반에 대한 영향력을 면밀히 검토할 것이라고 이야기했다.

이에 반해 영국은 비트코인 및 암호화폐 산업에서 선두주자가 되고자 재빠르게 조치를 취하고 있다. 금융산업에 이재가 밝은 영국은 2014년에 재무부가 비트코인의 편리한 거래를 위한 제도적 장치 마련을 위한 연구에 돌입하였다. 이는 비트코인을 제도권 화폐로 편입시켜 정부 주도의 거래 허브를 구축하려는 시도라고 볼 수 있다. 오스본 재무장관은 직접 비트코인 ATM을 시연해보기도 했으며, 디지털 화폐에 관한 규정을 수립해 영국인이 더 편리하고 안전하게 디지털 화폐를 사용할 수 있는 제도적 환경을 구축하기로 약속했다. 미국, 일본 등 각국 정부는 비트코인을 '디지털 화폐'로 인정하기보다는 '재산'으로 규정하는 반면, 영국은 비트코인을 디지털 화폐로 인정해 제도권으로 끌어들임과 동시에 런던을 디지털 금융의 중심지로 키우고자 하는 노선을 택한 것이었다. 그리고 영국의 과세관청HM Revenue&Customs은 비트코인에 부과되던 부가가치세를 폐지하기로 결정했으며 비트코인 거래자가 얻은 수익에 대해서도 과세하지 않기로 결정함에 따라 비트코인에 우호적인 환경을 조성해 주었다. 다만, 비트코인 관련 사업자에 대한 법인세는 유지하고 있으며, 공식적으로 비트코인을 통화로 인정하고 있지는 않다. 과세와 관련해서 이탈리아 사례를 살펴보면, 이탈리아의 경우 세법상 암호화폐에 대한 구체적인 규정이 존재하지 않으므로 유럽사법재판소의 판결에 의거하여 거래를 다루어 오고 있다. 한편, 2015년 유럽사법재판소는 비트코인을 지급수단으로 인정하여 부가가치세 면제대상이라고 결정하여 암호화폐를 은행권과 주화 등 법정화폐에 준하는 결제수단으로 취급해야 한다는 입장을 밝혔다.

(3) 일본

일본의 암호화폐 산업에 대한 대응은 수많은 조사가 이루어지며 그 입장이 차츰 발전해 온 것으로 보인다. 먼저 2014년에는 일본은행 총재가 비트코인은 통화가 아니므로 일반 결제수단으로 될 수 없다고 이야기하였으며, 암호화폐에 대한 규제는 정부의 역할이라고 돌리는 모양새를 보였다. 이에 대응하여 일본 정부는 2014년 10월, 비트코인과 같은 암호화폐에 대한 가이드라인을 발표하였다. 그리고 비트코인을 재화로 간주해 매입 시 8%의 소비세가 부과되도록 했다. 그러나 일본의 비트코인 사용인구가 증가하며 비트코인 결제가능 매장이 4,200개를 상회하는 등 비트코인의 성격이 변하자 일본 정부는 2017년에 자금결제에 관한 법을 개정하였다. 이 법은 비트코인을 화폐로 간주하며 소비세 과세대상에서도 제외하는 내용을 담고 있으며, 2017년 4월부터 발효되고 있다.

일본 입법부는 자금결제에 관한 법에서 가상통화를 다음과 같이 정의하는데 그 내용을 보면 '① 가상통화란 물품을 구입하거나 임차 또는 용역의 제공을 받은 경우, 이러한 대가의 변제를 위해 불특정인에게 사용할 수 있고, 불특정 다수인을 상대로 구입 및 판매할 수 있는 재산적 가치이며, 전자정보 처리조직을 이용하여 이전할 수 있는 것, ② 불특정인을 상대로 ①호에서 규정하는 상호교환 가능한 재산적 가치이며, 전자정보 처리 조직을 이용하여 이전할 수 있는 것'이라고 포괄적으로 규정했다.

일본은 불과 수년 전 비트코인 최대 거래소였던 마운트곡스의 본사가 있었고 마운트곡스의 비트코인 해킹 사건과 관련한 굵직한 사건사고들이 많았었기 때문에 비트코인과 관련한 법안들이 발 빠르게 나올 수 있었다. 하지만 암호화폐 자체에 대한 논의만 이루어지고 이를 활용한 자금모집 수단인 ICO에 대한 입장은 밝히지 않고 있어 암호화폐를 바라보는 시각은 규정하되 그에 따르는 기술과 산업환경 변화에 대응할 수 있는 지혜로운 정책적 방향에 대해서는 아직 모색 중인 것으로 보인다.

(4) 중국

중국의 경우 2017년 9월 4일 암호화폐 시장에 대한 중국 인민들의 기대와 열망을 져버리고 해당 산업에 대한 철퇴를 내렸다. 중국인민은행, 공업정보화부, 증권감독관리위원회 등 7개 부처는 암호화폐공개ICO를 통한 크라우드 펀딩을 전면 금지한다고 발표했다. ICO란 블록체인 스타트업들이 자신들의 기술백서를 통해 새로운 코인암호화폐에 대해 일반 투자자들에게 설명하고 새로운 코인이 개발되면 이를 분배하겠다는 약속을 하고 자금을 끌어모으는 크라우드 펀딩 방식이다. 중국 정부는 해당 자금조달 수단이 기술을 빙자한 불법 자금조달이라고 판단했다. 그리고 어떠한 ICO 플랫폼도 법정화폐와 암호화폐 간에 환전을 할 수 없게 조치하여 중국 내 ICO 업계들은 직격탄을 맞게 된다.

이후 중국 정부는 9월 30일 자국 내 암호화폐 거래소에 대해 전부 폐쇄조치를 내리게 된다. 당시 중국 정부의 조치로 전 세계의 비트코인 가격이 급락하였다. 시장이 중국이 자국의 거래소에 대해 폐쇄조치를 내린 배경을 암호화폐 산업이 실질가치가 없으며 이에 대한 시장 폐해가 많은 것으로 판단했기 때문으로 보았기 때문이다. 하지만 이와 같은 조치는 자국 기업들을 정부의 통제 하에 둘 수 있는 사회주의 국가인 중국에서만 가능했던 조치였던 것으로 보인다.

하지만 중국의 거래소 폐쇄조치 이후 장외시장에서의 비트코인 가격이 폭등하고 장외 비트코인 거래 규모가 약 2주간 6억 8,000만 위안 규모로 늘어났다. 또한 일본 엔화를 이용한 비트코인 거래가 늘어나게 되었는데, 추후 그 이유가 중국 내에서 비트코인을 거래하기 힘들게 되자 풍선효과처럼 중국인들이 외화를 이용해 비트코인을 거래하고 있었기 때문으로 밝혀졌다.

중국이 ICO를 금지하고 암호화폐 거래소를 폐쇄하는 등 엄청난 규제를 가하였음에도 불구하고 아직까지 중국의 비트코인에 대한 영향력이 가장 큰 이유는 바로 엄청난 규모의 채굴사업이 진행되고 있기 때문이다. 비트코인의 경우 해시레이트로 비트코인 채굴능력을 가늠하는데 중국의 해시레이트는 전 세계의 약 70% 비중을 차지하고 있다. 스촨성에 있는 한 발전소의 비트

▲ 중국 내 비트코인 채굴지역인 스촨성의 전기 관련 규제뉴스

코인 채굴장에 대한 전기공급 가이드라인이 유출된 사건이 있는데, 그 내용은 채굴장에 대한 전력공급을 중단하라는 것이었다. 이때 비트코인 채굴장에까지 정부의 규제가 미칠 것인가라는 소문이 있었는데, 이는 한 차례 해프닝으로 끝나고 여전히 중국의 비트코인 채굴산업은 성행하고 있다. 중국인민은행은 2013년 비트코인 관련 보고서에서 비트코인 자체가 불법이라고 판단하지는 않았다. 요약하자면, 중국 정부는 비트코인 자체에 대해서는 그 성격에 대한 판단 등을 내리지 않고 있다. 하지만 일반 국민들의 투자행태에 영향을 주고 있는 ICO나 거래소 영업 등은 금지를 하며 비트코인의 시중 유통에 대해서는 가장 강하게 규제하고 있는 모습을 띠고 있다.

(5) 대한민국

대한민국의 경우 서양이나 일본보다 훨씬 늦은 2016년부터 금융위를 필두로 여러 관계부처들 간의 협의를 통해 암호화폐를 정의하고 관련 규정을 어떤 식으로 적용해 나갈 것인지에 대해 논의하고 있다. 이는 국내 비트코인 열풍이 시작된 시점과도 일치한다. 이 시점 이후 비트코인에 대한 정부정책이나 연구 결과에 대한 발표자료가 나오는 즉시 언론에서 대서특필하기 시작한다. 그만큼 온 국민이 비트코인에 대한 개별 사안에 하나하나 관심이 뜨겁다.

먼저 암호화폐의 법적 지위에 대한 국내 기관별 판단기준을 국책기관인 한국법제연구원이 발표한 다음의 표에 따르면 비트코인과 같은 암호화폐를 국내법에서는 화폐나 통화수단으로 인정하지 않고 있다. 다만, 암호화폐 자체를 불법이라고 보고 인정하지 않는 것은 아니다. 입법부나 여러 행정 관청에서 모두 재화로 보고 있는 분위기다.

암호화폐의 법적 지위에 대한 국내 기관별 판단기준

법적 성격		관련 규정	기관 유형별 관련 규정 적용 여부					평가
			입법	행정			사법	
				한국은행	합동TF	국세청		
화폐/통화		한국은행법 제47조 외국환거래법 제3조	×	×	×	×	×	영역별 모든 국내 기관은 (법정)화폐/통화 지위를 불인정
지급/교환 수단		전자금융거래법 제2조	○	–	×	○	×	국내에서는 재화/용역 거래에 대한 지급결제 기능이 미약함
재화	물건	형법 제48조	×	–	×	–	×	형법 제48조(몰수의 대상과 추정)
	재산적 가치	부가가치세법 제4조	○	○	○	○	△	
전자 저장 정보		전자문서 및 전자거래기본법 제2조	○	○	○	○	○	암호화폐는 블록체인에 기반하여 전자적으로 저장되나, 단순한 전자문서 이상의 가치를 지니고 있음
		전자금융거래법 제2조	'암호화폐' 관련 개정안	–	–	–	–	
금융상품		자본시장과 금융투자업에 관한 법률 제4조	○	×	○	×	×	

출처 : 한국법제연구원

이후 2017년 7월 31일 박용진 의원이 대표발의를 한 '전자금융거래법 일부 개정 법률안'은 가상통화 거래소의 의무와 금지규정 등을 담아 국내 최초의 가상통화 관련 법안이 되었다. 주요내용을 살펴보면 가상통화의 정의를 '교환의 매개수단 또는 전자적으로 저장된 가치로 사용되는 것으로서 전자적 방법으로 저장되어 발행된 증표 또는 그 증표에 관한 정보'이되 "화폐, 전자화폐, 재화, 용역 등으로 교환될 수 없는 전자적 증표 또는 그 증표에 관한 정보 및 전자화폐는 제외한다"고 하였다. 또한 가상통화중개업, 가상통화발행업 등 각각의 업권을 정의하고 그 서비스를 이용하는 이용자에게 고지할 설명의무 등 서비스 제공자에게 부과되는 의무 등을 규정했다.

전자금융거래법 일부개정 법률안 주요내용

개정대상	주요내용	해당 조문
가상통화 정의	교환의 매개수단/전자적으로 저장된 가치	안 제2조 제23호 신설
가상통화 취급업자 유형	가상통화매매업	안 제2조 제24호 가목 신설
	가상통화거래업	안 제2조 제24호 나목 신설
	가상통화중개업	안 제2조 제24호 다목 신설
	가상통화발행업	안 제2조 제24호 라목 신설
	가상통화관리업	안 제2조 제24호 마목 신설
가상통화취급업 인가	인가요건	안 제46조의 3 신설
	인가절차	안 제46조의 4 신설
가상통화 이용자 보호	가상통화예치금 별도 예치	안 제46조의 5 신설
	가상통화이용자 피해보상계약	안 제46조의 6 신설
	설명의무	안 제46조의 10 신설

가상통화 취급업자 행위 제한	시세조종 행위 금지	안 제46조의 7 신설
	자금세탁 행위 금지	안 제46조의 8 제1항 신설
	가상통화이용자에 대한 본인 확인 의무	안 제46조의 8 제2항 신설
	거래방식의 제한(다단계 등)	안 제46조의 9 신설
위반행위에 대한 제재	10년 이하의 징역 또는 1억 원 이하의 벌금	제49조 제1항 제5호, 제6호 신설
	5년 이하의 징역 또는 5천만 원 이하의 벌금	제49조 제4항 신설
	5천만 원 이하의 과태료	제51조 제3항 제13호 신설

출처 : 한국법제연구원

위의 전자금융거래법 일부 개정 법률안은 암호화폐 취급업자의 유형과 업태를 구분하여 인가요건 등의 법적 근거를 마련하고 있다. 이는 앞서 언급한 뉴욕주의 비트라이센스 법안의 취지와 유사하며, 암호화폐에 대한 정의는 일본의 정의와 유사하다. 다만, 비트라이센스 법안에 따르면 인가요건이 업태별·규모별로 상이하지만 전자금융거래법 개정안은 동일한 조건을 부과하고 있어 향후 해당 산업이 발전함에 따라 이 제도안에 대해 많은 논란이 있을 것으로 보인다. 아직까지는 초기 단계로 보이며, 자본시장법 시행을 위해 많은 시간과 노력이 필요했던 것처럼 암호화폐 법안의 시행을 위해서도 많은 전문가와 이해관계자의 논의가 필요할 것이다.

개정안이 발표되고 두 달 뒤 금융위 '가상통화 관계기관 합동 TF'에서는 대한민국에서의 ICO를 전면금지한다는 방침을 내놓았다. 관계기관들은 ICO를 앞세워 투자를 유도하는 유사수신 등의 사기위험 증가 및 투기수요 증가에 따라 증권발행 형식뿐만 아니라 어떠한 형태의

ICO도 전면금지하여 중국과 같은 고강도의 제재수단을 마련했다고 발표한다. 이에 따라 국내에서 ICO는 전면적으로 금지되었고 상당수의 스타트업들은 ICO를 하기 위해 스위스, 싱가포르 등으로 옮겨가 ICO 펀딩을 진행하기도 했다.

규제 측면으로서의 발전 방향

(1) '암호화폐공개모집 전면적 규제'

지금까지 우리는 암호화폐 산업에서 선두를 달리고 있는 주요국의 암호화폐 규제현황을 살펴봤다. 아직까지 암호화폐공개모집ICO를 전면적으로 금지한 국가는 중국과 대한민국밖에 없다. ICO로 확보한 대규모 자금을 개발비로 쓰지 않고 자금만 모집하는 불법 업체를 규제하겠다는 취지는 물론 일리가 있지만, 블록체인 시장에서 새로운 서비스를 선보일 기회가 원천 봉쇄되는 것이 아닐지 우려스럽다. 새로운 산업에서의 기회를 잡기 위해 영국은 국가 주도로 적극적으로 암호화폐에 대한 연구를 진행하고, 영국 및 일본 등은 암호화폐를 화폐로 보겠다는 입장을 명확히 하고 있으며, 스위스 및 싱가포르 등은 ICO를 적극 유치하며 암호화폐 및 블록체인 기업을 적극적으로 유치하고 있다. ICO 정보사이트 코인스케줄coinschedule에 따르면 전 세계 암호화폐 ICO 시장은 2017년 10월까지만 4조 원 규모라고 한다. 작년의 1천억 원대에 비해 1년 새 40배 급팽창했다. 기존의 금융 강국들은 이 새로운 기회에 집중하며 그 기회를 놓치지 않겠다는 모습을 보이고 있다.

정부는 최근 몇 년간 코스닥 시장 활성화를 외치고 있다. 중소기업과 혁신기업의 성장을 도와 경제를 활성화시키겠다는 취지이다. 정부는 매일같이 '코스닥 활성화'를 외치고 있고, 최근 코스닥 지수는 10년 만에 800을 돌파하였다. 창의적인 아이디어를 가진 벤처기업의 자금조달을 돕고 성장을 이루겠다는 정부의 의지가 매우 강력해 보이기 때문에 기관투자자들이 자금을 붓고 있는 것이다. ICO 또한 창의적인 아이디어를 가진 스타트업 기업의 자금조달 창구이다. 코스닥 시장에 진입할 수도 없을 만큼 규모도 작지만, 기발한 아이디어를 가진 이들의 사업기회를 실현하는 수단인 것이다. 스타트업 인큐베이터 역할로서 부상하고 있는 ICO는 전면금지하되 코스닥 활성화를 외치는 것은 정책 일관성이 매우 떨어진다. 스타트업 기업들이 활발하게 나타날 수 있는 환경을 마련해 주어야 그보다 조금 더 규모가 큰 벤처기업과 중소기업도 성장할 수 있는 환경이 되는 것이 당연한 논리이다.

(2) IPO vs ICO

현재 ICO에 대한 규제체계가 부재하기 때문에 투자자 보호 측면에서 어려움이 있는 것은 사실이다. 하지만 이는 IPO의 투자자 보호장치를 참고하여 벤치마킹한다면 전면적 금지가 아니더라도 얼마든지 해결책이 있다. 바로 공시제도이다. IPO는 원화로 자금조달을 하고 투자자들에게 주식을 배분한다. 이때 주식을 공모하기 위해서 주식을 공개하고자 하는 기업과 그 업무를 주관하는 주관사는 국가가 지정하는 공시장소에 해당 모집매출이 어떻게 이루어지고 회사가 성장할 수 있는 동력원 등을 기재하여 투자자설명서를 공시하도록 하고 있다. ICO는 암호화폐로 자금조달을 하고 투자자들에게 코인을 배분한다. 매개체만 다를 뿐, 투자하는 것은 기업이나 기술의 가치이고 본질은 같다. 새로운 사업을 위한 코인 발행 시에 어떤 사업이나 목적에서 해당 코인이 사용될 것인지에 대해 투명하게 공개하고, 그 공개한 내용이 구속력을 갖도록 만든다면 현재 발생하고 있는 ICO의 주요문제 사례들은 해결할 수 있을 것으로 판단된다.

(3) 융합을 통한 암호화폐 기술의 발전, 그리고 그 주체는 누가 되어야 하나

이렇듯 세계 각국은 암호화폐 산업에 관심을 가지고 다각도로 분석해서 자신만의 정책적 입장을 내놓고 있다. 국내에서도 마찬가지다. 이전 정부에서도 핀테크 산업을 육성하여 금융개혁을 이루어 보고자 하는 노력이 있었으며, 해당 기조는 정권이 바뀌고 나서도 꾸준히 진행되고 있다. 해외의 입법사례들과 다양한 과세관청들의 관점들을 살펴보면 암호화폐에 대해 제도권 안으로 끌어들여 활성화를 해보고자 하는 노력과 더불어 해당 거래활동을 사기 혹은 투기라고 간주하여 금융 규제를 이어 나가자라는 목소리로 양분되어 있다고 볼 수 있다.

현 질서에 영향을 줄 수 있는 파급력 있는 기술이 등장했을 때 정부는 그 기술이 부작용을 낳지 않도록 규제하는 방안만 생각할 것이 아니라 어떻게 하면 성장동력으로 만들 수 있을지 다각도로 고민해보고, 지원할 수 있는 방안이 있다면 충분히 지원해주어야 한다. 비트코인이 처음 등장했을 때 암호화폐는 금융 분야의 혁신을 이룰 것으로 여겨졌지만 이제 블록체인 기술이 발달하고 해당 블록에 담을 수 있는 정보들이 커져감에 따라 금융산업뿐만 아니라 우리 사회 전반적인 모든 부분에 있어서 이 기술이 필요해지고 있다. 따라서 암호화폐에 대한 진단 및 적용 분야에 대한 정부의 정책적 판단도 전 산업 분야를 통틀어 이루어져야 한다. 지불결제수단으로 한정해서 바라볼 것이 아니라 보안성이 뛰어난 분산원장 저장 및 공유 시스템으로 봐야 한다는 이야기다.

따라서 암호화폐 및 블록체인 기술 전반을 육성하기 위해서는 이 기술을 금융기술로 보고 금융감독기구에 정책적 방향을 결정하는 지휘권을 넘기기보다는 기술의 발전을 지원하는 과기부와의 협업을 통해 균형 잡힌 입장을 취하는 것이 중요하다고 보인다. 이런 반성에서 현행의 암호화폐에 대한 규제·감독 정책보다는 현행의 과학기술정보통신부와 같은 정부부처와 협업을 하는 것이 바람직하다. 물론 세간의 관심이 높은 주제에 대해 여러 부처가 매끄럽게 협업하여 좋은 결과물을 내놓는다는 것이 말처럼 쉬운 일은 아니라는 것은 잘 알고 있다. 하지만 현재 정부의 행보를 보면 암호화폐에 대해 금융감독당국에서 투기성 짙은 상품으로 바라보고 부작용을 줄이기 위한 규제안을 내놓는 작업만 지나치게 많이 진행되었다. 이와 같은 불균형은 조정되어야 한다. 블록체인 기술이 가진 잠재성에 대해서도 정부 차원에서 충분한 스터디가 이루어져야 한다. 그리고 금융권뿐만이 아니라 여러 산업 분야에 블록체인을 적용한 미래발전 방향에 대해서 청사진을 그려보는 작업도 이루어져야 한다. 그를 위해서는 규제를 주로 하는 부처뿐만 아니라 기술 육성을 주로 하는 부처에서도 이 기술에 대한 정부의 정책이 수립될 때 동등한 수준으로 목소리를 낼 수 있어야 한다.

미국에서 최초로 암호화폐업체 승인 관련 법안을 마련한 뉴욕 금융감독국장이었던 벤자민 로스키는 비트라이센스라는 규제를 들고 해당 산업을 재단하기 시작한 것처럼 보이지만 사실상 로스키는 암호화폐가 구시대적인 현대의 지불 시스템을 개선시키는 작업에 있어 규제 밖의 산업을 규제 안에서 행하고 보호할 수 있도록 하는 역할을 했다. 그리고 그는 이후 금융당국을 나오고 나서 암호화폐 관련 산업의 조언자로 변신했다. 우리나라도 제대로 된 규제와 법체계를 갖추어 우리나라의 새로운 산업이 될 수도 있는 암호화폐 산업의 기업들이 법적 테두리 안에서 발전할 수 있도록 다양한 정부부처와 국회의 노력이 필요하다. 동북아 금융허브라는 목표는 새로운 패러다임에서 패권을 잡았을 때 가능한 목표이지 단순히 구호를 외친다고 달성될 수 있는 것이 아니다. 그 어떤 전문가도 앞으로 암호화폐가 어떻게 발전해 나갈 것인지, 다양한 블록체인 기술 중 어떤 기술이 살아남을 것인지에 대해 확신하지 못하고 있다. 이러한 상황에서 우리 정부도 우리나라가 전 세계 암호화폐 및 블록체인 산업에서 패권을 잡을 수 있도록 영국, 싱가폴, 스위스처럼 정책적으로 지원해 준다면 블록체인 기술이 제2의 반도체 산업 혹은 조선업이 될 수 있지 않을까? 블록체인 기술을 적용한 비즈니스 모델을 가진 다양한 스타트업들이 대한민국으로 모여들어 ICO를 하고 혁신적인 사업을 선보이며, 국민들은 정부의 가이드라인 하에 책임 있는 공시를 하고 있는 이 스타트업들에게 벤처캐피탈리스트처럼 초기 단계 투자자의 역할을 해주는 그림. 멋지지 않은가?

08 / 암호화폐에 대한 과세논의와 향후 예측

변호사 · 세무사 **채용현**

 2017년 12월 초, 연일 이어지는 규제 소식에 국내 암호화폐 시장이 술렁이고 있다. 정부가 암호화폐를 제도권으로 포섭시키지 않겠다고 선언하면서 한때 1BTC당 2,400만 원까지 치솟았던 비트코인은 1,400만 원까지 급락했으며, 이더리움을 포함한 알트코인들은 상승하는 등 혼란이 가중되고 있다. 정부는 투기열풍 진화를 위해 같은 달 13일부터 미성년자와 비거주자의 가상계좌 개설 및 거래를 금지하며 기존 금융기관이 암호화폐를 매입 · 보유하지 못하게 하는 등의 조치에 적극 나선 상황이고 시중은행들 또한 규제에 동참하면서 가상계좌 제공을 중단하고 있다. 이러한 흐름에 투자자들은 불안감을 감추지 못하다가도 미국 등 다른 선진국들이 특별한 규제대책을 내놓지 않자 나름의 기대심리를 이어가고 있는 것으로 보인다. 투자자들은 급변하는 추세 속에서 각국의 암호화폐 브리핑에 촉각을 곤두세우게 되었으며 전문가들까지도 한 치 앞을 내다보지 못하는 상황에 이르렀다. 그야말로 비트코인 '광풍狂風'이다.

 그러나 분명한 것은 지금과 같은 순간에도 누군가는 암호화폐를 통해 차익을 얻고 있다는 사실이며, 각국의 과세당국에게 암호화폐 산업은 여전히 매력적인 세원tax base으로 여겨진다는 점이다. 최근 국세행정개혁위원회에서 주관한 국세행정포럼에서는 암호화폐를 핵심 주제로 꼽았는데, 이는 국세청이 암호화폐 산업에 대한 과세방법에 대해 지대한 관심을 기울이고 있음을 방증한다. 2017. 9. 11. 기준 비트코인의 시가총액은 682.6억 달러를 돌파했고, 거래대금이 15.6억 달러에 이른다. 이러한 상황에서 거래수수료에 대해서만이라도 과세할 수 있게 된다면, 최소 2조 원 이상의 세수 확보가 가능해지기 때문이다(2016년 국세통계 기준 코스닥 증권거래세 규모는 2조 6천억 원).

▲ 2017 국세행정포럼 토론회 사진

정부의 암호화폐 전면 규제방침이 확정된 시점에서, 혹자는 국세청이 이에 따를 수밖에 없는 이상 고민할 여지가 없는 것 아니냐는 의문을 가질 수 있다. 그러나 정부가 암호화폐를 제도권 내로 인정하지 않는다고 해도 암호화폐는 계속 존재하고, 일본처럼 암호화폐를 받아들인 국가에서 자국민이 거래를 하고 소득을 얻는 일도 생긴다. 또 정부가 암호화폐를 제도권 내로 받아들이지 않는다고 해서 그 자체를 위법하다고 볼 수도 없거니와(소득세법은 위법한 소득에 대해서도 소득세를 부과하는데, 암호화폐 산업에서 발생하는 거래나 수익을 위법하다고 볼 수 없다) 암호화폐를 받아들인 다른 국가와의 관계를 무시할 수도 없다. 따라서 정부가 암호화폐를 봉쇄하기로 한 정책과는 별개로 과세당국은 암호화폐 산업으로 인해 발생할 수 있는 소득과 변수들을 고려하여 세법에 반영할 수밖에 없다. 따라서 그러한 범위에서 여전히 암호화폐에 대한 과세논의는 실익이 있다.

지금까지의 암호화폐에 대한 논의들은 암호화폐의 현황과 제4차 금융산업으로 발전시켜 국가발전에 기여할지에 대한 것들이 대부분이었다. 여기서는 암호화폐의 특성을 토대로 정부 발표 이후에도 발생할 수 있는 세무상 문제들에 대하여 살펴보고 향후의 과세행정과 입법 측면에서 어떤 점이 보완되어야 할지 소개한다.

암호화폐의 속성과 세무상 문제

암호화폐에 대한 명확한 정의는 아직 없으나, 주요 국제기구에 따르면 암호화폐는 '중앙은행이나 금융기관이 아니라 민간에서 발행한 가치의 전자적 표시digital representation of value'라고 일컬어진다. 이 글에서 논의할 범위 내에서 암호화폐를 정의한다면, 암호화폐는 블록체인block chain을 통한 분산장부로 통화, 유가증권, 상품 등의 속성을 함께 갖는 새로운 유형의 복합상품hybrid product이라고 말할 수 있다. 또한 암호화폐는 익명성이 보장되며 그 자체로 내재적 가치를 갖지 않고, 공급량 제한으로 인해 디플레이션이 발생할 수 있고, 전자화폐의 속성상 해킹에 취약하고, 사이버 테러 등으로 암호화폐를 분실하게 되면 익명의 특성과 결합하여 복구가 어렵다는 점이 주된 특징들이다. 지난 2011년 6월 한 해커가 마운트곡스라는 비트코인 거래소에 침입하여 40만 BTC를 해킹한 사건을 위와 같은 암호화폐의 특징을 잘 보여주는 사례로 들 수 있다. 이 사건의 여파로 마운트곡스는 2014년 4월 파산 개시되었는데 당시 고객들의 채권 총액이 약 2조 6,630억 엔 규모였다고 한다.

이처럼 암호화폐의 대표적 특성은 '익명성'이다. 암호화폐의 거래정보는 공공장부로 공개되지만 지갑 주소만으로 개인 신상을 특정하는 것은 어렵고 거래소를 통한 환전을 거치지 않고 국제적 경로로 이체를 거듭하는 경우 추적이 매우 어렵다. 김영삼 전 대통령의 금융실명제가 세수 증대에 기여한 역사를 떠올려 보면 익명성을 가진 거래 또는 자산에 대한 과세의 곤란함을 직관적으로 이해할 수 있다. 익명성이 커질수록 자진신고 확률 및 세원적출의 확률은 낮아지며, 조세행정의 인력 한계상 과세당국이 모든 거래와 소득을 발굴해낼 수는 없기 때문이다. 이렇듯 암호화폐는 이용자의 익명성을 보장하므로 자금세탁이나 불법적 거래에 이용될 수 있을 뿐 아니라 탈세수단으로 활용되어 다른 영역의 세금 징수까지 곤란하게 만들 가능성이 높다. 게다가 세계 각국마다 암호화폐에 관한 규정과 정책이 달라 일종의 조세회피처^{tax heaven}의 성격도 나타나고 있어 그 우려는 더욱 커지고 있다.

암호화폐의 익명성 및 이로 인한 조세회피의 문제를 해결하기 위해 일본은 암호화폐 교환업 등록제를 신설한 바 있다. 이 제도는 암호화폐 교환업체^{거래소}에 자본요건을 갖추어 등록하도록 하고, 공인회계사 또는 감사법인의 감사를 받게 할 뿐 아니라 계좌 개설 시 본인확인 의무, 의심거래 신고의무 등을 부여함으로써 익명성에 따른 폐단을 미연에 방지하는 것을 목적으로 하고 있다. 반면 우리나라는 정부가 암호화폐의 제도권 진입을 불허하겠다고 발표하자 민간에서 암호화폐의 자율 규제에 나서겠다는 입장을 밝혔다. 2017년 12월 15일 한국블록체인협회 준비위원회가 발표한 "거래소의 자기자본 20억 원 이상, 투자자의 원화 예치금은 100% 금융기관 예치, 암호화폐 예치금은 70% 이상을 오프라인 상태의 별도 외부저장장치인 '콜드 스토리지cold storage'에 보관"하는 내용을 담은 자율 규제안이 바로 그것이다. 민간에서의 이런 움직임이 꺼지기 전 촛불의 반짝임이 될지 정부의 인허가 · 등록제 전환의 단초가 될지는 아무도 알 수 없지만 분명한 것은 어떠한 형태로든 익명성을 제거하고 암호화폐 거래를 파악할 수 있을 만한 최소한의 인프라나 국제공조가 확립되지 않은 상태에서 실효성 있는 과세는 어려울 것이라는 점이다.

암호화폐의 법적 성격과 세법상 규율

현재 금융위원회를 중심으로 관계부처가 TF를 구성하여 암호화폐의 법적 성격에 관해 논의를 하고 있으나 아직까지 이에 대한 명확한 지침은 없다. 12월 17일 기획재정부는 조만간 국세청, 블록체인 전문가 등으로 구성된 별도의 TF를 만들어 과세논의에 착수하겠다고 발표하였다. 주로 암호화폐를 재화로 보아 부가가치세를 과세할 것인지 여부와 암호화폐 차익에 대하여 양도소득세를 부과할 것인지에 대한 내용이 중심이 될 것으로 보인다. 아래에서는 과세당국의 고민을 살펴보고 현행법에 초점을 맞추어 각 세목별 과세 가능성을 점쳐보도록 한다(아래 본문과 관련하여 강남대학교 김병일 교수님의 '암호화폐에 대한 과세기준 정립 및 과세방향 모색' 국세행정포럼 발표자료를 참조하였다).

(1) 부가가치세

부가가치세법은 재화 및 용역의 공급, 재화의 수입에 대하여 부가가치세를 과세하고(법 제4조) 재화를 '재산적 가치가 있는 물건 또는 권리(법 제2조 제1호)'로 재산적 가치가 있는 유체물과 무체물을 포함한 모든 것(시행령 제2조)으로 아주 넓게 규정하고 있다. 한편 금융·보험용역으로서 대통령령으로 정하는 것에 대하여는 부가가치세를 면제하도록 규정하고 있는데(법 제26조 제1항 제11호), 그 내용은 은행법에 따른 은행업무 및 부수업무로 예·적금의 수입 또는 유가증권 및 그 밖의 채무증서 발행, 내국환·외국환, 외국환거래법에 따른 환전업 등에 과세하지 않는 것이다. 이렇듯 현행법에서는 재화의 범위를 포괄적으로 설정하면서도 통화거래나 금융성격을 지닌 것들에 대하여는 부가가치세를 면세하도록 하고 있다. 이에 따르면 암호화폐를 재산적 가치가 있는 자산으로서 재화로 볼 수 있는지의 여부가 문제된다. 암호화폐는 '유가증권' 또는 '증서'로 볼 수 없을 뿐 아니라 현행 외국환거래법상 '지급수단'에도 해당하지 않기 때문이다.

"비트코인과 리니지 아덴이 다른 것이 무엇인가?" 최근 한 유명 포털 기사에 달린 베스트 댓글이다. 이 질문은 암호화폐에 대한 일반 대중의 시각을 단적으로 드러냄과 동시에 암호화폐의 성격에 대한 시사점을 던져준다. 많은 대중들의 암호화폐와 게임머니는 사용자들의 수요가 있다 하더라도 통용력을 보증하는 정부가 존재하지 않고 그 자체로 내재적 가치가 없으므로 성격이 동일하지 않냐는 것이다. 이와 관련하여 과세관청은 리니지상 화폐인 '아덴'을 유상으로 매수한 후 중개업체를 통해 이용자들에게 유상으로 판매한 사안에서 부가가치세를 과세하였는데, 이에 대하여 학계에서는 게임머니를 재화로 볼 수 있는지 여부에 관하여 논쟁이 있었다. 여러 차례의 하급심 판결을 거친 끝에, 대법원은 게임머니를 '디지털 콘텐츠', ― 즉, 재산적 가치가 있는 무체물 ― 즉 '재화'로 정의하고 이를 사업자의 지위에서 반복적으로 행한다면 부가가치세 과세대상이 된다고 판시하였다(대법원 2012. 4. 13. 선고 2011두30281 판결). 아직 암호화폐에 대한 부가가치세 과세 여부에 관한 판결은 없고, 비트코인이 화폐로 통용되는 경우에는 과세대상이 아니지만 재산적 가치가 있는 재화로 거래되는 경우라면 과세대상이 된다는 질의회신만이 존재한다(국세청 부가, 서면법규과-920, 2014. 8. 25. 등 다수). 이러한 유권해석은 3년이 지난 현재까지도 유지되고 있는데 과세당국의 입장으로서는 비트코인의 성격을 임의로 정의할 수 없어 유보적인 입장을 취한 것으로 평가된다. 즉, 현재 시점에서 법리적으로 명확한 것은 없고, 암호화폐는 게임의 테두리를 벗어나 세계를 상대로 지급수단으로서의 범용성을 갖게 되었다는 점에서 게임머니와 달리 취급할 필요성이 있다는 문제만 남는다.

최근 암호화폐에 부가가치세 과세를 부정한 유럽사법재판소의 판결은 스웨덴 사업자가 비트코인과 스웨덴 법정통화인 크로나를 교환한 사안이었는데, 재판부는 해당 교환거래가 대가를 받고 이뤄지는 서비스 제공 supply of service for consideration 이자 지불수단에 관한 거래로, 비과세거래가 은행과 금융기관에 의하여 행해져야만 하는 것은 아니므로 비과세를 규정한 VAT Directive 제135조 제1항(e)에 해당한다고 판단하였다(Skatteverket v. David Hedqvist, Case C-264.14.). VAT Directive 제135조 제1항(e)는 법정통화 legal tender 로 사용되는 통화 currency, 은행권 bank notes 및 화폐 coins 에 관한 거래를 비과세로 규정하고 있는데, 이

판결은 해당 조항을 법정통화 간의 교환만으로 보지 않고 거래당사자 간 법정통화를 대신하는 대체통화alternative를 포함하도록 해석한 것이다. 이러한 판결의 태도에는 암호화폐에 대하여 부가가치세를 과세할 경우 암호화폐를 이용한 핀테크 산업의 성장을 저해할 수 있다는 정책적인 결단이 반영된 것으로 이해된다.

그렇다면 현재 국내에서 동일한 분쟁이 생긴다면 어떤 판결이 나오게 될까? 위 Hedqvist 판결의 사실관계와 비교해 볼 때, 유럽연합의 VAT Directive와 우리나라의 부가가치세법은 법조문 형태를 달리 취하고 있으므로 단순 비교는 어렵다. 우리 법은 VAT Directive와 달리 '외국환거래법에 따른 환전업'을 면세하도록 규정하고(시행령 제40조 제4호) 외국환거래법은 지급수단을 '[정부]지폐·은행권·주화·수표(…이하 생략)' 등으로 규정하고 있어 Hedqvist 판결처럼 '통화'의 개념에 암호화폐를 포함시키는 문언적 해석을 하기 어렵기 때문이다. 또 Hedqvist 판결은 비트코인이 법정통화와 달리 가치가 분명하지 않고 변동성이 크다는 점, 비트코인 구입이 재화나 서비스의 구입을 위한 것으로 단정하기 어렵고 투기목적이 크다는 점, 비트코인 이전 자체가 전기통신이용 '서비스'에 해당할 수 있다는 점이 고려되지 않았다는 점에서도 과세가 가능한 것으로 판단할 여지는 남아 있다고 보여진다. 우리 정부가 유럽연합에 비해 상대적으로 암호화폐에 부정적인 입장을 취하고 있으며 투기요소가 짙다는 점을 법원이 고려할 가능성도 배제할 수 없다.

다만 이러한 논란은 법리적인 쟁점에 불과하고 과세당국이 그 전에 면세방침을 세운다면 큰 의미는 없다. 법원의 판단은 과세당국이 과세방침을 세워 과세를 하고 납세자가 불복하는 경우에만 존재하는 것이기 때문이다. 기획재정부 관계자가 글로벌 추세, 해외시장 이탈 가능성, 이중과세 여부(암호화폐로 물건을 구입할 때와 환전할 때 부가가치세가 두 번 과세될 수 있다) 등을 고려해 과세 여부에는 신중한 입장이라고 밝힌 상황에서 정부가 어떤 정책적 판단을 내릴지 두고 볼 일이다.

(2) 소득세

사실 부가가치세는 암호화폐 거래를 계속, 반복적으로 행할 사업자들에게 크게 다가올 뿐 대부분의 소비자들에게는 크게 체감이 되지 않는 요소다. 부가가치세는 간접세이므로 최종소비자들은 그 부담을 직접적으로 느끼지 못하기 때문이다. 때문에 암호화폐를 보유한 개인들은 주로 매매차익에 대해 소득세가 과세되는지 여부에 대해 주로 관심을 갖는다. 우리 세법은 개인이 얻는 소득과 법인이 얻는 소득에 대한 과세구조를 달리 취하고 있다. 개인에게는 소득세법에 '열거'된 항목에 대하여만 세금을 부과할 수 있고(열거주의 과세방식), 법인에게는 명목 여하를 불문하고 기초보다 기말에 순자산이 증가한 분에 대하여 세금을 부과한다(포괄주의 과세방식). 즉, 암호화폐 차익에 대하여 세무조사를 받고 세금을 냈다는 소식을 들었다면 회사 자금으로 암호화폐를 구입한 사례일 것이다. 개인의 경우 일시적 암호화폐 차익에는 과세하지 않고 있기 때문이다.

현행 소득세법은 이자소득, 배당소득, 사업소득, 근로소득, 연금소득, 기타소득, 퇴직소득, 양도소득을 열거하고 있다(법 16조 내지 22조, 제94조 등). 암호화폐로 얻은 이익을 이자나 배당으로 볼 여지는 적고, 아직 암호화폐로 급여, 퇴직금, 연금을 지급하는 경우는 드물기 때문에 (물론 암호화폐로 현물급여를 받는다면 근로소득에 포함된다) 주로 검토대상이 되는 소득은 사업소득, 양도소득 정도가 될 것이다. 기타소득은 상금, 포상금, 저작권의 양도 또는 사용대가와 같이 일시 우발적으로 발생한 소득으로서 열거된 나머지 소득에 해당하지 않는 소득이어야 하는데, 현재로서는 암호화폐의 법적 성격 자체도 정해진 바 없어 법문에 열거된 기타소득에 해당한다고 볼지는 분명하지 않다.

먼저 사업소득에 대하여 보면, 만약 특정 개인이 영리목적성, 독립성, 계속성을 갖추어 암호화폐와 관련된 수익사업을 하는 경우라면 거기에서 발생하는 매매차익을 사업소득으로 보아 과세할 수 있을 것이다(법 제19조 제1항 제20호). 다만 제20호 규정에 따라 과세할 경우 제1호부터 제19호까지 규정된 소득(농업, 광업, 제조업, 금융 및 보험업에서 발생하는 소득 등)과 유사한 경우인지에 대한 논란이 제기될 수 있으므로 암호화폐 채굴업, 암호화폐 중개업, 암호화폐 매매업 정도를 사업소득 과세대상에 열거하여 명확히 할 필요성이 있다. 현재 대부분의 암호화폐 채굴은 중국에서 이뤄지고 있으며(전체 채굴량의 70%) 암호화폐 중개는 일정 규모 이상의 자본과 규제를 받는 거래소만이 가능할 것인바, 국내 개인 투자자들의 경우에는 각자의 암호화폐 거래가 매매업에 해당할 정도로 영리성, 독립성, 계속성이 있었는지가 주요쟁점이 될 것이다. 물론 개인이라 하더라도 사업에 이를 정도로 채굴업, 중개업을 할 경우에 사업소득 납세의무를 진다는 점은 당연하다.

그 다음으로 양도소득세를 보자. 소득세법은 '양도'의 개념을 '자산에 대한 등기 또는 등록과 관계없이 매도, 교환, 법인에 대한 현물출자 등을 통하여 그 자산을 유상有償으로 사실상 이전하는 것'이라고 규정하면서(법 제88조 제1항) 양도소득의 범위를 ① 토지와 건물(법 제94조 제1항 제1호), ② 특정 부동산에 관한 권리(제2호) ③ 주식과 출자지분(제

3호) ④ 기타자산(제4호)의 양도로 발생하는 소득 ⑥ 파생상품의 거래 또는 행위에서 발생하는 소득으로 규정하고 있다(제5호). 편의상 특정 부동산에 관한 권리는 아파트 당첨권과 같이 부동산을 취득할 수 있는 권리 등으로, 주식과 출자지분은 비상장주식과 출자지분 전부, 상장주식 중 대주주가 양도하는 것(KOSPI 기준 지분율 1% 이상 또는 거래소 기준 시가총액 25억)과 장외거래 부분으로 이해하면 된다. 이 조항에 따라 개인 투자자들은 상장주식 매매차익에 대해 거래수수료와 증권거래세만을 부담할 뿐 양도소득세를 내지 않는 것이다. 기타자산은 사업용 고정자산과 함께 양도하는 영업권, 골프회원권 같은 특정 시설물 이용권 등을 말하며, 파생상품은 코스피200 선물이나 옵션 및 그와 연동된 파생상품을 의미한다.

    그렇다면 암호화폐로 얻는 차익에 대해 양도소득세를 과세할 수 있을까? 현재의 해석론으로서는 암호화폐로 얻는 차익이 제94조 제1항에 포섭될 여지가 많지 않아 과세가 어렵다고 보여진다. 암호화폐는 기존 소득세법이 전혀 예정하고 있지 않은 자산인데다 세무공무원이 세법 조항을 확대 해석하여 세금을 매길 수는 없기 때문이다. 결국 암호화폐 양도차익에 대해 양도소득세를 부과하려면 법을 개정해야 한다. 암호화폐는 이미 코스닥 시장을 상회하는 규모를 갖게 되었고(2017. 11. 12. 기준 거래량 5조 5,800억), 거래소를 통한 일자별 시장가격도 형성되어 있기 때문에 회계기준상 자산이라고 볼 수 있기 때문이다. 구체적으로는 암호화폐를 자산으로 보아 소득세법 제94조 제1항 제4호의 '기타자산'에 추가하거나 제6호에 '대통령령으로 정하는 암호화폐 등의 거래 또는 행위로 발생하는 소득'을 신설하는 것이 타당해 보인다. 일각에서는 외환차익이나 채권의 양도거래 등에 양도소득세가 과세되지 않는다는 점을 들어 과세가 부적절하다고 주장하나, 외환 및 채권에 비해 암호화폐는 자산성·투기성이 강하고 파생상품에 대한 과세도 도입된 마당에 암호화폐에도 양도소득세를 매기는 것이 다른 자산과의 과세형평차원에서도 바람직하다고 판단된다. 양도소득세가 투기방지의 효율적인 정책수단이라는 점을 고려하면 더욱 그러하다. 한편 상장주식의 양도소득에 대하여 증권거래세가 과세되고 있는 점을 고려하여 양도소득세의 대안으로 거래세도 제시되고 있다. 다만 현행 증권거래법 하에서 암호화폐를 '주권 또는 지분'으로 볼 수 없으므로, 거래세를 부과한다면 법률 개정이 불가피할 것으로 보인다.

(3) 법인세

법인세법은 그 사업연도에 속하는 익금의 총액에서 그 사업연도에 속하는 손금의 총액을 공제한 금액을 각 사업연도 소득으로 규정하고 있다(법 제14조). 따라서 암호화폐 관련 사업을 법인의 형태로 영위하며 암호화폐를 투자자산으로 보유한 법인은 암호화폐로 인한 순자산 증가분에 대하여 납세의무를 진다. 따라서 법인의 암호화폐에 대한 과세논의는 개인에 대한 논의에 비하여 상대적으로 단순하다.

다만 법인은 대부분 주식회사의 형태를 취하므로 회계기준에 따라 암호화폐 거래를 장부에 부기booking해야 한다. 각 기업은 자신이 보유하고 있는 자산의 가장 적절한 가치를 드러낼 수 있는 평가방법 중 하나를 선택할 수 있기 때문에(암호화폐는 당좌자산, 재고자산, 투자자산 등으로 분류가 가능하다), 암호화폐의 성격을 무엇으로 보느냐에 따라 취급도 달리할 수 있다. 다만 세법은 회계기준에 따라 산정된 당기순이익을 기준으로 세무조정을 함으로써 각 사업연도 소득을 산정하는바, 암호화폐에 대한 회계처리 방식은 종국적인 과세표준과 세액에도 영향을 줄 수 있으므로 신중하게 고려될 필요가 있다.

그렇다면 현재 암호화폐에 대한 우리나라의 기업회계기준은 어떠한가? 우리나라는 IFRS 회계기준을 채택하고 있는데, IFRS는 아직까지 명확한 지침을 내놓지 않고 있다. 그렇기 때문에 국내 최대 암호화폐 거래소인 빗썸을 포함한 대부분의 국내 기업들은 회계법인의 자문을 거쳐 비트코인을 유동자산 내 당좌자산으로 분류(계정과목 : 전자화폐)해두고 있는 수준이다. 이에 대하여 업계 전문가들은 암호화폐는 투기성이 짙고 가격변동이 심하여 평가손익의 문제가 발생할 수 있고, 최근처럼 가격이 폭등하는 시기에는 기업들이 암호화폐를 통해 기업가치를 왜곡할 수 있다는 점에서 구체적인 회계기준을 마련해야 한다는 비판을 제기하고 있다.

(4) 상속세 및 증여세

상속세법 및 증여세법은 피상속인의 사망시점에 그가 보유한 상속재산에 대하여 상속세를 부과하고(법 제3조), 일방이 타인에게 무상으로 유·무형의 재산 또는 이익을 이전하거나 재산가치를 증가시켜 주는 경우에는 그 증여재산 또는 이익에 대하여 증여세를 부과하도록 규정하고 있다(법 제4조). 상속재산의 범위는 '금전으로 환산할 수 있는 경제적 가치가 있는 모든 물건과 재산적 가치가 있는 법률상 또는 사실상의 모든 권리'이고(법 제2조 제3호), 증여재산의 범위는 상속재산의 범위에 더하여 '금전으로 환산할 수 있는 모든 경제적 이익'까지 포함한다(법 제2조 제67호). 증여는 상속의 경우보다 재산의 이전 형태가 다양할 수 있기 때문에 '모든 경제적 이익'을 과세대상으로 규정함으로써 조세회피를 원천적으로 차단하였다(완전포괄주의). 이렇듯 상속세 및 증여세법은 과세대상이 되는 상속, 증여재산의 범위를 매우 폭넓게 규정하고 있다. 즉, 열거주의를 취하는 소득세법처럼 암호화폐의 법적 성격이 무엇이냐에 구속됨이 없이, 금전으로 환산할 수 있고 경제적 가치가 있다면 상속세나 증여세를 과세할 수 있다는 것이다. 참고로 암호화폐 선도국가인 일본은 2016. 5. 25. 개정 자금결제법에서 암호화폐를 '재산적 가치'가 있는 것으로 정의한 뒤 가상통화가 상속재산에 포함된다고 보았다.

다만 암호화폐가 상속, 증여재산에 해당한다고 하여도 재산 평가의 문제는 남는다. 2017년 9월 법원은 압수된 비트코인이 전자파일 형태로 되어 있고 '객관적 기준가치도 상정할 수 없어' 몰수대상이 될 수 없다고 판시한 바 있다(수원지방법원 2017.9.8. 선고 2017고단2884 판결). 이는 암호화폐 평가에 대한 문제의식을 적나라하게 보여준다(해당 비트코인은 몰수되지 않았고 시가가 7배 폭등하여 피고인은 수십억의 차익을 챙겼다) 상속 및 증여재산으로서 암호화폐의 가액은 상속개시일 또는 증여일 현재의 '시가'에 따라야 할 것이지만(법 제60조 제1항, 시가주의), 암호화폐의 경우에는 평가기준일 전후로 가격 등락이 심하여 시가의 적정성에 대한 다툼이 빈번하게 발생될 것으로 예상되기 때문이다. 예컨대 갑이 1/1 비트코인을 5억 원에 취득한 뒤 12/31에 사망하였고 당시 가액은 10억이었다고 가정해보자. 이후 갑의 재산을 상속한 을이 상속세를 신고할 시점에는 시장 불확실성의 확대로 시가가 급락하여 1억 원이 되었다고 생각해보자. 과세관청은 평가기준일인 12/31을 기준으로 비트코인을 10억으로 평가하여 상속세를 부과할 것인데, 이 경우 을은 자신이 얻은 상속재산보다 납부해야 할 상속세가 더 많을 수도 있다(2017년 세율 기준 10억에 대한 상속세는 2억 4천만 원이다). 이는 암호화폐 거래소가 해킹을 당한 경우에도 마찬가지로 적용될 수 있는데, 이러한 문제들은 암호화폐의 본질적 문제가 해소되지 않는 한 분쟁의 씨앗으로 계속 남을 수밖에 없다.

이러한 해결책으로, 일부 전문가들은 구체적 평가기준으로서 주권상장법인의 주식평가기준을 준용하여 평가기준일 이전, 이후 각 2~3개월간 공표된 매일의 암호화폐 거래소의 최종 시세가액 평균액으로 평가하자는 의견을 제시하고 있다(법 제63조 제1항 제1호 가목). 이는 암호화폐의 가격변동이 일정수준에 수렴할 때까지는 적절한 입법적 대처가 될 것으로 보인다.

암호화폐에 대한 주요국들의 세법상 취급

앞서 부분적으로 암호화폐에 대한 각국의 대처상황을 살펴보았는데, 진행 중인 우리나라의 암호화폐 과세논의와 비교해보기 위해 간략하게 정리하면 다음과 같다.

(1) 미국

미국은 2014년 암호화폐에 대한 과세기준 가이드라인을 공표한 이후, 암호화폐를 화폐가 아니라 주식과 같은 자산이라고 명확히 선언하였다. 즉, 암호화폐의 거래로 이익이 발생한 경우 투자목적이라면 자본이득세를, 사업 활동의 경우에는 소득세를 부과하겠다는 것이다. 이는 앞서 본 우리나라의 경우처럼 사업소득으로 볼 경우 종합소득세를, 양도대상 자산으로 본다면 양도소득세를 부과하는 것과 같은 맥락이다. 다만 미국은 우리의 부가가치세에 대응하는 연방세를 두지 않고 각

주^{州}별로 판매세$^{Sales\ Tax}$만을 두고 있는데, 화폐성에 관하여 주마다 해석을 달리하기는 하나 현금 인식 또는 무형자산으로 간주하여 판매세를 부과하지 않고 있다.

(2) 일본

일본은 암호화폐 산업을 가장 선도적으로 받아들이고 있는 국가로 2014년 디지털 통화 규제방침을 발표한 이래 일반 상품으로 취급해 오다가 2016년 5월 결제수단으로서의 기능을 부여하여 자금결제법을 개정하였다. 이 법은 암호화폐 거래를 활성화함과 동시에 이용자를 보호하기 위한 법적 근거를 만든 것으로 거래소 등록제를 신설하고 일정 요건을 충족한 경우에만 등록을 허가하도록 규정하였다. 2017년 4월경에는 암호화폐를 정식 지급결제수단으로 인정함에 따라 우리나라의 부가가치세에 대응하는 소비세(8%)를 완전히 면제하도록 하였다. 일본도 원론적인 수준에서 개인이 개인 수준에서 암호화폐 수입이 생긴 경우에는 소득세를, 기업의 경우에는 영업수익으로서 법인세를 부과한다는 입장만 밝히고 있다.

(3) 영국

영국은 2014년 국세청 정책 지도서를 발간하여 암호화폐에 대한 과세 방향을 제시하였는데, 개인사업자의 거래 차익은 일반적인 소득세 규정에 따라 가상통화의 교환 손익은 외국환 및 차입에 관한 일반규정에 따라 법인세를 과세한다고 발표하였다. 채굴활동이나 거래행위에도 모든 부가가치세를 면제하였다. 더 나아가 맨 섬$^{Isle\ of\ Man}$을 디지털 화폐 정책지구, 즉 비트코인 특구로 선정하여 암호화폐 산업에서 주도권을 잡기 위해 노력하고 있다. 더 나아가 비트코인 사업체들을 규제하기 위해 범죄수익환수법을 개정하고, 채굴업체, 코인 발행업체, 거래소, 보관업체, 결제처리업체 등 암호화폐와 관련된 모든 기업이 규제를 받도록 하였다. 또 자금세탁방지법으로 인해 암호화폐 서비스를 이용하는 고객들을 확인할 의무를 이행하고 금융서비스위원회에 등록하도록 하여 통제방안도 강구하고 있다.

(4) 독일

독일은 2013년 암호화폐를 금융자산으로 보고 주식 또는 채권처럼 투기목적으로 구매된 경우(보유기간 1년 미만)에는 양도소득세를 부과하였는데, 채굴이나 개인 간 사적인 거래는 과세대상에서 제외하였다. 유럽연합 국가 중에서는 유일하게 비트코인 거래를 물물교환으로 취급하여 부가가치세를 과세하였는데, 앞서 본 유럽사법재판소의 Hedqvist 판결에 따라 부가가치세를 면제할 예정이다. 2015년부터는 암호화폐를 지급결제 수단으로 인정하면서 관련 업체들은 연방은행법에 따른 금융당국의 허가를 받도록 하고 있으며 위반 시 형사처벌 규정까지 두고 있다.

(5) 싱가포르

싱가포르는 암호화폐의 단기투자이익에 대하여는 소득세를 과세하고, 장기적인 투자목적으로 취득한 경우에는 비과세 대상으로 간주한다. 또 특기할만한 점은 암호화폐를 현금 또는 물품의 대가로서 제공한 경우 부가가치세를 과세하도록 한다는 점인데, 이는 종전 독일의 태도와 유사했으나 Hedqvist 판결로 독일도 면세 입장으로 돌아섬에 따라 상당히 예외적인 경우로 남게 되었다. 향후 국제적 추세에 따라 싱가포르도 부가가치세를 면제하는 방향으로 돌아설지, 아니면 독자적인 행보를 이어갈지 지켜볼 일이다.

암호화폐에 대한 주요국의 세법상 취급

구분	소득발생 시		거래발생 시	비고
	소득세	양도소득세 (자본이득세)	부가가치세 (소비세)	
미국	O	O	X	
일본	O	O	X	
영국	O	O	X	
독일	O	O	O	부가세 면제 예정
싱가포르	O	-	O	자본이득세 없음
대한민국	O	X	?	

출처 : 2017 국세행정포럼 자료집

암호화폐에 관한 주요국들의 세법구조나 용어마다 차이는 있으나, 법정통화나 화폐로서의 기능은 인정하지 않되 자산과 지급결제수단 중 하나, 또는 그 양자의 성격을 모두 가진 것으로 이해하고 있는 듯하다. 다만 최근 유럽사법재판소의 비트코인에 대한 부가가치세 면세 판결이 확정됨에 따라 유럽연합 소속의 국가들은 암호화폐에 대하여 부가가치세를 면세할 것으로 보이는바, 나머지 각국에서도 유사한 과세방침을 발표할지 주목할 필요가 있다. 암호화폐에 관한 범세계적 논란이 뜨거워짐에 따라 각국의 과세방침이 점차 뚜렷해질 것으로 예상되므로 각국의 동향에 귀추가 주목된다.

"죽음과 세금만큼 분명한 것은 없다"는 것도 옛말

토마스 제퍼슨과 함께 미국 건국의 아버지로 불리는 벤자민 프랭클린이 한 말이다. 그로부터 200년도 더 지난 현재에는 불분명한 세금이 더욱 많아지는 것만 같다. 사실 글을 작성한 며칠 사이에도 암호화폐에 관한 엇갈린 전망에 대하여 엄청나게 많은 기사가 쏟아졌고 본문도 수차례 수정되었다. 필자도 보름 후에 이 글이 어떤 의미로 읽혀질지 알 수 없을 정도다. '시계視界제로'. 지금의 형국을 가장 잘 나타내는 단어다.

정부가 암호화폐의 제도권 수용을 거부하더라도 세금을 부과할 수 있다는 원론적인 전제에서 이 글을 쓰기 시작하였지만, 사실 암호화폐에 대한 정부의 태도와 과세방침은 떼레야 뗄 수 없는 문제다. 정부가 암호화폐에 대한 아무런 제도를 구축하지 않으면서 세금만 걷겠다는 것은 투자자들의 집단적 반발을 일으킬 수 있는 요소일 뿐 아니라 자체적으로 과세에 필요한 최소 인프라(예 : 거래소 인허가제)도 없이 외국 거래자료나 자발적 신고에만 기대어 세금을 징수한다는 것도 사실상 불가능하기 때문이다.

이러한 딜레마 속에서 정부도 고민이 깊어질 것은 당연하지만, 빠른 시일 내에 암호화폐에 대한 확고한 입장을 드러낼 필요가 있다. 다른 주요국들처럼 암호화폐 거래소에 관한 인허가·등록제를 도입하면서 부작용을 최소화하는 방향으로 과세방침과 맥을 같이할 것인지 아니면 전면거래금지 등의 초강수를 두어 투기열풍을 잠재울 것인지 말이다. 지금처럼 유보적인 태도로 시장흐름만을 지켜본다는 입장이라면, 결국 미국이 전면 규제방침을 밝히지 않는 이상 시장의 혼란은 계속적으로 커질 수밖에 없고 암호화폐 산업의 주도권 또한 타국에게 빼앗기는 수순이 될 것이다.

과세당국이 지금의 흐름에서 어떤 선도적인 대응을 할 수도 없는 노릇이지만, 지금 단계에서 주요국들과 유사하게 정리할 수 있는 부분들은 명확히 해야 한다고 본다. 생각건대 사업자의 암호화폐 소득에는 "소득 있는 곳에 세금 있다"는 원칙대로 과세하고, 비사업자의 양도소득은 양도대상 자산에 관한 법령을 개정하여 과세하는 것이다. 상속세 및 증여세법상 재산의 평가방법에 관하여도 가격변동성을 반영할 수 있는 세심한 기준을 마련해 두는 것이 좋다. 이중과세 논란 및 국제사회의 흐름에 비추어 부가가치세는 면세를 함이 바람직하다. 빠른 시일 내 과세 여부에 관한 관계당국의 발표가 있기를 기대해본다.

09 아날로그의 나라, 일본의 암호화폐

일본 교토대학 교수 최가영

아날로그의 나라 일본의 암호화폐

일본을 여행해 본 사람이라면 누구나 도쿄東京와 같은 대도시에서조차 대다수 상점과 식당에서 신용카드를 사용할 수 없어 당황한 경험이 있을 것이다. NTT데이터에 따르면, 2015년 일본의 민간 최종소비지출 중 신용카드 등 현금이 아닌 수단으로 결제한 비율은 18.4%로 54.9%인 영국이나 45%인 미국의 30~40%에 불과하다. 한국은 그 비율이 무려 89.9%에 달한다는 점을 생각해 보면 일본인들이 얼마나 카드 사용을 꺼려하는지 미루어 짐작할 수 있다. 한편, 국제결제

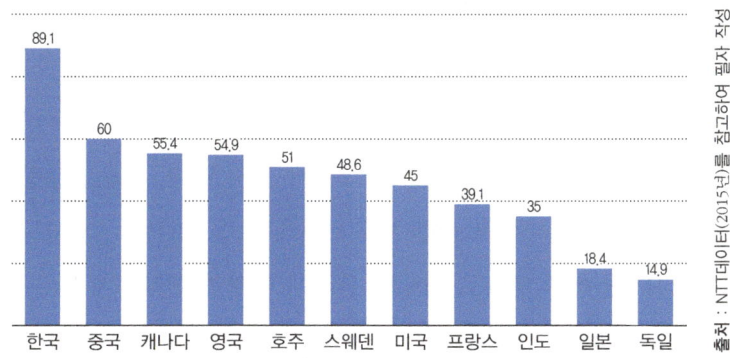

▲ 국가별 비현금결제 거래비율

은행^{BIS}은 2016년 일본에서 유통된 현금이 일본의 경제규모(GDP)의 19.96%를 차지한다고 발표했다. 이는 8.1%인 미국이나 5.94%인 한국, 3.91%인 영국 등에 비하면 두 배 이상 높은 수치로 일본인들의 남다른 '현금사랑'을 방증한다.

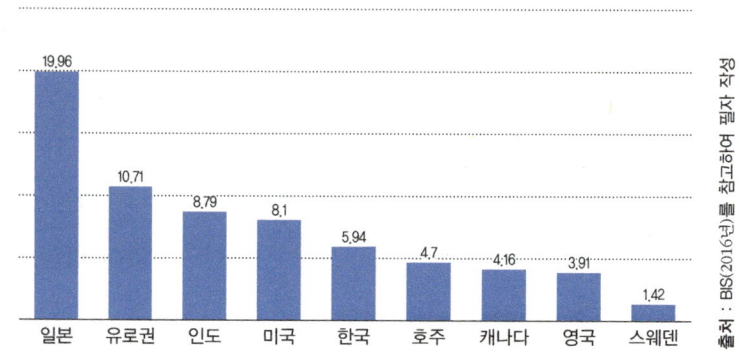

▲ 현금유통잔고 GDP 대비

이 밖에도 일본의 아날로그적인 성향은 곳곳에서 확인할 수 있다. 한국에서는 거의 멸종되다시피 한 추억의 워크맨과 CD 플레이어, 팩스를 일본인들은 여전히 사용하고 있다. 영화는 온라인이 아닌 DVD 대여점을 찾아 즐긴다. 매년 설 아침에는 2018년 기준 15억 통이 넘는 연하장이 우편함에 배달되기도 한다. 무료 와이파이가 연결되는 곳을 좀처럼 찾을 수 없어 답답한 일본의 인터넷 이용률은 선진국 가운데서는 낮은 수준이며 컴퓨터 활용 수준도 그다지 높지 않다. 아운컨설팅주식회사^{Aun Consulting, Inc.}가 발간한 보고서에 따르면, 일본의 스마트폰 보급률은 2017년 현재 59%로 91%인 한국에 비하면 현저하게 낮은 수준이다. 한국의 스마트폰 보급률이 세계 최고 수준이라고는 하지만 미국(72%)이나 영국(74%), 중국(79%)과 비교해 보아도 일본의 수치는 역시 눈에 띄게 낮다고 할 수 있다.

한편, Bitcoin 일본어 정보사이트에 따르면, 2017년 1월 비트코인의 통화별 월간 거래비율은 95.66%가 중국의 위안화였고 두 번째로 높은 일본의 엔화는 2.11%에 불과했다. 그러나 중국 정부가 암호화폐에 대한 규제에 나서겠다고 발표한 직후인 2017년 10월에는 위안화가 0%에 가깝게 급락하면서 41.84%인 엔화가 1위로 올라섰으며 미국의 달러가 36.32%, 한국의 원화가 14.22%로 그 뒤를 이었다. 2018년 1월 말 현재 금융청이 파악한 32개 암호화폐 거래소 중 일본 최고의 점유율을 자랑하는 비트플라이어BitFlyer는 2017년 12월 8일 트위터에서 '고객 수 100만 명 돌파 기념 캠페인'을 12월 11일부터 실시할 예정이라는 것을 밝힌 바 있어, 고객 수를 밝히지 않은 다른 거래소를 포함한 일본의 전체 암호화폐 이용자 수는 200만 명에 가까울 것이라는 견해가 지배적이다.

이렇게 암호화폐에 대한 일본인 투자자의 폭발적인 증가는 다음과 같은 전망을 낳았다. 2018년 2월 21일자 『닛케이신문日経新聞』에 따르면, 블록체인 플랫폼 웨이브스Waves가 2017년 11월 암호화폐 투자자들을 대상으로 실시한 조사 결과 2018년 암호화폐 업계의 발전을 선도할 것으로 예상하는 국가를 묻는 질문에 대하여 일본이라고 대답한 비율이 27%로 가장 많았고 러시아(15%), 한국(15%), 미국(14%)이 뒤를 이었다. 전 세계적으로 암호화폐 열풍이 불고 있는 바로 지금 업계의 발전을 선도할 국가로 투자자들은 압도적인 비율로 일본을 꼽은 것이다. 신용카드조차 사용하기 꺼려하는 아날로그의 나라 일본은 어떻게 최첨단 암호화폐 업계를 선도하게 된 것일까? 여기 그 해답이 있다.

일본의 암호화폐 열풍

(1) 한국에서는 가상화폐, 일본에서는 가상통화?

한국에서도 암호화폐 열풍이 거세지면서 이에 대응하고자 하는 움직임이 활발하다. 박용진 더불어민주당 의원은 '전자금융거래법 개정안'을, 정태옥 자유한국당 의원은 '가상화폐업에 관한 특별법안'을, 정병국 바른정당 의원은 '암호통화 거래에 관한 법률안'을 각각 발의한 상태다. 분명히 동일한 대상을 가리키는 것 같은데 명칭은 전자금융, 가상화폐, 암호통화 등 제각각이다. '가상'이 맞는지 '암호'가 맞는지, 또 '화폐'가 맞는지 '통화'가 맞는지 고개를 갸웃하게 된다. 이에 반하여 일본에서 동일한 대상을 가리키는 명칭은 '가상통화'로 정립되어 있다. '화폐'가 아닌 '통화'라고 하는 이유는 한국에서 화폐발행권은 한국은행만이 보유하고 있는 것처럼 일본에서도 화폐발행권은 일본은행만이 보유하고 있기 때문이다.

이처럼 일본에서는 '가상통화'라는 명칭이 정립되어 있음에도 불구하고 가상'통화'라고 할 수 있는가에 대해서는 논란의 여지가 많다. 2018년 2월 22일자 『닛케이신문』에 따르면, 통화가 통화로서 존재하기 위한 조건은 구성원 모두가 그것을 통화라고 인정하는 것이다. 그러기 위해서는 ① 지불수단 ② 가치의 척도 ③ 가치의 저장수단으로서의 기능을 하지 않으면 안 된다. 물론 가치의 안정도 빼놓을 수 없다. 하지만 암호화폐의 가치는 시시각각 변하고 있다. 비트코인의 경우에는 지난 1년 사이에 20배가 넘는 등락을 거듭했다. 이렇게 언젠가 가치가 오를 것이라고 생각한다면 갖고 있는 편이 이익이니 아무도 사용하려고 하지 않을 것이다. 반대로 내릴 것이라고 생각한다면 받는 쪽에서 거부할지도 모른다. 지불수단으로서는 치명적인 결함이다.

이러한 점에서 레이타쿠대학麗沢大学의 나카지마 마사시中島真志 교수는 저서 『애프터 비트코인After Bitcoin』에서 암호화폐가 결제수단으로서의 통화를 대신하기는 힘들 것이라고 말한다. 암호화폐의 발행량에는 상한이 있어 머지않아 공급이 줄어들게 될 것이고 이러한 배경에서 수요가 늘면 가격이 올라갈 것이라는 기대가 암호화폐 열풍으로 이어졌는데 가치의 움직임이 안정되지 않으면 지불수단으로서는 적합하지 않다는 것이다. 한편, 일본은행 구로다 하루히코黒田東彦 총재는 비트코인 등 암호화폐에 대하여 "암호자산crypto-asset이라고 명칭을 바꿔야 한다고들 한다"고 말하며 암호화폐는 엔이나 달러 등 법정통화와는 다르다는 점을 분명히 했다. 뿐만 아니라 결제수단으로서의 확대에는 나카지마 교수와 마찬가지로 회의적인 견해를 드러냈다.

(2) 억만장자, 일명 '오쿠리비토' 열풍

이러한 배경에서 일본인들 가운데는 암호화폐에 대하여 통화로서의 기능을 기대하는 사람보다는 투자 혹은 투기의 대상으로 인식하고 있는 사람이 더 많다. 암호화폐의 가치가 많게는 연간 500배 이상 오르는 등 요동치고 있는 가운데 암호화폐에 투자하여 1억 엔환율의 변동에 따라 다르지만 약 10억 원 이상을 번 억만장자를 지칭하는 말인 '오쿠리비토億り人'가 생겨났다. 그들은 연일 TV 프로그램에 얼굴을 가리고 출연하여 자신들이 경험한 '기적'에 대해 증언한다. 2018년 2월 2일자 『주간겐다이週刊現代』에는 암호화폐에 투자하여 시세의 폭등을 경험한 한 회사원의 사례를 소개하는 기사가 실렸다. 그는 2016년 7월경 당시 1BTC = 6만 엔 정도였던 비트코인을 0.5BTC 매입했는데 투자금액은 3만 엔 정

도에 불과했다고 한다. 하지만 1년도 채 되지 않은 2017년 5월 비트코인의 시세는 매입 당시의 다섯 배가 넘는 30만 엔대를 돌파했으며, 다섯 달 후인 11월에는 그보다 세 배 이상 증가한 100만 엔대, 그로부터 불과 이 주 후인 12월에는 또 다시 두 배가 올라 200만 엔대가 되었다. 이익금으로 투자를 늘려가던 그는 거품의 붕괴를 우려하여 암호화폐에서 손을 떼기로 하고 800만 엔선에서 이익을 확정했다. 1년 반 남짓한 사이에 무려 260배가 넘는 이익을 남긴 것이다.

오쿠리비토가 일본에는 몇 명이나 존재하는 것일까? 국세청이 발표한 통계연보를 정리한 '연수입가이드年収ガイド'에 따르면, 2016년 일본에서 1억 엔 이상의 소득을 올린 사람은 2,0501명으로, 그중 반이 넘는 1,1084명이 기타소득자에 해당하고 급여소득자(6,945명), 사업소득자(1,682명), 부동산소득자(633명), 잡소득자(157명)의 순이다. 기타소득자의 대부분은 주식이나 FX외환 마진거래 등 금융거래에서 소득을 얻는 투자자들로 그 가운데는 암호화폐로 이익을 올린 경우도 다수 포함되어 있을 것으로 추정된다. 한편, 2018년 2월 1일자 안고ANGO에 따르면, 일본 디지털머니 협회 이사 오이시 테츠유키大石哲之가 자신의 트위터를 팔로우하고 있는 1,800여 명을 대상으로 실시한 설문조사에서 무려 366명이 암호화폐로 1억 엔 이상을 벌었다고 답했다고 한다. 그 중 1억 엔 이상이 59%, 2억 엔 이상이 9%, 3억 엔 이상이 4%, 5억 엔 이상을 벌었다고 답한 사람은 28%에 달했다. 익명의 조사를 어느 정도까지 신뢰할 수 있을지 모르겠지만, 투자금액을 묻는 질문에는 약 60%가 200만엔 정도의 자본을 투자했다고 하니 비트코인의 시세가 20배 정도 상승한 지난해를 생각해보면 59%가 1억 엔 이상을 벌었다는 회답과 부합한다.

이러한 '기적'과도 같은 이야기의 이면에는 반드시 어두운 면이 있다. 일확천금을 꿈꿀 수 있는 암호화폐 투자에는 그만큼 큰 리스크가 존재한다. 피스코디지털에셋그룹^{FDAG} 대표 다시로 마사유키^{田代昌之}는 암호화폐 투자의 위험성에 대하여 "애초에 예금처럼 원금이 보장되지 않는다. 그렇기 때문에 운용에 실패하면 자산이 마이너스가 될 가능성 또한 존재한다. 게다가 암호화폐는 가격 변동성이 매우 크고 그 속도 또한 엄청나게 빨라 하루에 수십만 엔을 벌 수도 있지만 반대로 큰 손해를 입을 수도 있다"고 말한다. 금융 관련 기업에 근무하는 한 회사원은 바로 그러한 리스크에 직면하여 '자산상실'이라는 지옥을 경험했다. 그는 2017년 12월 어느 날 1BTC = 200만 엔일 때 비트코인을 매입했는데 당일 1BTC = 230만 엔까지 시세가 올랐다. 원금 300만 엔에 대하여 10배의 투자가 가능한 레버리지^{leverage} 거래로 매입하였기 때문에 불과 몇 시간 만에 100만 엔 넘게 번 것이다. 하지만 비트코인은 불과 이틀 만에 1BTC = 150만 엔까지 폭락했다. 레버리지 거래에서는 어느 정도 가격이 급락하면 거래소에서 보유하고 있는 비트코인을 강제로 매각하는데, 이에 흥분한 그는 추가로 비트코인을 매입했고 또 다시 비트코인이 급락하면서 원금인 300만 엔은 한순간에 사라졌다.

(3) 아이돌 그룹 '가상통화소녀'의 탄생

2018년 1월 5일에는 지난해 일본을 휩쓴 암호화폐 열풍과 독특한 아이돌 문화가 결합하여 아이돌 그룹 '가상통화소녀^{仮想通貨少女}'가 탄생했다. 15세에서 22세까지 8명의 소녀가 각각 비트코인캐시^{BCH}, 비트코인^{BTC}, 이더리움^{ETH}, 네오^{NEO}, 모나^{MONA}, 카르다노^{ADA}, 넴^{XEM}, 리플^{XRP} 등 8종류의 암호화폐를 '추대'하고 있다. 리더 나루세 라라^{成瀬ら}

[5]는 가상통화소녀에 대하여 "결코 투기나 투자를 권유하는 그룹이 아니다. 수많은 가상통화 중에서 미래가 있는 통화를 엄선하여 올바른 지식을 엔터테인먼트를 통해 알리려는 그룹이다"라고 설명한다. 소속사 신데렐라 아카데미 Cinderella Academy Inc.에 따르면, 가상통화소녀의 라이브콘서트 입장료, 기념품 등은 모두 비트코인이나 이더리움 Ethereum 등 암호화폐로 결제해야 한다. 멤버들의 급료 또한 암호화폐로 지불된다고 한다.

'달과 가상통화와 나 月と仮想通貨と私'를 비롯하여 세 곡을 선보인 데뷔무대에서는 멤버들이 각각 자신이 추대하고 있는 암호화폐에 대해 소개하기도 했다. '달과 가상통화와 나'에는 개인투자자를 뜻하는 '메뚜기', 시세가 하늘 높이 솟아오르기를 희망한다는 뜻의 '달', 시세가 급격하게 변할 때도 꼭 쥐고 있어야 한다는 뜻의 '악력' 등 암호화폐 업계의

▲ 가상통화소녀

이른바 '전문용어'가 난무하며 영어 버전까지 있을 정도다. 그들의 데뷔 무대는 TBS와 TV아사히 등 일본 대형 언론사의 관심은 물론, 로이터 통신Reuters, 『파이낸셜 타임스Financial Times』, AFP통신 등 해외언론사들의 관심은 뜨거웠다. 로이터 통신은 2018년 1월 13일자 기사에서 "일본의 아이돌 그룹이 비트코인의 유행에 합류했다"고 전했다. 『비즈니스 인사이더Business Insider』에 가상통화소녀 관련 기사를 쓴 조이 버나드Zoë Bernard 씨는 'J-pop과 암호화폐라는 조합이 너무나도 기묘하고 매력적'이라고 평가했다.

데뷔한 지 채 한 달도 지나지 않아 코인체크Coincheck 넴NEM 유출사건이 발생하자 이들은 기자회견을 열어 소속사의 암호화폐 계좌를 코인체크에 두고 있었는데 동결되어 버렸다는 사실을 보고하며 그렇기 때문에 코인체크 사용자들의 마음을 뼈저리게 이해한다고 말했다. 암호화폐에 대한 부정적인 인식이 퍼져 나가는 상황에서 아이돌로서 할 수 있는 일은 노래하고 춤추는 일뿐이라는 것을 깨달았다며 2018년 2월 16일 특별히 코인체크 이용자만을 대상으로 한 라이브콘서트를 개최했다. 그들은 라이브콘서트에서 지금 이 순간만이라도 안 좋은 일은 잊고 즐거운 시간을 함께 하자며 코인체크 넴 유출사건으로 인한 계좌동결로 고통받고 있는 모든 이용자들과 사건이 모두 해결될 때까지 함께할 뜻을 밝혔다.

(4) 결제수단으로서의 암호화폐

자금결제법 개정안으로 암호화폐를 결제수단으로 인정한 일본에서는 암호화폐가 얼마나 사용되고 있을까? 2018년 1월 23일자 『닛케이신문』에 따르면, 노무라증권野村証券은 비트코인이 급등할 때 소비에 대한 파급효과에 대하여 최대 960억 엔에 달할 수 있다고 추산했다. 갑자기 수중에 들어온 거금을 소비하고자 하는 곳은 역시 아파트나 고급 자동차, 대형 가전 등일 것이다. 실제로 부동산 업계에서는 암호화폐 결제시스템을 발 빠르게 도입했다. 2017년 7월 25일자 『닛케이신문』에 따르면, 부동산 임대업을 전문으로 하고 있는 '베베라이즈beberise'는 임대계약에 드는 초기비용 등을 비트코인으로 지불할 수 있게 하고 있다. 2018년 1월 23일자 『닛케이신문』에 따르면, 부동산 벤처 '이탄지ITANDI'가 비트코인으로 아파트 등을 살 수 있게 하자 일주일 동안 100건에 가까운 문의가 들어오는 등 반응이 뜨거웠다고 한다. 이탄지의 대표는 "가격변동이 심한 비트코인을 부동산으로 바꾸어 안정된 수입을 얻고자 하는 사람들이 많은 것 같다"고 분석했다.

자동차 판매업계도 마찬가지다. 히로시마広島현에 위치한 '아이즈브레인I's Brain Co., LTD'은 2017년 비트코인 결제를 도입하여 1,000만 엔이 넘는 고급 자동차 판매부터 차량 점검, 수리대금의 지불을 지원한다. 다른 지방에서 일부러 찾아오는 고객도 있는 만큼 매출이 눈에 띄게 늘었다고 한다. '리베라라Liberala'에서는 "비트코인을 사용할 수 있으면 지금 당장 살 수 있는데…"라는 고객의 이야기를 계기로 2017년 12월부터 전국 24개 점포에서 1억 엔까지 결제할 수 있게 하였다. 점장은 매월 40건 정도의 문의가 있는 만큼 수요는 크다고 말한다. 한편, 가전제품을 판매하는 '빅쿠카메라Bic Camera' 홍보 담당자는 냉장고나 세탁기 등 대형 가전 수요에 대비하여 암호화폐 결제시스템을 도입했다고 하면서 당초에는 외국인 관광객의 이용이 많을 것이라고 예상했지만 일본인의 이용도 매우 많아졌다며 암호화폐를 사용할 수 있는 점포의 수를 늘릴 계획이라고 말했다.

반면, 소액결제를 주로 하는 업계에서는 암호화폐 결제시스템을 도입한 곳도 매우 드물 뿐만 아니라 이용도 저조하다. 도쿄에 있는 중화요리점 '헤이친로聘珍楼'에서는 2017년 3월 암호화폐 결제시스템을 도입했지만 이용은 한 달에 수건에 불과하다고 한다. 2015년 봄에 이미 비트코인 결제를 시작한 일본식 고기구이인 야키니쿠 전문점 '니쿠가토にくがとう'에서 비트코인으로 결제하는 고객은 일주일에 한두 팀이 고작이다. 홈페이지에서 비트코인을 사용할 수 있다는 것을 홍보하고 있는 미야기宮城현의 민박집 '하마나스はまなす'는 수수료가 저렴하다는 이유로 2017년 1월부터 비트코인 결제를 시작했지만 2017년 7월 현재 이용건수는 1건으로 저조하다.

2018년 1월 29일자 블룸버그Bloomberg에서 가와이 유코河合祐子 일본은행 핀테크센터장은 현재 화제가 되고 있는 암호화폐에 대한 견해를 묻는 질문에 대하여 "애초에 현금 없는 사회cashless가 진행되지 않는 나라에서 디지털통화가 정말 필요한가"라고 반문하며 현재의 암호화폐는 비정상적인 상승과 하락을 반복하고 있어 "결제수단으로서는 쓸모없다"는 견해를 나타냈다.

서민들의 도박, 파칭코와 와타나베 부인

(1) 투자와 투기, 그리고 도박

일본 열도를 휩쓴 암호화폐 열풍을 투자라고 보는 견해가 있는가 하면 투기나 도박으로 보는 견해 또한 존재한다. 투자와 투기, 도박은 어떻게 다를까? 학문적으로 투자와 투기, 그리고 도박을 엄밀하게 구분하는 것은 쉽지 않다. 하지만 암호화폐를 다루고 있는 일본의 웹 매거

진들은 참가자들이 나누어 가지는 이익의 차이를 기준으로 이를 구분한다.

초보자를 위한 머니플랜 미디어 '돈 방망이おかねの小槌'에 따르면, 먼저, 투자는 사업을 할 때 필요한 자본을 출자出資한다는 의미다. 이렇게 출자한 자본금으로 사업을 운영하여 매출이 오르게 되면 중장기적으로는 출자대상인 회사로 돌아오는 이익이 많아지게 되고 투자자들은 그 이익을 분배받을 수 있다. 다시 말해 주식회사에 투자를 한다고 했을 때 투자대상인 회사가 실적을 올려 이익을 창출하게 되면 투자자들은 투자액 이상을 회수할 수 있기 때문에 전체의 입장에서 보면 플러스가 되는 플러스섬 게임plus-sum game이라고 할 수 있다. 그러므로 주식투자는 경제가 성장하고 있는 한 장기적으로 보면 환원율이 높은 투자라고 할 수 있다.

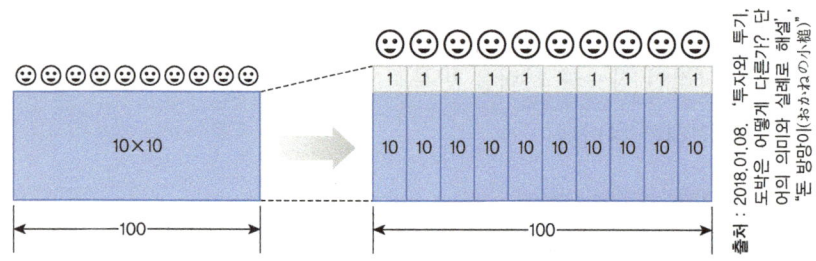

▲ 투자 : 경제가치의 증가로 1인당 이익도 증가

다음으로 투기는 우연적이고 불확실하지만 잘 되면 큰 이익을 얻을 수 있는 것 혹은 가격변동 예측을 바탕으로 싸게 사서 단기간에 비싸게 팔려고 하는 것을 가리킨다. 단기간에 우연한 행운으로 인한 일확천금을 노리는 것이기 때문에 대상의 경제적 가치가 올라가는 것을 기대할 수 있는 투자와는 달리 이익의 파이 자체가 커지는 것은 아니다. 따라서 투기는 그때그때 참가자들 사이에서 이익을 얻는 사람이 있는가 하면 그만큼 손해를 보는 사람도 존재하는 제로섬 게임 zero-sum game 이라고 할 수 있다. 일반적으로 FX 마진거래나 주식 데이트레이드 등이 투기로 분류된다.

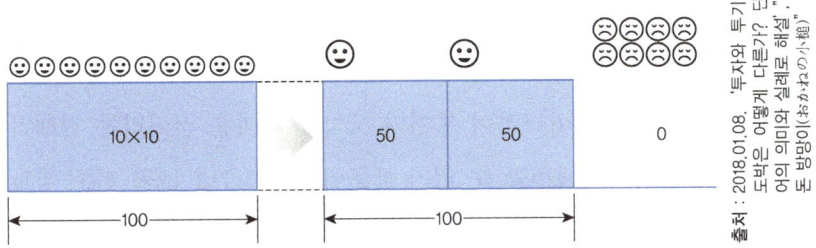

▲ 투기 : 참가비를 승자가 독식하는 제로섬 게임

한편, 도박이 투자나 투기와 다른 것은 주최자 측에 일정한 비용을 지불하게 되며 그 금액을 제외한 나머지 금액이 참가자들에게 배분된다는 점 때문이다. 다시 말해 투자한 금액보다 적은 금액이 배분되기 때문에 전체적으로 보면 참가자들이 반드시 손해를 보는 구조다. 예를 들어 25%의 공제율이 설정되어 있는 경마에서는 참가자들이 던진 금액의 합계가 100이라고 해도 실제로는 75만이 이긴 참가자들에게 배분된다. 공제율이 무려 54.3%에 달하는 복권의 경우에는 100 중에서 반이 넘는 54.3이 복권이라는 '도박판'을 만든 정부에게 돌아가고 나머지 45.7만이 당첨된 참가자들에게 배분된다. 이렇게 투자한 금액에 대한 환원율이 마이너스가 되기 때문에 도박은 마이너스섬 게임 minus-sum game 이라고 할 수 있다.

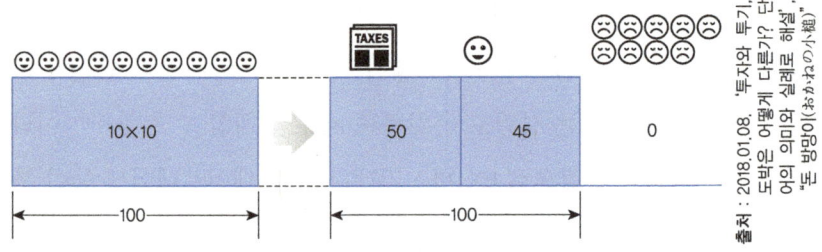

▲ 도박 : 주최 측의 이익을 뺀 잔액을 승자가 독식하는 마이너스 게임

일본인들은 암호화폐에 대하여 어떻게 인식하고 있을까? 암호화폐 투자는 주식 투자와 비교하여 투기나 도박에 가까운 것이라는 견해가 많다. 결과를 '전혀' 예측할 수 없기 때문이다. 2017년 12월 기준 비트코인의 하루 변동률은 종가기준으로 평균 7%에 달했는데 이는 엔화의 환율변동 폭인 0.3%를 크게 웃도는 것이다. 이와 관련하여 구로다 하루히코黑田東彦 일본은행 총재는 '비트코인의 가격폭등은 투기의 산물'이라며 암호화폐 투자에 대하여 부정적인 견해를 내놓았다. 일본 가상통화 사업자협회 오쿠야마 타이젠奧山泰全 회장은 "암호화폐는 결제수단으로 인정받았지만 실제로는 투기가 90%를 차지한다"고 밝혔다. 가상통화거래소 비트포인트재팬BIT POINT Japan을 운영하는 리믹스포인트remix point의 오다 겐키小田玄紀 사장도 닛케이퀵뉴스NQN가 진행한 인터뷰에서 '현 단계에서는 당사 거래의 99%가 투기목적'이라고 말했다.

(2) 저금리를 넘어선 마이너스 금리

이와 같은 일본의 암호화폐 투기 열풍의 이면에는 장기간 이어진 '저금리'가 자리한다. 2018년 1월 30일자 『머니투데이』에 따르면, 일본에서는 1990년대에 시작된 장기불황 이후 기준금리가 줄곧 0% 수준에 머무르다가 2016년에는 마이너스 금리가 도입되어 -0.1% 수준을 유지하고 있다. 그러나 마이너스 금리가 도입되었음에도 불구하고 소비는 기대만큼 늘지 않았다고 한다. 시중에 돈이 돌지 않았다는 얘기다. 기준금리뿐 아니라 예금금리도 2017년 현재 보통예금을 기준으로 0.001%에 불과하다. 계속되는 저금리에 예금할 의욕을 잃은 일본인들은 저축으로는 자산을 늘릴 수 없다는 것을 깨닫고 은행에서 돈을 인출하여 집에 쌓아두기 시작했다. 그리하여 최근 고독사한 일본 노인들의 집에서는 이른바 '장롱예금'한 현금다발이 쏟아지고 있다고 한다.

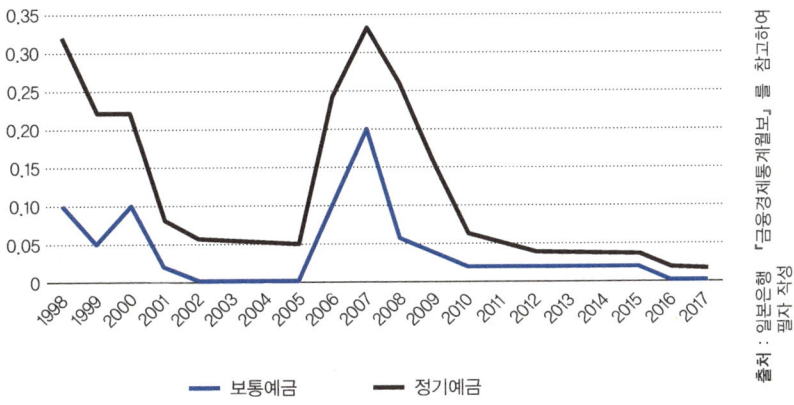

▲ 일본의 예금·적금 금리 추이

2016년 3월 28일 방영된 TV Tokyo News Morning Satelite에서는 닛세이 기초연구소ニッセイ基礎研究所의 경제학자 야지마 야스히데矢嶋康次가 출연하여 마이너스 금리 도입 이후 은행에 맡기지 않는 현금이 늘었다며, 현금을 가지고 있으면 도난당할 위험이 있고 경우에 따라서는 보관비용이 들기 때문에 비트코인 등 암호화폐에 대한 수요가 빠르게 증가할 것이라고 내다보았다. 채권왕으로 불리는 세계적인 투자자

빌 그로스Bill Gross도 "저금리 혹은 마이너스 금리 속에서 개인들은 현금, 장롱예금, 그리고 비트코인이라는 선택지를 가지게 될 것이다"라고 하며, 자본주의를 위협하고 있는 중앙은행의 저금리 및 마이너스 금리 정책에 대한 대항으로 암호화폐 등 새로운 금융기술에 투자하는 사람들이 늘어날 것이라고 예측했다.

(3) FX의 큰 손, 와타나베 부인의 변심

2018년 1월 22일자 비즈니스 인사이더에는 FX 마진거래와 암호화폐 거래를 지도하는 '코코스타ココスタ'를 운영하고 있는 사사키 도오루佐々木徹의 "일본에는 드러내놓고 돈 이야기를 하지 않는 문화가 있지만 실은 굉장히 투기를 좋아하는 사람이 많은지도 모른다"라는 코멘트가 실렸다. 그는 흔히 FX 마진거래라고 불리는 '외환증거금거래'에 대하여 달러나 유로 등의 통화를 매매하는 것이라고 설명한다. 예를 들어 해외여행을 가기 전에 1달러 = 110엔의 환율로 달러를 샀는데 귀국한 후 1달러 = 115엔으로 환율이 올랐다면 1달러당 5엔을 벌 수 있다. FX 마진거래는 이러한 환율의 변동에 따른 차익을 노리는 금융상품이다. 25배까지 레버리지가 가능하기 때문에 소액의 증거금으로 고액의 거래를 할 수 있다는 특징이 있다. 예를 들어 4만 엔의 증거금으로 100만 엔 상당의 거래에 참가할 수 있는 구조다.

일본은 세계 외환시장에서 FX 마진거래가 가장 활발한 국가다. 금리가 낮은 일본에서 증거금을 조달하여 해외 고금리 자산에 투자해 수익을 내는 일본인 개인투자자들은 그중 상당수가 평범한 주부라는 것이 알려지면서 일본에서 흔한 성姓 중 하나인 '와타나베Watanabe'라는 성을 붙여 '와타나베 부인Mrs. Watanabe'이라고 불린다. 레버리지 거래로 수익의 극대화를 노리는 이들은 한 때 증거금의 100배가 되는 거래에 나서 시장을 왜곡하는 주범으로 몰리기도 했다. 2017년 12월 15일자 블룸버그에 따르면, 와타나베 부인의 영향으로 세계 외환시장에서 일본이 차지하는 비중은 50%를 넘는다. 『애프터 비트코인After Bitcoin』의 저자 나카지마 마사시中島真志 교수는 "보통 투자를 시작할 때는 리스크가 거의 없는 은행예금에서 시작하여 투자신탁 등으로 투자에 대한 기초를 공부한 후 기업의 주식 등 단계적으로 리스크가 높은 금융상품으로 옮겨갈 필요가 있다"고 지적한다. 투자경험이 전혀 없는 사람이 갑자기 FX 마진거래에 손을 대는 일본의 풍조가 우려스럽다는 것이다.

2017년 10월 31일자 닛케이속보 뉴스아카이브에 따르면, 2017년 10월부터 금융청이 FX 마진거래 관련 규제를 강화하여 현행 25배인 레버리지를 10배로 인하할 것이라는 관측이 나오면서 FX 마진거래에서 비트코인 등 암호화폐 거래로 이동하는 개인투자자들이 잇따랐다고 한다. 물론 이러한 와타나베 부인의 변심変心 뒤에는 크게 변동하지 않는 외환시세 때문에 FX 마진거래는 매력을 잃은 반면 암호화폐의 급격한 가격상승에 대한 기대가 높아졌다는 배경이 있다. 이와 관련하여 도이치증권Deutsche Securities Inc.의 애널리스트 무라키 마사오村木正雄는 "개인투자자가 레버리지를 사용한 FX 마진거래에서 암호화폐 거래로 옮겨가고 있는 중이다"라는 견해를 밝혔다. 2017년 12월 22일자 『파이낸셜타임즈』에 따르면, 이러한 상황에서 2017년에 있었던 비트코인 가치의 1,400% 인상은 와타나베 부인에 의한 것이라는 의견이 많다. 레버리지 거래에 익숙한 와타나베 부인이 암호화폐 거래로 넘어와 시세를 올려왔다는 것이다. 서구 언론과 금융기관이 이들을 '미스터 와타나베Mr. Watanabe'고 부를 정도로 FX 마진거래 업계와 마찬가지로 암호화폐 업계에서도 일본인 개인투자자들의 존재감은 크다.

(4) 파칭코 그만하고 암호화폐로 가자

일본을 여행하다 보면 곳곳에서 마주하게 되는 번쩍번쩍한 조명과 엄청난 소음을 뿜어내는 파칭코^{パチンコ}를 보고 대체 무엇을 하는 곳인지 궁금했던 적이 있을 것이다. 파칭코라고 불리는 슬롯머신 도박은 일본 어디서나 접할 수 있는 간단한 도박 중 하나다. 일본인들이 파칭코에 열광하는 이유에는 여러 가지가 있겠지만 그중 가장 큰 이유로 카지노 등 고급 도박과는 달리 낮은 초기비용을 들 수 있다. 단돈 1엔으로 즐길 수 있는 파칭코도 있다는 점에서 진입장벽은 거의 없다고 할 수 있다. 다음으로 파칭코에서 번 수익에는 과세가 되지 않는다는 점도 500만 명에 가까운 중독자들을 파칭코에서 헤어나올 수 없게 한다. 파칭코는 현행법상 '도박'이 아닌 '놀이'로 분류되기 때문에 파칭코에서 벌어들인 수익이 50만 엔을 넘지 않는 이상 과세가 되지 않을 뿐 아니라 50만 엔이 넘는다고 하더라도 점포 내 거래가 주로 현금으로 이루어지기 때문에 사실상 파악이 불가능하다.

일본에는 파칭코가 얼마나 많길래 가는 곳마다 눈에 띄는 것일까? 정신과 전문의 하하키기 호세이^{帚木蓬生}는 저서 『도박의존국가 일본 : 파칭코에서 시작되는 정신질환』에서 일본 전역에 퍼져 있는 파칭코의 수는 약 1만 2,000개로 대략 460만대의 게임기를 보유하고 있다고 한다. 전 세계에 존재하는 슬롯머신 게임기의 총 수가 720만대니 그 가운데 64%, 약 3분의 2가량이 일본에 있다는 계산이다. 참고로 우리나라 정선에 있는 카지노 강원랜드에 있는 게임기 수가 1,540대니 그 3,000배 정도가 일본의 파칭코에 존재한다고 보면 된다. 일본 생산성본부가 발간한 『레저백서 2017』에 따르면, 파칭코의 시장규모는 전년대비 6.9% 감소한 21조 6,260억 엔으로 이는 토요타자동차TOYOTA의 연매출과 비슷하며 전국 백화점의 연매출인 6조 2,000억 엔의 세 배에 달하는 금액이다. '카지노의 천국' 마카오에 있는 전체 카지노의 연매출이 약 4조 7,000억 엔이라고 하니 일본에는 마카오가 다섯 개나 존재하는 셈이다. 참고로 강원랜드의 연매출은 이의 200분의 1에 불과한 1조 6,000억 원이다.

이렇게 적은 금액으로 소소하게 즐길 수 있는 도박에 열광하는 일본인들의 입맛에 딱 맞는 신종 돈놀이가 등장했으니, 바로 암호화폐라는 것이다. 인터넷 상에는 '파칭코에 가는 것보다 암호화폐에 투자하는 편이 100배 낫다', '파칭코가 잘 되는 사람은 암호화폐도 잘 될지 모른다!?', '파칭코 슬롯을 당장 그만두고 암호화폐를 시작해야 하는 이유', '아직도 파칭코에 의존하고 있어? 암호화폐 빨리 시작해!' 등 비슷비슷

▲ 파칭코에 몰두한 사람들

한 웹 매거진의 기사가 넘쳐난다. 파칭코에서 암호화폐로 갈아탔다는 한 네티즌은 "파칭코를 하는 사람들은 왜 암호화폐에 '참전'하지 않는지 모르겠다"며 암호화폐 업계의 전문용어를 파칭코 이용자들이 이해하기 쉽게 설명해놓기도 했다. 이들은 복잡해 보이는 암호화폐가 알고보면 얼마나 쉬운 것인지 설교를 늘어놓으며, 앞으로 4시간 동안 최대 5만 엔 이하를 딸 수 있게 규제가 심해지는 파칭코와는 달리 암호화폐로 벌 수 있는 돈은 상상을 초월한다고 파칭코 이용자들을 유혹한다.

암호화폐의 폐해, 해킹사건과 범죄

(1) 마운트곡스 사건

도쿄에 거점을 둔 비트코인 교환소 마운트곡스$^{Mt.\ Gox}$는 2013년 4월 기준 세계 비트코인 거래량의 70%를 차지하는 등 암호화폐 업계에서 승승장구했다. 이러한 마운트곡스가 그로부터 불과 1년도 지나지 않은 2014년 2월 28일 돌연 도쿄 지방법원에 민사재생법의 적용을 신청한다. 채무가 자산보다 많은 '채무초과' 상태에 빠졌다며 사실상 파산을 신청한 것이다. 마운트곡스가 보유하고 있던 암호화폐와 현금이 사라졌다는 것인데, 피해액은 고객이 보유한 75만BTC와 비트코인을 매입하기 위해 맡아두고 있었던 28억 엔이었다. 당시 비트코인의 시세는 1BTC = 6만 엔 전후로 피해액을 합하면 약 470억 엔에 달한다. 2014년 2월 28일자 『닛케이신문』에 따르면, 마운트곡스의 고객 12만 7,000명 중 대부분은 외국인으로 일본인은 0.8%, 1,000명 정도에 불과했다. 당초 마운트곡스 사건은 시스템의 버그를 악용한 부정 액세스가 발생하여 매매가 완료되지 않은 거래가 급증했다는 점에서 사이버 공격에 의한 해킹 피해라는 방향으로 수사가 진행되었다.

그로부터 1년 반이 지난 2015년 8월 1일, 경시청은 업무상 횡령 등의 혐의로 마운트곡스의 최고경영자^{CEO}인 프랑스 국적의 마크 카펠레스$^{Mark\ Karpelès}$를 체포하게 된다. 2015년 8월 1일자 산케이뉴스^{産経ニュース}에 따르면, 카펠레스 용의자는 2014년 2월 중순 사내 시스템을 부정하게 조작하여 자신의 명의로 된 계좌잔고를 100만 달러 가까이 부풀렸다는 혐의를 받고 있었다. 경시청이 마운트곡스사와 카펠레스 용의자의 컴퓨터를 분석한 결과 현금을 입금한 기록이 없는데도 불구하고 카펠레스 용의자의 계좌잔고가 급격하게 늘었다는 사실이 발각되었는데 잔고를 변경하는 데 있어서 CEO의 액세스 권한이 사용된 흔적을 발견한 것이다. 첫 공판은 2017년 7월 11일에 열렸는데, 그 자리에서 그는 고객에게 사죄하는 한편 횡령에 대한 혐의는 부인하며 무죄를 주장했다. 그러다가 채 한 달도 되지 않아 새로운 가능성이 부상한다.

2017년 7월 27일자 『뉴스위크^{Newsweek}』에 따르면, 미국 검찰당국이 하루 전인 26일 거액의 자금세탁에 관여하였다는 혐의로 비트코인 거래소 'BTC-e'의 운영자인 러시아인 남성 알렉산더 비닉$^{Alexander\ Vinnik}$을 기소했다. 그가 6년간 세탁한 비트코인의 가치는 무려 40억 달러$^{4조\ 5,000억\ 원\ 상당}$에 달한다. 미 당국은 비닉 용의자가 마운트곡스의 파산에도 관련이 있다고 보고 있다. 해킹으로 마운트곡스에서 입수한 자금을 BTC-e와 자신이 소유한 다른 거래소를 통하여 세탁을 했다는 것이다. 그가 바로 마운트곡스 사건의 진범일 수도 있다는 가능성이 나온 가운데 해킹에서 횡령으로 무게가 실린 마운트곡스 사건은 또다시 새로운 국면을 맞이하게 되었다. 한편, 비닉 용의자가 체포되자 BTC-e의 모든 거래는 정지되었으며, BTC-e의 트위터에는 2017년 9월 16일자의 게시글을 마지막으로 더 이상 글이 올라오지 않는 상태다.

마운트곡스 사건은 암호화폐 자체의 문제라기보다는 암호화폐 거래소의 관리체제 및 감시체제의 문제라고 할 수 있다. 그럼에도 불구하고 언론에서는 '실체가 없는 돈'이 문제라는 식으로 암호화폐 자체를 부정적으로 보도해 암호화폐에 대한 부정적인 인식이 사회 전반에 걸쳐 널리 퍼지게 되자 비트코인의 시세가 일시적으로 1BTC = 12만 엔에서 1BTC = 2만엔으로 곤두박질치는 등 엄청난 하락폭을 기록하기도 했다. 한편, 일본 정부는 마운트곡스 사건을 교훈으로 삼아 암호화폐 규제에 나섰다. 2018년 2월 2일자 블룸버그에 따르면, 그동안 정부는 이용자보호와 이노베이션 촉진 두 가지가 균형을 이룬 제도를 신중하게 검토해왔다고 한다. 그 결과 이용자보호체제와 관리체제 등이 적절한 경우에 한하여 암호화폐 거래업자로 등록하게 하여 감독할 수 있게 한 시스템을 만든 것이다. 그러나 정부의 발빠른 대응으로 세계의 주목을 받은 지 불과 10개월 만에 일본의 암호화폐 업계에서는 상상을 초월하는 규모의 사건이 발생하게 되는데 바로 코인체크 넴 유출 사건이다.

(2) 코인체크 넴 유출 사건

코인체크는 코인체크 주식회사가 2014년 8월부터 운영하고 있는 암호화폐 거래소로 자본금은 9,200만 엔이다. 처음에는 비트코인 거래소로 운영을 시작하였지만 지금은 비트코인 이외에도 이더리움, 리플Ripple과 이번 사건에서 문제가 된 넴 등 다양한 암호화폐를 취급하고 있다. 코인체크가 제공하고 있는 서비스로는 암호화폐 매입과 매각, 송금과 신용거래 등 암호화폐에 관련된 서비스뿐 아니라 선불카드, 전기요금 결제서비스 등이 있다. 코인체크는 초보자도 쉽게 다룰 수 있다는 점과 취급하고 있는 암호화폐의 종류가 다양하다는 점에서 2017년 5월 비트코인 현물거래 실적 1위, 2017년 9월 어플 이용자수 1위를 차지하는 등 일본을 대표하는 암호화폐 거래소로 알려졌다. 또한 유명 연예인이 코인체크의 TV 광고에 출연하게 되면서 암호화폐에 대해 잘 모르는 사람들도 '코인체크'라는 이름은 알 정도였다.

그러던 중 2018년 1월 26일 충격적인 사건이 일어난다. 코인체크가 해킹된 것이다. 코인체크 측이 피해를 인지한 것은 사건 발생 11시간 후인 같은 날 11시 58분. 넴의 잔고가 비정상적으로 줄어들었다는 것을 알게 되었다. 그렇게 도난당한 피해액은 약 5억XEM^{넴의 단위}으로 당시의 시세로 환산하면 약 580억 엔 상당이다. 이는 암호화폐 업계뿐만 아니라 역사상 최대 규모의 도난사건 중 하나로 기록될 것이다. 2018년 1월 26일자 『비즈니스 인사이더』에 따르면, 사건을 인지하자마자 코인체크 측은 '같은 날 12시 7분 넴 입금 제한, 12시 38분 넴 매매 일시정지, 12시 52분 넴 출금 일시정지, 16시 33분 엔화를 포함하여 취급하고 있는 모든 암호화폐의 출금 일시정지, 17시 23분 비트코인 이외의 모든 암호화폐의 매매 일시정지'라는 조치를 취했다. 같은 날 23시 30분에는 기자회견을 열어 예상 외로 아주 젊은 27세의 와다 고이치로^{和田晃一良} 사장이 코인체크가 해킹되어 넴이 유출되었다는 사실을 정식으로 발표하게 된다.

코인체크 사건은 코인체크의 보안대책에 문제가 있어 발생했다. 해킹을 당한 가장 근본적인 원인은 바로 '핫월렛^{hot wallet}'을 사용하고 있었음에도 불구하고 '멀티시그^{multi-sig}'를 하지 않았다는 점이다. 핫월렛이란 인터넷에 접속된 암호화폐 관리용 어플을 말하는 것으로 쉽게 말해 온라인 지갑이라고 할 수 있다. 이러한 핫월렛으로 암호화폐를 관리하는 경우에는 여러 개의 열쇠로 월렛을 관리할 필요가 있는데 이것이 바로 멀티시그다. 보안을 보다 확실하게 하기 위하여 금고의 열쇠를 하나가 아닌 이중 삼중으로 하는 것을 생각해보면 보다 이해가 빠를 것이다. 한편, 애초에 모든 암호화폐를 핫월렛으로 관리했다는 점도 문제다. 대부분의 거래소는 해커의 부정 액세스를 막기 위하여 90% 이상의 암호화폐를 인터넷에 연결되지 않은 오프라인 관리용 어플인 콜드월렛cold wallet으로 관리하고 있다. 쉽게 말해 자산을 보관하는 데 있어서 다른 거래소가 보관소의 열쇠를 여러 개로 나누어 '오프라인'으로 보관하고 있었던 데 반해 코인체크는 보관소의 열쇠는 하나만 게다가 '온라인'으로 보관하고 있었던 것이다.

여기서 주의해야 할 점은 넴이라는 암호화폐 자체가 해킹을 당한 것이 아니라 코인체크라는 암호화폐 거래소가 해킹을 당했다는 것이다. 이에 대하여 알기 쉬운 비유로 설명한 한 블로거의 말을 인용하자면, 모 은행에 도둑이 들어 금고 안에 있던 고객의 예금을 다 훔쳐갔다고 해서 "엔화가 위험하다"라고 생각하면 안 된다는 것이다. 게다가 코인체크 측에서는 사건 발생 이틀 만에 약 26만 명에 달하는 넴 보유자 전원의 손실 약 5억 2,300만XEM을 전액 엔화로 보상하겠다고 발표했다. 피해액에 해당하는 엔화를 코인체크 월렛에 돌려주는 방식이다. 580억 엔, 우리 돈으로는 5,800억 원이 넘는 거액을 전액 현금으로 보상하겠다는 것을 보면 코인체크의 자산 규모는 도대체 어느 정도인지 궁금해진다.

2018년 2월 20일자 『마이니치신문毎日新聞』에 따르면, 유출된 넴 중 일부가 다른 암호화폐로 세탁되었다고 한다. 인터넷상 거래기록에 따르면 코인체크를 해킹한 범인은 90억 엔에 상당하는 넴을 이미 다른 암호화폐로 교환한 것으로 보인다. 교환은 다크웹$^{dark\ web}$에서 이루어졌으며 이는 자금세탁의 목적으로 보인다고 한다. 다크웹은 일반적인 검색 엔진으로는 찾을 수 없어 특정 프로그램을 이용해야 하는 웹을 말하는데 익명성이 높아 이용자의 정보를 숨기기가 용이하기 때문에 불법거래에 자주 이용된다. 한편, 나쁜 해킹을 방어하는 '화이트해커$^{white\ hacker}$'들이 유출된 넴의 행방을 쫓고 있다. 2018년 2월 21일자 닛케이신문에서는 대표적인 화이트해커로 트위터에서 'JK17'이라고 불리는 인물의 활약상을 소개하고 있다. 그는 사건 발생 직후 유출된 넴이 흘러들어간 계좌를 특정하여 추적을 개시한 후 국제단체인 넴 재단$^{NEM\ Foundation}$에 작업을 인계했다. 그럼에도 불구하고 유출된 넴이 다수의 계좌로 옮겨지게 되면서 상세한 추적은 곤란한 상황이며 유출에 관여한 인물의 특정에는 아직 이르지 못했다고 한다.

(3) 사기에서 살인까지, 암호화폐를 둘러싼 범죄

2017년 8월 2일자 『닛케이신문』에 따르면, 암호화폐와 관련하여 국민생활센터에 들어온 상담은 2016년 한 해 동안 847건으로 2014년도의 네 배에 달한다고 한다. 또한 국민생활센터는 세상물정을 잘 모르는 노인들을 상대로 암호화폐 구입을 유도하는 사기사건이 특히 증가했다고 밝혔다. 2016년 1월 11일자 『닛케이신문』에서는 노인들을 대상으로 한 범행수법에 대하여 다음과 같이 설명한다. 우선 노인들이 거주하고 있는 자택으로 암호화폐에 관한 팜플렛을 발송한 후 실제로 존재하는 유명 컨설팅 회사 직원을 사칭한 자가 "이 암호화폐는 팜플렛을 받은 사람만 살 수 있다. 고액의 수익을 기대할 수 있으니 구입하라 혹은 대신 구입해주면 고액으로 되팔 수 있게 해주겠다"고 전화를 한다고 한다. 기후岐阜현에 사는 70대 여성은 이러한 수법에 넘어가 1억 1,000만 엔을 갈취당했고 다른 80대 여성도 동일한 수법으로 3,500만 엔을 잃었다.

그런가 하면 본인이 암호화폐를 사기 위해 사기행각을 벌이는 경우도 있다. 2016년 11월 4일자 『닛케이신문』에 따르면, 경찰청 사이버범죄대책과는 비트코인 거래소에서 약 90만 엔에 상당하는 코인을 갈취하였다며 33세 회사원 등 3명을 전자계산기 사용 사기 등의 혐의로 체포했다. 그들은 비트코인 거래소에서 타인의 운전면허증 등을 도용하여 계좌를 개설한 후 타인 명의의 신용카드 정보로 90만 엔 상당의 코인을 갈취하였다고 한다. 그렇게 갈취한 코인은 미국의 거래소에 개설한 여러 개의 계좌로 옮긴 후 다시 코인체크의 본인 명의 계좌로 송금하여 최종적으로는 엔화로 바꾸어 지인에게 건넸다고 한다. 이렇게 자금세탁의 정황까지 드러나자 관여한 2명에게는 조직범죄처벌법 위반 혐의가 추가됐다. 한편, 본인이 근무하고 있던 휴대전화 판매점에서 고객의 신용카드 정보를 도용하여 약 8만 엔에 상당하는 암호화폐를 구입한 점원이 체포되기도 했다.

2017년 6월에는 급기야 암호화폐를 둘러싼 살인사건이 발생한다. 2017년 12월 2일자 『닛케이신문』에 따르면, 비트코인 투자를 포함하여 네 종류의 암호화폐를 관리하고 있던 아이치愛知현의 53세 여성이 기후현의 한 역 앞에서 어떤 남성의 차에 오른 후 행방이 묘연해졌다. 용의자는 피해자와 비트코인에 관한 세미나에서 알게 된 한 남성으로, 아이치현 경찰에 따르면 용의자가 암호화폐를 갈취할 목적으로 피해자에게 접근하여 살해했을 가능성이 크다고 보고 조사하고 있다고 한다. 사건 후 피해자의 암호화폐 계좌에서는 잔액이 모두 빠져나갔는데 용의자는 피해자를 살해한 후 자신의 스마트폰으로 피해자의 계좌에 접속하여 피해자의 암호화폐를 자신의 계좌로 옮긴 것으로 보인다. 거래이력에 따르면 용의자는 피해자의·암호화폐를 일단 전부 현금화한 후 다시 본인의 계좌로 암호화폐를 구입했다고 한다. 갈취한 암호화폐는 당시 시세로 약 35만 엔 상당이라고 한다. 우리 돈으로 350만 원 남짓한 암호화폐 때문에 살인사건까지 일어난 것이다.

일본 정부의 대응, 규제와 세금

(1) 자금결제법 개정안

마운트곡스 사건으로 아무런 법적 보호도 받지 못한 채 다양한 위험에 노출된 암호화폐 이용자의 보호에 대한 필요성이 환기되자 일본 정부는 대책 마련에 나섰다. 그 결과 암호화폐 거래소의 부정과 자금세탁을 방지하여 이용자가 안심하고 암호화폐를 거래할 수 있도록 하기 위한 일명 '가상통화법'이 정비되었다. 구체적으로는 '정보통신기술의 진전 등 환경변화에 대응하기 위한 은행법 등의 일부를 개정하는 법률안' 안에 있는 '자금결제에 관한 법률'이라는 항목에 '제3장의 2 가상통화'라는 항목이 추가된 것이다. 이것을 총칭하여 '개정 자금결제법'이라고 한다. 2016년 5월 25일 통과되어 2017년 4월 1일부터 시행된 본 법에 대하여 다이와소켄大和総研 금융조사부는 「가상통화를 둘러싼 제도정비」라는 보고서에서 "이번에 정비된 것은 어디까지나 자금세탁과 테러자금조달 방지에 대한 국제적인 요청이나 국내의 암호화폐 거래소의 파산 사건을 배경으로 신속한 대응이 요구되는 안건을 중심으로 한다"고 밝혔다. 아직 필요한 모든 제도가 정비된 것은 아니라는 이야기다.

본 법은 암호화폐에 대하여 ① 물건을 사거나 서비스를 제공할 때 대가로서 결제 가능한 것^{가치가 있는 것}, ② 법정통화와 교환 가능한 것이라고 정의하고 있다. 일본에서는 법적으로 암호화폐의 명칭을 '가상통화'라고 규정했지만 '통화'로서의 기능을 인정한 것은 아니다. 아직까지 암호화폐의 취급은 어디까지나 '자산'에 가깝다.

암호화폐 이용자를 보호하기 위한 첫걸음은 암호화폐 거래소에 대한 규제를 시작하는 것이었다. 바로 등록제를 도입한 것이다. 본 법은 먼저 등록이 필요한 '가상통화교환업'에 대하여 ① 암호화폐의 매매 및 교환을 하는 사업, ② 암호화폐의 매매 및 교환을 매개하여 중개하거나 대리를 하는 사업, ③ 이용자의 금전 및 가상통화를 관리하면서 ①② 의 행위를 하는 사업이라고 정의하고 있다. 금융청에 암호화폐 거래소로 등록하기 위해서는 자본금이 1,000만 엔 이상이고 순자산액이 마이너스가 아닐 것, 외국 암호화폐 교환업자일 경우 일본에도 대표자를 둘 것, 암호화폐 교환업을 적절하게 수행하기 위한 체제가 갖추어져 있을 것 등 까다로운 요건을 충족시켜야 한다. 또한 암호화폐가 자금세탁이나 테러자금 조달에 이용되는 것을 막기 위하여 계좌 개설 시 본인확인 등을 의무화했다. 만약 등록을 하지 않거나 부정한 수단으로 등록을 한 후 암호화폐 거래소를 운영하는 경우에는 3년 이하의 징역 혹은 300만 엔 이하의 벌금에 처한다.

(2) 소비세에서 소득세로

일본 정부는 2014년 3월 7일 일본의 상원에 해당하는 참의원^{參議院}의 답변서를 통해 처음으로 암호화폐에 대한 견해를 밝혔다. 본 답변서에서는, 암호화폐는 '통화'에는 해당되지 않는다며 귀금속 등과 같은 상품물건으로 취급할 방침을 밝히는 한편, 통화인 금전의 존재를 전제로 하는 현행 은행법 및 금융상품거래법상 통화도 유가증권도 아니기 때문에 은행이나 증권사가 취급하는 것을 금지했다. 일본에서는 일반적으로 상품을 사고팔 때에는 소비세를 납부해야 하기 때문에 암호화폐의 거래에 따른 매매이익도 과세의 대상이 된다는 견해가 지배적이었다. 그러다가 점차 암호화폐가 가진 '화폐로서의 기능'이 사회적으로 인식되었고, 암호화폐를 결제수단으로 인정한 개정 자금결제법 이후 2017년 7월 1일 이루어진 세제 개정으로 암호화폐의 거래에 따른 매매이익은 소비세의 과세대상에서 제외되었다. 암호화폐를 구입하는 것을 일종의 '환전'으로 본 것이다.

암호화폐에 대한 법 정비가 진행되면서 국세청은 2017년 12월 암호화폐 거래에서 발생하는 이익을 이자소득, 배당소득, 부동산소득 등이 포함된 '잡소득'으로 처리하기로 하고 소득에 따라 누진세율을 적용하기로 했다고 발표했다. 이에 따라 암호화폐 거래로 20만 엔 이상의 이익을 얻은 투자자는 원칙적으로 확정신고를 해야 한다. 암호화폐는 금융상품이 아니기 때문에 세율은 누진과세로 최소 5%에서 소득이 4,000만 엔 이상인 경우 최대 45%인 소득세와 일률적으로 소득의 10%인 주민세를 합쳐 최고 55%가 부과된다. 하지만 주식과 같이 증권사가 손익을 계산해주는 '특정계좌'나 확정신고가 필요하지 않은 '원천징수 제도' 지불조서의 제도 등이 정비되어 있지 않아 투자자들은 혼란스러운 상황이다.

상황이 이렇다 보니 2018년 2월 22일자 『도요경제東洋経済』에 따르면, 암호화폐 거래로 1억 엔 이상을 번 오쿠리비토들도 마냥 기뻐하고 있을 수만은 없다. 2018년 2월 현재 확정신고 기간인 만큼 세무상담을 전문으로 하는 인터넷 사이트에는 오쿠리비토가 된 투자자들로부터 세금에 관한 문의가 쇄도한다고 한다. 아직 새로운 영역이니만큼 큰 돈을 번 오쿠리비토들 사이에서는 과세를 피해 보려는 투자자들이 많은데 과연 그들은 과세를 피할 수 있을까? 부유층을 대상으로 한 컨설팅을 주력으로 하는 세무법인 에스네트워크스es Networks Tax Corporation의 상무이사 이노우에 히로시井上浩는 만약 의도적으로 탈세를 하려다 적발되어 추징과세가 적용되면 원래 내야 할 세액의 20~40%가 가산되어 암호화폐 거래로 얻은 대부분의 이익을 날리게 될 수도 있다고 경고한다. 마냥 행복하게만 보이던 오쿠리비토들에게도 이러한 험난한 현실이 기다리고 있을지 모른다.

(3) 도쿄, 글로벌 암호화폐 시장의 허브를 꿈꾸다

암호화폐를 다루는 미국의 크립토커런시뉴스CCN는 2018년 1월 1일 "비트코인 거래로 일본의 GDP가 급상승할지도 모른다"고 보도했다. 이와 관련하여 노무라증권 애널리스트 니시카도 요시유키西門義之 등은 2017년도에 있었던 0.3%의 GDP 상승이 실제로 비트코인을 비롯한 암호화폐의 거래에 따른 것이라고 분석했다. 그들은 이러한 GDP의 상승이 '부의 효과wealth effect'라고 알려진, 자산이 상승할 때 소비가 확대되는 현상에 기인한 것이라고 설명한다. 2017년도에 이루어진 일본의 암호화폐 투자자들에 의한 비트코인 거래에 따른 부의 효과가 큰 힘을 발휘한 것으로 보인다며 그 금액을 230~960억 엔으로 추산했다. 당시 370만BTC를 보유한 100만여 명의 일본인들에 의해서 거래가 과열되는 가운데 이러한 부의 효과는 암호화폐에 대한 투자를 더욱 가속화시켜 일본의 GDP 성장으로 이어졌다는 것이다.

일본이 암호화폐 업계를 주도하는 나라가 된 데에는 앞서 설명한 경제, 사회, 문화적인 요인도 작용했지만 무엇보다 정부의 발 빠른 대응이 큰 역할을 했다고 할 수 있다. 2018년 1월 30일자 『머니투데이』에 따르면, 비트플라이어의 최고재무책임자^{CFO} 가네미츠 미도리^{金光碧}는 '일본은 암호화폐 거래소를 규제하는 제대로 된 법체제를 가진 최초이자 유일한 나라'라고 평가했다. GDP의 250%에 달하는 부채를 끌어안은 채 경제는 활력을 잃은 지 오래고 계속된 저금리와 저출산의 여파로 성장동력을 잃은 일본의 금융산업에는 돌파구가 필요하다. 암호화폐 관련기술인 블록체인^{blockchain} 분야에서 주도권을 잡기 위해서도 일본은 글로벌 암호화폐 시장의 허브^{hub}로의 변신을 꾀하고 있다. 세계은행$^{World Bank}$ 금융전문가 뱅상 로네$^{Vincent Launay}$는 2018년 1월 9일자 코인텔레그래프^{COINTELEGRAPH}에서 암호화폐의 거래를 금지하는 중국과는 정반대 방향으로 움직이는 일본의 목표에 대하여 '세계적인 암호화폐 대국$^{global powerhose for cryptocurrencies}$이 되는 것'이라고 분석했다. 현금을 사랑하는 아날로그의 나라 일본은 과연 글로벌 암호화폐 시장의 허브가 될 수 있을 것인가? 그 귀추가 주목된다.

찾아보기

ㄱ

가상통화　414

개인 맞춤 고용정보 서비스　364

개인정보　127

개인정보보호법　127, 278

개인화 서비스　352

공공데이터　348

공유경제　259

구글세(Google Tax)　79

규제　331

규제 샌드박스　344

기업가정신　325

ㄴ

네거티브 규제　349

네트워크 인텔리전스(Network Intelligence)　83

ㄷ

드론(무인항공기)　93, 221

디지털 네이티브(Digital Native)　201

디지털 컨버전스(Digital Convergence)　200

디지털 트랜스포메이션　197

디지털 파괴자(Digital Disruptor)　201

디지털 플라이휠(Digital Flywheel)　208

ㄹ

레그테크(RegTech)　238

로보틱스(Robotics)　161

로봇(Robot)　161

리쇼어링(re-shoring)　352

ㅁ

맞춤의료(Personalized Medicine)　24

면역치료제　37

면역치료제산업　42

모빌리티(Mobility) 플랫폼   222
민주주의   295

ㅂ

법인세법   402
보안   141
보통교육   298
부가가치세법   396
브로드밴드(Broadband)   71
블록체인   245
비식별화   132
비트코인   248, 371, 413
비행조종 컴퓨터 FCC(Flight Control Computer)   224
빅데이터   103

ㅅ

사이버 물리 시스템(Cyber-physical System ; CPS)   149
4P 의료   21
상속세법 및 증여세법   403
소득세법   399
스타트업   309
시공간 Tech   87, 90

ㅇ

아이템 기반 필터링   357
암호화폐   247, 369, 411, 413
양도소득세   400
암호화폐   247, 369
암호화폐공개모집(ICO)   385
양도소득세   400
에듀테크(Edu Tech)   83, 305
예방의학(Preventive Medicine)   22
예측 배송(Anticipatory Shipping)   116
예측의학(Predictive Medicine)   22
오쿠리비토   415
옵트아웃   135, 273
옵트인   135, 274
워크넷   362
웰니스 케어   12, 14
유라시아 의학센터   49
의료 IDX   19
의료동향지표   62
인공지능(AI)   173, 271
임상의사결정지원시스템(Clinical Decision Support System ; CDSS)   12

ㅈ

자금세탁방지법(AML)　370
자동차관리법령　341
자율로봇　279
자율주행차(autonomous vehicle)　95
작업증명(Proof of Work)　251
적기조례(Red Flag)　333
적법절차의 원리(due process of law)　279
전자적 표시(digital representation of value)　393
전체주의　295
점진적 혁신(Sustaining Innovation)　309
정밀의료(Precision Medicine)　24
조세회피처(tax heaven)　394
준법(Compliance)감시　240
직접민주주의　266

ㅊ

참여의료(Participatory Medicine)　25
책임보험제도　278
추천 서비스　354

ㅋ

커머스　91, 95
콜드 스토리지(cold storage)　395

ㅌ

통신 융합(Telecom Convergence)　85

ㅍ

파괴적 혁신(Disruptive Innovation)　309
퍼지 이론　284
포지티브 규제　349
프라이버시 권리장전(Consumer Privacy Bill of Rights ; CPBR)　138
프라이버시 라운드(Privacy Round)　127

ㅎ

한방의료관광　52
해킹　141
헬스케어　261

영문

ADAS(첨단운전자보조시스템)　188

Dynamic Pricing   100

ELISE   360

FAANG(Facebook, Apple, Amazon, Netflix, Google)   71

ICBM(IoT, Cloud, Big Data, Mobile)   5

IDX(Intelligent Digital X-formation)   4

IoB(Internet of Bio-things)   13

LIDAR(Light Detection And Ranging)   98

Mobility   94

MOOC   306

O2O   91

Peer to Peer(P2P)   246

TED   306

V2X(Vehicle to Everything)   189

VUCA   108

찾아보기 | 445

융합의 시대

초판 1쇄 인쇄 2018년 7월 13일
초판 1쇄 발행 2018년 7월 20일

지은이 대한미래융합학회
펴낸이 박기남
기획·영업 박정헌
펴낸곳 율곡출판사
08590 서울시 금천구 가산디지털1로 84(에이스하이엔드 8차), 803호
전화 (代) 02) 718-9872/3
팩스 02) 718-9874
홈페이지 http://www.yulgokbooks.co.kr
이메일 yulgokbook@naver.com
등록 1989.11.10. 제2014-000031호
ISBN 979-11-87897-40-8 93300

정가 20,000원

※지은이와의 협의 하에 인지는 생략합니다.
※ 파본 및 잘못된 책은 구입하신 서점에서 바꾸어 드립니다.
※ 이 책의 무단 전재 또는 복제행위에 대해서는 저작권법 제136조에 의거
5년 이하의 징역 또는 5,000만원 이하의 벌금에 처하게 됩니다.